Rainer Gievers

Das Praxisbuch Amazon Echo & Alexa

(Ausgabe 2026/27)

Anleitung für Einsteiger

www.das-praxisbuch.de

Vorwort

Bis vor etwa 10 Jahren waren sprachgesteuerte Systeme eine Utopie, die man nur in Science Fiction-Filmen bewundern konnte. Wer hätte damals gedacht, dass heute auf fast jedem Handy Assistenten installiert sind, die nicht nur Sprachbefehle entgegen nehmen, sondern auch sinnvolle Antworten geben!

Es ist interessant, dass Amazon schon von Anfang an die Musikwiedergabe im Fokus hatte und in seinen Echo-Geräten ausgezeichnete Lautsprechertechnik einbaut. Inzwischen wird auch die Kopplung zu Stereo- und Multiroom-Systemen unterstützt. In diesem Buch widmen wir uns daher ausgiebig der Musikwiedergabe.

Zwar werden die Amazon-Dienste (Shopping, Musik, Spielfilme und Serien, Hörbücher usw.) bevorzugt unterstützt, das Alexa-System ist aber offen für Dritte. Dadurch hat sich ein riesiges Biotop von kompatiblen Diensten und Geräten entwickelt. Insbesondere beim Smart Home (im Haushalt verwendete Automatisierungstechnik) kann es sich deshalb lohnen, auch mal ein Konkurrenzprodukt zu verwenden.

Amazon macht den Einstieg in Alexa und seinen Echo-Geräten zwar recht einfach, wenn Sie aber die volle Funktionsvielfalt ausnutzen möchten, wird es schnell kompliziert. Das liegt zum einen daran, dass Amazon in regelmäßigen Abständen neue Funktionen integriert, zum anderen reagiert die Alexa-Sprachsteuerung auf den Kontext (von Ihnen aktivierte Features sowie frühere Interaktionen).

Perfekt ist Alexa übrigens noch lange nicht, denn an vielen Stellen sind Funktionen nur halbherzig realisiert. Dazu zählen die To-Do- und Einkauflisten, die Wiedergabelisten (Playlists) der Musikverwaltung und vieles mehr. Auch ist die KI von Alexa inzwischen veraltetet, denn sie kann viele einfache Fragen nicht sinnvoll beantworten. In dieser Hinsicht ist zum Beispiel Google mit Gemini weit enteilt.

Sollten Sie trotzdem noch einige Fragen haben, können Sie sie an *info@das-praxisbuch.de* senden. Gleiches gilt auch, falls Sie Ungenauigkeiten oder Fehler entdecken. Vielen Dank!

Rainer Gievers, im Januar 2026

Ebook

Dieses Buch steht seinem Käufer auch als farbiges Ebook zum kostenlosen Download zur Verfügung. Es kann mit jedem PDF-Programm (zum Beispiel »Adobe Acrobat«) angezeigt und ausgedruckt werden.

Für den Download rufen Sie in Ihrem Webbrowser auf dem PC oder Handy bitte diese Webadresse auf (beachten Sie bitte die Datenschutzhinweise unter *www.das-praxisbuch.de/impressum/datenschutz.php*):

`www.das-praxisbuch.de/download`

Geben Sie bitte folgenden Code (Groß- und Kleinschreibung beachten) ein:

`RoM-kzn-qrr-eDj-DG`

Sollten Sie Probleme mit der Codeeingabe oder dem Herunterladen haben, dann schreiben Sie uns bitte eine E-Mail an service@das-praxisbuch.de. Wir helfen gerne weiter!

Hinweis

Produkfotos, Bildschirmabbildungen von Amazon, Rainer Gievers.

Impressum:

Copyright © 2026
Rainer Gievers
Gicom Verlag
Am Bahnhof 10
34434 Borgentreich
info@das-praxisbuch.de

ISBN 978-3-96469-304-4

Aufbau der Kapitel

- Damit Sie erkennen, welche Bildschirmkopie zu welchem Erläuterungstext gehört, sind die Texte mit Zahlen (❶,❷,❸) durchnummeriert.
- Webadressen, Menübezeichnungen und verwiesene Kapitel sind *kursiv* gesetzt.
- Auch Verzeichnis- und Dateinamen, sowie Webadressen sind in Kursivschrift gesetzt.

In den Rahmen sind weiterführende Infos zum jeweiligen Thema untergebracht.

1. Inhaltsverzeichnis

2. Was ist Alexa?

Amazon Alexa ist ein digitaler Assistent, der auf gesprochene Befehle reagiert. Neben dem Beantworten von Fragen (»Wie wird das Wetter?«, »Was ist die Wurzel aus 5«) kann Alexa auch auf die Amazon-eigenen Dienste zugreifen und beispielsweise Musik abspielen oder Einkäufe im Amazon-Online-Shop durchführen.

Das Alexa-Gerät hört permanent im Hintergrund mit und wird erst, wenn Sie das Schlüsselwort »*Alexa*« sprechen, aktiviert. Es zeichnet den folgenden Befehl auf und überträgt ihn übers Internet an Amazon, wo eine passende Antwort generiert wird, die das Alexa-Gerät wiederum ausgibt.

Wie Sie jetzt vielleicht schon richtig vermuten, wertet Alexa nicht komplexe Satzstrukturen aus, sondern achtet hauptsächlich auf Schlüsselworte. »*Alexa, wie wird das Wetter?*« hat demzufolge das gleiche Ergebnis wie einfach nur »*Alexa, Wetter*«. Eine Liste an nützlichen Schlüsselwörtern beziehungsweise Befehlen finden Sie im Kapitel *5 Alexa in der Praxis*.

2.1 Skills

Alexa lässt sich, neben den bereits vordefinierten Befehlen, über »Skills« (engl. »Fähigkeiten«) erweitern. Die Skills stammen von externen Entwicklern und müssen vor der Nutzung aktiviert werden. Dazu gibt es mehrere Möglichkeiten:

- Skills schalten Sie mit »*Alexa, aktiviere xxx*« oder »*Alexa, starte xxx*« ein. Beispiel: »*Alexa, aktiviere Einschlafgeräusche*«
- Alexa erkennt ab und zu, dass Sie einen bestimmten Skill benötigen und aktiviert ihn automatisch. Beispiel »*Alexa, pupsen*«.
- Skills, die eine Anmeldung bei einem Drittanbieter oder zusätzliche Aktionen von Ihnen voraussetzen, müssen Sie in der Alexa-App (siehe Kapitel *4.2 Alexa-App*) aktivieren. Beispiel: Der Musikstreamingdienst Spotify.

Für eine Liste der unterstützten Skills gehen Sie entweder in die Alexa-App (siehe Kapitel *2.1 Skills*) oder Sie rufen die Amazon-Website auf (*www.amazon.de*) in Ihrem Webbrowser auf dem PC auf. Geben Sie dort als Suchbegriff »Skills« ein.

Natürlich können Sie auch mit »*Alexa, empfehle Skills*« interessante Skills vorschlagen lassen. Die Alexa-Geräte mit Bildschirm (Echo Show) zeigen zudem zwischendurch Skill-Empfehlungen an. Auf die verschiedenen Echo-Geräte geht noch Kapitel *3 Einstieg* ein.

Eine Besonderheit von Alexa ist die Möglichkeit, über Skills entsprechend ausgerüstete Geräte zu steuern beziehungsweise auszuwerten. Dazu zählen Schalter, Lampen, Thermostate, Alarmsensoren und Überwachungskameras.

2.2 Sicherheit

Falls Sie übrigens Bedenken wegen der Datenverarbeitung im Internet haben, können wir Sie beruhigen: Der Alexa-Dienst sendet tatsächlich nur dann Daten – die darüber hinaus mit einer modernen Verschlüsselungsmethode sicher kodiert sind – an Amazon, wenn Sie das Aktivierungswort »*Alexa*« sagen.

Sollten Sie unsere Argumente pro Alexa jetzt noch nicht überzeugt haben, dann möge vielleicht der Hinweis auf Ihr Handy helfen, denn die darauf installierten Apps sind richtige »Schwätzer«. Beispielsweise können Sie auf Geräten mit dem Android-Betriebssystem die permanente Standortübermittlung nicht deaktivieren[1]. Außerdem werden standardmäßig auf iPhones und Android-Handys alle Kontakte, Termine, Browser-Lesezeichen, Fotos usw. an Apple beziehungsweise Google übertragen. Alexa ist also so gesehen das kleinere Übel.

1 *www.heise.de/-4143055*

Sicherheitsexperten haben bisher keine praktisch ausnutzbaren Schwachstellen bei Echo-Geräten gefunden[2] [3] [4]. Das soll allerdings nicht heißen, dass Sie zuhause einige Sicherheitsmaßnahmen beachten sollten:

- Wir empfehlen die Kauf Sie von Echo-Geräten ausschließlich als Neugerät direkt von Amazon und nicht von Dritten. Sie schließen damit aus, dass jemand die Hardware manipuliert hat, um beispielsweise Ihre Sprachbefehle an Dritte weiterzuleiten.
- Sichern Sie sprachgesteuerte Käufe im Amazon-Online-Shop mit einer PIN, die nicht einfach zu erraten sein sollte.
- Beachten Sie, dass die Echo-Geräte auch auf Befehle aus der Ferne reagieren. Ein Witzbold könnte beispielsweise durch ein zum Lüften geöffnetes Fenster oder die Haustür hindurch mit Alexa sprechen. In Räumen reagiert Alexa, je nach Sprecherlautstärke und Umgebungsgeräuschen, auch aus 20 Metern Entfernung und sogar hinter geschlossenen Türen auf Befehle.

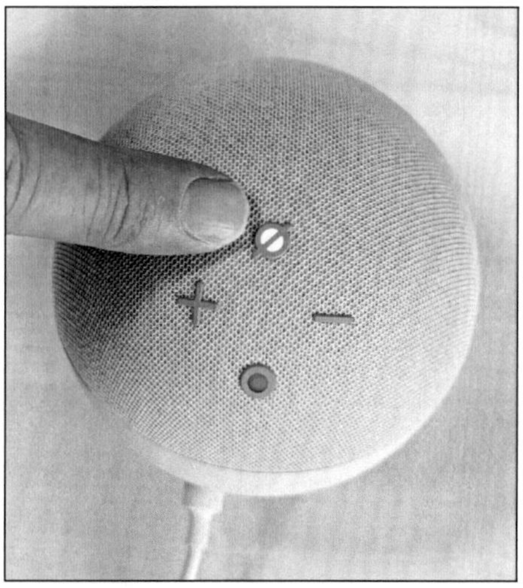

Vielleicht möchten Sie ja, dass Alexa nicht mithört. Für diesen Fall gibt es am Echo-Gerät eine mit ⊘ beschriftete Taste, die das Mikro ausschaltet. Je nach Gerät weist dann ein rot leuchtender LED-Kranz oder eine rote Umrandung im Bildschirm (Echo Show-Geräte) auf diesen Zustand hin. Erneutes Betätigen der ⊘-Taste schaltet das Mikro wieder ein.

Mit einem Schiebemechanismus, der die Linse abdeckt, können Sie bei allen Echo Show-Modellen die Kamera deaktivieren.

2.3 Integration mit anderen Amazon-Diensten

Amazon deckt mit seinen Onlinediensten viele konsumorientierte Lebensbereiche ab. Egal, ob Sie online einkaufen, Spielfilme anschauen, Audiobücher oder Musik hören möchten, Amazon hat das passende Angebot parat. Die eigenen Dienste sind meistens ohne Umwege erreichbar, während Konkurrenten teilweise außen vor bleiben.

Einige Amazon-Dienste sind nur rudimentär über die notwendigerweise auf dem Handy installierte Alexa-App erreichbar. Möchte man beispielsweise selbst Playlists (engl. Wiedergabelisten) in Amazon Music anlegen, muss man die Amazon Music-App installieren. Mit der Kamera der Echo Show-Geräte erstellte Fotos können Sie nur über die Amazon Photos-App löschen, nicht aber in der Alexa-App oder auf dem Echo-Gerät.

2 Security Analysis of the Amazon Echo, Mai 2017: *courses.csail.mit.edu/6.857/2017/project/8.pdf*

3 *www.iot-tests.org/de/2017/06/careless-whisper-uebertraegt-amazon-echo-daten-auch-wenn-es-ruhig-ist*

4 *www.iot-tests.org/de/2017/02/amazon-echo-dot-und-alexa-app-im-test*

3. Einstieg

Damit Sie den Alexa-Dienst nutzen können, benötigen Sie ein sogenanntes »Amazon Echo-Gerät«. Weil es von davon mehrere mit unterschiedlichen Eigenschaften gibt, soll unsere kleine Kaufberatung dabei helfen, das geeignete Modell zu finden.

Die in diesem Kapitel genannten Preise sind auf dem Stand von Dezember 2025. Amazon und einige Handelsketten führen häufiger Verkaufsaktionen wie den Black Friday (zum Jahresende) durch, in deren Rahmen die Echo-Geräte stark reduziert im Angebot sind. Warten auf einen günstigeren Preis kann sich also lohnen!

3.1 Echo Dot

Wenn Sie nur wenig Geld ausgeben möchten, dann greifen Sie zu einem Echo Dot. Das Gerät ist inzwischen in der fünften Auflage erschienen, die Amazon als **Echo Dot 5. Gen.** (»Gen« steht für »Generation«) verkauft.

Das Gerät war einige Zeit in zwei Versionen mit (rund 75 Euro) und ohne Uhrzeitanzeige erhältlich. Inzwischen wird der »Echo Dot mit Uhr« nur noch gebraucht angeboten.

Foto: Amazon

Für gelegentliche Musikwiedergabe ist der Echo Dot 5. Gen nach unserer eigenen Erfahrung vollkommen ausreichend. Selbst Bässe kommen recht gut rüber. Gegen Hifi-Systeme hat der Echo Dot natürlich keine Chance, zumal die Audioausgabe nur mono erfolgt. Im Kapitel *6.2 Multiroom*, *6.3 Equalizer* und *6.6 Stereo* zeigen wir noch, welche Möglichkeiten zur Klangverbesserung Sie haben.

Die verbaute Technik des Echo Dot 5. Gen. unterscheidet sich kaum vom Vorgänger Echo Dot 4. Gen., wenn man mal vom Gehäusedesign absieht. Neu ist der verbaute Temperatursensor, den Sie für automatisierte Abläufe einsetzen können. Deshalb sollten Sie ruhig einen Blick auf den **Echo Dot 4. Gen.** werfen, wenn er günstig irgendwo gebraucht angeboten wird.

Als Gebrauchtgerät finden Sie hin und wieder auch den **Echo Dot 3. Gen.** in Kleinanzeigen. Sofern der Preis deutlich unter 20 Euro beträgt, machen Sie beim Kauf nichts falsch. Dagegen sollten Sie um den **Echo Dot 2. Gen** einen Bogen machen, denn das hässliche Plastikdesign, der schlechtere Klang und die weniger empfindlichen Mikros sprechen nicht für das Modell.

Weil der Echo Dot beim Stromverbrauch recht genügsam ist, verkaufen einige Drittanbieter Akkuständer, mit dem sich das Gerät auch ortunabhängig nutzen lässt. In der Praxis macht das aber kaum Sinn, denn der Echo Dot muss immer eine WLAN-Verbindung haben, was im freien nicht der Fall ist. Außerdem lassen sich alle Alexa-Dienste auch unterwegs mit der Alexa-App per Spracheingabe auf dem Handy nutzen. Wenn Sie beispielsweise Musik im Garten hören möchten, dann ist es vielleicht die Nutzung einer mit dem Handy verbundenen Bluetooth-Box einfacher.

Tipp: Zwei baugleiche Echo oder Echo Dot-Geräte lassen sich für die Stereo-Wiedergabe koppeln. Falls Sie viel Radio oder Musik hören, könnte es eventuell sinnvoll sein, möglichst immer baugleiche Modelle zu erwerben. Welche Geräte Stereo-Kopplung unterstützen, erfahren Sie im Kapitel *6.6 Stereo*.

3.2 Echo Dot Kids

Bis auf das bunte Design unterscheidet sich der Echo Dot Kids nicht vom Echo Dot 5. Gen.

Im Kaufpreis enthalten ist ein einjähriges Abo von Amazon Kids. Danach entstehen monatliche Kosten von 4,99 Euro, sofern man nicht kündigt.

Amazon Kids[5] ist für Kinder von 3 bis 12 Jahren gedacht, die kostenlos Zugriff auf altersgerechte Inhalte (Videos, Hörbücher, Spiele usw.) erhalten. Verschiedene Sicherheitsmaßnahmen verhindern, die Berührung mit unangemessenen Inhalten.

Amazon Kinds ist übrigens nicht auf den Echo Dot Kids beschränkt, sondern lässt sich bei anderen Echo-Geräten jederzeit dazubuchen.

Foto: Amazon

3.3 Echo Pop

Der Echo Pop ist in verschiedenen bunten Farben erhältlich und sieht aus wie ein zweigeteilter Echo Dot.

Aufgrund der etwas größeren Lautsprechermembran (49,5 mm statt 44 mm) und der Lautsprecherausrichtung nach vorne, soll sich der Echo Pop noch besser für Musikwiedergabe eignen als der Echo Dot. Unabhängige Expertentests fallen allerdings häufig zugunsten des Echo Dot aus, was die Existenzberechtigung des Echo Pop etwas in Frage stellt.

Unser Tipp: Falls Sie mal die Wahl zwischen Echo Dot und Echo Pop haben, greifen Sie einfach zum günstigeren Gerät. Sie machen nichts falsch!

Foto: Amazon

5 https://www.amazon.de/ftu/home

3.4 Echo Spot

Amazon bewirbt den Echo Spot (links) als »stylischen smarten Wecker« (Foto: Amazon). Vor ca. 10 Jahren wurde übrigens bereits ein Echo Spot (rechts) verkauft, der sich aber grundlegend vom aktuellen Modell unterschied. Bei der Musikwiedergabe bietet der das neue Echo Spot-Modell einen ähnlich guten Klang wie der Echo Dot.

Ein kleines 2,8 Zoll großes Display zeigt neben der Uhrzeit weitere Infos wie das Wetter, die Weckzeit oder den abgespielten Musiktitel an. Der Echo Spot ist daher interessant für alle, die sich ein Display wünschen, aber eine kompaktere und preisgünstigere Alternative zum größeren Echo Show suchen. Im Schlafzimmer ersetzt er einen konventionellen Wecker.

In unseren Tests haben wir festgestellt, dass der Echo Spot in der niedrigsten Lautstärkenstufe noch etwas leiser als der Echo Dot ist – er ist daher ideal für Nutzer, die sehr leise Hintergrundmusik bevorzugen.

3.5 Echo

Etwa 120 Euro kostet der »Echo«, der bereits in vierter Auflage als **Echo 4. Gen.** angeboten wird. Die Vorgänger sind inzwischen nicht mehr lieferbar. Im Gehäuse des mit Stoff bezogenen Geräts finden ein 20 mm Hochton- und ein 76 mm Tieftonlautsprecher (Woofer) Platz. Entsprechend wuchtig fällt auch der Klang im Vergleich zum oben vorgestellten Echo Dot aus.

Als Gebrauchtgeräte werden in Kleinanzeigen folgende Vorgängermodelle verkauft, die sich bereits durch das röhrenförmige Design vom Echo 4. Gen. unterscheiden:

- **Echo Plus**: Entspricht technisch weitgehend dem Echo 4. Gen.
- **Echo 3. Gen.**: Dem Gerät fehlt die Smart Home-Unterstützung (ZigBee-Hub).
- **Echo 2. Gen.**: Kleinere Lautsprecher mit schlechterem Klang, kein ZigBee-Hub.

Altes Design (rechts) und das neue Design, das mit dem Echo 4. Gen eingeführt wurde. Fotos: Amazon

Den relativ hohen Preis im Vergleich zum Echo Dot rechtfertigt der Echo durch die Integration eines sogenannten Home-Hubs, der Bluetooth Low Energy Mesh, ZigBee, Matter und Thread unterstützt. ZigBee und Thread[6] sind drahtlose Funkstandards zur Industrie- und Heimautomatisierung, die weltweit von mehr als 200 Herstellern unterstützt werden. Beispielsweise lassen sich darüber Sensoren wie Rauch- und Bewegungsmelder koppeln oder Schalter, Lampen oder Thermostate bedienen. Im Kapitel *17 Smart Home* gehen wir darauf noch ein. Zu beachten ist, dass ZigBee und Thread im Alltag nicht unbedingt benötigt werden, denn es werden auf dem Markt zahlreiche Geräte verkauft, die sich direkt über Alexa steuern lassen, beispielsweise Steckdosen.

Wie die anderen Echo-Geräte besitzt der Echo einen Gummifuß, der Kratzer an Möbeln verhindert.

Zwischen dem Echo Dot und dem Echo 4. Gen. ist der **Echo Dot Max** einzuordnen. Foto: Amazon.

Das Gerät bietet aufgrund seines Zwei-Wege-Lautsprechersystems einen deutlich besseren Klang als der Echo Dot. Auch bei der Bedienung geht der Echo Dot Max neue Wege, denn das Tastenfeld ist nun bedienungsfreundlich nach vorne gerichtet. Dafür fehlt die noch bei älteren Echo-Geräten vorhandene ⊙-Taste, mit der man die Spracheingabe von Hand aktiviert.

Weil der Preisunterschied zwischen Echo 4. Gen und Echo Dot Max nur ca. 10 Euro beträgt, würden wir aber aufgrund des nochmal etwas besseren Klangs und der Dolby-Unterstützung eher zum Echo 4. Gen greifen.

6 *en.wikipedia.org/wiki/Zigbee*

3.6 Echo Studio

Lange Zeit konnte Amazon keine Lösung für anspruchsvolle Musikfans anbieten. Zwar lassen sich mehrere Echo-Geräte für Stereo (siehe Kapitel *6.6 Stereo*) oder Multiroom (siehe Kapitel *6.2 Multiroom*) koppeln, die Audioqualität ist aber nicht vergleichbar mit Systemen der Spezialisten Sonos, Harman Kardon, Bose usw.

Um zumindest den Bassbereich vernünftig abzudecken, kam der Tiefbass **Echo Sub** ins Spiel, der mit zwei weiteren Echo-Geräten ein 2.1-Stereosystem bildete. In Tests[7] hatte sich diese Konstellation allerdings nicht bewährt, denn zum einen haben alle Echo-Lautsprecher Probleme mit den Mitten, die auch der Echo Sub nicht korrigiert, zum anderen wurden nur wenige Musikdienste unterstützt, um nur die wichtigsten Probleme zu nennen.

Die aufgeführten Probleme führten zur Entwicklung des Echo Studio. Das seit 2019 angebotene Gerät wurde 2025 vom Echo Studio 2. Gen. abgelöst, es werden aber aktuell (Stand: Ende 2025) noch Restbestände des alten Echo Studios verkauft.

Der alte und der neue Echo Studio. Bitte beachten Sie, dass die Fotos nicht maßstabsgerecht sind, denn das neue Studio-Modell ist ca. 40 Prozent kleiner. Fotos: Amazon.

Mit einer Bestückung aus drei 9,5-cm-Tieftönern und drei 3,8-cm-Breitbandlautsprechern bietet der neue Echo Studio (2. Gen.) eine hochwertige Audiowiedergabe. Das Gerät wiegt 1,6 kg und kostet etwa 240 Euro.

Sofern Ihnen das alte Studio-Modell günstig angeboten wird, sollten Sie ruhig zugreifen, denn das dieses bietet einen guten Klang und ist für seinen kräftigen Bass bekannt. Dagegen verspricht der Nachfolger einen immersiven 3D-Klang mit verbesserter Klarheit. Auch bietet der Nachfolger verbesserte Smart Home-Konnektivität (siehe Kapitel *17 Smart Home*) mit Unterstützung für ZigBee, Matter und Thread, während das alte Modell nur ZigBee unterstützt.

3.7 Echo Show-Bildschirmgeräte

Die Echo Show-Geräte unterstützen den Anwender mit zusätzlichen Bildschirmanzeigen. Wenn Sie beispielsweise mit »*Alexa, Wetter*« die aktuelle Wettervorhersage abfragen, dann erscheint auf dem Display gleichzeitig mit der Sprachausgabe auch eine passende Anzeige. Alle Bildschirmgeräte haben ein berührungsempfindliches Display, das heißt, Sie können im Beispiel der Wetter-

7 *www.golem.de/news/echo-sub-im-test-amazon-braucht-nachhilfe-von-sonos-1812-138181.html*

infos zwischen mehreren Bildschirmseiten mit einer Wischgeste wechseln. In manchen Situationen ersetzt das Antippen einer Bildschirmoption das entsprechende Sprachkommando.

Natürlich wird Videowiedergabe unterstützt. Das aktuelle Fernsehprogramm vieler öffentlich-rechtlicher Sender lässt sich ebenso wiedergeben wie Live-Video einer Alexa-kompatiblen Kamera. Auch Videogespräche zwischen verschiedenen Echo Show-Geräten sind dank der eingebauten Kamera möglich.

Die Ersteinrichtung ist im Vergleich zu den Echo-Geräten ohne Display recht einfach, denn sie erfolgt durch Bildschirmeingaben und benötigt kein Handy (die Einrichtung der verschiedenen Echo-Geräte erläutern wir im Kapitel *4 Erste Einrichtung*).

Die Echo Show-Modelle bedienen unterschiedliche Kundengruppen: Während man sich den Echo Show 5 mit seinem 5 Zoll großem Display sehr gut als Wecker- und Radioersatz im Schlafzimmer vorstellen kann, dürften die größeren Schwestermodelle in Küche oder Wohnzimmer für Alltägliches wie Musik, Video und Internetnutzung Verwendung finden.

Der Echo Show 5 (3. Gen).

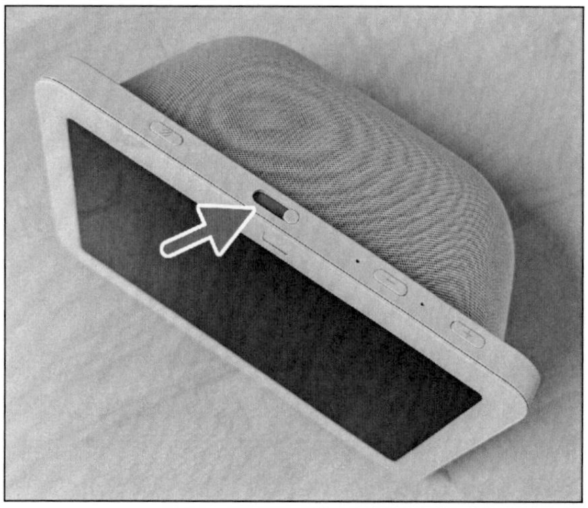

Auf die Befürchtungen vieler Nutzer, dass sie durch die eingebaute Kamera ausspioniert werden, hat Amazon bei den Echo Show-Geräten mit einer Mechanik reagiert, welche die Kameralinse bei Bedarf abdeckt (Pfeil).

Alternativ ist natürlich das Abkleben der Kameralinse mit opaker Klebefolie möglich.

Amazon verspricht, dass mit dem Deaktivieren der Mikrofone (durch die ⊘-Taste auf der Geräteoberseite) auch die Kamera abgeschaltet wird (siehe Kapitel *2.2 Sicherheit*).

3.7.1 Funktionsübersicht

Die Echo Show-Geräte sind schon einige Jahre auf dem Markt und werden ab und zu überarbeitet. Aktuell (Stand: Dezember 2025) sind bereits Modelle der vierten Generation erhältlich.

Amazon nutzt für die verschiedenen Produktvarianten die Bezeichnungen »**Generation**« bzw. »**Gen.**«. Dabei gilt: Die 4. Generation ist neuer als die 3. Generation. Beachten Sie, dass die derzeit aktuellsten Modelle stattdessen von Amazon als »**Neueste Generation**« bezeichnet werden – Sie wissen somit, dass Sie die neueste Technologie kaufen.

Modell	**Echo Show 5**	**Echo Show 8**	**Echo Show 10**	**Echo Show 11**	**Echo Show 15**	**Echo Show 21**
Generation	3. Gen	4. Gen	3. Gen	1. Gen	2. Gen	1. Gen
Display	5,5 Zoll	8,7 Zoll	10,1 Zoll	11,95 Zoll	15,6 Zoll	21 Zoll
Display-Auflösung	960 x 480 Pixel	1340 x 800 Pixel	1280 x 800 Pixel	920 x 1200 Pixel	1920 x 1080 Pixel	1920 x 1080 Pixel
Lautsprecher	44 mm	7,2 mm Woofer, 2 x Breitband	2 x 56 mm (Stereo)	7,2 mm Woofer, 2 x Breitband	2 x 15 mm Hochtöner, 2 x 51 mm Woofer	2 x 15 mm Hochtöner 2 x 51 mm Woofer
Farben	Anthrazit / Weiß / Graublau	Anthrazit / Weiß	Schwarz / Weiß	Schwarz / Weiß	Schwarz	Schwarz
Konnektivität	-	Zigbee,Matter, Thread Border Router	Bluetooth Low Energy Mesh, Zigbee, Matter	Zigbee,Matter, Thread Border Router	X	X
Preis (ca.)	110 Euro	200 Euro	270 Euro	240 Euro	330 Euro	440 Euro

Die Modelle Echo Show 15 und Echo Show 21 fallen etwas aus der Reihe, da sie standardmäßig mit einer Wandhalterung geliefert werden. Das Echo Show 15 wird sogar explizit für den Kücheneinsatz beworben.

Optional sind Ständer im Handel verfügbar, mit denen man sie wie einen PC-Monitor aufstellen kann.

3.8 Eingestellte Echo-Geräte

Die eigentliche Intention hinter Alexa und den Echo-Geräten war die Etablierung eines weiteren Vertriebskanals neben der Amazon-Website. Das sprachgesteuerte Einkaufserlebnis war aber niemals ein Erfolg, denn die Amazon-App und das Shoppen über den Handy-Webbrowser sind viel bequemer und übersichtlicher. Zur Markteinführung der Echo-Geräte war der Erfolg des Shoppings per Smartphone natürlich noch nicht absehbar.

Offenbar genoss die Alexa-Abteilung bei Amazon jahrelang eine völlige Narrenfreiheit bei der Produktentwicklung, was zu hohen Kosten führte. Im ersten Quartal 2023 – soll die Alexa-Abteilung einen Betriebsverlust von 3 Milliarden (!) US-Dollar verursacht haben, worauf das Unternehmen seit Ende 2023 mit einem drastischen Personalabbau reagierte[8].

Als Endkunde müssen sich trotzdem keine Gedanken machen, dass plötzlich Ihr Echo nicht mehr richtig funktioniert, denn für Amazon sind die Echo-Geräte und Alexa weiterhin von Bedeutung. Inzwischen zeigt es sich, dass das Unternehmen nicht mehr jedes Jahr neue Echo-Geräte auf den Markt wirft und diese dann teilweise etwas teurer sind. Zum Beispiel wird der Echot Dot seit fast

8 https://www.heise.de/news/Amazon-Entlassungen-sollen-vor-allem-Alexa-Team-betreffen-7347583.html

vier Jahren unverändert verkauft, während früher fast jedes Jahr ein neues Modell der Baureihe auf den Markt kam.

Die nachfolgend vorgestellten Produkte richteten sich an bestimmte Zielgruppen und wurden teilweise schon nach wenigen Monaten eingestellt. Ab und sind diese Geräte noch gebraucht erhältlich, weshalb wir es für sinnvoll halten, sie kurz vorzustellen. Vielleicht ist ja etwas für Sie dabei?

Die **Echo Wall Clock** war eine Wanduhr, die vor allem in der Küche Verwendung finden sollte. Gekoppelt über Bluetooth mit einem Echo-Gerät dient die Wall Clock als Timer. 60 LEDs, die rund um das Ziffernblatt angeordnet sind, informieren über den Zeitablauf.

Amazon hat die Echo Wall Clock relativ schnell wieder aus dem Programm genommen, da sie von den Kunden nicht angenommen wurde. Das billige Platikgehäuse (das zudem nur in einer Farbevariante erhältlich war) ist einfach nicht repräsentativ für eine Küche und die Countdown-Funktion erfüllt auch ein Echo Show bei Bedarf.

Foto: Amazon

Ungewöhnlich ist auch das Konzept des **Echo Flex**: Hier wurde auf ein separates Steckernetzteil verzichtet – stattdessen befindet sich die gesamte Technik in einem kompakten weißen Gehäuse, das man einfach an eine Steckdose anschließt.

Einsatzgebiet des Echo Flex sind Orte, an denen man Zugriff auf die Alexa-Sprachsteuerung haben will, aber keine hochwertige Musik- oder Radiowiedergabe benötigt, denn dafür ist das Gerät nicht ausgelegt.

Über den USB-Anschluss des Echo Flex laden Sie wahlweise Ihr Handy auf oder schließen eines der beiden separat erhältlichen Module für Bewegungserkennung (unten im Bild) oder ein Nachtlicht an.

Nur kurze Zeit wurde ab 2019 der **Echo Spot** angeboten. Offenbar konnte das Gerät seine Zielgruppe nicht überzeugen, denn das runde Display ist nur 2,5 Zoll (=6,4 cm) groß und der verbaute 36-mm-Lautsprecher klingt doch sehr blechern.

Inzwischen wird wieder ein Echo Spot verkauft, der aber mit dem alten Modell nur den Namen gemein hat.

Der kleine und flache **Echo Input** enthält nur Mikrofone und setzt deshalb einen separaten Lautsprecher voraus, der per Bluetooth oder 3,5 mm-Klinkenkabel verbunden wird.

Gegenüber dem Echo Dot, der nur geringfügig teurer angeboten wurde, hatte der Echo Input keine Vorteile und verschwand schnell aus dem Amazon-Angebot.

Heute könnte der Echo Input für einige Kunden wieder interessant sein, denn aktuelle Echo-Modelle besitzen keinen Klinkenstecker mehr, an die man eine kabelgebundene Lautsprecherbox anschließen könnte.

Foto: Amazon

Bis er dem Echo Spot weichen musste, war der Echo Dot mit Uhr ein praktische Alternative zur Schlafzimmeruhr. Allerdings lässt sich die LED-Anzeige nicht vollständig dimmen, was unter Umständen in der Nacht nervt.

Abhängig vom Sprachbefehl zeigt das Dot-Matrix-Display zusätzliche Infos wie die Lautstärke, die Temperatur oder die Weckzeit an.

Foto: Amazon

4. Erste Einrichtung

Sie haben Ihr neues Echo-Gerät ausgepackt und vor sich stehen? Dann geht es jetzt an die einmalig nötige Einrichtung!

Ihr Echo-Gerät ist nur bei einer funktionierenden Internetverbindung über WLAN nutzbar, weshalb Sie ihm einmalig das WLAN-Kennwort mitteilen müssen. Diesen merkt sich das Echo-Gerät, das heißt, Sie können das Echo-Gerät bequem an Ihrem Schreibtisch einrichten, dann vom Netzteil trennen und am Wunschort aufstellen und wieder mit dem Netzteil anschließen. Dort muss natürlich ebenfalls WLAN-Empfang vorhanden sein. Dies können Sie einfach mit dem Handy überprüfen.

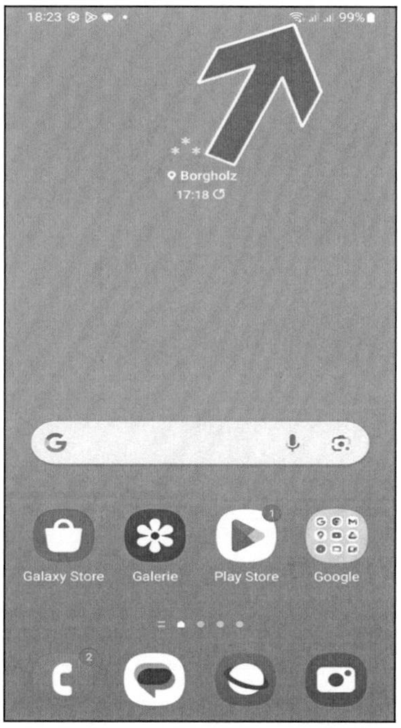

Auf allen Handys wird der WLAN-Empfang mit Balken angezeigt (Pfeil), was Ihnen bei der Suche nach einem optimalen Aufstellort für Ihr Echo-Gerät hilft.

Ist bereits absehbar, dass sich am WLAN-Zugangspunkt etwas ändert, beispielsweise weil Sie den WLAN-Router austauschen, dann sollten Sie mit der Echo-Einrichtung erst warten. Sie müssen sonst das Echo-Gerät zurücksetzen und die umständliche Konfiguration erneut durchführen. Gleiches gilt auch, wenn sich das WLAN-Kennwort ändert.

Zwar läuft die Kommunikation zwischen Echo-Gerät und Amazon über eine verschlüsselte Verbindung ab, trotzdem sollten Sie keinen unverschlüsselten WLAN-Zugangspunkt verwenden.

Viele WLAN-Router unterstützten einen sogenannten Gastzugang, der direkte Netzwerkverbindungen zwischen den damit verbundenen Geräten verhindert. Selbstverständlich lässt sich Ihr Echo-Gerät auch daran betreiben, denn ein Datenaustausch findet immer nur zwischen dem Amazon-Server im Internet und dem jeweiligen Echo-Gerät statt.

Die weitere Voraussetzung ist ein Amazon-Konto, über das Sie sonst bei dem amerikanischen Unternehmen online shoppen. Problematisch wird es, wenn auch noch andere Personen in Ihrem Haushalt das Echo-Gerät/die Echo-Geräte nutzen möchte(n). Es bestehen dann drei Möglichkeiten:

- Jedem Hausbewohner steht ein eigenes Echo-Gerät in seinem Zimmer zur Verfügung, das über sein Amazon-Konto läuft. Andere haben darauf keinen Zugriff. In der Praxis kaum zu realisieren, denn in gemeinschaftlich genutzten Räumen wie Küche oder Wohnzimmer werden Sie ja ebenfalls einen Echo stehen haben.
- Alternativ nutzen Sie Profile. Dazu richtet eine Person alle Echo-Geräte mit seinem Amazon-Konto ein. Anschließend werden nacheinander für alle anderen Haushaltsmitglieder Profile eingerichtet. Mit einem Sprachbefehl wird dann bei Bedarf zwischen den Profilen (=Nutzern) gewechselt. Darauf geht noch Kapitel *12.10 Stimmenprofil* ein.

Ein Konto bei Amazon (*www.amazon.de*) ist zwingend, denn damit werden unter anderem die vorgenommenen Einstellungen abgelegt. Außerdem stehen über das Amazon-Konto alle Dienste wie Amazon Musik oder Amazon Video (nur Echo-Geräte mit Display) zur Verfügung und auch Online-Shopping ist direkt über das Echo-Gerät möglich. Wenn Sie noch kein Amazon-Konto haben sollten, dann richten Sie es über die Alexa-App ein, auf die wir noch im Kapitel *4.2 Alexa-App* eingehen. Kosten für das Amazon-Konto entstehen übrigens nicht, sofern Sie nicht zusätzliche Funktionen wie beispielsweise Amazon Music Unlimited für die Musikwiedergabe aktivieren, was Thema im Kapitel *6 Musik* ist.

4.1 Akkubetrieb

Die Echo-Geräte sind ursprünglich nicht für den mobilen Einsatz gedacht. Deshalb verfügen sie über keinen Akku, sondern setzen einen permanenten Steckdosenanschluss voraus.

Mehrere Drittanbieter verkaufen allerdings für die Echo-Geräte zusätzliche Akkus, die Sie mit dem Suchbegriff »Batteriesockel« oder »Akkusockel« auf Amazon finden. Achten Sie auf die Betriebshinweise, denn große Lautstärke beziehungsweise Bildschirmhelligkeit können den Akku oder das Verbindungskabel an ihre Leistungsgrenze bringen.

Beachten Sie, dass Sie in fremder Umgebung die WLAN-Einrichtung erneut durchführen müssen. Möchten Sie beispielsweise Ihren Echo Dot auch auf der Arbeit verwenden, dann empfehlen wir die Anschaffung eines separaten Geräts. Beachten Sie bitte unsere Sicherheitshinweise im Kapitel *16.3 Kaufoptionen*, damit nicht Dritte beispielsweise Bestellungen im Amazon-Online-Shop aufgeben.

In vielen Situationen ist es allerdings nicht nötig, das Echo-Gerät in einen anderen Raum mitzunehmen: Je nach dessen Aufstellort und Umgebungsgeräuschen können Sie es auch aus mehreren dutzend Metern Entfernung per Stimme steuern. Die Qualität der eingebauten Mikrofone macht es möglich. Vergessen Sie nicht, dass Sie Sprachbefehle auch über die Alexa-App (siehe nächstes Kapitel) geben können.

Alternativ besteht auch die Kopplungsmöglichkeit des Echo-Geräts mit einem Bluetooth-Lautsprecher, die wir im Kapitel *7 Bluetooth* vorstellen. Diese Funkanbindung erlaubt das freie Platzieren der per Akku betriebenen Bluetooth-Lautsprecherbox im Zimmer.

4.2 Alexa-App

Die Alexa-App (App = engl. Anwendung), welche für iPhones, Amazon Fire-Tablets und Android-Handys/Tablets erhältlich ist, wird für die Einrichtung aller Echo-Geräte ohne Display (unter anderem Echo und Echo Dot) benötigt. Käufer eines der Echo Show-Geräte können dagegen auf die Alexa-App verzichten, weil sie die Einrichtung direkt auf dem Touchdisplay vornehmen.

Auch wenn Sie die Alexa-App zunächst nicht benötigen, sollten Sie sie installieren, denn sie erleichtert Ihnen später die Suche und Aktivierung von weiteren Skills (Fähigkeiten) sowie die Verwaltung von Kontakten, Alarmzeiten, der Musikdienste, des Einkaufszettels und die Konfiguration vorhandener Alexa-kompatibler Geräte.

Sollten Sie kein Handy besitzen, dann verwalten Sie die Alexa-Funktionen auf dem PC mit dem Webbrowser unter der Webadresse *alexa.amazon.de*. Beachten Sie aber, dass Sie darüber kein Echo-Gerät ohne Display einrichten können.

4.2.1 Installation auf dem Android-Handy

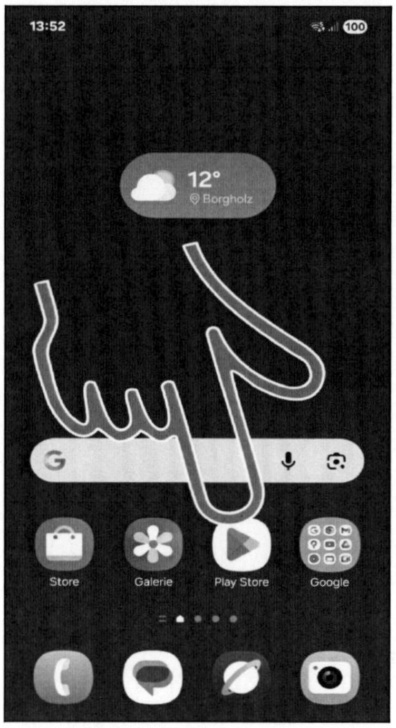

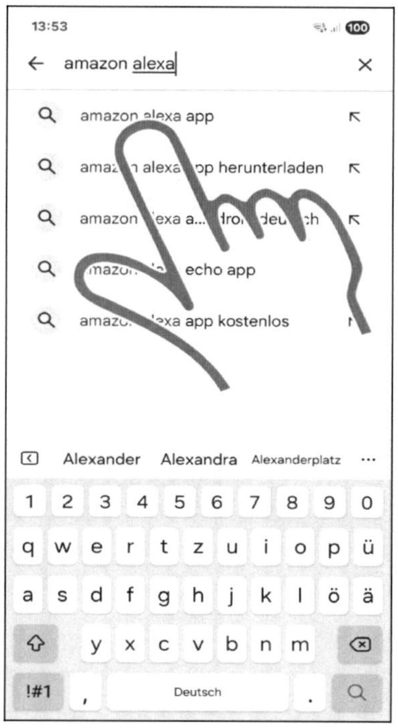

❶ Rufen Sie den *Play Store* auf (sie finden diesen, je nach Handymodell, an anderer Stelle auf dem Bildschirm).

❷ Tippen Sie auf *Suche* und geben Sie *»amazon alexa«* ein. Groß- und Kleinschreibung spielen keine Rolle.

❸ Der Play Store schlägt »*Amazon Alexa App*« vor, das Sie auswählen.

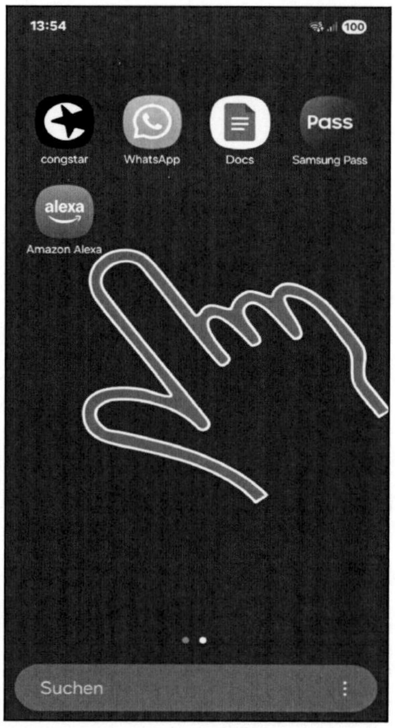

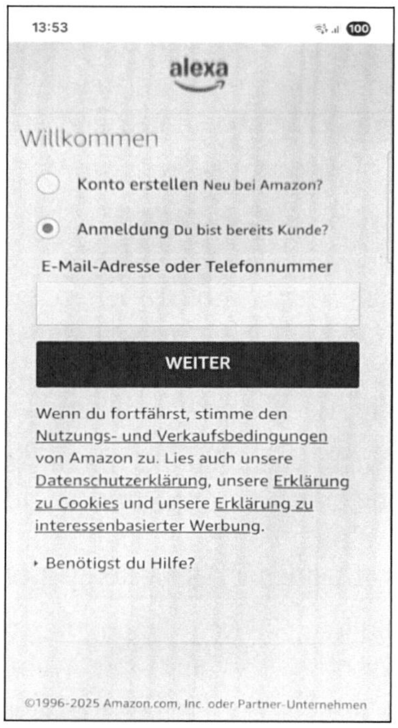

❶ Betätigen Sie *Installieren* und folgen Sie den Anweisungen, bis das Herunterladen startet. Sie können nun den Play Store verlassen, denn die Installation läuft automatisch im Hintergrund ab.

❷ Nach einigen Sekunden erscheint im Startbildschirm beziehungsweise Hauptmenü die *Amazon Alexa*-Anwendung, die Sie nun starten.

❸ Hier geben Sie einmalig Ihre E-Mail-Adresse zu Ihrem Amazon-Konto ein und betätigen auf WEITER. Im nächsten Bildschirm erfassen Sie das Passwort und betätigen *ANMELDEN*. Sie haben noch kein Amazon-Konto? Dann legen Sie mit *Konto erstellen* eines an.

Lesen Sie im Kapitel *4.4 Ersteinrichtung von Echo-Geräten* weiter.

4.2.2 Installation auf dem iPhone

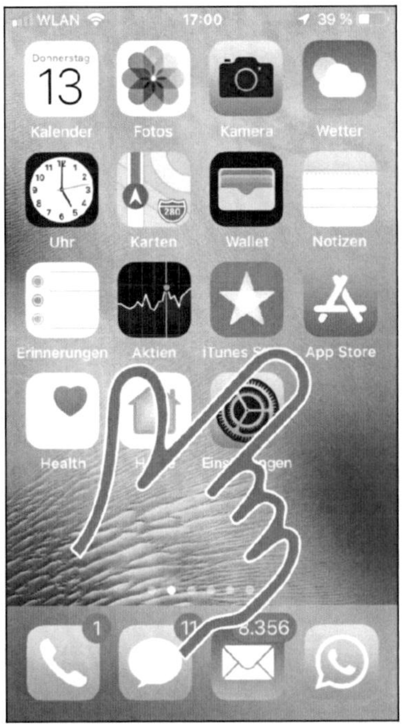

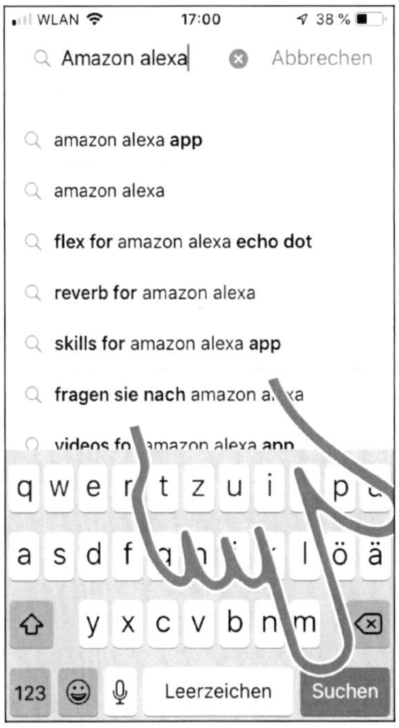

❶ Rufen Sie den *App Store* auf.

❷❸ Gehen Sie auf *Suchen* und geben Sie *Amazon Alexa* ein, dann betätigen Sie *Suchen* auf dem Tastenfeld.

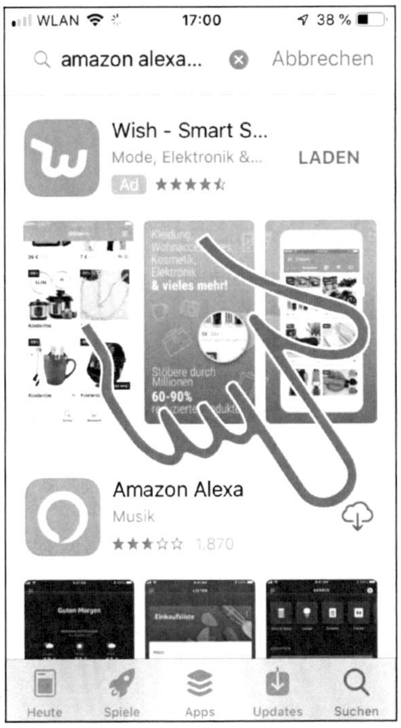

❶ Betätigen Sie [Download-Symbol], was die Installation anstößt.

❷ Danach starten Sie mit *Amazon Alexa* die Alexa-App aus der Programmauflistung.

4.2.3 Einrichtung

Die einmalig nötige Konfiguration läuft auf iPhone und Android-Handy sehr ähnlich ab, weshalb wir hier nur auf Android eingehen.

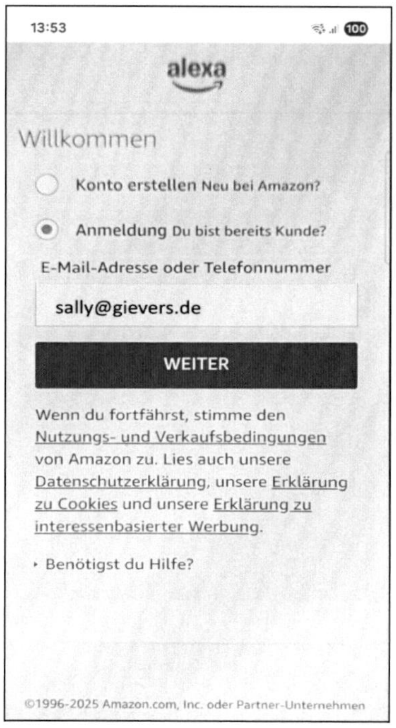

❶ In unserem Beispiel ist bereits ein Amazon-Konto vorhanden, mit dem wir uns nun anmelden.

❷ Im Folgenden richten wir die Alexa-App einmalig ein. Betätigen Sie *Zustimmen und Fortfahren.*

❸ Betätigen Sie Annehmen.

❶ Gehen Sie auf *Weiter.*

❷ Tippen Sie auf den Kontonamen.

❸ Gegebenenfalls passen Sie hier Vor- und Nachnamen ein, die später für die Personalisierung von Alexa verwendet werden. Gehen Sie auf *Zustimmen und Fortfahren.*

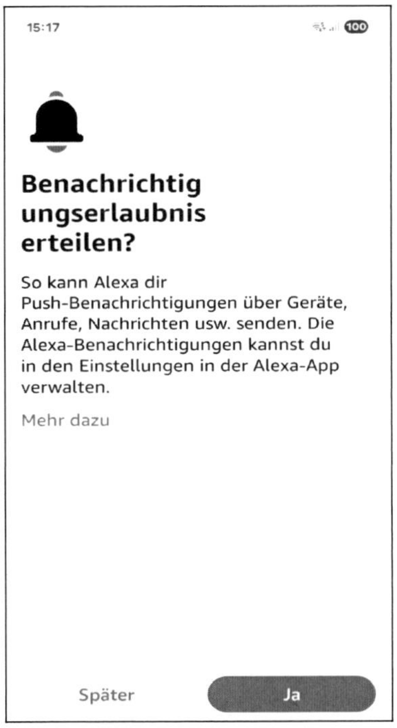

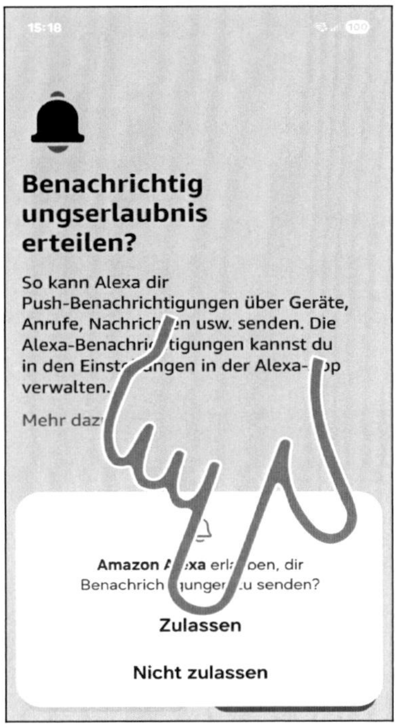

❶❷ Aktivieren Sie die Benachrichtigungen mit *Ja* und *Zulassen*.

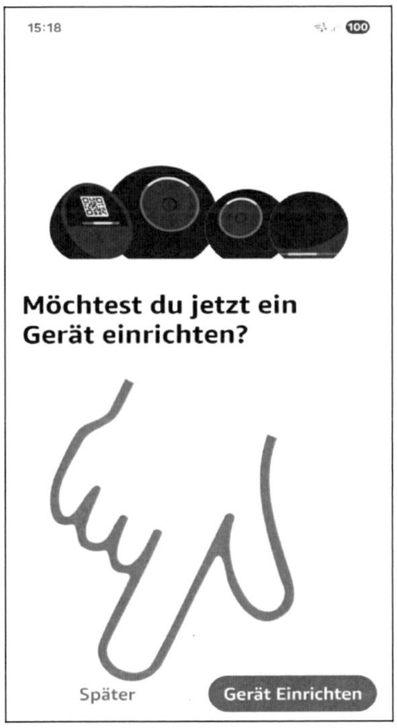

❶ Wählen Sie *Später.*

❷❸ Nun möchte Alexa die Spracherkennung optimieren. Betätigen Sie *ZUSTIMMEN* und dann *Bei Benutzung der App*.

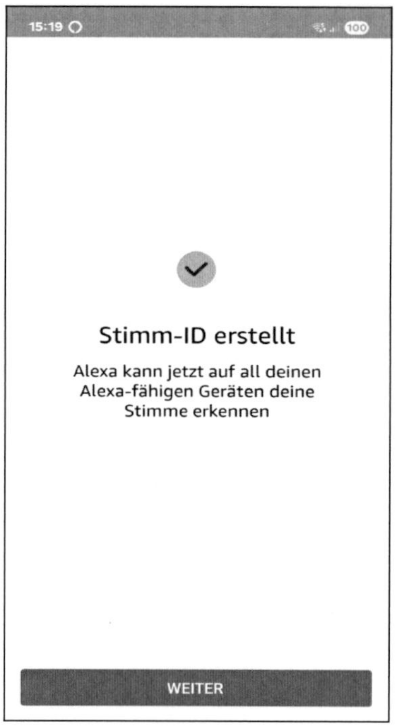

❶❷ Sprechen Sie die vier nacheinander angezeigten Texte in einer ruhigen Umgebung und in einem Abstand von ca. 30-40 cm zum Handy. Schließen Sie zum Schluss mit *WEITER* ab.

❶❷ Betätigen Sie *Ja* und schließen Sie das Popup mit *Zulassen*.

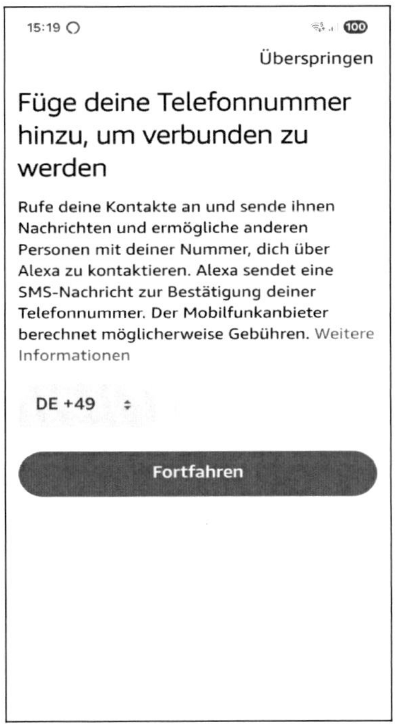

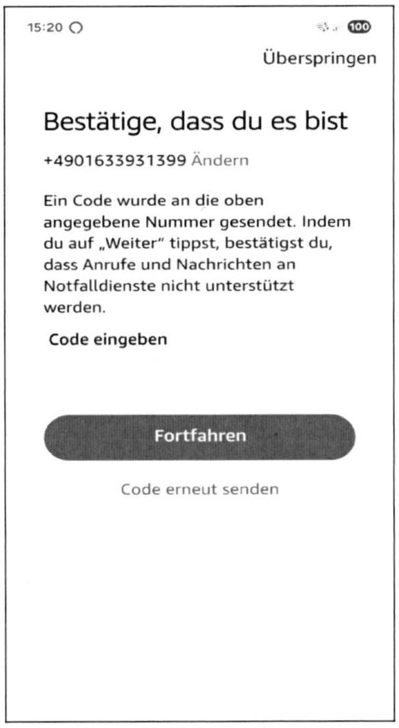

❶ Die Verifizierung per Handynummer ist eine zusätzliche Sicherheitsmaßnahme. Geben Sie hier Ihre Handynummer ein und betätigen Sie *Fortfahren.*

❷ Anschließend erfassen Sie die empfangene PIN und betätigen *Fortfahren*.

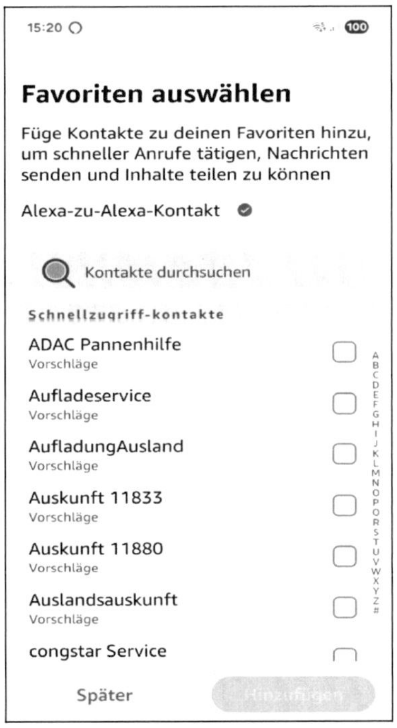

❶ Betätigen Sie *Später.*

❷❸ Schließen Sie die Bildschirme mit *Das Sind Alle* und *Fertig.*

❶ Eventuell erscheint nach kurzer Zeit ein Hinweis-Popup, in dem Sie auf *MEHR DAZU* gehen.

❷ Betätigen Sie dann *Ja* und *Zulassen.*

4.3 Grundfunktionen

Im Folgenden stellen wir die Benutzeroberfläche der Alexa-App kurz vor, damit Sie sich während der Geräteeinrichtung darin zurechtfinden. In den entsprechenden Kapiteln dieses Buchs gehen wir, sofern nötig, genauer auf die Alexa-App ein.

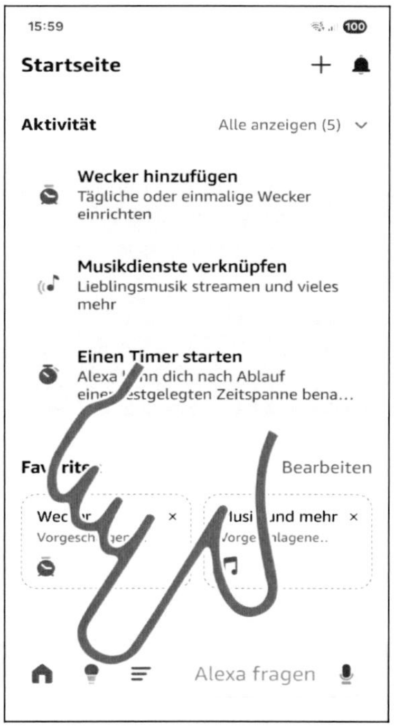

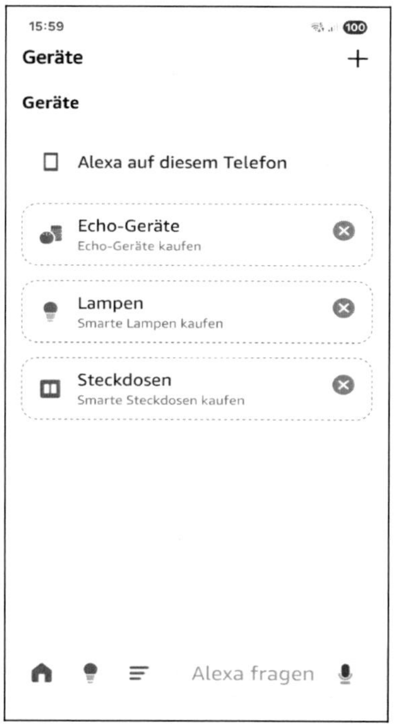

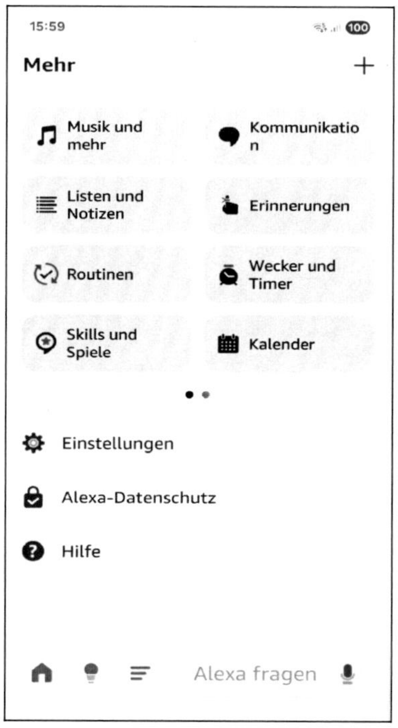

❶❷ Über die Register am unteren Bildschirmrand schalten Sie um zwischen:

- (*Startseite*): Zeigt Ihre letzten Aktivitäten an und macht Vorschläge zur optimalen Nutzung von Alexa.
- (*Geräte*): Alexa und Alexa-fähige Geräte verwalten.

- (*Mehr*): Weitere Funktionen, auf die wir später im Buch eingehen:
  - *Musik und mehr*: Listet die von Ihnen zuletzt genutzten Amazon Music-Playlists, sowie Radio- und TV-Sender auf.
  - *Kommunikation*: Verwaltet Anrufe und Nachrichten. Sie können andere Geräte, die dies unterstützten (alle Echo-Geräte, sowie Handys, auf denen die Alexa-App installiert ist) anrufen oder ihnen Nachrichten schreiben.
  - *Listen und Notizen*: Einkaufs- und To-Do-Liste.
  - *Erinnerungen*: Alexa erinnert Sie rechtzeitig an kurzfristige, einmalige Ereignisse.
  - *Routinen*: Automatisierte Abläufe, entweder zeitgesteuert oder abhängig von Sensoren.
  - *Wecker und Timer*
  - *Skills und Spiele*: Drittanbieter haben Alexa um weitere Sprachbefehle erweitert, die Sie hier abrufen beziehungsweise einrichten.
  - *Kalender*: Terminverwaltung, wobei Sie Alexa rechtzeitig an fällige Termine erinnert.
  - *Einstellungen*: Alexa an Ihre Bedürfnisse anpassen.
  - *Alexa-Datenschutz*: Hier können Sie die von der Alexa-App aufgezeichneten Sprachaufnahmen und Aktivitäten überprüfen.
  - *Hilfe*: Listet übersichtlich sortiert alle Themengebiete rund um Alexa auf.

4.3.1 Sprachbefehle über die Alexa-App

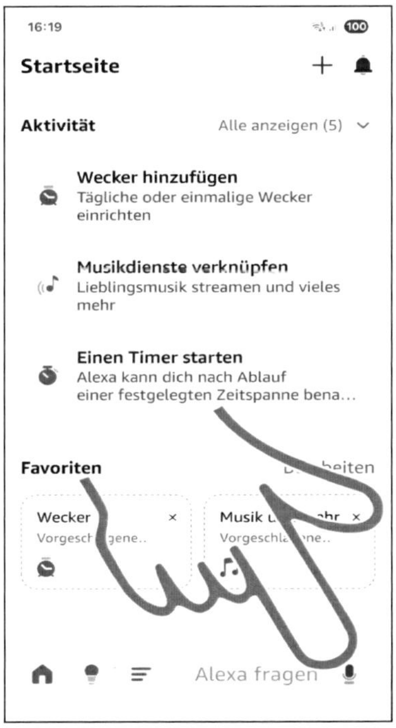

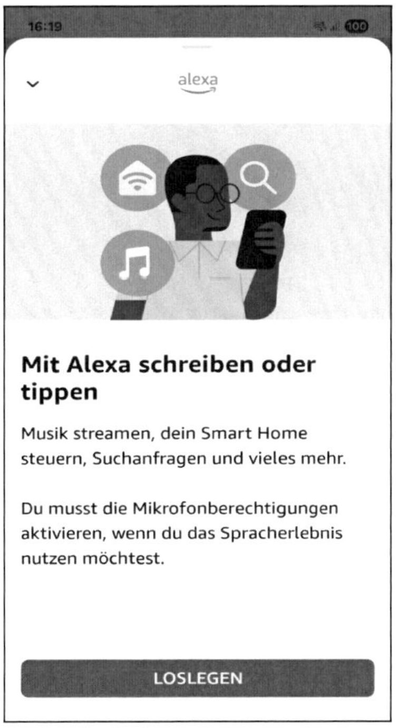

❶ Sicherlich möchten Sie jetzt Alexa mal ausprobieren. Dazu tippen Sie einfach die -Schaltleiste an.

❷❸ Beim ersten Aufruf müssen Sie einmalig einige Genehmigungen erteilen. Betätigen sie dazu *LOSELEGEN, WEITER* und dann *Bei Nutzung der App.*

In der Alexa-App ist auch der Sprachbefehl aktiv: Aktivieren Sie Alexa mit dem Signalwort »Alexa« und sprechen Sie dann den Befehl.

❶❷ Sagen Sie beispielsweise »*Wie ist das Wetter?*«, worauf eine Wettervorhersage erfolgt.

Probieren Sie ruhig mal weitere Befehle aus, die Ihnen in den Sinn kommen. Sie können dabei nichts kaputt machen!

❶ Blättern Sie mit einer Wischgeste.

❷ Die ╳-Schaltleiste schließt den Bildschirm.

4.4 Ersteinrichtung von Echo-Geräten

Die folgende Anleitung bezieht sich auf alle Echo-Geräte ohne Display, wobei wir der Einfachheit halber nur vom »Echo« sprechen.

Am Aufstellort muss eine Steckdose sowie WLAN-Empfang vorhanden sein. Die eingebauten Richtmikros funktionieren am besten, wenn der Echo etwa 20 cm von Wänden beziehungsweise Schränken entfernt aufgestellt wird. Wir empfehlen einen Platz, an dem Sie freien Blick auf das Gerät haben, denn ein Ring aus mehreren LEDs dient dort als Indikator, wenn das Gerät Befehle auswertet.

Sollte das Aufstellen des Echos in direktem Sichtkontakt aus ästhetischen Gründen nicht möglich sein, ist das auch kein Beinbruch. In der Handy-App stellen Sie dann einfach ein Signal ein, das immer dann ertönt, wenn ein Befehl erkannt wurde. Sofern sinnvoll, gibt Alexa aber ohnehin eine gesprochene Rückmeldung auf Ihre Sprachbefehle.

Schließen Sie den Echo am Netzteil an. Nach etwa einer Minute schaltet sich ein Leuchtring ein, der zunächst blau und dann orange blinkt. Gleichzeitig fordert Sie eine freundliche Frauenstimme in mehreren Sprachen auf, die Einrichtung mit der Alexa-App fortzusetzen.

Es gibt mehrere Möglichkeiten, Ihr neues Echo-Gerät einzurichten:

- **Sie setzen bereits mindestens ein Echo-Gerät ein**: Von Ihnen direkt bei Amazon erworbene Echo-Geräte sind von Amazon bereits mit den korrekten WLAN-Einstellungen vorprogrammiert. Geräte ohne Bildschirm sind daher sofort nach dem Anschluss an das Netzteil einsatzbereit und benötigen keine weitere Konfiguration. Bildschirmgeräte müssen dagegen noch einen vereinfachten Assistenten durchlaufen.
- Die Echo Show-Modelle richten Sie direkt über ihren Bildschirm ein. Sie benötigen dazu keine Alexa-App.
- Auf die Werkseinstellungen zurückgesetzte Echo-Geräte oder nicht auf der Amazon-Website gekaufte Echo-Geräte (ohne Bildschirm) müssen über die Alexa-App eingerichtet werden. Normalerweise wird nach dem Aufruf der Alexa-App automatisch das neue Echo-Gerät zur Einrichtung vorgeschlagen.

4.4.1 Echo-Geräte ohne Bildschirm

Die im Folgenden für Echo, Echo Dot, Echo Pop und Echo Dot beschriebene Einrichtung gilt in ähnlicher Form auch für andere Modelle wie den Echo Studio sowie für Geräte, die nach Veröffentlichung dieses Buchs erschienen sind.

Wichtig: Sie haben Ihr Echo-Gerät bei Amazon erworben und bereits mindestens ein Echo-Gerät im Einsatz? Dann warten Sie nach dem Anschluss des Echo-Geräts am Netzteil einige Minuten, damit es sich automatisch einrichten kann. Sie erhalten anschließend eine Erfolgsmeldung als Sprachausgabe. Alternativ werden Sie aufgefordert, die Einrichtung in der Alexa-App fortzusetzen, worauf Sie im Kapitel *4.4.1.a Weitere Einrichtung* weiterlesen.

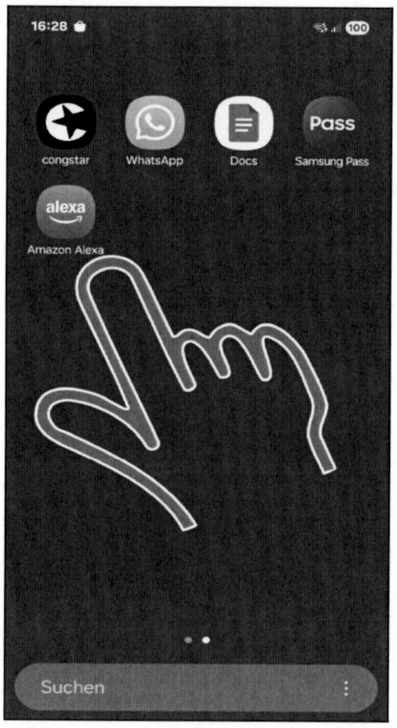

❶ Rufen Sie die Alexa-App auf Ihrem Handy auf.

❷ Eventuell erkennt die Alexa-App automatisch, dass Sie ein Echo-Gerät koppeln möchten und weist Sie darauf hin. In diesem Fall ersparen Sie sich einige der nachfolgend beschriebenen Bedienschritte, wenn Sie *ZUSTIMMEN UND FORTFAHREN* im Popup betätigen. Lesen Sie dann in Kapitel *4.4.1.a Weitere Einrichtung* weiter.

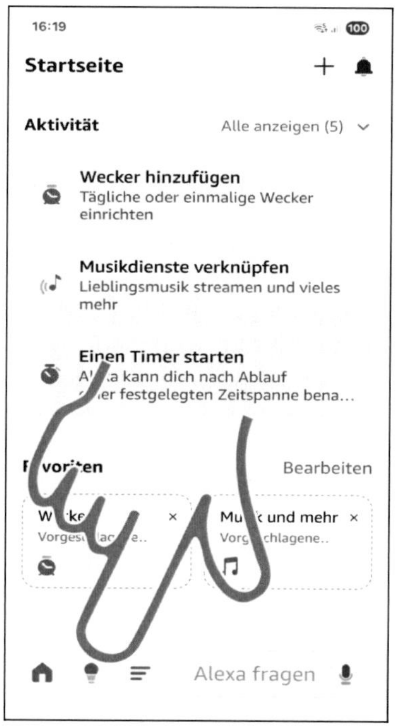

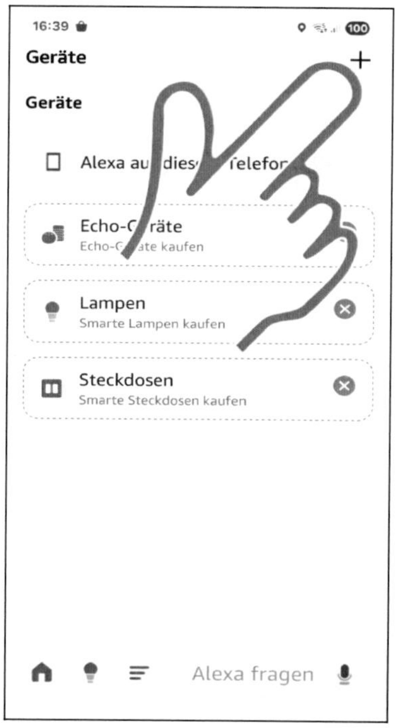

❶ Aktivieren Sie das (*Geräte*)-Register.

❷ Betätigen Sie +.

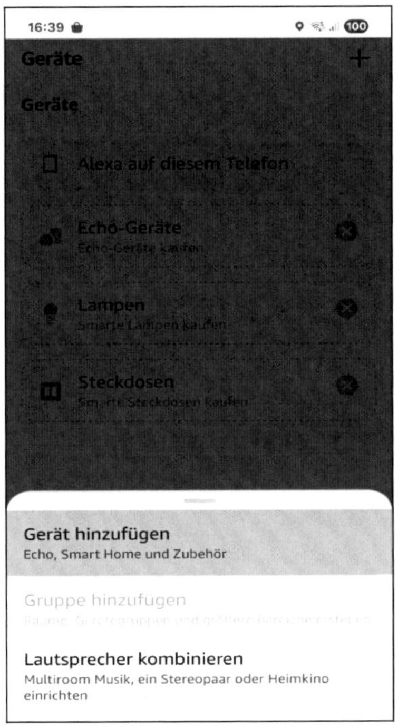

❶ *Gerät hinzufügen* betätigen Sie als Nächstes.

❷ Hier wählen Sie *Amazon Echo* aus.

❸ In unserem Fall möchten wir einen *Echo Spot* einrichten, wir gehen auf den ersten Listeneintrag für die Echo-Geräte.

❶❷ Einmalig bittet die App um Erlaubnis für die Bluetooth-Nutzung, die Sie mit *Weiter* und *Zulassen* gestatten.

❶ Prüfen Sie, ob der Lichtring orange leuchtet, das Gerät also bereit zur Einrichtung ist. Falls dies nicht der Fall sein sollte, versuchen Sie das Gerät, wie im Kapitel *4.5 Echo-Gerät zurücksetzen* beschrieben, zurückzusetzen. Antworten Sie nun mit *Ja.*

❷ Warten Sie, während die Suche erfolgt.

❸ Es dauert etwa eine Minute, bis der Echo gefunden wurde. Tippen Sie ihn an.

Nach einiger Zeit geht der der Echo in den Schlafmodus. Sie erkennen dies am blauen LED-Ring. Die Handy-App kann dann keine Verbindung aufbauen. In diesem Fall müssen Sie für 6 Sekunden die ⊙-Taste auf der Geräteoberseite drücken, worauf der LED-Ring eine orange Farbe annimmt. Alternativ können Sie auch kurz den Netzstecker ziehen und wieder einstecken.

❶ Wählen Sie einen WLAN-Zugangspunkt aus, den der Echo künftig nutzen soll.

❷ Erfassen sie das Kennwort und betätigen Sie *Fertig* oder *OK* auf dem Tastenfeld beziehungsweise *Verbinden.*

❸ Betätigen Sie *Weiter.*

Tipp: Sofern Sie mehrere Echo-Geräte nutzen, sollten Sie sie alle bei nur einem WLAN-Zugangspunkt anmelden. Sie brauchen dann das WLAN-Passwort bei Kopplung weiterer Geräte nicht erneut einzugeben, weil die Alexa-App sich dieses merkt und automatisch verwendet. Auch wenn Sie vorhaben, später mehrere Echo-Geräte für Multiroom-Wiedergabe zu koppeln (siehe Kapitel *6.2 Multiroom*) müssen sich die beteiligten Geräte im gleichen WLAN befinden.

4.4.1.a Weitere Einrichtung

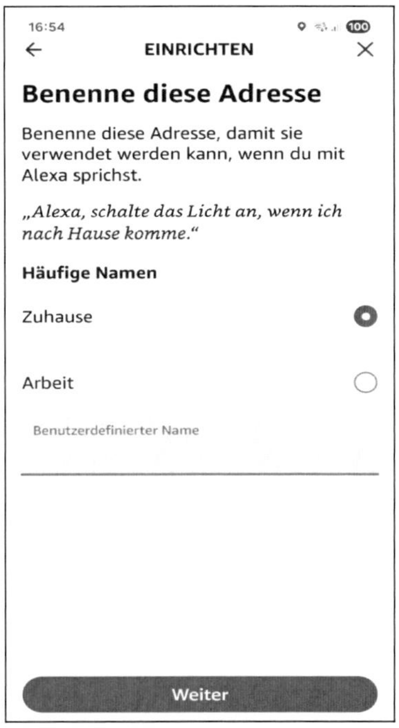

❶ Alexa möchte nun wissen, an welchem Standort sich das Echo-Gerät befindet. Sofern Sie bereits mal ein Echo-Gerät angelegt hatten, wird der Standort vorgeschlagen und Sie müssen ihn nur durch kurzes Antippen markieren (Pfeil) und dann *WEITER* betätigen.

❷ Andernfalls betätigen Sie *Gib eine neue Adresse ein* (Pfeil) und erfassen Ihre Adresse im Format »Am Bahnhof 10 34434 Borgentreich«. Gehen Sie dann auf *Weiter.*

❸ Danach werden Sie nach der Art der Adresse gefragt, worauf Sie *Zuhause* auswählen und *Weiter* betätigen.

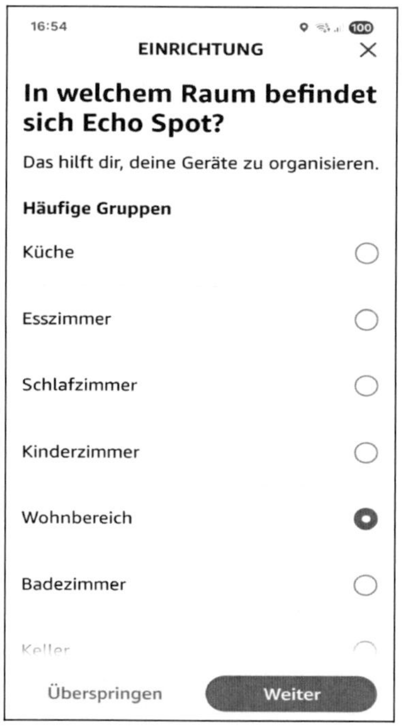

❶ Falls Sie einen Echo Dot Kids einrichten, erscheint dieser Bildschirm. Betätigen Sie *Kids+ kostenpflichtig aktivieren*, um den im Kaufpreis enthaltenen Amazon Kids-Tarif für ein Jahr kostenlos zu nutzen. Andernfalls tippen Sie auf X oben rechts (Pfeil).

❷ Wählen Sie den Standort des Echo-Geräts im Haus aus (Sie können dies und alle weiteren Einstellungen später jederzeit ändern).

❶❷ Im Beispiel eines Echo Spot wählen Sie nun die gewünschte Uhrzeitanzeige aus und gehen auf *Weiter* und den folgenden Bildschirm ebenfalls mit *Weiter.*

❸ Betätigen Sie *Los geht's.*

4.4.2 Echo Show-Gerät einrichten

Ihr Echo Show-Gerät richten Sie über Bildschirmeingaben ein, sodass Sie die Handy-App zunächst nicht benötigen. Sie müssen allerdings bereits ein Amazon-Konto besitzen, das Sie gegebenenfalls vorher auf dem PC oder im Handy-Webbrowser über *www.amazon.de* anlegen.

Schließen Sie den Echo Show an die Stromversorgung an, worauf nach einige Minuten die Sprachausgabe »*Hallo, bereit für die Einrichtung*« erfolgt.

Je nach Echo Show-Modell sehen bei Ihnen die angezeigten Bildschirme etwas anders aus. Falls mal eine Anzeige nicht der im Buch entspricht, wählen Sie einfach die naheliegendste Option.

4.4.2.a Echo Show mit Vorabeinrichtung

Sofern Sie Ihren Echo Show direkt bei Amazon erworben haben, ist bereits Ihr Amazon-Konto auf dem Gerät eingerichtet. Dies erspart Ihnen einige Konfigurationsschritte.

Stammt der Echo Show von einem Drittanbieter, haben Sie ihn gebraucht erworben oder als Geschenk von Freunden erhalten, dann lesen Sie bitte im Kapitel *4.4.2.b Manuelle Echo Show-Einrichtung* weiter.

Eventuell fragt Sie der Echo Show als Erstes nach der Sprache.

❶ Die Frage nach Barrierefreiheitsfunktionen beantworten Sie mit *Überspringen* (dieser Bildschirm erscheint nicht beim Echo Show 5).

❷ Gehen Sie auf *ZUSTIMMEN & WEITER* beziehungsweise *Ja, das bin ich* (Echo Show 15).

Achtung: Wenn Sie nicht die in der Begrüßung »Hallo, xxx« genannte Person sind, dann wurde der Echo Show bereits auf jemand anders vorregistriert. Betätigen Sie in diesem Fall *NEIN* und lesen Sie im Kapitel *4.4.2.b Manuelle Echo Show-Einrichtung* weiter.

Beim Echo Show 5 erscheinen die Konfigurationsbildschirme in anderer Reihenfolge oder werden sogar übersprungen.

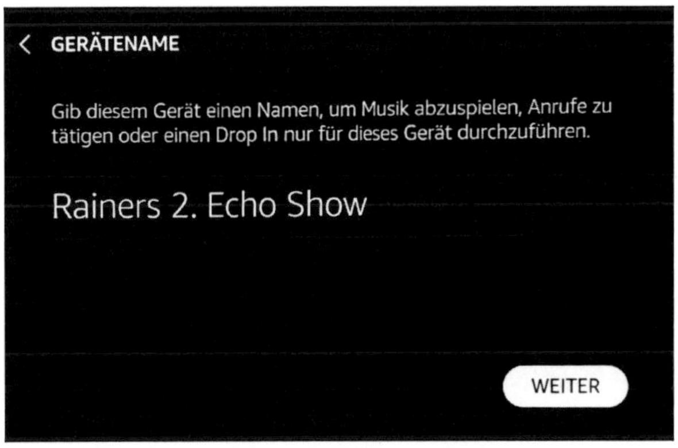

❶ Betätigen Sie *WEITER.*

❷ Unter dem Gerätenamen identifizieren Sie später den Echo Show, falls Sie ihn mal von einem anderen Echo-Gerät steuern möchten. Eine Änderung des Namens ist später jederzeit möglich, weshalb Sie auf *WEITER* gehen.

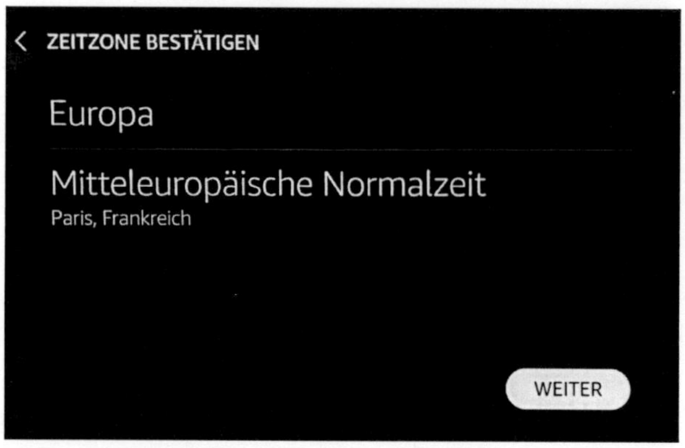

❶ Für einige Funktionen wie die Wettervorhersage wird Ihr genauer Standort benötigt, wobei das Gerät eventuell bereits eine Adresse vorschlägt, die Sie mit *WEITER* übernehmen. Andernfalls betätigen Sie *ÜBERSPRINGEN*, worauf Sie die Adresse später noch eingeben können.

❷ Bestätigen Sie die Zeitzone mit *WEITER*.

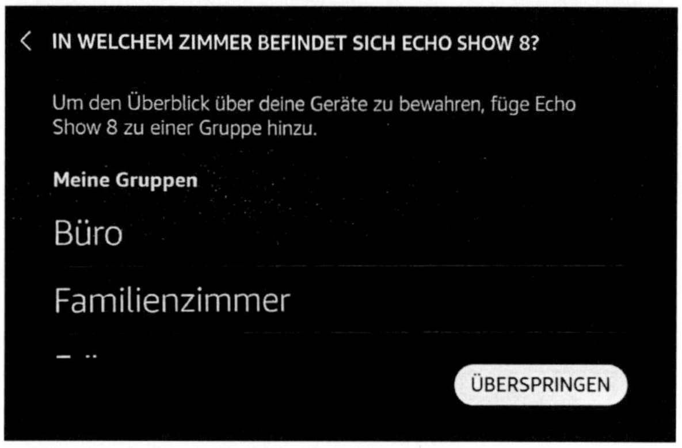

❶ Die Zuordnung zu einer Gerätegruppe macht nur beim Einsatz mehrerer Echo-Geräte im Haushalt Sinn. Wir gehen darauf noch später ein, weshalb Sie jetzt erst auf *ÜBERSPRINGEN* gehen.

❷ Eventuell ist nun eine Softwareaktualisierung nötig, die Sie mit *JETZT AKTUALISIEREN* einleiten.

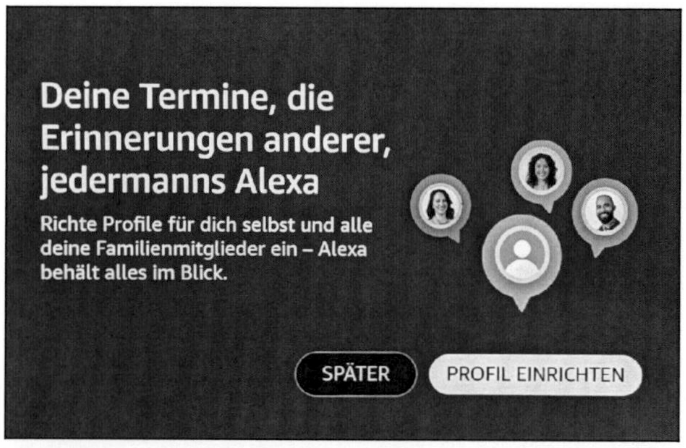

❶ Ihr Echo Show zeigt im Standby-Betrieb stetig wechselnde Hintergründe an, die Sie hier auswählen. Wir übernehmen allerdings die Voreinstellung *Abstrakte Formen*, indem wir einfach auf *WEITER* gehen.

❷ Betätigen Sie *SPÄTER*.

❶ Die angebotene Raumüberwachung dürfte nur für die wenigsten Anwender nützlich sein. Gehen Sie auf *NICHT JETZT.*

❷ Amazon Kids ist ein kostenpflichtiger Dienst, den wir später noch beschreiben. Betätigen Sie hier *NEIN.*

❶ Audible bietet Hörbücher zum Verleih an, setzt allerdings ein kostenpflichtiges Abo voraus. Wir verzichten, indem wir *Nein danke* antippen.

❷ Es folgt eine Geräteeinführung, die Sie bei Bedarf mit dem Sprachbefehl »*Alexa stop*« vorzeitig beenden.

Sie können nun den Echo Show nutzen.

4.4.2.b Manuelle Echo Show-Einrichtung

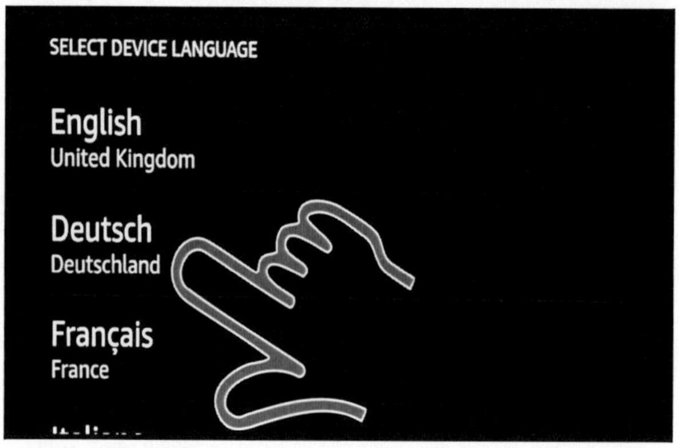

❶ Tippen Sie *Deutsch* an.

❷ Das Gerät zeigt alle verfügbaren WLAN-Zugangspunkte an, wovon Sie einen auswählen.

> Falls Sie vorhaben, später mehrere Echo-Geräte für Multiroom-Wiedergabe zu koppeln (siehe Kapitel *6.2 Multiroom*) müssen sich die beteiligten Geräte im gleichen WLAN befinden. Verwenden Sie daher bei allen Echo-Geräten den gleichen WLAN-Zugangspunkt.

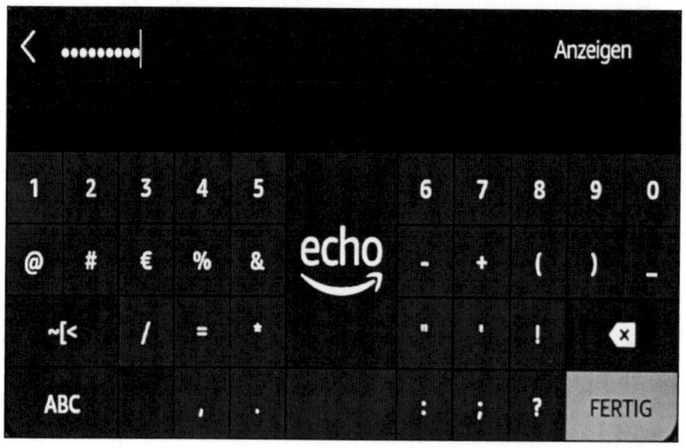

❶ Sie geben nun das WLAN-Kennwort ein. Dazu tippen Sie in das entsprechende Eingabefeld, sofern nicht bereits die Kennwortabfrage erscheint.

❷ Mit der *&123*-Taste schalten Sie bei Bedarf auf das nummerische Tastenfeld um. Schließen Sie den Vorgang mit *FERTIG* unten rechts auf dem Tastenfeld ab.

Achten Sie darauf, dass *Passwort auf Amazon speichern* aktiviert ist. Dies erleichtert später die Einrichtung von weiteren Geräten. Betätigen Sie *Verbinden.*

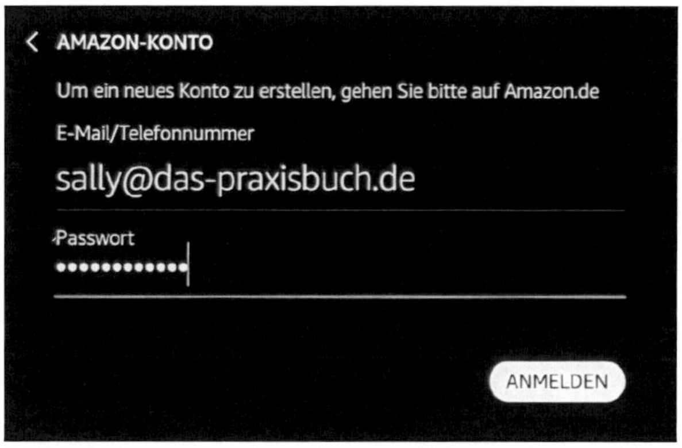

❶❷ Als Nächstes müssen Sie Ihr Amazon-Konto angeben. Tippen Sie auf *E-Mail/Telefonnummer*, dann geben Sie Ihren Login-Namen ein und betätigen *ANMELDEN*.

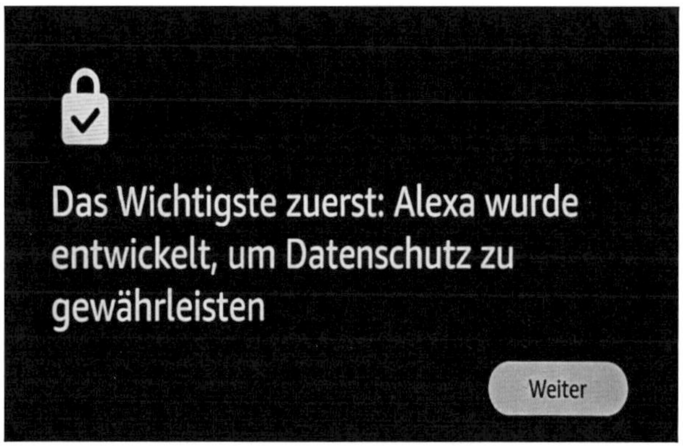

❶ Gehen Sie auf *ZUSTIMMEN & WEITER.*

❷ Schließen Sie den Hinweis mit *WEITER.*

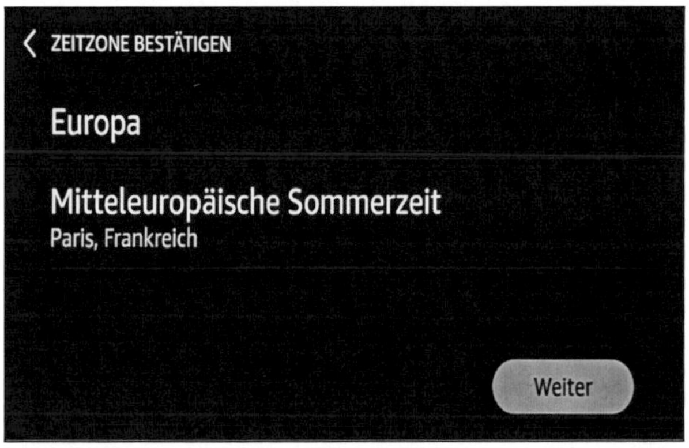

Die Zeitzone dürfte bereits korrekt auf Mitteleuropäische Normalzeit stehen. Gehen Sie auf *Weiter.*

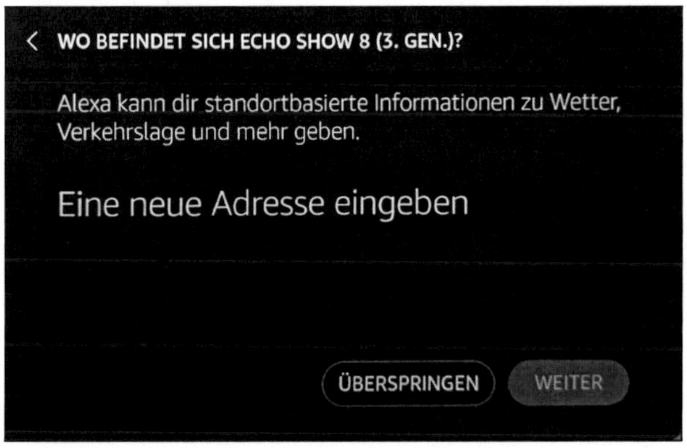

❶❷ Falls nach dem Gerätestandort gefragt wird, gehen Sie auf *ÜBERSPRINGEN* und *WEITER.* Auf die standortabhängigen Funktionen geht das Buch später noch ein. Falls Sie bereits mal bei

Amazon etwas bestellt hatten, wird dagegen die Adresse vorgeschlagen und Sie brauchen Sie nur mit *WEITER* zu übernehmen.

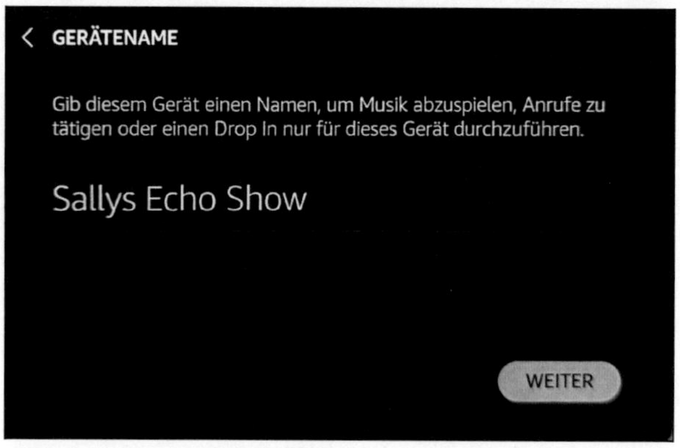

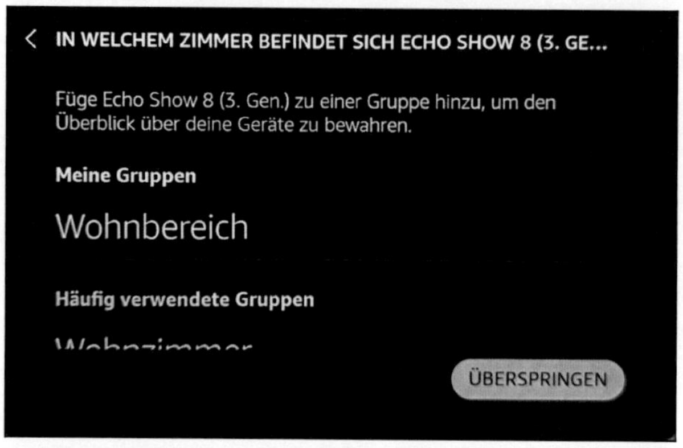

➊ Der Gerätename spielt erst dann eine Rolle, wenn Sie mehrere Echo-Geräte nutzen. Er lässt sich später jederzeit ändern, weshalb Sie hier keine Änderungen vornehmen und *WEITER* betätigen.

➋ Es besteht die Möglichkeit, das Gerät einem Raum zuzuweisen. Darauf gehen wir später noch ein, weshalb Sie einfach *ÜBERSPRINGEN* betätigen können.

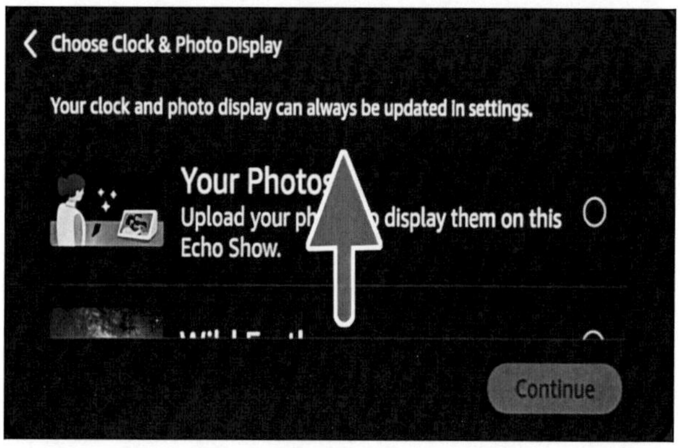

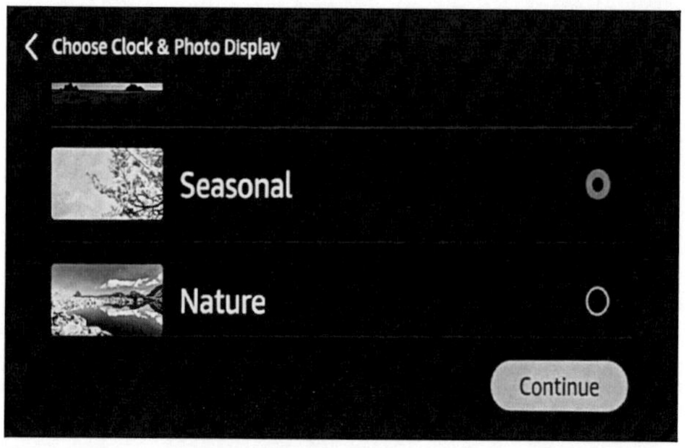

➊ Ihr Echo Show zeigt im Standby-Betrieb stetig wechselnde Hintergründe an, die Sie hier auswählen. Blättern Sie mit einer Wischgeste durch die Liste und wählen Sie eine der Vorgaben, aber nicht *Your Photos,* weil dies mit zusätzlichem Aufwand verbunden wäre.

➋ Betätigen Sie *Continue.*

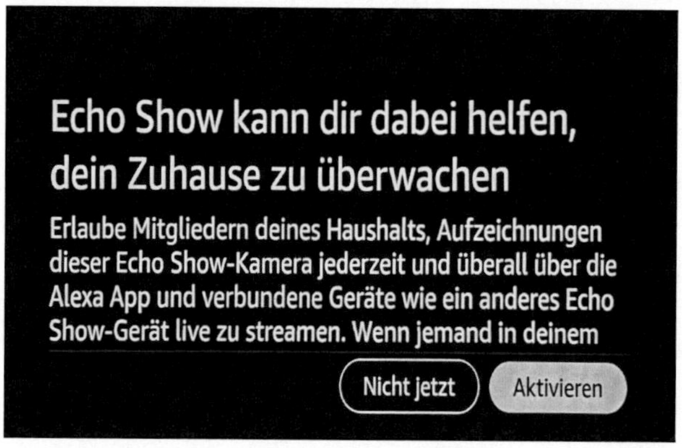

➊ Betätigen Sie *Später.*

➋ Die angebotene Raumüberwachung dürfte nur für die wenigsten Anwender nützlich sein. Gehen Sie auf *Nicht jetzt.*

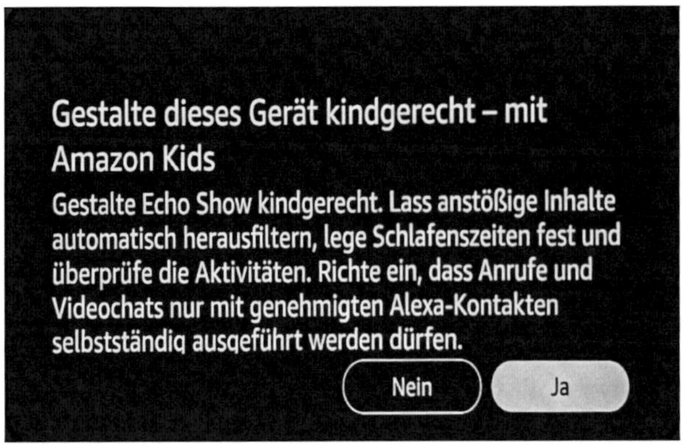

❶ Amazon Kids ist ein kostenpflichtiger Dienst, den wir später noch beschreiben. Betätigen Sie hier *Nein*.

❷ Amazon bietet die Möglichkeit eines kostenpflichtigen Musikabos an, das Sie aber mit *Nein, danke* ablehnen.

Auf die Musikwiedergabe geht noch Kapitel *6 Musik* ein.

Gratulation! Der Echo Show ist eingerichtet und Sie können nun damit arbeiten.

4.5 Echo-Gerät zurücksetzen

Wenn Sie Ihr Echo-Gerät mit einem neuen WLAN-Zugangspunkt oder einem anderen Amazon-Konto verwenden möchten, müssen Sie es erst zurücksetzen. Gleiches gilt auch für den Fall, dass Sie Ihr Echo-Gerät an einen Dritten weitergeben. In seltenen Fällen kann laut Amazon nach einem Absturz der enthaltenen Software ebenfalls ein Zurücksetzen nötig sein, was uns aber noch nie passiert ist.

4.5.1 Zurücksetzen am Gerät

Wenn Ihr Echo-Gerät nicht reagiert, könnte vielleicht ein Neustart helfen. Dazu ziehen Sie einfach den Netzstecker und warten 10 Sekunden, bevor Sie das Gerät wieder mit dem Strom verbinden.

Je nach Gerät verwenden Sie für das Zurücksetzen unterschiedliche Tastenkombinationen[9].

Geräte ohne Display:

- **Echo Dot (2. - 5. Generation)**:
  - Zurücksetzen, aber Verbindung zu Smart-Home-Geräten beibehalten: ⊙-Taste 25 Sekunden drücken. Der Lichtring wechselt zu Orange.
  - Zurücksetzen auf Werkseinstellungen: ⊘-Taste und ⊖-Taste für ca. 20 Sekunden drücken. Der Lichtring schaltet sich aus und dann wieder ein.

9 *www.amazon.de/gp/help/customer/display.html?nodeId=GK7P5SPCQ3MN65VR*

- **Echo Pop:**
  - Zurücksetzen, aber Verbindung zu Smart-Home-Geräten beibehalten: ⊕- und ⊖-Taste auf der Geräteoberseite gleichzeitig für 15 Sekunden gedrückt halten.
  - Zurücksetzen auf Werkseinstellungen: ⊘-Taste und ⊖-Taste für ca. 25 Sekunden drücken. Der Lichtbalken schaltet sich aus und wieder ein.
- **Echo Plus (2. Generation)**:
  - Zurücksetzen, aber Verbindung zu Smart-Home-Geräten beibehalten: ⊙-Taste 25 Sekunden drücken, bis sich der Lichtring orange färbt.
  - Zurücksetzen auf Werkseinstellungen: ⊘-Taste und ⊖-Taste für ca. 20 Sekunden drücken. Der Lichtring schaltet sich aus und dann wieder ein.
- **Echo (2. Generation)**:
  - Zurücksetzen, aber Verbindung zu Smart-Home-Geräten beibehalten: ⊙-Taste 20 Sekunden drücken, bis sich der Lichtring orange färbt.
  - Zurücksetzen auf Werkseinstellungen: ⊘-Taste und ⊖-Taste für ca. 8 Sekunden drücken. Der Lichtring schaltet sich aus und dann wieder ein.
- **Echo (3. + 4. Generation)**:
  - Zurücksetzen, aber Verbindung zu Smart-Home-Geräten beibehalten: ⊙-Taste 20 Sekunden drücken, bis sich der Lichtring orange färbt.
  - Zurücksetzen auf Werkseinstellungen: ⊘-Taste und ⊖-Taste für ca. 8 Sekunden drücken. Der Lichtring schaltet sich aus und dann wieder ein.
- **Echo Studio**:
  - Zurücksetzen, aber Verbindung zu Smart-Home-Geräten beibehalten: ⊙-Taste 20 Sekunden drücken, bis sich der Lichtring orange färbt.
  - Zurücksetzen auf Werkseinstellungen: ⊘-Taste und ⊖-Taste für ca. 20 Sekunden drücken. Der Lichtring schaltet sich aus und dann wieder ein.
- **Alle Echo Show-Geräte und Echo Spot**:
  - Sagen Sie den Befehl »*Alexa, Einstellungen*«, dann gehen Sie auf *Geräteoptionen* und *Auf Werkseinstellungen zurücksetzen*. Achtung: Sie müssen eventuell zuvor verbundene Smart-Home-Geräte separat zurücksetzen, damit der Echo Show sich wieder damit verbinden kann.
  - Bei Geräten mit ZigBee-Unterstützung finden Sie zusätzlich den Menüpunkt *Auf Werkseinstellungen zurücksetzen, aber Smart-Home-Geräteverbindungen beibehalten.* Sie ersparen sich damit die spätere Neueinrichtung der gekoppelten ZigBee-Geräte (siehe Kapitel *17.4 ZigBee und Thread*).

Bei allen Geräten macht anschließend die Stimme auf die Einrichtungsbereitschaft aufmerksam und Sie können sie dann erneut mit Ihrem Amazon-Konto koppeln.

Achtung beim Zurücksetzen auf die Werkseinstellungen: Sie müssen eventuell zuvor verbundene Smart-Home-Geräte separat zurücksetzen, damit sich das Echo-Gerät wieder damit verbinden kann.

4.5.2 Zurücksetzen über die Alexa-App

Echo-Geräte, die Sie in der Alexa-App entfernen, werden ebenfalls automatisch zurückgesetzt.

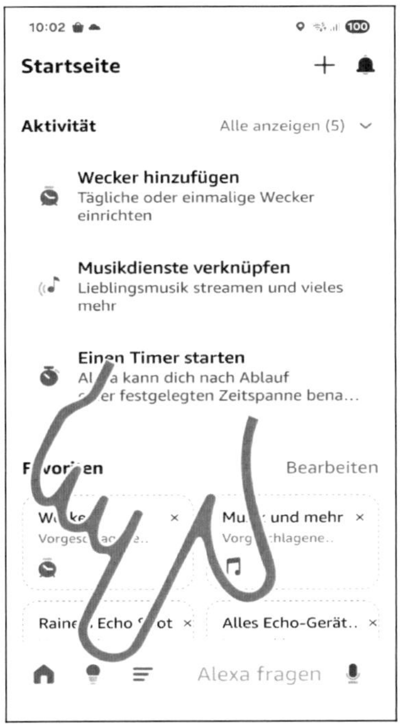

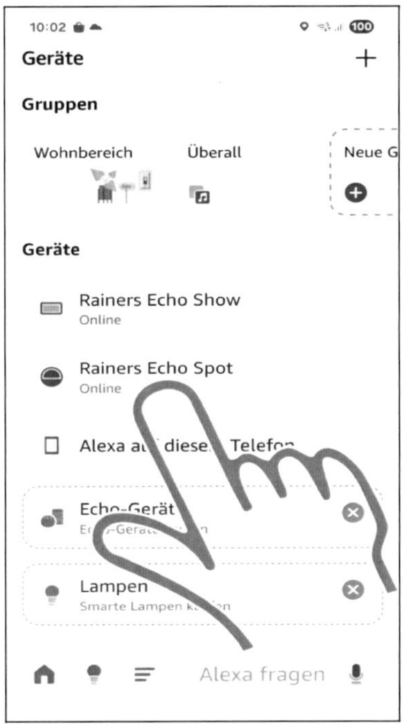

❶ Rufen Sie das 💡 (*Geräte*)-Register mit 💡 auf.

❷ In unserem Beispiel wählen wir einen Echo Dot aus, den wir entfernen möchten.

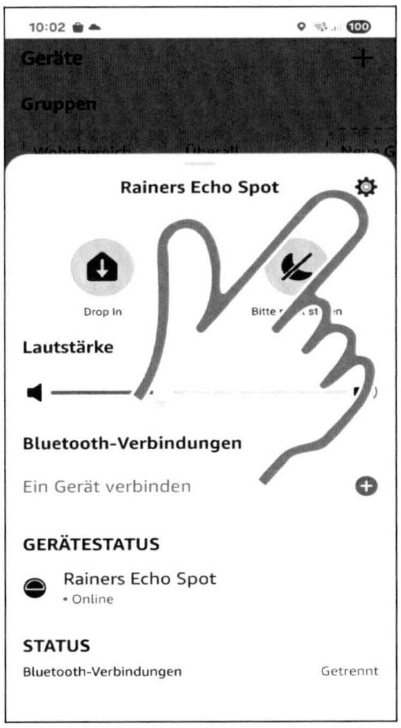

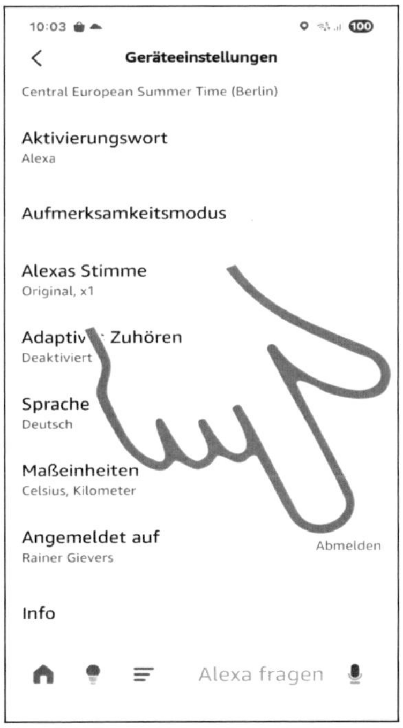

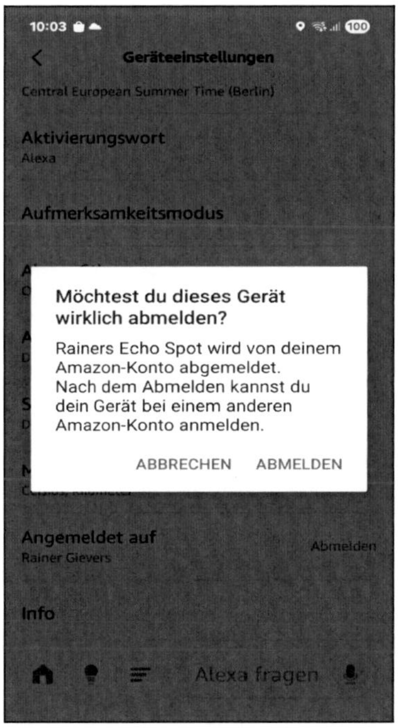

❶ Gehen Sie auf ⚙.

❷ Rollen Sie durch das Menü und gehen Sie auf *Abmelden.*

❸ Die Sicherheitsabfrage beantworten Sie erneut mit *ABMELDEN.*

> Bei den Echo Show-Modellen müssen Sie stattdessen den Menüpunkt *Auf Werkseinstellungen zurücksetzen* aufrufen.

4.6 WLAN-Zugangspunkt ändern

Manchmal muss der von Ihrem Echo-Gerät verwendete WLAN-Zugangspunkt geändert werden. Dies ist zum Beispiel der Fall, wenn Sie Ihren WLAN-Router austauschen oder das Echo-Gerät in eine andere Wohnung mitnehmen.

Es ist natürlich möglich, wie im Kapitel *4.5 Echo-Gerät zurücksetzen* beschrieben, einfach Ihr Echo-Gerät zurückzusetzen. Haben Sie allerdings bereits einen Bluetooth-Lautsprecher (siehe Kapitel *7 Bluetooth*) oder ZigBee-Geräte damit verbunden, müssen Sie deren Kopplung anschließend wiederholen. Besser ist daher die nachfolgend beschriebene Vorgehensweise zum Austausch des WLAN-Zugangspunkts.

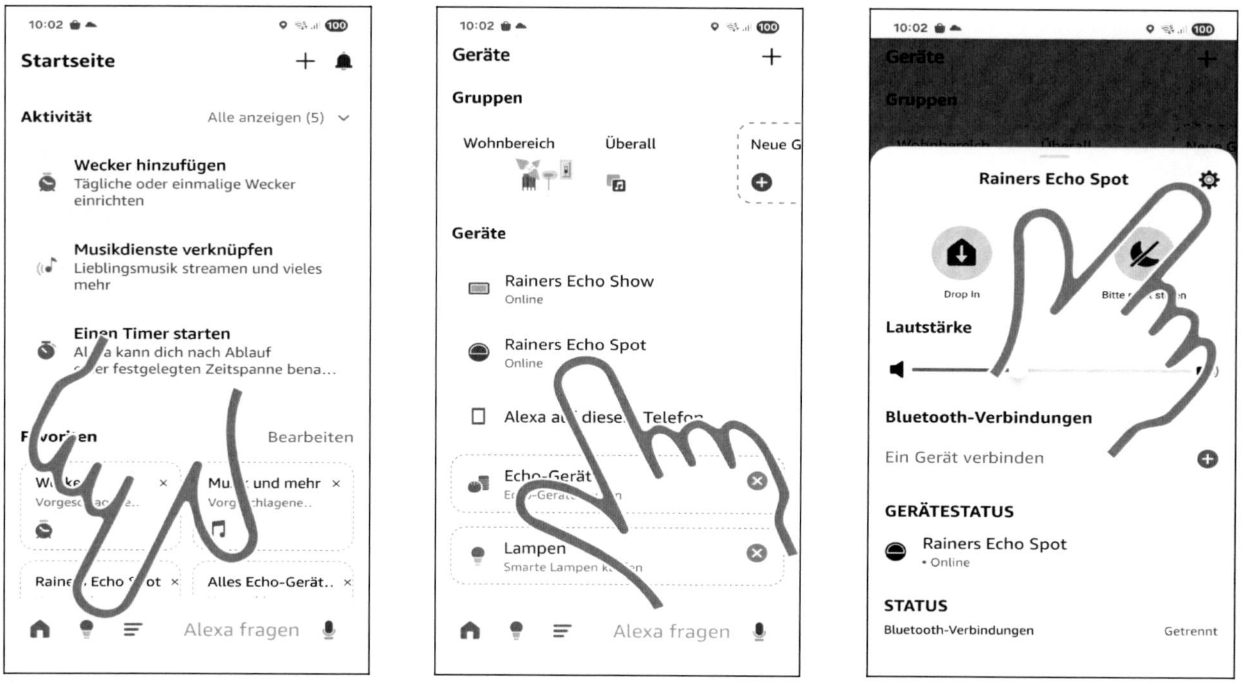

❶ Starten Sie die Alexa-App und aktivieren Sie darin mit 💡 das *Geräte*-Register.

❷ Wählen Sie das Echo-Gerät aus, dessen WLAN-Zugangspunkt Sie ändern möchten.

❸ Gehen Sie auf ⚙.

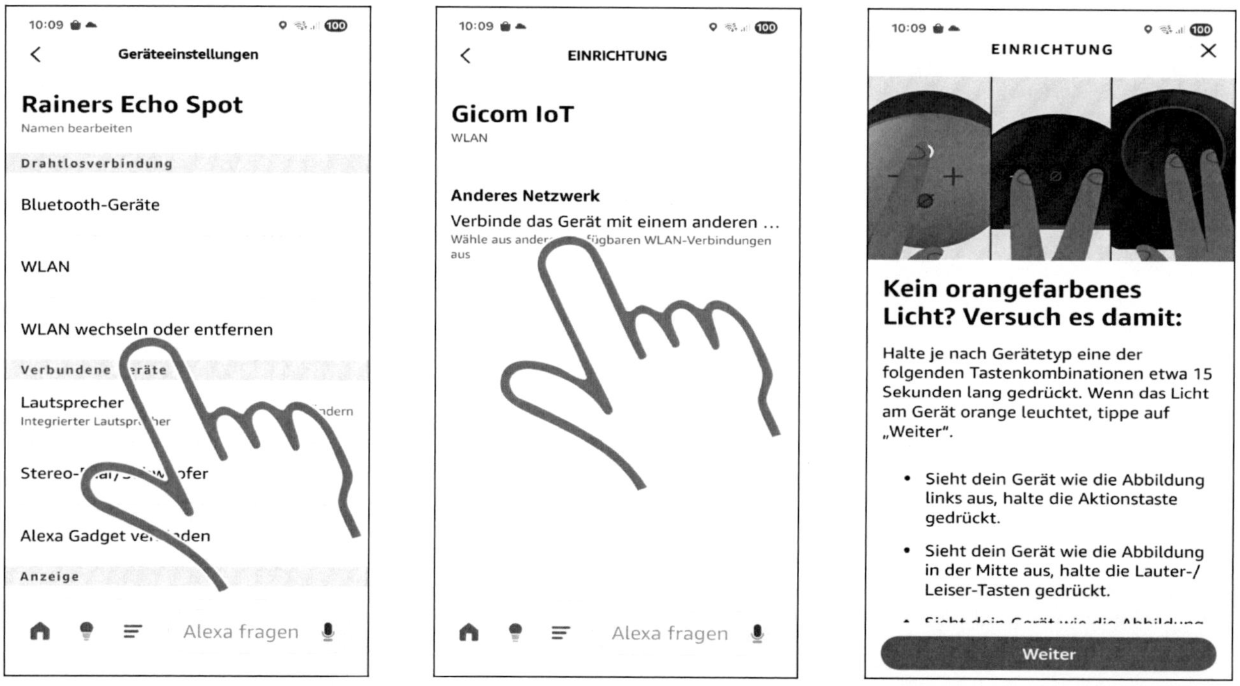

❶ Rufen Sie *WLAN wechseln oder entfernen* auf.

❷ Wählen Sie *Verbinde das Gerät mit einem anderen WLAN-Netzwerk*.

❸ Gehen Sie auf *Weiter* und folgen Sie den geräteabhängigen Anweisungen.

4.7 Der Lichtring

Mehrfarbige, im Kreis angeordnete LEDs bilden bei den Echo-Geräten einen Lichtring, der beispielsweise darüber informiert, dass Ihr Befehl erkannt wurde oder dass es Probleme gibt[10]. Der Lichtring befindet sich an der Unterseite (linkes Foto). Auf Echo Show- und Echo Spot-Geräten (rechtes Foto) wird stattdessen ein blauer Balken auf dem Display angezeigt.

Amazon hat sich für den Lichtring statt eines Displays entschieden, weil Letzteres schon aus wenigen Metern Entfernung nicht mehr ablesbar ist. Darüber hinaus sind die bunten LEDs an den Echo-Geräten ein repräsentatives Designelement in der Wohnung.

Die Bedeutung der verschiedenen Farben:

- Lichtring ist ausgeschaltet: Das Gerät ist bereit für Ihre Sprachbefehle.
- Blauer Lichtring mit umlaufenden hellblauem Licht: Das Gerät startet.
- Blauer Lichtring, wobei der hellblaue Balken in die Richtung des Sprechers zeigt: Alexa verarbeitet Ihren Sprachbefehl.
- Der Lichtring blinkt abwechselnd blau und hellblau: Das Gerät antwortet.
- LED-Viertel in orange dreht sich im Uhrzeigersinn: Das Gerät verbindet sich während der Ersteinrichtung mit einem WLAN-Zugangspunkt.
- Roter Lichtring: Sie haben mit der ⊘-Taste die Mikrofone ausgeschaltet. Erneutes Drücken der ⊘-Taste schaltet die Mikrofone wieder ein.
- Lichtring blinkt gelb: Eine Benachrichtigung – meistens von Amazon Shopping, wenn Sie etwas dort bestellt haben – ist vorhanden. Sagen Sie »*Alexa, was sind meine Benachrichtigungen?*«.
- Lichtring blinkt grün: Sie erhalten einen Drop In. Siehe dazu auch Kapitel *9 Drop In*.
- LED-Viertel in grün dreht sich im Uhrzeigersinn: Sie befinden sich in einem aktiven Drop In. Siehe Kapitel *9 Drop In*.

10 *www.amazon.com/gp/help/customer/display.html?nodeId=201601790*

- Das Echo-Gerät informiert mit weißen LEDs über die Lautstärke, die Sie beispielsweise mit »*Alexa, Lautstärke 5*«, »*Alexa, leiser*«, oder »*Alexa lauter*« anpassen. Der weiße LED-Bereich informiert dann über die eingestellte Lautstärke von 1 bis 10.
- Lichtring blinkt violett: Es ist während der Ersteinrichtung mit dem WLAN (siehe Kapitel *4 Erste Einrichtung*) ein Fehler aufgetreten, beispielsweise, weil Sie ein falsches WLAN-Kennwort eingegeben haben.
- Der Lichtring blinkt **einmalig** violett: Sie haben mit »*Alexa, bitte nicht stören*« den Bitte-nicht-stören-Modus aktiviert. Sie erhalten nun keine Anrufe, Nachrichten oder Drop Ins mehr. »*Alexa, bitte nicht stören aus*« schaltet diese Modus wieder aus. Siehe auch Kapitel *12.2 Nicht stören*.

4.8 Gerätenamen

Dieses Kapitel brauchen Sie nur durchzuarbeiten, falls Sie mehrere Echo-Geräte in Ihrem Haushalt einsetzen oder die Anschaffung von weiteren Echo-Geräten planen.

Standardmäßig erhalten die von Ihnen eingerichtete Echo-Geräte automatisch den Namen »*[Ihr Vorname]s Echo Dot*«, »*[Ihr Vorname]s Echo Show*« usw. Im Laufe dieses Buchs stellen wir einige Funktionen wie Multiroom (siehe Kapitel *6.2 Multiroom*) vor, bei denen Sie direkt auf die verschiedenen Echo-Geräte zugreifen. Es ist deshalb für die einfachere Identifizierung sinnvoll, alle Geräte nach dem Aufstellort wie »*Küche*«, »*Wohnzimmer*«, »*Büro*« usw. zu benennen. Alternativ vergeben Sie dem Echo-Gerät den Namen des Hauptnutzers, beispielsweise »*Stefan*«.

Verzichten sollten Sie auf komplizierte und lange Gerätenamen, denn Sie müssen sie in Befehlen immer vollständig aussprechen. Der Befehl »*Alexa, spiele Popmusik auf Büro*« geht sicher leichter von der Zunge als »*Alexa, spiele Popmusik auf Büroraum im Anbau*«!

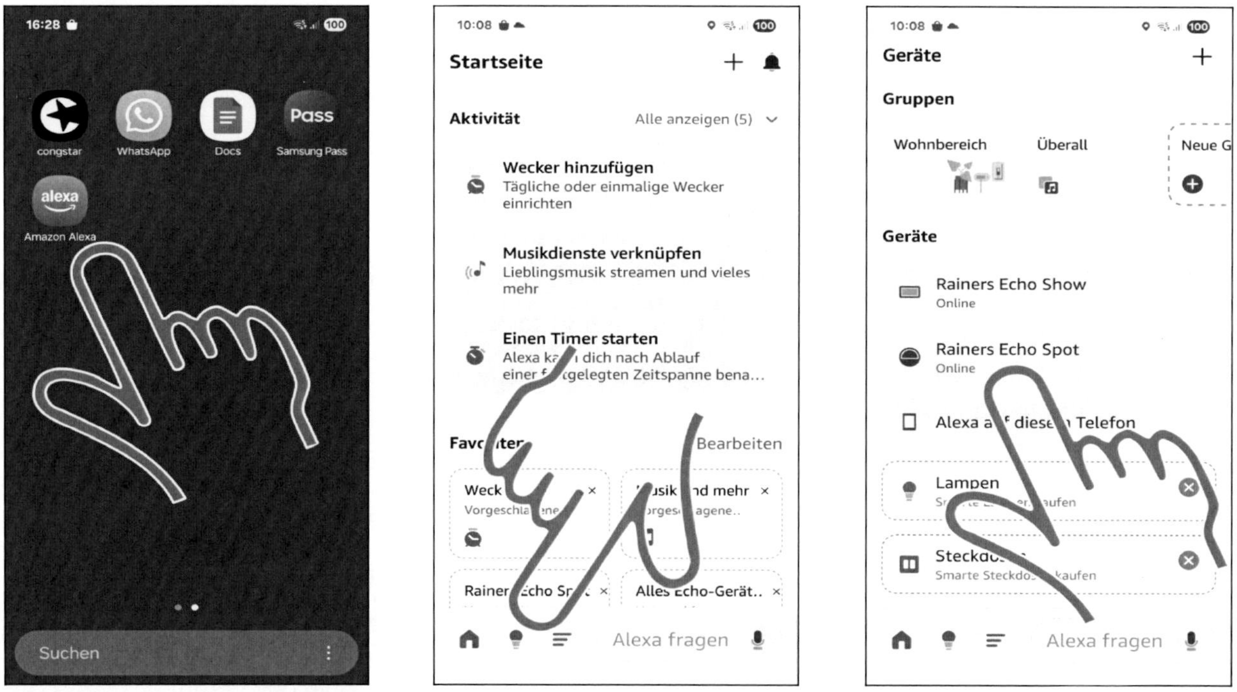

So ändern Sie die Gerätenamen:

❶❷ Starten Sie die Alexa-App und aktivieren Sie darin mit das *Geräte*-Register.

❸ Gehen Sie auf ein Gerät.

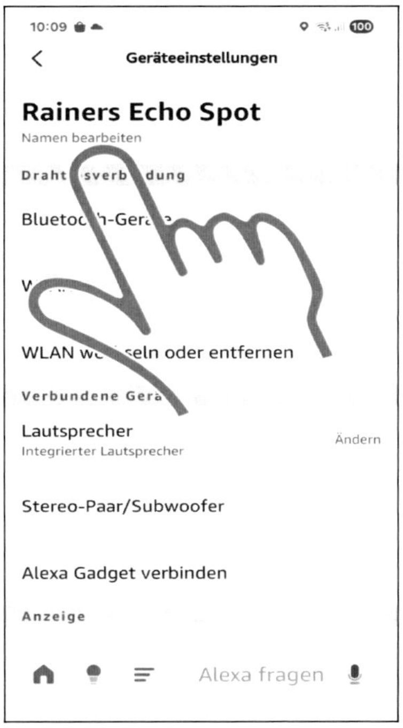

❶ Tippen Sie auf ⚙.

❷ Tippen Sie auf *Namen bearbeiten* und erfassen Sie den Namen. Je nach Handymodell schließen Sie den Vorgang mit *Fertig* oder *OK* auf dem Tastenfeld ab. Alternativ tippen Sie einfach mit den Finger in einen Bildschirmbereich außerhalb des Eingabefelds.

Gehen Sie genauso mit den anderen Geräten vor.

5. Alexa in der Praxis

Ihr Echo-Gerät reagiert auf das Aktivierungswort »*Alexa*«. Der folgende Befehl wird aufgezeichnet, über das Internet nach Amazon übertragen und das Ergebnis dann ausgegeben. Auf den Echo Show-Geräten erfolgt zusätzlich eine passende Bildschirmanzeige.

Der Lichtring auf dem Echo-Gerät färbt sich blau, sobald ein Befehl erkannt beziehungsweise verarbeitet wird.

Über die verbauten Richtmikrofone erkennt das Gerät auch, aus welcher Richtung der Befehl kommt und zeigt das mit einem hellblauen Balken an.

Haben Sie mehrere Echo-Geräte im Einsatz, so reagiert nur das nächstgelegene auf Ihren Befehl. Das gilt aber nur für Geräte, die beim gleichen Amazon-Konto angemeldet sind!

5.1 Standardbefehle

Unter einem »Standardbefehl« verstehen wir alle Sprachbefehle, die ohne Umwege von Alexa unterstützt werden. Es ist natürlich unmöglich, an dieser Stelle alle verstandenen Befehle vorzustellen, zumal die Spracherkennung auch Synonyme auswertet. Für Sie hat dies den Vorteil, Ihre Befehle einfach so zu geben, wie sie Ihnen in den Sinn kommen.

»*Alexa, stopp*«, »*Alexa, abbrechen*« oder »*Alexa aus*« beenden den aktuellen Alexa-Vorgang, was zum Beispiel praktisch ist, wenn Alexa mal einen Befehl falsch erkannt hat oder die gewünschte Info bereits ausgegeben hat. Manchmal erweist sich Alexa auch als Quasselstrippe und dann ist man froh, den Vorgang per Befehl abrupt beenden zu können.

Als sehr nützlich erweist sich »*Alexa, wiederhole*«, womit sich die letzte Ausgabe wiederholen lässt. Dies funktioniert aber nicht immer. Fragen Sie »*Alexa, was hast du gehört?*« oder »*Alexa, warum hast du das getan?*«, damit Sie nachvollziehen können, was Alexa verstanden hat.

Die Alexa-Sprechgeschwindigkeit passen Sie mit »*Alexa, sprich langsamer*« oder »*Alexa, sprich schneller*« an. Für die Rückkehr zum normalen Sprechtempo sagen Sie »*Alexa, sprich mit normaler Geschwindigkeit*«.

5.1.1 Lautstärke

Bitte sprechen Sie, wie bereits erwähnt, vor jedem Befehl »*Alexa*«.

Die Lautstärke Ihres Echo-Geräts reduzieren Sie mit den Befehlen »*Lautstärke leiser*«, »*Lautstärke runter*«, »*Lautstärke niedriger*«, »*Mach leiser*«, »*leiser*«. Dagegen erhöhen Sie mit »*Lautstärke höher*«, »*Lautstärke hoch*«, »*Mach lauter*«, »*lauter*« die Lautstärke.

Alle Echo-Geräte sind in 10 Stufen in der Lautstärke regelbar. Die oben genannten Befehle reduzieren/erhöhen jeweils um eine Stufe, was häufig unpraktisch ist. Mit »*Lautstärke [Zahl von 0 bis 10]*« nehmen Sie eine direkte Einstellung vor, wobei »*Lautstärke 0*« den Lautsprecher deaktiviert.

> Über die ⊕- und ⊖-Taste auf der Geräteoberseite des Echo-Geräts lässt sich ebenfalls die Lautstärke regeln.

5.1.2 Allgemeines Wissen

Natürlich unterstützt Sie Alexa auch bei Alltagsfragen, für die Sie früher ein Lexikon aufgeschlagen hätten.

- »*Alexa, wie weit ist es bis Berlin?*« – Sie müssen dazu Ihren Standort in der Alexa-App hinterlegt haben, siehe Kapitel *12.1 Wetter*.
- »*Alexa, wie weit ist es von Bremen nach Berlin?*«
- »*Alexa, wie alt ist Angela Merkel?*«
- »*Alexa, was ist Adipositas?*«
- »*Alexa, was ist die Wurzel aus 5?*«
- »*Alexa, rechne 11 Zoll in Zentimeter um*«
- »*Alexa, wer spielt in Casblanca mit?*«
- »*Alexa, wann geht die Sonne auf?*«
- »*Alexa, wieviel sind 10 Euro in US-Dollar?*«
- »*Alexa, was heißt 'Guten Tag' auf englisch?*«
- »*Alexa, buchstabiere 'Gymnastik'*«

Für Sportfans liefert Alexa ebenfalls Infos:

- »*Alexa, wann spielt Schalke als Nächstes?*«
- »*Alexa, wie hat Bayern gespielt?*«
- »*Alexa, auf welchem Tabellenplatz steht Dortmund?*«
- »*Alexa, Bundesligatabelle*«
- »*Alexa, wie steht es bei Dortmund gegen Bayern*«? (bei einem noch laufendem Spiel)

Geschäftsinfos:

- »*Alexa, wie lange hat der Edeka Ziegler in Hamburg geöffnet?*«
  Ist ein Unternehmen mit mehreren Filialen in einer Stadt vertreten, dann müssen Sie den genauen Geschäftsnamen, angeben. Alternativ nennen Sie die Straße.
- »*Alexa, was ist die Telefonnummer vom Music Store in Köln?*«
- »*Alexa, wie ist die Adresse von Sony in Berlin?*«

Wie empfehlen Ihnen die Hinterlegung Ihrer vollständigen Adresse in der Alexa-App, wie im Kapitel *12.1 Wetter* beschrieben. Sie dürfen dann die Ortsangabe in den Alexa-Befehlen weglassen. »*Alexa, wann öffnet Rewe*« liefert nun Infos zum örtlich nächstgelegenen Ladenlokal des Rewe-Konzerns.

Alexa liefert auch Infos zu Museen, Restaurants, Hotels usw.

5.2 Skills

Die Echo-Geräte sind auf die Nutzung der Amazon-Dienste hin optimiert, sodass Sie beispielsweise Songs von Amazon Prime Music abspielen oder im Amazon-Online-Shop einkaufen können. Amazon bietet auch Drittanbietern die Option, eigene Funktionen und Dienste einzubinden. Diese nennt man »Skill« (engl. »Fähigkeit«). Die Skills sind also vergleichbar mit nachträglich auf dem Handy installierten Apps, die von verschiedenen Entwicklern stammen.

Derzeit sind in Deutschland alle Skills kostenlos, das heißt, Sie brauchen keine Angst zu haben, dass Sie sich damit kostenpflichtige Abos oder Ähnliches einhandeln. Dies betrifft allerdings nicht die damit verbundenen Dienste, also beispielsweise Musikstreaming-Anbieter wie Spotify oder Deezer, welche ein – außerhalb von Amazon – abgeschlossenes Abo voraussetzen. Amazon hat allerdings schon vor 10 Jahren die Einführung von kostenpflichtigen Skills angekündigt[11], von denen aber immer noch nichts zu sehen ist.

Beispiele:

- Fahrplanauskunft der Deutschen Bahn
- Rezepte der Chefkoch-Website
- Taxifahrtbuchung mit Mytaxi
- Streamingdienste wie Spotify, Deezer, TunIn oder Apple Musik
- Steuerung von Geräten des Philips Hue-Systems
- Steuerung von Steckdosen und Lichtschaltern
- Verwaltung und Anzeige von Überwachungskameras

Skills können unterschiedlich realisiert sein. Im einfachsten Fall wird nach dessen Aufruf die gewünschte Auskunft gegeben und der Skill beendet sich wieder. Andere Skills sind wiederum interaktiv, das heißt, Sie beantworten die gesprochenen Fragen bis zum gewünschten Ergebnis.

Beispiel für einen »einfachen« Skill: *»Alexa, Nachrichten von Welt«* ruft den Skill »Nachrichten von Welt« auf.

Ein interaktiver Skill: *»Alexa, aktiviere Fleck Entferner«* fragt Sie nach der Fleckenart und gibt eine passende Antwort. Anschließend muss man die Frage *»Kann ich dir noch bei einem anderen Fleck helfen?«* mit *»Nein«* beantworten, damit sich der Skill wieder beendet.

Das Deaktivieren eines Skills ist ebenfalls in der Alexa-App möglich, alternativ sprechen Sie einfach *»Alexa, deaktiviere [Skill-Name]*. Dies dürfte aber nur selten nötig sein, weil ein unbenötigter Skill nicht weiter stört.

5.2.1 Skills in der Alexa-App verwalten

Wie oben erwähnt, können Sie einen Skill einfach mit *»Alexa, aktiviere [Skill-Name]«* oder *»Alexa starte [Skill-Name]«* aktivieren. Da Sie dazu aber den Skill-Namen wissen müssen, empfehlen wir, Skills ausschließlich in der Alexa-App zu aktivieren. Das macht auch deshalb Sinn, weil Sie in der App zu jedem Skill ausführliche Bedienhinweise erhalten und teilweise auch benötigte Daten hinterlegen können.

> Im Kapitel *5.2.3 Skill-Vorschläge* stellen wir einige nützliche Skills vor.

11 *www.homeandsmart.de/amazon-alexa-in-skill-einkaufen-in-der-alexa-app*

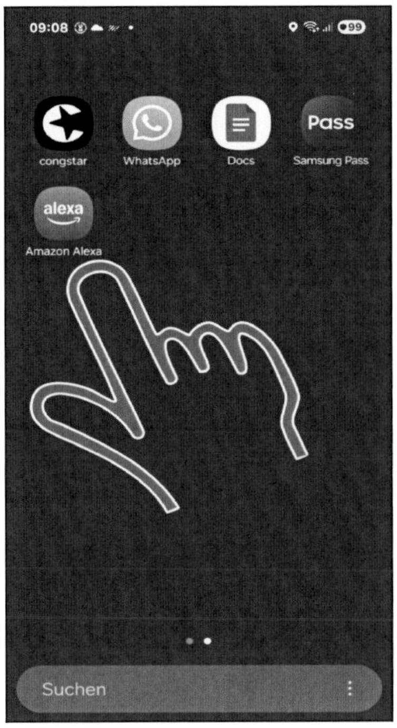

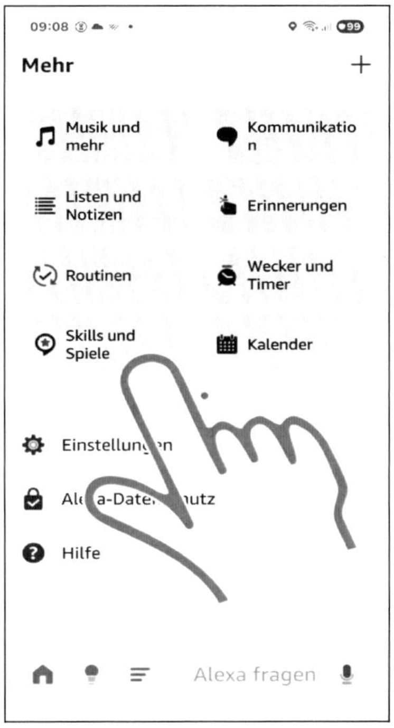

❶ Rufen Sie die Alexa-App auf Ihrem Handy auf.

❷❸ Aktivieren Sie das ☰ (*Mehr*)-Register und gehen Sie auf *Skills und Spiele*.

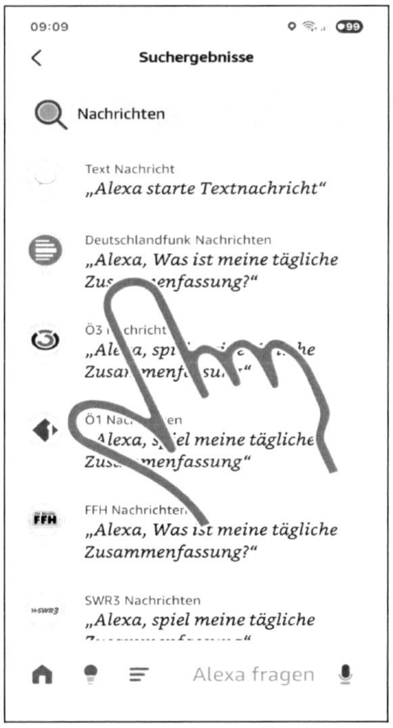

❶ Sie können sich nun durch die verschiedenen Vorschläge beziehungsweise Kategorien tippen, einfacher ist aber das Suchfeld, das Sie am oberen Rand finden.

❷ Als Beispiel geben wir »N*achrichten*« ein, worauf die Alexa-App bereits Wortvorschläge macht, von denen wir einen auswählen.

❸ Tippen Sie auf *Deutschlandfunk Nachrichten*.

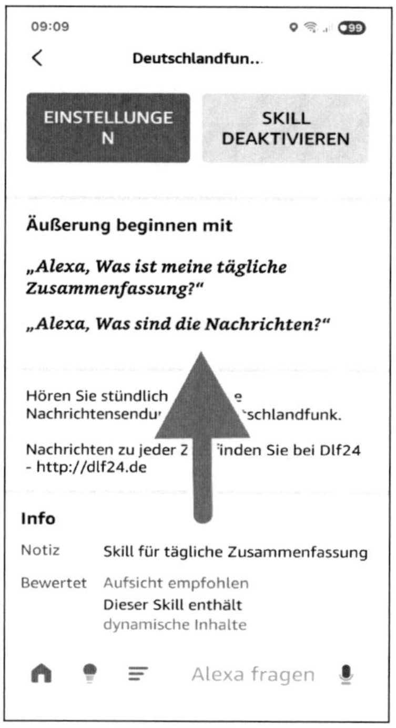

➊ *ZUR VERWENDUNG AKTIVIEREN* aktiviert den Skill.

➋ Wischen Sie durch die Informationen für Bedienhinweise und Bewertungen anderer Nutzer.

Künftig erhalten Sie mit dem Befehl »*Alexa, was sind meine Nachrichten*« einen aktuellen Nachrichtenüberblick.

Sie wissen nicht mehr, welche Skills Sie installiert haben? Dann sprechen Sie einfach »*Alexa, was sind meine Skills*« und Ihr Echo listet Ihnen die Skills auf.

Bei einigen Skills können Sie nach Betätigen der *EINSTELLUNGEN*-Schaltleiste den Skill an Ihre Vorlieben anpassen.

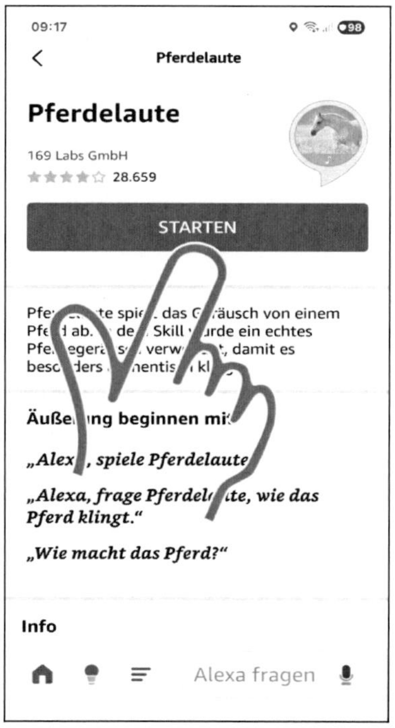

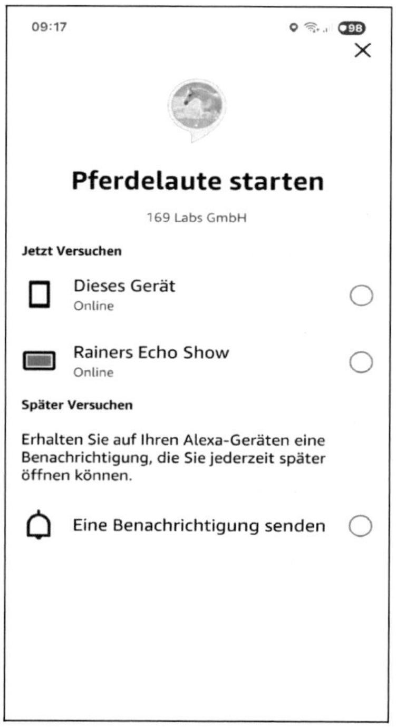

➊➋ Einige Skills sind bereits von Anfang an aktiv und können daher nur mit *STARTEN* aufgerufen werden. Sie müssen dann das Wiedergabegerät auswählen.

5.2.2 Skills im PC-Webbrowser verwalten

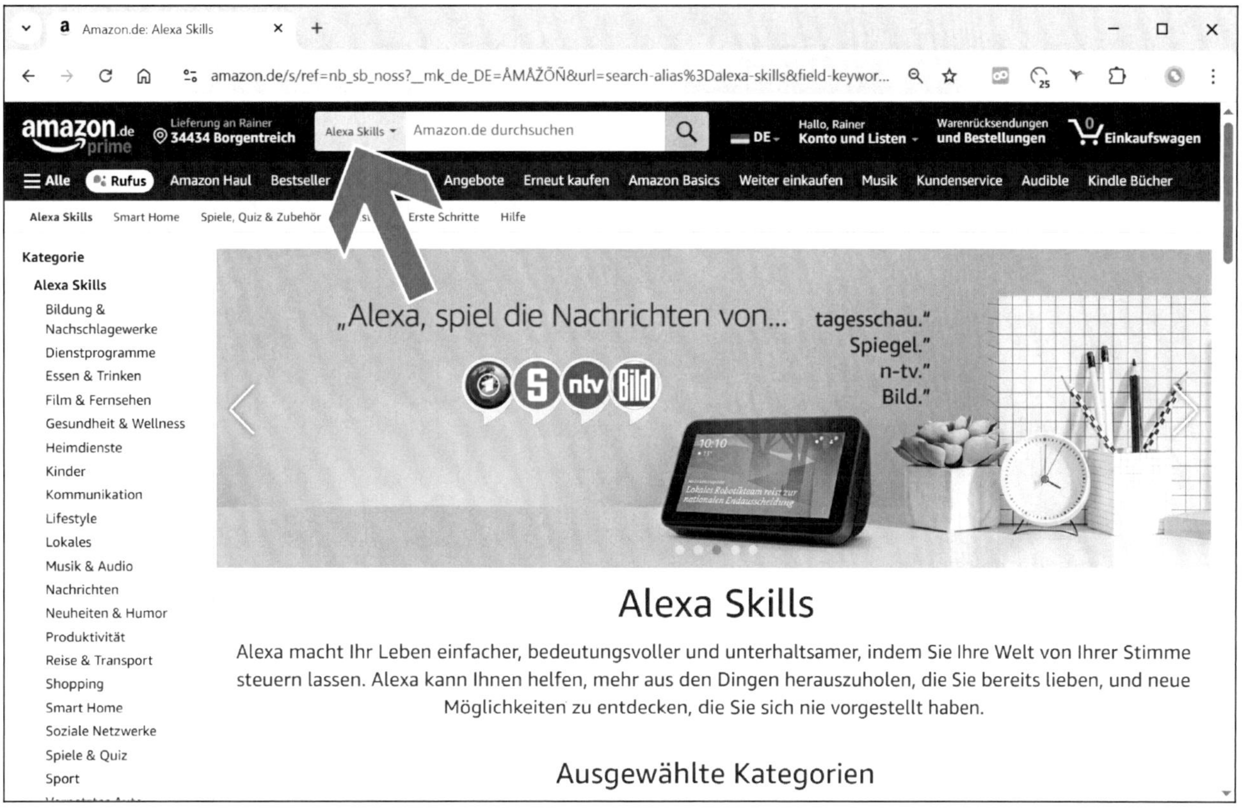

Sie können Ihre Skills natürlich auch auf der Amazon-Website verwalten. Rufen Sie einfach *www.amazon.de* auf und stellen Sie im Auswahlmenü *Alexa Skills* ein. Danach erfassen Sie im Suchfeld einen Begriff, alternativ betätigen Sie einfach die Enter-Taste, ohne etwas einzugeben, was die Skill-Übersicht anzeigt. Die weitere Handhabung entspricht dem bereits der Alexa-App.

5.2.3 Skill-Vorschläge

Von den Tausenden Skills haben wir einige Interessante herausgesucht.

Beachten Sie: Einige der aufgeführten Nachrichten-Skills werden automatisch nach Aktivierung der im Kapitel 12.9.2 Tägliche Zusammenfassung beschriebenen Funktion hinzugefügt. Sie rufen sie dann über »*Alexa, tägliche Zusammenfassung*« ab.

Tagesschau[12]

Sagen Sie »*Alexa, aktiviere Skill Tagesschau*«

Sie haben die Auswahl zwischen »Letzte Sendung«, »100 Sekunden«, »20 Uhr-Nachrichten«, »Tagesthemen« oder »Vor 20 Jahren«. Wenn Sie direkt eine Sendung abrufen möchten, sagen Sie beispielsweise »*Alexa, Tagesschau in 100 Sekunden*« oder »*Alexa, Tagesschau letzte Sendung*«.

Kicker[13]:

Sagen Sie »*Alexa, aktiviere Skill Kicker*«

Der Skill informiert über den aktuellen Fußballspielplan, Spielergebnisse, Tabellen und liefert Spielberichte. Auf der Skill-Seite listet der Entwickler zahlreiche Alexa-Befehle auf, die Sie für gezielte Fußballfragen nutzen können.

12 *www.amazon.de/gp/product/B07C9H84Z1*
13 *www.amazon.de/gp/product/B07DPM757Z*

Spiegel Lage[14]

Sagen Sie »*Alexa, aktiviere Skill Spiegel Lage*«

Aktuelle Schlagzeilen von Spiegel Online.

Fernsehprogramm[15]

Sagen Sie »*Alexa, aktiviere Hörzu*«

Beachten Sie die Skill-Seite, welche auflistet, was Sie fragen können. Beispiele: »*Alexa, frage Hörzu, was morgen Abend läuft*«, »*Alexa, frage Hörzu, wann Krimis laufen*«.

Telefonfinder[16]

Sagen Sie »*Alexa, aktiviere Telefonfinder*«

Dieser Skill ist interessant für Anwender, die häufiger ihr Mobiltelefon verlegen. Nachdem Sie Ihre Handynummer registriert haben, können Sie es jederzeit mit »Alexa, wo ist mein Handy?« klingeln lassen.

Bring! Einkaufsliste[17]

Man muss es schon deutlich sagen: Die von Alexa bereitgestellte To-Do- und Einkaufsliste (siehe Kapitel *13 To-do- und Einkaufsliste*) erfüllen nur rudimentäre Ansprüche. Abhilfe schafft Bring Einkaufsliste, das es auch als Handy-App für iPhone und Android-Handy gibt.

Sie müssen diesen Skill in der Alexa-App aktivieren und dort dann ein Bring-Nutzerkonto anlegen.

Deutsche Bahn[18]

»*Alexa, aktiviere Deutsche Bahn*«

Infos zu Bahnverbindungen, Ankünften oder Abfahrten von Zügen, Straßenbahnen und Bussen an DB-Bahnhöfen.

Sagen Sie »*Alexa, frage Deutsche Bahn wie ich von Warburg nach München komme*« oder »*Alexa, frage Deutsche Bahn wann fährt die nächste Bahn von Dortmund nach Berlin?*«

Pollenflug[19]

»*Alexa, öffne Pollenflug*«

Sie erfahren nach Angabe Ihres Standorts die aktuellen Pollenflugdaten für Allergiker. Falls Sie den Skill häufiger nutzen, sollten Sie Ihren Standort im Skill hinterlegen.

Das Örtliche[20]

»*Alexa, aktiviere Das Örtliche*«

Die von mehreren Verlagen herausgegebenen Telefonverzeichnisse können Sie auch von Alexa aus nutzen. Nach der Aktivierung verwenden Sie »*Suche nach [Begriff] in [Ort]*« oder »*Suche nach [Begriff]*«.

Chefkoch[21]

»*Alexa, aktiviere Chefkoch*«

Hunderte Rezepte für Deserts, Kuchen, Hauptmalzeiten usw.

---

14 *www.amazon.de/gp/product/B01NALY29B*
15 *www.amazon.de/gp/product/B06ZZL8NLY*
16 *www.amazon.de/gp/product/B06Y5PV98W*
17 *www.amazon.de/gp/product/B01N188I03*
18 *www.amazon.de/gp/product/B01M31NLJD*
19 *www.amazon.de/product/dp/B06Y6CBM4M*
20 *www.amazon.de/gp/product/B071VD6CGL*
21 *www.amazon.de/gp/product/B0733CWP3Q*

6. Musik

Die Musikwiedergabe dürfte zu den häufigsten Einsatzgebieten der Echo-Geräte zählen. Empfehlenswert sind dafür insbesondere die Modelle Echo und Echo Studio, die exzellente Lautsprechertechnik aufweisen.

Gelegentliche Nutzer dürften aber auch mit Echo Dot oder Echo Pop zufrieden sein. Anspruchsvolle Musikgenießer dürfte bei diesen Geräten die deutliche Schwäche im Mittenbereich abschrecken, die sich selbst mit der Equalizer-Funktion (darauf kommen wir noch) nicht kompensieren lässt.

Amazon bietet mit **Amazon Music mit Werbung** zwar ein kostenloses Musikstreaming an, allerdings ist der Zugriff auf bestimmte Playlists und Radiosender beschränkt. Außerdem wird die Musik regelmäßig durch Werbung unterbrochen. Wir empfehlen daher den Abschluss eines kostenpflichtigen Abos bei einem sogenannten Musikstreamingdienst.

Bei der Verwendung eines kostenpflichtigen Musikstreamingdienstes zahlen Sie einen monatlichen Betrag und haben dafür kostenlosen Zugriff auf eine Bibliothek von mehreren Millionen (!) Songs. Im Gegensatz zu Musik-CDs gehört Ihnen die Musik aber nicht, das heißt vereinfacht gesagt, dass alle Songs beim Abspielen aus dem Internet geladen und danach sofort wieder gelöscht werden. Kündigen Sie den Musikstreamingdienst, dann haben Sie auch keinen Zugriff mehr auf die Musik. Die Wiedergabe von bereits bei Ihnen vorliegenden Musik-CDs oder Musikdateien ist nicht vorgesehen.

Für ein besseres Klangerlebnis können Sie Ihr Echo-Gerät einfach mit einer externen Bluetooth-Box koppeln. Gute Modelle sind bereits in einer Preisspanne von 50 bis 150 Euro erhältlich. Der zusätzliche Vorteil: Diese Lautsprecher sind portabel und lassen sich somit nicht nur zu Hause, sondern auch unterwegs mit Ihrem Handy für die Musikwiedergabe nutzen.

6.1 Amazon Prime Music und Amazon Music Unlimited

Amazon bietet verschiedene kommerzielle Musikstreamingangebote, die sich teilweise deutlich unterscheiden:

- **Amazon Music Feee**: Ein kostenloses Musikangebot, das sich durch ab und zu abgespielte Werbung finanziert.
- **Amazon Music Prime** ist Bestandteil von Amazon Prime, das als Abo 89,90 Euro im Jahr beziehungsweise 8,99 Euro im Monat kostet[22]. Inbegriffen sind bei Amazon Prime unter anderem kostenloser Versand innerhalb eines Tages, ein Videoangebot mit Spielfilmen und Serien (Prime Video) sowie Musik (Prime Music).
- **Amazon Music Unlimited** kann dagegen unabhängig von Amazon Prime gebucht werden und ist in verschiedenen Paketen zu Preisen ab 99 Euro pro Jahr beziehungsweise 9,99 Euro pro Monat verfügbar. Wer kein Amazon-Prime-Abo nutzt, bezahlt 10,99 im Monat. Es gibt auch ein separate Tarife für Studenten und Familien.
- Das bis 2023 separat vermarktete **Amazon Music HD** bot eine bessere Musikqualität, wurde aber eingestellt. Die Songs in HD-Qualität sind nun standardmäßig Teil des Amazon Music-Angebots.
- **Amazon Music Unlimited für Echo**: Für 5,49 pro Monat nutzen Sie Amazon Music Unlimited, allerdings ist dieses Angebot auf ein Echo-Gerät beschränkt.

Der Hauptunterschied zwischen Amazon Prime Music und Amazon Music Unlimited liegt in der Titelzahl, die bei Ersterem »nur« 2 Millionen, bei Letzterem 100 Millionen beträgt. Sind Sie bereits Amazon Prime-Kunde, empfehlen wir Ihnen einfach mal auszuprobieren, ob Ihnen das Musikangebot ausreicht. Auf die Nutzung gehen wir im Kapitel *6 Musik* ein.

22 *www.amazon.de/gp/help/customer/display.html?nodeId=201061460*

Das englische Wort »Prime« (gesprochen »preim«) lässt sich mit »vorzüglich«, »erstklassig« übersetzen.

»Music Unlimited« (gesprochen »mjusik anlimitet«) lautet übersetzt »unbegrenzt Musik«.

6.1.1 Amazon Music Free

»Amazon Music mit Werbung« ist ein werbefinanziertes Angebot. Während unter den kostenpflichtigen Tarifen Sprachbefehle wie »*Alexa, spiele Beatles*« oder »*Alexa, spiele den Song Yesterday*« bestimmte Songs abspielen, ist das bei Amazon Music mit Werbung nicht möglich. Stattdessen wird Alexa Sie auf diesen Umstand aufmerksam machen und dann einen »Sender« (funktioniert wie eine Playlist) mit ähnlichen Songs abspielen. Manchmal ist dort auch der gewünschte Titel enthalten. Das Überspringen von Titeln ist nur maximal sechs Mal pro Stunde möglich.

Weitere Einschränkungen betreffen die Musikqualität, denn die hochauflösenden Audioformate HD, Ultra HD oder 3D-Audio (Spatial Audio) werden im Free-Angebot nicht unterstützt. Die Musikwiedergabe ist auf ein Gerät zur selben Zeit beschränkt und Songs lassen sich nicht für die spätere offline-Wiedergabe herunterladen.

Beachten Sie, dass sich die Amazon Music Unlimited-Angebote nicht mit dem werbefinanzierten kombinieren lassen. Nutzen Sie also den unten noch genauer vorgestellten Tarif »Amazon Music Unlimited für Echo« (ist auf ein Echo-Gerät begrenzt) dann können Sie die werbefinanzierte Variante auf anderen Echo-Geräten nicht mehr aktivieren. Das Problem lösen Sie einfach, indem Sie auf der Amazon-Website ein weiteres Konto anlegen (das Sie zu sonst nichts nutzen) und sich dann auf dem Echo-Gerät damit anmelden.

6.1.2 Die kostenpflichtigen Tarife im Überblick

Amazon Music Unlimited gibt es in verschiedenen Paketen[23]:

	Amazon Music Unlimited	Amazon Music Unlimited für Echo	Amazon Music Unlimited für Familien
Enthaltene Nutzer	1	1	6 Familienmitglieder
Preis	10,99 Euro/Monat	5,49 Euro/Monat	14,99 Euro/Monat
Preis für Amazon Prime-Kunden	9,99 Euro/Monat oder 79 Euro/Jahr. Studenten: 5,99 Euro/Monat[24]	5,49 Euro/Monat	14,99 Euro/Monat oder 149 Euro/Jahr

Die Unterschiede zwischen den verschiedenen Tarifen kommen erst bei mehreren Echo-Geräten beziehungsweise Nutzern zum Tragen.

Beispiele:

Angenommen, Sie besitzen in Ihrem Haushalt zwei Echo-Geräte, dann können Sie bei »Amazon Music Unlimited« Ihre Musik auf beiden Geräten abspielen. Falls bereits der Echo im Wohnzimmer fleißig Musik wiedergibt und Sie nun dem Echo in der Küche den Befehl für die Musikwiedergabe geben, fragt Sie dieses Gerät, ob Sie die Wiedergabe auf dem anderen Echo stoppen möchten. Erst danach spielt die Musik auf dem Küchen-Echo ab.

Der Tarif »Amazon Music Unlimited für Echo« ist dagegen auf ein bestimmtes – von Ihnen ausgewähltes – Echo-Gerät beschränkt. Möchten Sie Ihre Musik auch woanders hören, gibt es nur die Option, den Echo abzustöpseln und am Wunschort wieder aufzustellen.

23 *www.homeandsmart.de/amazon-music-unlimited-kostenlos-testen*
24 *www.amazon.de/gp/dmusic/promotions/AmazonMusicUnlimitedStudent*

Dagegen erlaubt »Amazon Music Unlimited für Familien« die unabhängige Nutzung durch bis zu 6 Haushaltsmitglieder. Jeder Nutzer erhält dazu ein eigenes Konto, was den Familienfrieden wahrt, weil so beispielsweise Wiedergabelisten für jeden Nutzer separat vorliegen. Damit jeder seine eigenen Playlists nutzen kann, sollten Sie dann entsprechende Stimmenprofile einrichten, auf die Kapitel *12.10 Stimmenprofil* eingeht.

Falls Sie bereits die Streamingdienste Spotify, Deezer oder TuneIn nutzen, empfehlen wir einen Blick auf Kapitel *6.5 Andere Musikdienste*, das zeigt, wie Sie diese unter Alexa einrichten und nutzen.

6.1.3 Anmeldung

Sofern Sie bereits bei Amazon Prime angemeldet sind, können Sie direkt das darin enthaltene **Amazon Prime Music** nutzen. Vielleicht reicht dieses ja für Ihre Zwecke schon aus?

Für das kostenlose **Amazon Music Free** (automatisch aktiv, wenn Sie kein Prime-Abo oder Musik-Abo nutzen) ist keinerlei Anmeldung nötig. Probieren Sie damit einfach die im nachfolgenden Kapitel *6.1.4 Befehle* vorgestellten Sprachkommandos aus.

Ein Abo von »**Amazon Music Unlimited**« aktivieren Sie dagegen mit dem Sprachbefehl »*Alexa, für Amazon Music Unlimited anmelden*«. Sie kommen in den Genuss des kostenlosen Probemonats von »Amazon Music Unlimited für Echo«, danach zahlen Sie monatlich 5,49 Euro. Eine Kündigung ist jederzeit möglich. Wenn Sie bisher noch nie Ihr Amazon-Konto für Online-Shopping auf *www.amazon.de* genutzt haben, kommt der Hinweis »*Es ist ein Problem mit deiner Zahlungseinstellung aufgetreten...*«. Sie müssen in dem Fall erst noch Ihr Bankkonto hinterlegen.

So hinterlegen Sie Ihr Bankkonto bei Amazon: Rufen Sie dazu *www.amazon.de* im Webbrowser auf und melden Sie sich nach einem Klick auf *Mein Konto* mit Ihren Amazon-Kontodaten an. Klicken Sie erneut auf *Mein Konto* und dann auf *Zahlungsarten*. Der Rest ist selbsterklärend.

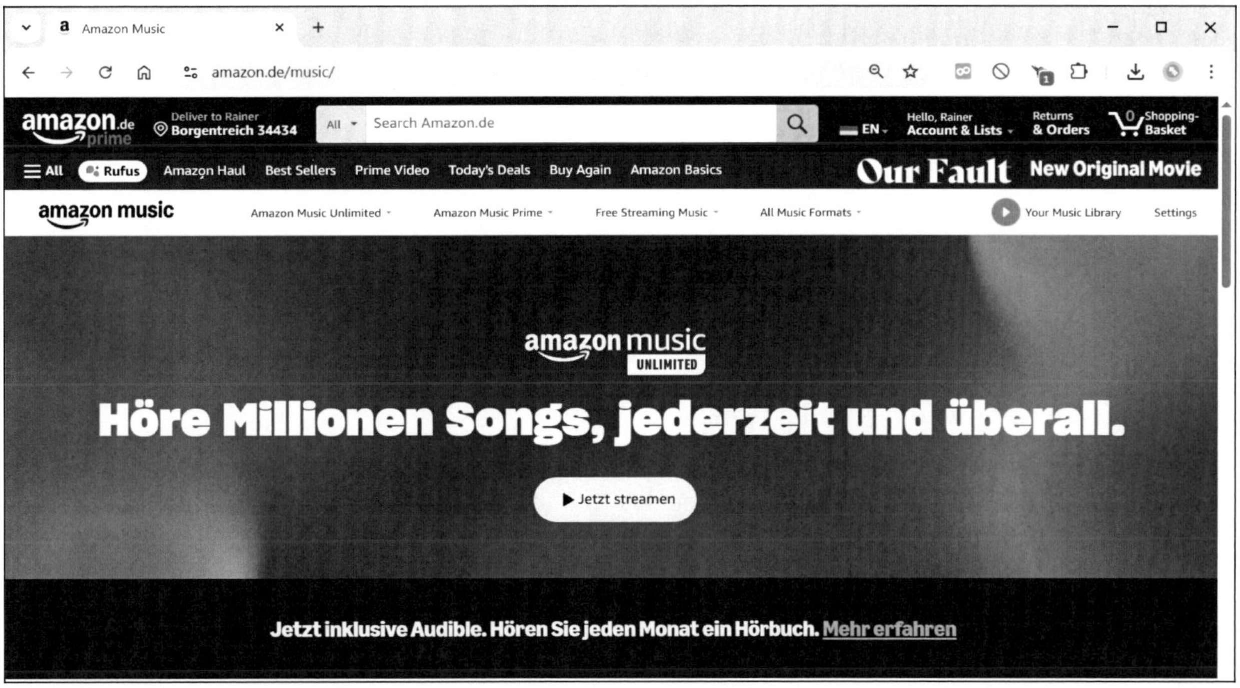

Beachten Sie, dass Sie die Buchung der nicht auf ein festes Gerät bezogenen Musiktarife, »Amazon Music Unlimited« und »Amazon Music Unlimited für Familien« nur über die Amazon-Website möglich ist. Rufen Sie dazu die Webadresse *www.amazon.de/music* auf. Hier wählen Sie einen der Tarife aus.

Die Kündigung eines Musikabos erfolgt über der Webadresse *www.amazon.de/music/settings*.

6.1.4 Befehle

Die beiden Musikdienste Amazon Prime Music und Amazon Music Unlimited steuern Sie mit nachfolgenden Befehlen[25]:

»Alexa, spiele [Song/Album/Künstler]«

»*Alexa, spiele Rocket Man*« startet den Song »Rocket Man« von Elton John. Ab und zu wird Alexa allerdings Ihren Befehl falsch interpretieren, weshalb Sie dann »Song«, »Album« oder »Künstler« oder Kombinationen davon mitsprechen müssen. Wenn Sie also das Album »Rocket Man« von der La Rochelle Band meinen, sprechen Sie »*Alexa, spiele Album Rocket Man*«.

Ein weiteres Beispiel: »*Alexa, spiele Air*« startet die Wiedergabe einer Playlist der französischen Band Air. Als Klassikfan sagen Sie dagegen »*Alexa, spiele Air von Bach*«.

> Bei Amazon Music mit Werbung lassen sich keine bestimmten Titel oder Interpreten abspielen. Wenn Sie einen nicht unterstützten Abspielbefehl sprechen, weist Sie Ihr Echo-Gerät darauf hin und spielt gegebenenfalls einen passenden Radiosender (ähnlich einer Playlist).
>
> Achtung! Es kommt häufig vor, dass Alexa die Suche nicht in Amazons Musikkatalog durchführt, sondern beispielsweise nach Videos (siehe Kapitel *14.2 Videosuche*), Spielfilme/Serien (siehe Kapitel *14.1 Amazon Prime Video*) oder TuneIn-Radiosender (siehe Kapitel *6.5.1 TuneIn*) sucht. Für diesen Fall sprechen Sie den Befehl erneut, aber mit dem Zusatz »*von Amazon Music*«.

»Alexa, spiele [Genre]-Musik«

Je nach gewünschter Musik spielt Alexa nun entweder eine Playlist oder einen »Radiosender«, die Alexa mit »*Hier ist eine passende Playlist*« beziehungsweise »*Hier ist ein passender Radiosender*« ankündigt. Während Playlists eine feste Songzahl enthalten, stellt ist das Repertoire der Radiosender nicht festgelegt, sondern passt sich an Ihre Hörgewohnheiten an.

Probieren Sie beispielsweise mal »*Alexa, spiele Chillout-Musik*« oder »*Alexa, spiele House-Musik*« aus. Häufig können Sie übrigens das »Musik« in den Befehlen weglassen, zum Beispiel bei »*Alexa, spiele Pop*« statt »*Alexa, spiele Pop-Musik*«.

»Alexa, spiele das neue Album von [Künstler/Band]«

»Alexa, spiele das Lied mit dem Text 'xxx'«

Vielleicht haben Sie schon mal im Radio einen interessanten Song gehört, erinnern sich aber nur an Teile des Liedtextes? Weil bei den Amazon-Songs auch häufig Liedtexte hinterlegt sind, können Sie danach suchen. »*Alexa, spiele das Lied mit dem Text 'Manchmal geh ich meine Straße ohne Blick'*« spielt einen Hit der Gruppe Karat.

»Alexa spiele Popmusik auf [Gerätename]«

Haben Sie mehrere Echo-Geräte im Einsatz, dann dürfen Sie beispielsweise von einem Gerät in der Küche die Musikwiedergabe im Büro steuern. Achten sie darauf, dass – abhängig vom gebuchten Amazon Music Unlimited-Tarif – nur die Wiedergabe auf einem einzelnen Gerät unterstützt wird. Gegebenenfalls bricht Alexa die Musik auf einem dritten Gerät nach Rückfrage ab. Die Namen Ihrer Echo-Geräte vergeben Sie, wie im Kapitel *4.8 Gerätenamen* beschrieben.

»Alexa, nächster Titel«, »Alexa, Nächstes«, »Alexa, Titel zurück«, »Alexa, Vorheriges«

Befinden Sie sich in einer Playlist oder in einem Radiosender überspringen Sie damit einen Titel.

»Alexa, Pause«, »Alexa, [fortsetzen/weiter]«

Eine Unterbrechung der Musikwiedergabe und anschließendes Fortsetzen sind ebenfalls möglich.

25 https://www.amazon.de/gp/help/customer/display.html?nodeId=201601830

»Alexa, [Zahl] [Sekunden/Minuten] [vorspringen/zurückspringen]«

Im abgespielten Song die angegebene Zeitspanne vor/zurückspringen.

»Alexa, spiele [Songs/Playlist/Radiosender], die ich [gestern/vor einer Woche/zuletzt] gehört habe«, »Alexa spiele [Songs/Playlist/Radiosender], die ich lange nicht mehr gehört habe«

Hilfreich, falls Sie nicht mehr wissen, welche Titel zu einem bestimmten Zeitpunkt gehört haben. Auf Radiosender geht noch Kapitel *6.1.6 Radiosender* ein, auf Playlists Kapitel *6.1.7 Playlists*. Die zuletzt abgespielten Titel, Playlists oder Radiosender listet übrigens auch die im Kapitel *12.5 Befehlshistorie* beschriebene Funktion auf.

»Alexa, [Stopp/Pause]«, »Alexa, fortsetzen«

Beendet/pausiert die Wiedergabe beziehungsweise lässt die Musik weiterlaufen.

»Alexa, welcher Song ist dies?«

Sie erfahren den Titel und Interpreten. Auf dem Echo Show-Gerät benötigen Sie diesen Befehl nicht, weil ohnehin alle Titeldaten angezeigt werden.

Amazon gibt Beispiele für weitere Befehle[26]:

Musik zu Aktivitäten:

- *»Alexa, spiel Musik zum Einschlafen«*
- *»Alexa, spiel Musik zum Frühstücken«*
- *»Alexa, spiel Musik zum Sport«*

Beliebte Musik:

- *»Alexa, spiel angesagte Musik in Berlin«*
- *»Alexa, spiel die Hits von Helene Fischer«*
- *»Alexa, spiel beliebte Popmusik«*

Musik einer Ära:

- *»Alexa, spiel Hip-Hop aus den 90ern«*
- *»Alexa, spiel Madonna aus den 80ern«*
- *»Alexa, spiel Songs von Martimoso aus 2012«*

Songtexte:

- *»Alexa, spiel den Song mit dem Text 'Just keep moving'«*
- *»Alexa, spiel das Lied, das geht: 'Ich wünsch Dir noch ein geiles Leben'«*
- *»Alexa, spiel das Lied mit der Strophe 'Guli Guli Ram Sam Sam'«*

Ähnlicher oder neuester Musik:

- *»Alexa, spiel ähnliche Musik wie Mark Forster«*
- *»Alexa, spiel ähnliche Songs wie 'Easy'«*
- *»Alexa, spiel die neue Single von Rag'n'Bone Man«*
- *»Alexa, spiel das aktuelle Album von Max Giesinger«*

Musik passend zu Ihrer Stimmung:

- *»Alexa, spiel was Fröhliches von Bruno Mars«*
- *»Alexa, spiel was Trauriges«*
- *»Alexa, spiel entspannten Jazz«*

26 https://www.amazon.de/b/ref=as_li_ss_tl?node=12807138031

6.1.5 Musik auf dem Echo Show

Die Optionen:

- Der Balken zeigt den Wiedergabefortschritt an. Tippen Sie an eine beliebige Position im Balken, damit Alexa dort fortsetzt.
- ⏮ ⏭: Titel vor/zurück springen. Nur bei Playlists beziehungsweise Radiosendern möglich.
- ⏸: Wiedergabe pausieren/fortsetzen.

❶ Weitere Schaltleisten aktivieren Sie mit der ⌄-Schaltleiste:

- *Liedtexte*: Schaltet die Liedtextanzeige aus.
- Bei Radiosendern bewerten Sie mit 👎 👍 (»Daumen hoch/runter«) die einzelnen Songs. Mit 👎 bewertete Songs werden künftig seltener gespielt. Bitte beachten Sie, dass auch die ⏭-Schaltleiste als Negativwertung eingeht, denn schließlich überspringen Sie damit einen Titel, der Ihnen offenbar nicht gefällt.

❷ Nur bei Playlists sind zwei weitere Schaltleisten vorhanden:

- 🔁: Durchgelaufene Playlist in einer Schleife wiederholen.
- 🔀: Alle Titel in der Playlist zufällig wiedergeben.

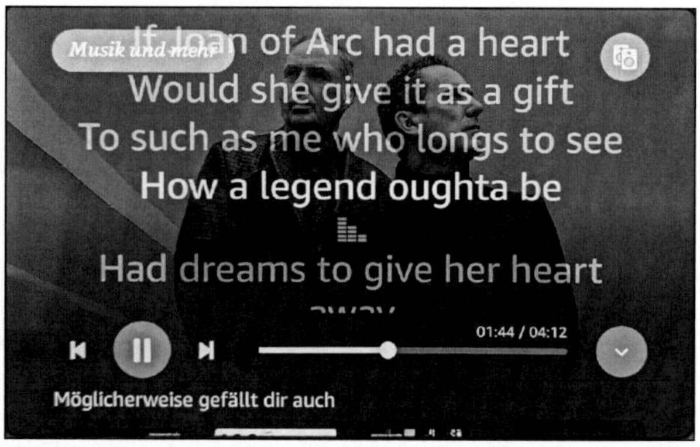

❶❷ Bei vielen Titeln sind Liedtexte hinterlegt, die während der Wiedergabe durchrollen. Ideal für alle Anwender, die gerne mitsingen! Sie aktivieren diese Funktion mit *Liedtexte*.

Beachten Sie, dass im Amazon Music Free-Tarif keine Liedtexte angezeigt werden.

Blättern Sie mit einer Wischgeste im Songtext und tippen danach eine Textstelle an. Die Wiedergabe erfolgt ab dieser Position. Auch durch Antippen des Wiedergabebalkens springen Sie zu einer anderen Stelle im Song.

6.1.6 Radiosender

Wenn Sie sich im Hintergrund mit Musik berieseln lassen möchten, sprechen Sie ja einfach »*Alexa, spiele [Musikrichtung]*«. *Alexa sagt dann* »*Hier ist eine passende Playlist*« und spielt dann Titel von einer vordefinierten Playlist ab. Manchmal kommt von Alexa aber die Ansage »*Hier ist ein passender Radiosender*«. Auf dem ersten Blick gibt es keinen Unterschied zwischen Playlists und Radiosendern, denn bei beiden können Sie mit »*Alexa, [nächster/vorheriger] Titel*« in den Songs vor/zurück springen.

Damit Alexa einen Radiosender abspielt, sprechen Sie »*Alexa, spiele Radiosender [Genre/Kategorie/Künstler/Band]*«

Hier die beliebtesten Kategorien/Genres auf Amazon Prime Music, die Sie einfach so aussprechen, um sie abzuspielen:

- Meditation und Entspannung
- 60er
- Jazz von heute
- Klaviermusik
- Trip-Hop
- House
- 80er Rock
- Chill-out & Ambient
- Französischer Pop
- Reggae
- Instrumental Jazz
- Deep House
- Underground Deep House
- Funk
- Klassik für ein entspanntes Bad
- Entspannter Jazz
- Best of Urban
- R&B & Soul
- 70er
- Smooth Jazz
- Techno
- Salsa
- Swing
- Best of Dance

Probieren Sie ruhig einmal aus, ob Amazon für Ihren Musikgeschmack die passende Radiostation hat, indem Sie »*Alexa, spiele Radiostation [Musikgeschmack]*« sprechen. Alexa schlägt gegebenenfalls eine Radiostation vor, die dem Gesuchten ähnelt.

Stehen Sie auf einen bestimmten Künstler oder eine bestimmte Band, dann sprechen Sie zum Beispiel »*Alexa, spiele Radiostation The Beatles*« oder »*Alexa, spiele Radiostation Rihanna*«.

Der Begriff »Radiosender« ist etwas verwirrend, denn es handelt sich nicht um Sender, wie man sie vom klassischen terrestischen Rundfunk kennt. Tatsächlich sind alle Amazon-Radiosender dynamische Playlists, welche sich an Ihre Hörgewohnheiten anpassen. Songs, die Sie mit »*Alexa, nächster Titel*« überspringen, werden künftig nicht mehr so häufig oder überhaupt nicht mehr gespielt. Nach einiger Zeit (und häufigem Titelüberspringen!) spielt der jeweilige Radiosender nur noch Ihre Lieblingsmusik.

Auf den Echo-Geräten ohne Display machen Sie mit »*Alexa, nächster Titel*« beziehungsweise »*Alexa, Daumen runter*« deutlich, dass Sie einen Song nicht mögen. Sprechen Sie dagegen »*Alexa, Daumen hoch*«, wenn Sie einen Song häufiger hören möchten.

Beim Echo Show-Gerät sprechen Sie »*Alexa, nächster Titel*«, um einen Titel mit »gefällt nicht« zu bewerten. Alternativ tippen Sie einmal auf das Display (auf eine Position, auf der kein Text angezeigt wird), worauf Schaltleisten angezeigt werden. Dort geben Sie mit 👎 👍 (»Daumen hoch/runter«) Ihre Bewertung ab.

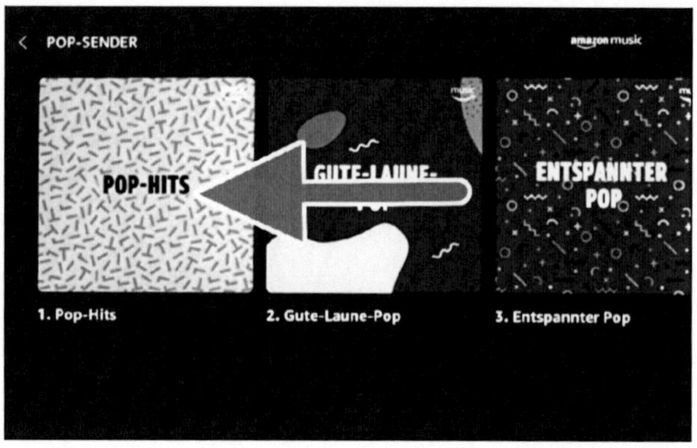

»*Alexa, welche Radiosender gibt es?*« oder »*Welche Radiosender zu [Genre] gibt es?*« listet auf dem Echo Show-Gerät die entsprechenden Sender auf. Beispiel: »*Alexa, welche Radiosender zu Pop gibt es?*«

Wischen Sie mit dem Finger auf dem Display durch die Liste mit bis zu 50 Vorschlägen und tippen Sie den gewünschten Sender an.

Vom Free-Tarif wird diese Funktion nicht unterstützt.

6.1.7 Playlists

Amazon Music Prime und Amazon Music Unlimited bieten, wie oben erwähnt, unzählige vorgefertigte Wiedergabelisten (sogenannte Playlists), die Sie einfach mit dem Befehl »*Alexa, spiele Playlist xxx*« (häufig funktioniert auch »*Alexa, spiele xxx*«) starten.

Sie dürfen aber auch eigene Playlists anlegen. Dazu sprechen Sie »*Alexa, erstelle eine neue Playlist*«, worauf Sie Alexa nach dem gewünschten Namen fragt. Alternativ funktioniert auch »*Alexa, erstelle eine neue Playlist mit dem Namen 'Tolle Musik'*«.

Während Sie künftig einen Song hören, den Sie interessant finden, sprechen Sie »*Alexa, pack den Song auf meine Playlist [Playlistname]*« oder »*Alexa, füge den Song meiner Playlist [Playlistname] hinzu*«.

Verwenden Sie möglichst eindeutige Playlistnamen, also bitte nicht gleichzeitig »*Meine Songs*« und »*Gemeine Songs*«, denn wenn Sie undeutlich oder aus der Ferne sprechen, wird Sie das Echo-Gerät nicht korrekt verstehen und die falsche Playlist verwenden.

Später lassen Sie mit »Alexa, spiel Playlist [Playlistname]« Ihre Playlist abspielen. Manchmal interpretiert Alexa leider Ihren Befehl falsch und spielt eine der vorgefertigen Playlists ab[27]. In solchen Fällen sprechen Sie den Befehl etwas anders: »Alexa, spiel **meine** Playlist [Playlistname]«.

Die Playlists können Sie leider derzeit nicht in der Alexa-App bearbeiten oder löschen, sondern müssen dafür die im Kapitel *6.4 Amazon Music-App* vorgestellte Anwendung verwenden. Wenn Sie sich damit nicht auseinander setzen möchten, empfehlen wir Ihnen die Verwendung von Radiostationen, deren Abspielliste Sie einfach interaktiv anpassen können, wie Kapitel *6.1.6 Radiosender* zeigt.

6.2 Multiroom

Vor einigen Jahren sorgte der Audiospezialist Sonos mit dem Multiroom-Feature (Multiroom = engl. Mehrraum) für Furore. Unter Multiroom versteht man die gleichzeitige Musikwiedergabe auf mehreren räumlich im Haus verteilten Lautsprechern. Falls Sie mindestens zwei Echo-Geräte besitzen, können Sie diese ebenfalls als Multiroom zusammenschalten. Unangenehme Schallverzögerungen, wie man Sie sonst von weit auseinander stehenden Lautsprechern kennt (Latenz), kompensieren die Echo-Geräte sehr effektiv durch Auswertung der Schallausbreitung über die eingebauten Richtmikrofone.

Amazon hat die Multiroom-Funktion auch für andere Lautsprecherhersteller geöffnet. Beachten Sie, dass die bei vielen Smarthome-Lautsprechern eingebaute Alexa-Spracheingabe nicht heißt, dass das jeweilige Gerät auch alle von den Echo-Geräten gewohnten Funktionen unterstützt! Eine Liste von Geräten, die Multiroom anbieten gibt es offiziell leider nicht, einige Modelle der Hersteller Polk und Teufel sollen aber Amazons Multiroom-Funktion unterstützen. Wenn Sie bei

27 *www.handyraketen.de/apps/eigene-playlist-abspielen-alexa-amazon-echo/*

Multiroom auf Nummer sicher gehen wollen, sind Sie deshalb beim Griff zu Amazon Echo-Geräten auf der sicheren Seite[28].

Eine Stereo-Wiedergabe (getrennte Wiedergabe von linken und rechten Kanal) ist nicht möglich[29]. Sie setzen dafür statt dessen die im Kapitel *6.6 Stereo* beschriebene Funktion ein.

Achtung, falls Sie den Tarif »Amazon Music Unlimited für Echo« (siehe Kapitel *6.1 Amazon Prime Music und Amazon Music Unlimited*) einsetzen: Die Multiroom-Steuerung erfolgt über das Gerät, für das ein Abo abgeschlossen wurde. Um beim Beispiel eines Haushalts mit zwei Echo-Geräten zu bleiben: Mal angenommen, Sie haben für den Echo im Wohnzimmer den Tarif gebucht. Möchten Sie einen Titel vorspringen, dann müssen Sie immer erst ins Wohnzimmer laufen und dort den Titelwechselbefehl sprechen.

> Sollten Sie bisher noch nicht Kapitel *4.8 Gerätenamen* durchgearbeitet haben, empfehlen wir Ihnen dies jetzt nachzuholen.
>
> Mit Echo-Geräten verbundene Bluetooth-Lautsprecher (siehe Kapitel 7 Bluetooth) werden während der Multiroom-Nutzung deaktiviert, weil darüber keine synchronisierte Wiedergabe möglich ist.

6.2.1 Multiroom einrichten

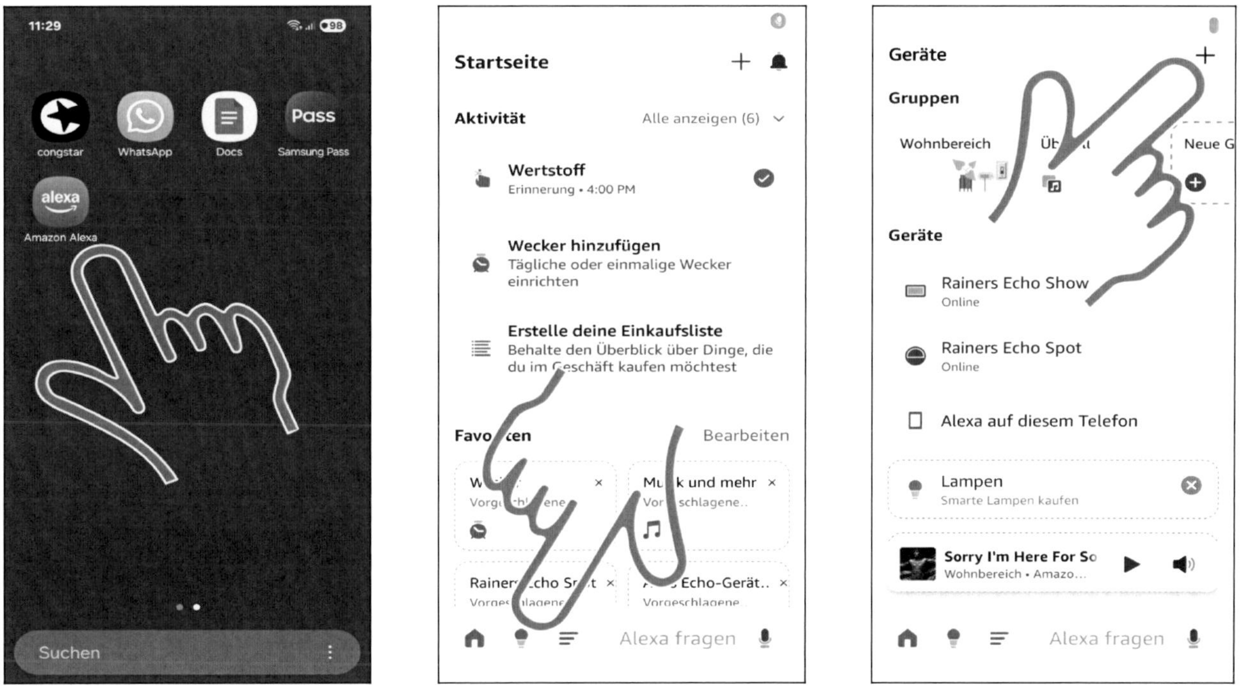

So richten Sie Multiroom ein:

❶❷ Nach dem Start der Alexa-App aktivieren Sie das (*Geräte*)-Register.

❸ Betätigen Sie +.

28 *www.golem.de/news/neue-echo-geraete-eine-menge-enttaeuschungen-1902-139102-2.html*
29 *www.the-ambient.com/how-to/set-up-amazon-echo-multiroom-audio-547*

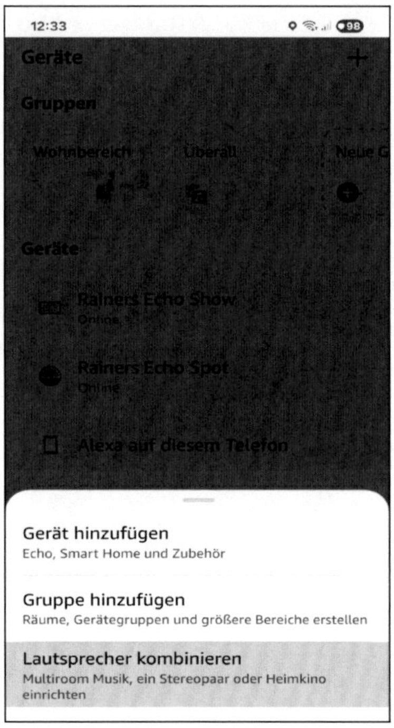

❶ Im Menü wählen Sie *Lautsprecher kombinieren.*

❷ Gehen Sie auf *Multiroom-Musik.*

❸ Nun markieren Sie mit kurzem Antippen die Geräte, welche zur Gruppe gehören sollen. Schließen Sie den Vorgang mit *Weiter* (am oberen rechten Bildschirmrand) ab.

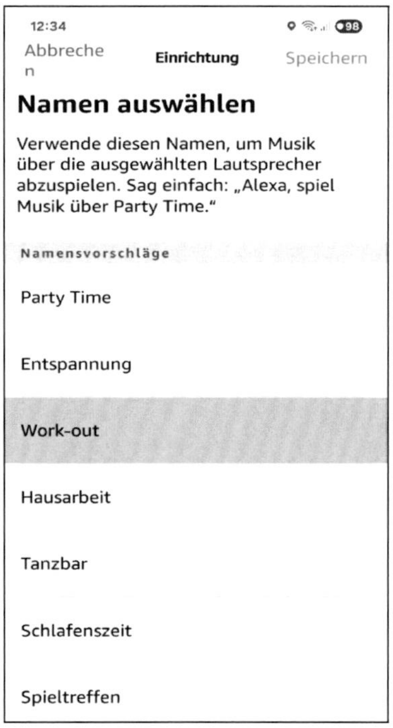

Wählen Sie einen der vorgegebenen Gruppennamen passend zum Standort aus. Alternativ vergeben Sie einen neuen Gruppennamen im *Benutzerdefinierter Name*-Eingabefeld (am Listenende).

Betätigen Sie dann *Speichern* (oben rechts).

> Tipp: Sie dürfen mehrere Multiroom-Gruppen anlegen, denen alle oder einige Echo-Geräte angehören. Das ist wirklich praktisch, falls Sie ab und zu unterschiedliche Bereiche Ihres Hauses beschallen möchten. Legen Sie beispielsweise eine Gruppe »*Erdgeschoss*« für Geräte in Küche und Wohnzimmer an. Die Gruppe »*Überall*« mit allen Echo-Geräten ist sogar bereits vordefiniert

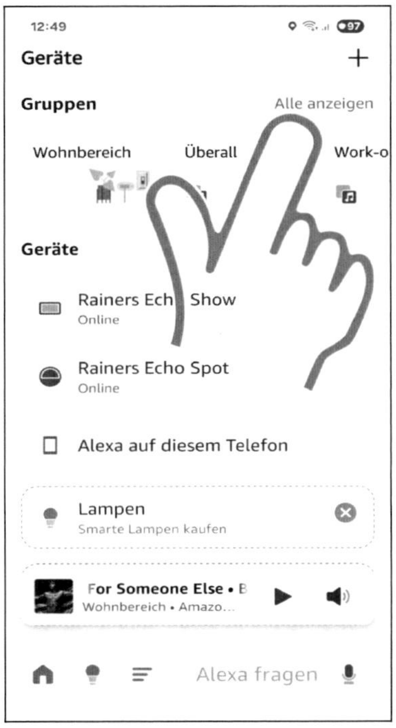

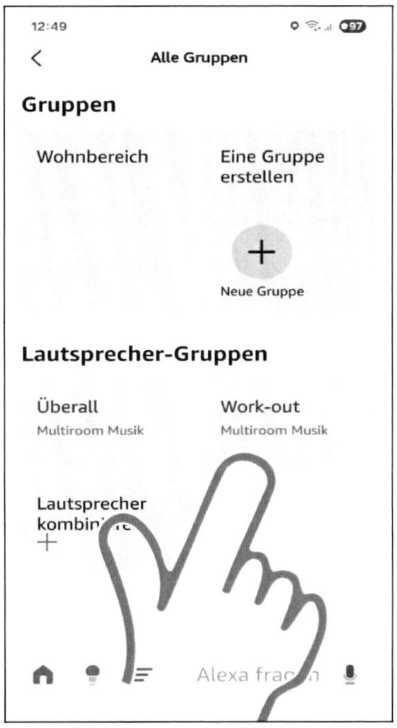

❶ So ändern Sie den Gruppennamen oder die enthaltenen Geräte: Im (*Geräte*)-Register betätigen Sie *Alle anzeigen.*

❷❸ Unter *Lautsprecher-Gruppen* wählen Sie die Gruppe aus. Betätigen Sie *Bearbeiten*, um Lautsprecher hinzufügen, zu entfernen oder den Gruppennamen zu ändern.

6.2.2 Multiroom in der Praxis

Künftig verwenden Sie die bereits vorgestellten Steuerungsbefehle mit dem Zusatz »*auf [Gruppenname]*«. In unserem Beispiel »*Alexa, spiele Rockmusik auf Work-out*«. Sollte Alexa den Gruppennamen als Album oder Songtitel interpretieren, dann verwenden Sie »*Alexa, spiele Rockmusik auf **Gruppe** Work-out*« (in dem Fall sollten Sie sich allerdings überlegen, ob Sie nicht den Gruppennamen ändern).

Wir haben festgestellt, dass – sofern Sie einen unverwechselbaren Gruppennamen wie »Überall« verwenden – statt »*Alexa, spiele Popmusik auf **Überall***« auch »*Alexa **Überall** Popmusik abspielen*« funktioniert. Experimentieren Sie ruhig einmal mit Befehlsvarianten.

Auch die Lautstärke regeln Sie einfach für alle Geräte in der Gruppe, zum Beispiel mit »*Alexa, Lautstärke 5 auf Überall*«.

❶❷ Die Musiksteuerung wird auch von der Alexa-App unterstützt. Gehen Sie dort ins ☰ (*Mehr*)-Register und dann auf *Musik und mehr.*

❸ Schließen Sie das Popup mit ✕ (Pfeil).

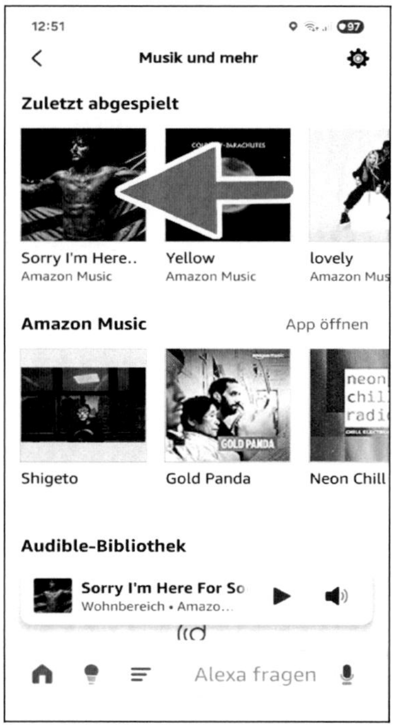

❶ Mit einer Wischgeste blättern Sie durch die Songs/Playlists/Radiostationen.

❷ Tippen Sie einen Eintrag an, den Sie abspielen möchten.

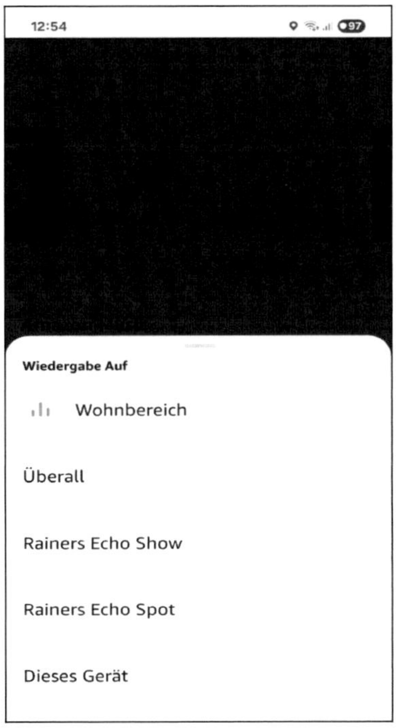

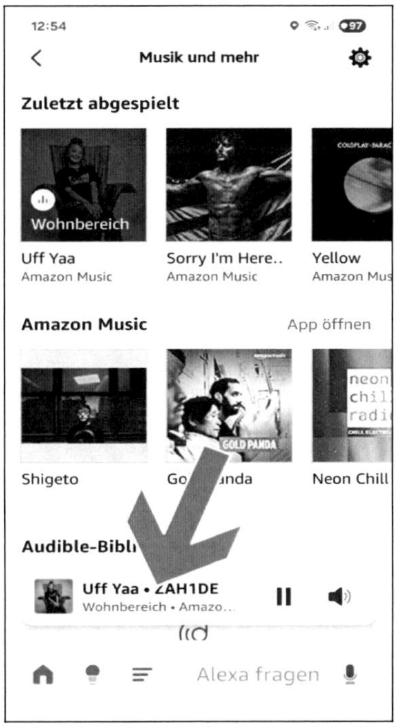

➊➋ Anschließend wählen Sie ein Gerät oder eine Multiroom-Gruppe aus, worauf die Musik abgespielt wird (Pfeil).

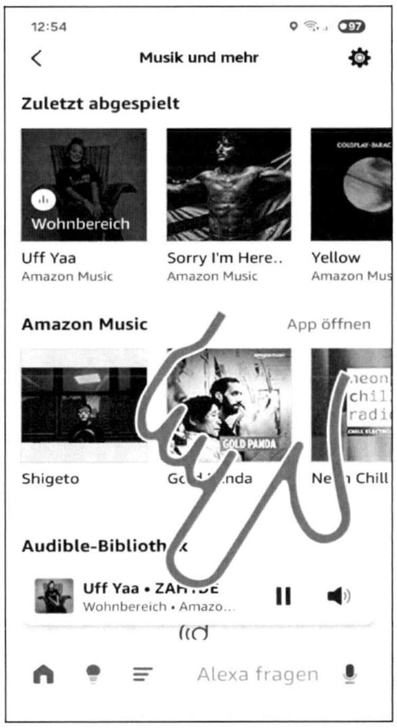

➊➋ Zusätzliche Funktionen stehen nach Antippen des Titels am unteren Bildschirmrand bereit:

- ⤮: Alle Titel in der Playlist zufällig wiedergeben.
- ⏮⏭: Titel vor/zurück springen. Nur bei Playlists beziehungsweise Radiosendern möglich.
- ⏸: Wiedergabe pausieren/fortsetzen.
- Mit den Schaltleisten 👎 und 👍 bewerten Sie Songs. Negativ bewertete Songs werden beim nächsten Mal übersprungen.
- ↺30/↻30: 30 Sekunden vor/zurückspringen – nur möglich, wenn Sie ein Amazon Music-Abo abgeschlossen haben.

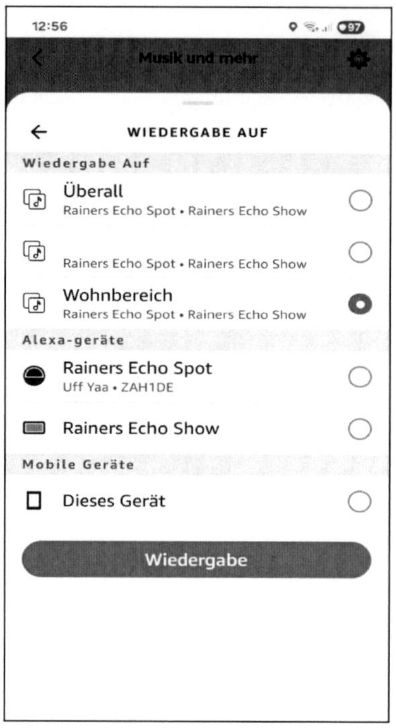

❶ Unten in der Mitte zeigt die Alexa-App das verwendete Wiedergabegerät beziehungsweise die verwendete Gruppe an. Tippen Sie darauf für eine Auflistung der Wiedergabeziele.

❷ Wählen Sie ein Gerät oder eine Gruppe aus, auf die Sie die Wiedergabe fortsetzen möchten und betätigen Sie *Wiedergabe*. Diese von Amazon als »Musik verschieben« bezeichnete Funktion ist nur bei einem Amazon Music-Abo verfügbar.

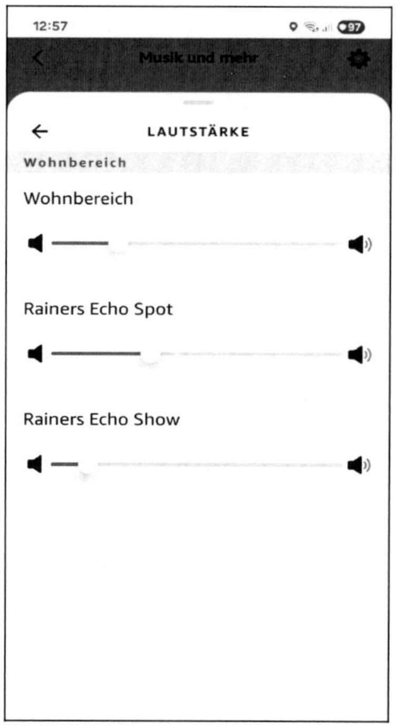

❶❷ Die 🔊-Schaltleiste (Pfeil) zeigt alle für die Wiedergabe genutzten Geräte an. Dort können Sie bequem für jedes Gerät die Lautstärke einstellen.

6.3 Equalizer

Je nach Gewohnheit und Musikgeschmack sind Sie vielleicht mit dem Klang Ihres Echo-Geräts nicht zufrieden. In diesem Fall ändern Sie die Voreinstellungen für Bass, Mitten und Höhen.

Sagen Sie einfach: *»Alexa, [mehr/weniger] Höhen«, »Alexa, [mehr/weniger] Mitten« oder »Alexa, [mehr/weniger] Bass«.*

Auch Gerät oder Gruppe dürfen Sie im Befehl angeben, beispielsweise *»Alexa, mehr Bass im Wohnzimmer«. »Alexa, stelle Bass auf 5«* setzt die Einstellung direkt auf den angegebenen Wert.

Der Equalizer hat aufgrund der geräteinternen Verschaltung auch Einfluss auf den Klang von per Klinke angeschlossenen Boxen (sofern das Echo-Gerät noch einen Klinkenanschluss aufweist). Bluetooth-Boxen (siehe Kapitel *7 Bluetooth*) werden dagegen nicht von den Klangeinstellungen behelligt.

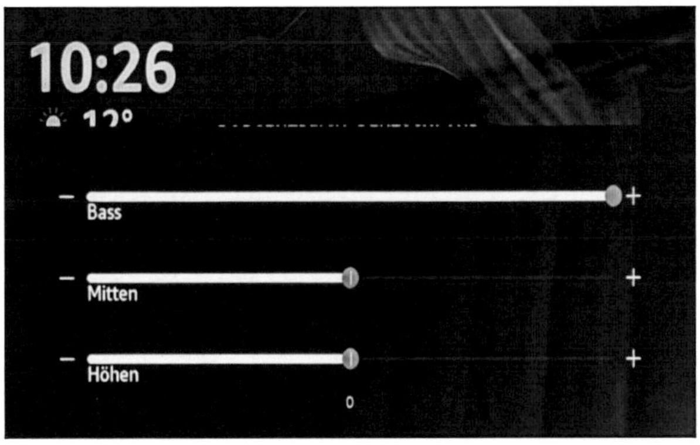

Echo Show-Geräte zeigen für einige Sekunden die Equalizereinstellungen an, wenn Sie beispielsweise *»Alexa, mehr Bass«* sprechen. Mit Ihrem Finger ändern Sie dann die Klangparameter.

6.4 Amazon Music-App

Die Amazon Music-App verwaltet Ihre Musik und ist deshalb eine ideale Ergänzung zur Alexa-App. An dieser Stelle können wir leider nicht auf alle Funktionen dieser App eingehen.

Unsere Erfahrung hat gezeigt, dass man Amazon Music in der Praxis fast ausschließlich über die Sprachsteuerung nutzt. Auch von der Möglichkeit, eigene Playlists anzulegen, machen nur die wenigsten Nutzer Gebrauch, denn es sind bereits zahlreiche Playlists beziehungsweise Playlist-ähnliche »Radiosender« vorhanden, die alle Musikgeschmäcker abdecken.

Die Amazon Music-App macht nur im Zusammenhang einem Musik-Abo (siehe Kapitel *6.1.2 Die kostenpflichtigen Tarife im Überblick*) Sinn. Mit dem kostenlosen »Amazon Music Free« fehlen viele Funktionen, beispielsweise wird häufig ein anderer Titel abgespielt als Sie tatsächlich ausgewählt haben.

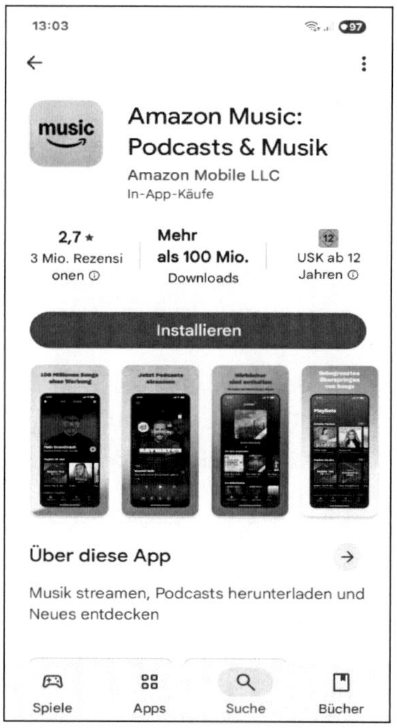

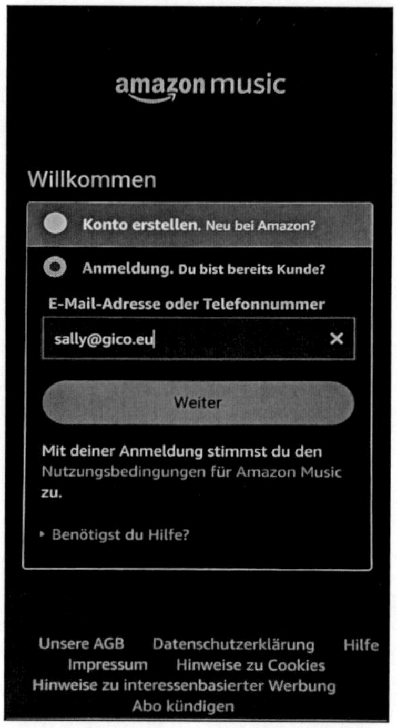

❶ Suchen und installieren Sie *Amazon Music* aus dem Play Store beziehungsweise App Store auf Ihrem Handy. Starten Sie dann *Amazon Music.*

❷ Beim ersten Aufruf müssen Sie sich einmalig mit Ihrem Amazon-Konto anmelden.

❶ Den Hinweis auf das Amazon Music-Abo schließen Sie mit ✕. Wir gehen darauf noch später ein.

❷ Falls Sie möchten, dass Sie Amazon Music auf Neuerscheinungen und Sonderaktionen hinweist, gehen Sie auf *Mitteilungen erlauben.*

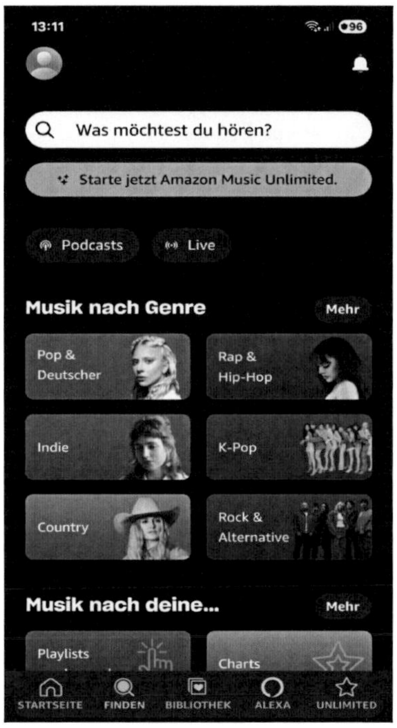

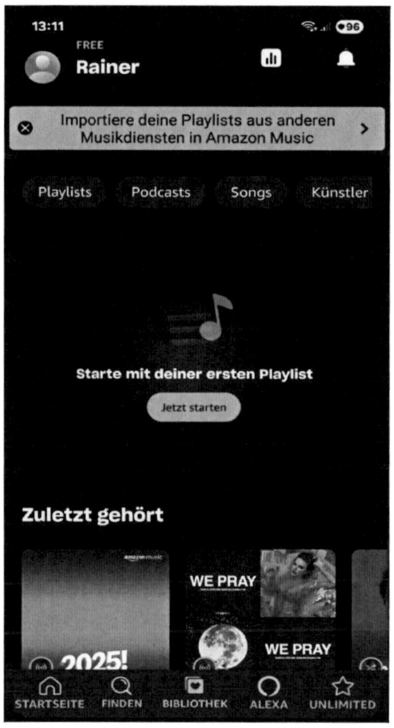

❶ In der Benutzeroberfläche schalten Sie über die Register um zwischen:

- *STARTSEITE*: Listet diverse empfohlene Playlists auf.
- *FINDEN* (❷): Amazon Music durchsuchen. Über die Schaltleisten *Country, Rock & Alternative* usw. durchstöbern Sie das Musikangebot.
- *BIBLIOTHEK* (❸): Verwaltet die von Amazon vorgeschlagenen und von Ihnen erstellten Playlists.
- *ALEXA*: Musikwiedergabe per Sprachbefehl steuern.
- *UNLIMITED*: Kostenpflichtiges Amazon Music-Abo aktivieren.

6.4.1 Playlist anlegen und Songs hinzufügen

Wenn Sie auf den Echo-Geräten selbst erstellte Playlists nutzen möchten, kommen Sie um die Amazon Music-App nicht vorbei. Zwar ist über die Alexa-Sprachsteuerung die Erstellung von Playlists und deren Befüllung mit Songs möglich, das Löschen und Bearbeiten von Playlists müssen Sie aber in der Amazon Music-App vornehmen.

Die Playlist-Verwaltung ist auch unter der Webadresse *music.amazon.de* möglich, die Sie im Webbrowser auf einem PC aufrufen.

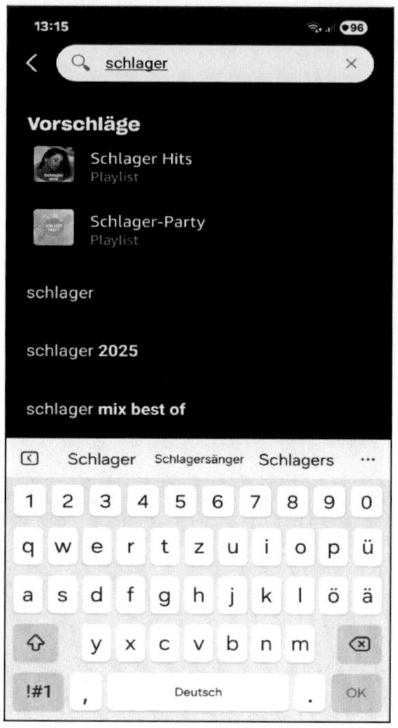

Es gibt verschiedene Möglichkeiten, eigene Playlists in der Amazon Music-App mit Songs zu befüllen. Bei der nachfolgend vorgestellten Vorgehensweise übernehmen wir Musik direkt aus dem Amazon-Katalog in eine Playlist.

❶ Aktivieren Sie das *FINDEN*-Register.

❷❸ Tippen Sie oben ins Eingabefeld und geben Sie einen Suchbegriff ein, in unserem Beispiel *»Schlager«*. Wählen Sie dann einfach zur Eingrenzen einen der Vorschläge aus.

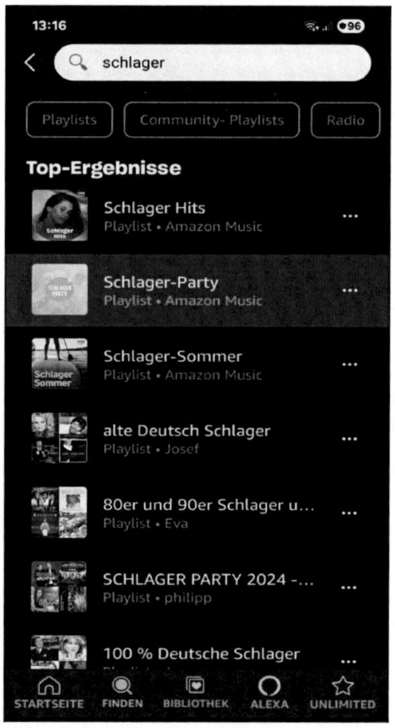

❶ In unserem Beispiel wählen wir eine der vorgeschlagenen Playlists aus.

❷❸ Aktivieren Sie bei einem Titel oder Album das Popup mit ⋮, dann wählen Sie *Zu Playlist hinzufügen*.

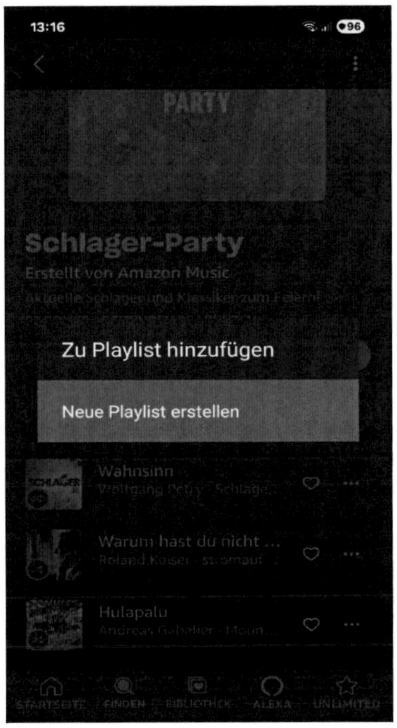

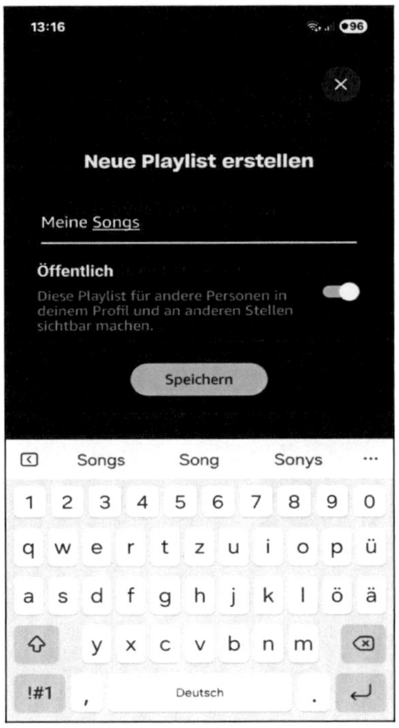

❶ In unserem Beispiel legen wir mit *Neue Playlist erstellen* unsere erste Playlist an; falls Sie bereits Playlists direkt auf dem Echo-Gerät erstellt haben, werden diese hier ebenfalls aufgelistet.

❷ Tippen Sie in das Eingabefeld, erfassen Sie einen Namen und betätigen Sie *Speichern*.

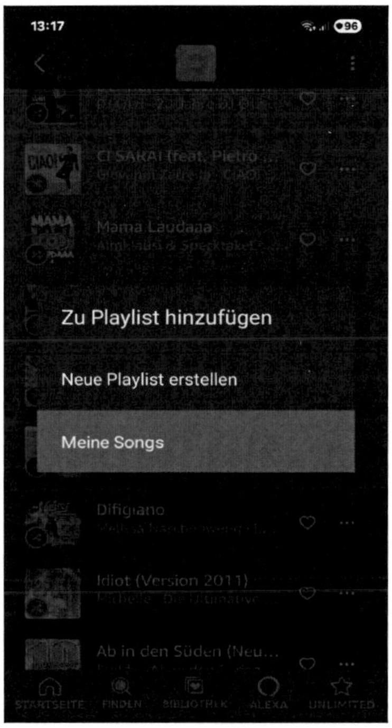

❶❷ Künftig fügen sie auf dem gleichen Wege wie oben beschrieben weitere Titel der Playlist hinzu.

❸ Wählen Sie die von Ihnen zuvor erstellte Playlist aus.

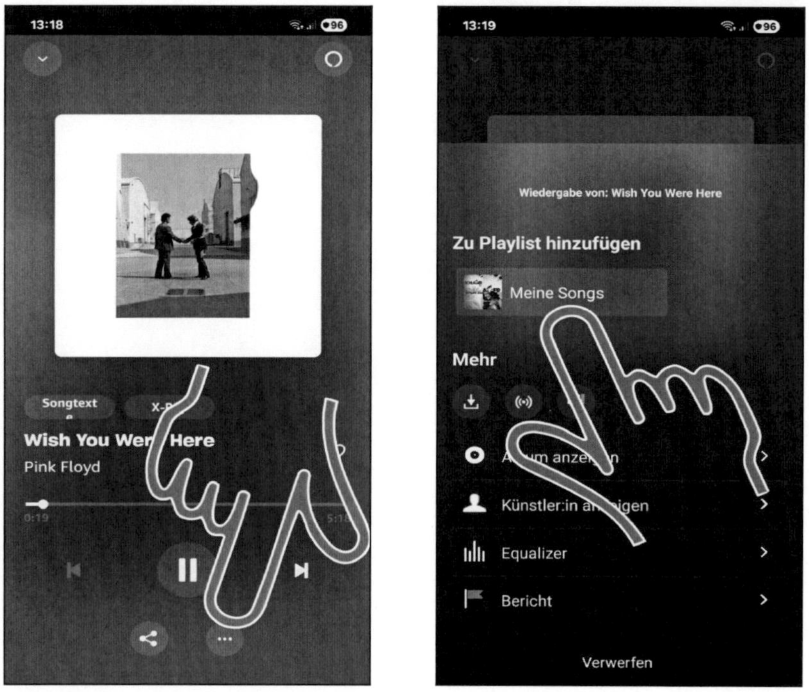

❶❷ Im Abspielbildschirm gehen Sie dagegen auf ●●● und dann unter *Zu Playlist hinzufügen* auf die Playlist.

6.4.2 Playlists verwalten

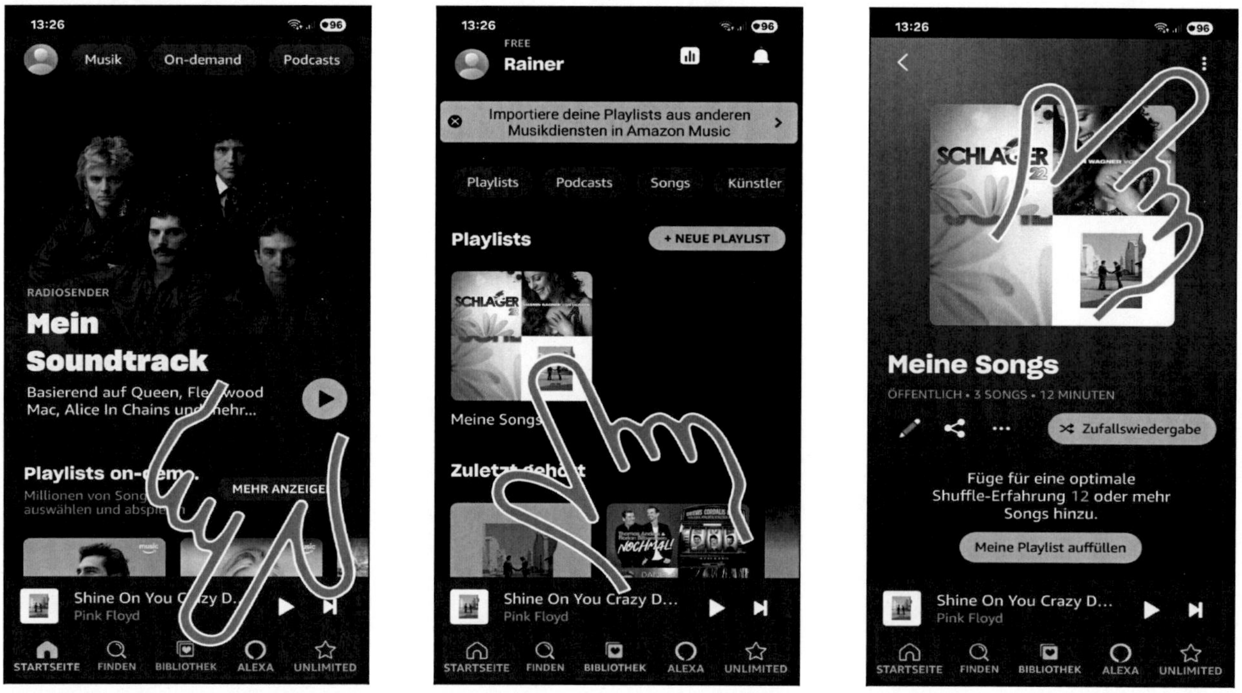

❶ Aktivieren Sie das *BIBLIOTHEK*-Register.

❷ Wählen Sie die Playlist aus.

❸ Tippen Sie auf ⋮.

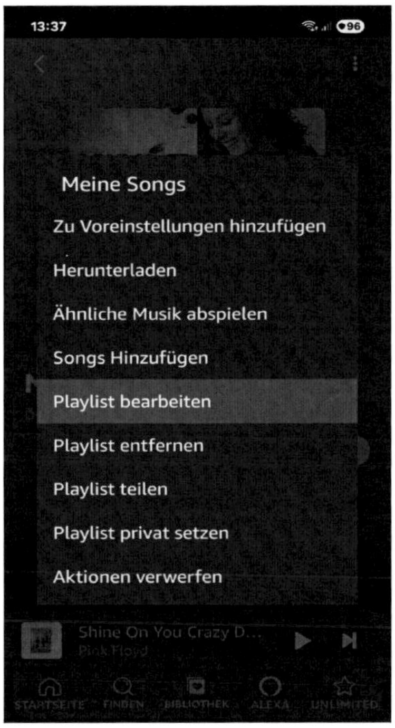

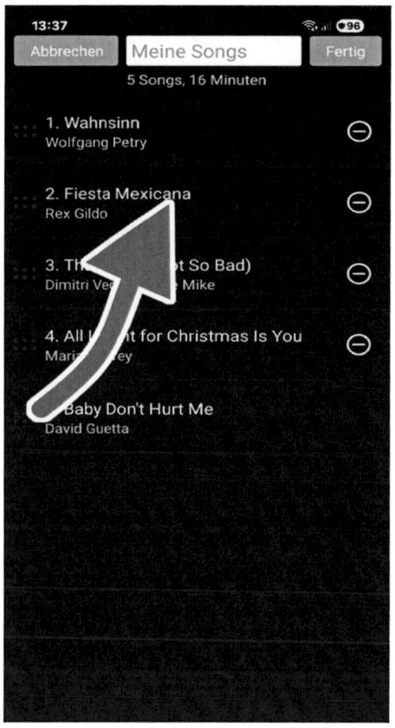

❶ Wählen Sie *Playlist bearbeiten* aus.

❷ Hier können Sie über die ⊖-Schaltleisten jeweils einzelne Songs aus der Playlist entfernen.

❸ Die Wiedergabereihenfolge ändern Sie mit den ∷-Schaltleisten: Halten Sie den Finger darauf und ziehen Sie den Song an die gewünschte Position.

6.5 Andere Musikdienste

Neben Amazon Prime Music und Amazon Music Unlimited unterstützt Alexa auch die konkurrierenden Streamingdienste Deezer und Spotify, Apple Music, sowie den Radiodienst TuneIn und Apple Podcasts.

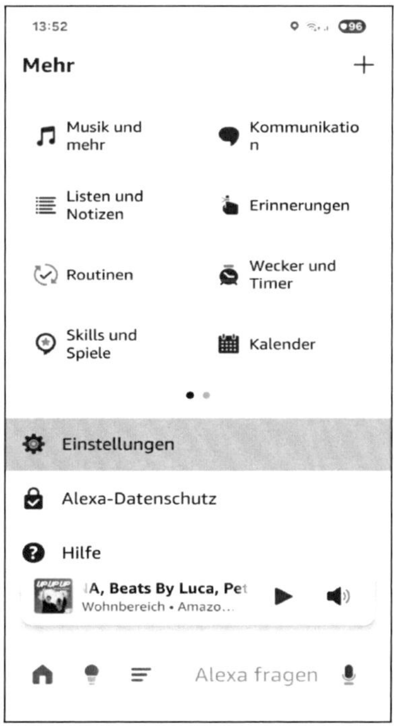

So richten Sie beispielsweise Spotify in der Alexa-App ein:

❶ Aktivieren Sie das ≡ (*Mehr*)-Register.

❷❸ Rufen Sie *Einstellungen* auf und gehen dann auf *Musik und Podcasts.*

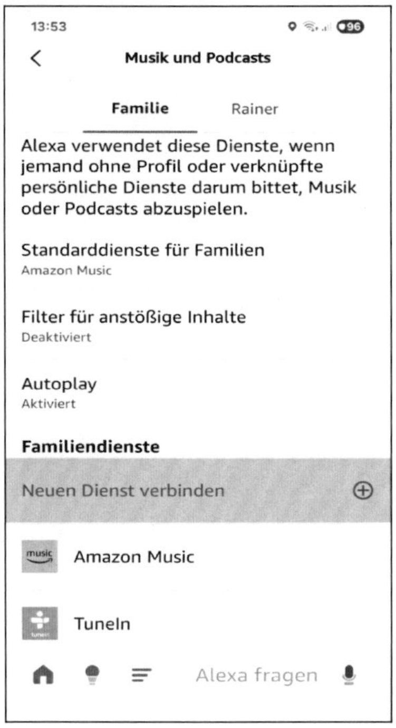

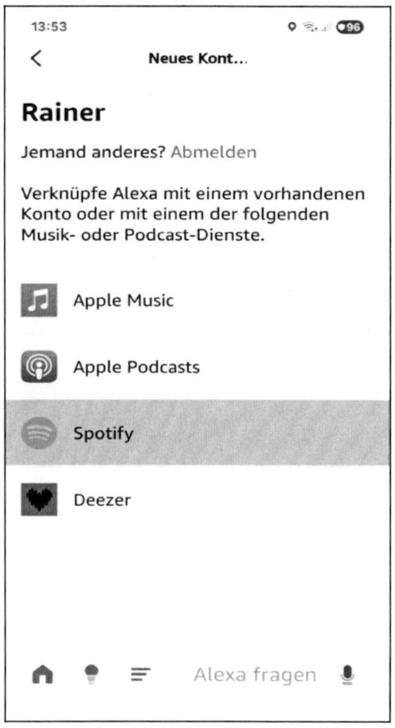

❶❷ Tippen Sie auf *Neuen Dienst verbinden* und dann *Spotify.*

❸ Betätigen Sie *ZUR VERWENDUNG AKTIVIEREN.*

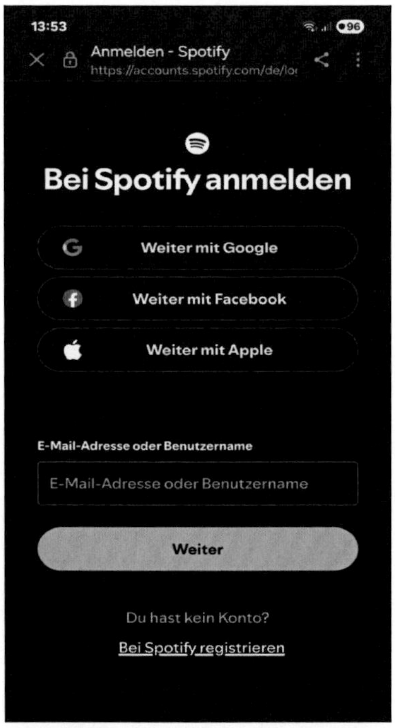

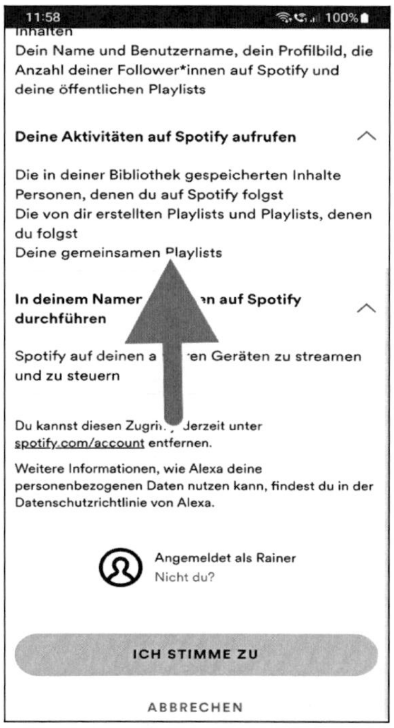

❶ Geben Sie Ihre Spotify-Kontodaten ein und betätigen Sie *ANMELDEN.*

❷ Blättern Sie mit einer Wischgeste durch die Geschäftsbedingungen und betätigen Sie *ICH STIMME ZU.*

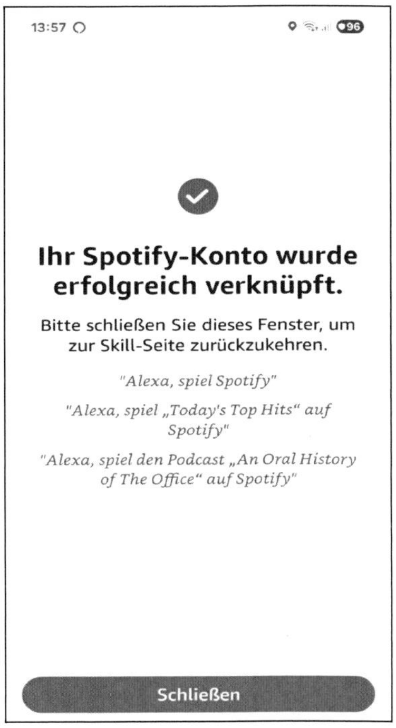

➊ Betätigen Sie *Schließen*. Damit ist Spotify fertig eingerichtet.

➋ Betätigen Sie an dieser Stelle vorerst *NICHT JETZT.* Sie können nun die Bildschirme beziehungsweise Menüs verlassen.

Alle musikbezogenen Befehle funktionieren auch mit den externen Musikdiensten, die Sie einfach mit angeben. Beispiel: »*Alexa, spiele Popmusik* ***mit Spotify***« oder »*Alexa, spiele Jazz* ***mit Spotify*** *auf Überall*« (Multiroom).

6.5.1 TuneIn

Der Onlinedienst TuneIn wird »Tjun-In« ausgesprochen (engl. ungefähr mit »Stelle (den Sender) ein« zu übersetzen). Sie haben über TuneIn Zugriff auf weltweit 100.000 Radiosender, die live abgespielt werden. Eine Liste der verfügbaren deutschen Sender liefert die Webadresse *www.tunein.com/radio/local*.

Der Radiokonsum über TuneIn ist passiv, das heißt, Sie »schalten« per Sprachbefehl einen Sender ein den Sie dann konsumieren. Je nach Sender müssen Sie also mit Werbeunterbrechnungen, langweiligen Ansagen, uninteressanten Reportagen usw. leben.

In der Regel brauchen Sie nicht TuneIn nicht in Ihren Befehlen zu erwähnen, das heißt, statt »*Alexa, spiel Radio Hochstift* ***auf TuneIn***« reicht auch »*Alexa, spiel Radio Hochstift*«. Manchmal müssen Sie allerdings »*auf TuneIn*« mitsprechen, wenn Alexa den gewünschten Sender beispielsweise mit einem Musikstück aus Amazon Prime Music/Music Unlimited verwechselt.

Die öffentlich-rechtlichen Radiosender werden nicht über TuneIn bedient, sondern nutzen die »ARD Audiothek«. Dadurch ist die Audioqualität wesentlich besser.

Probieren Sie einfach mal aus, ob TuneIn auch Ihren lokalen Radiosender im Repertoire hat!

6.5.2 Standardmusikdienst

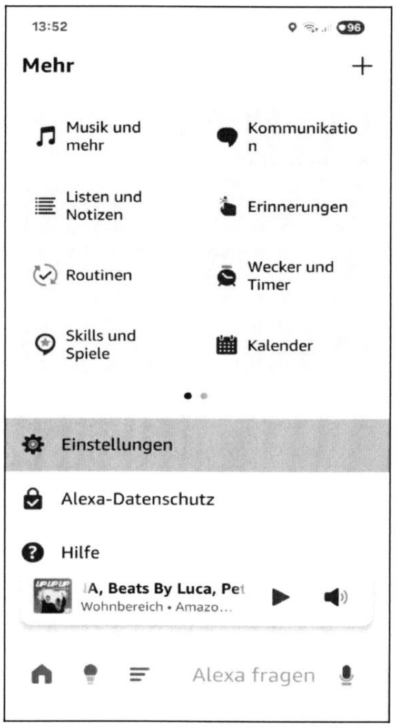

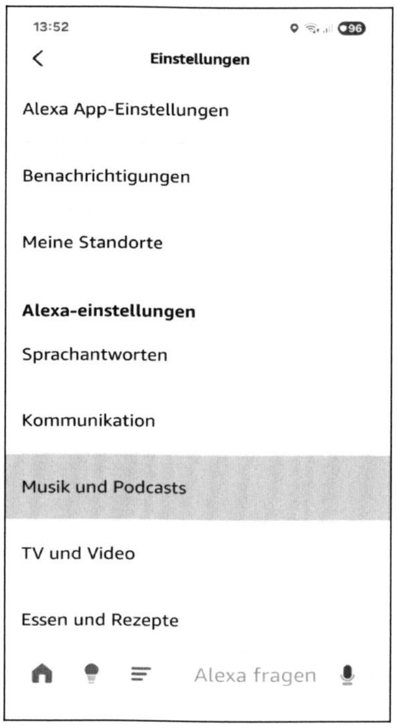

Sie möchten statt Amazon Prime Music/Amazon Music Unlimited ausschließlich Spotify, Deezer oder TuneIn nutzen? Dann stellen Sie diesen Musikdienst als Standard in der Alexa-App ein:

❶❷ Aktivieren Sie das ☰ (*Mehr*)-Register und gehen Sie auf *Einstellungen*.

❸ Wählen Sie *Musik und Podcasts*.

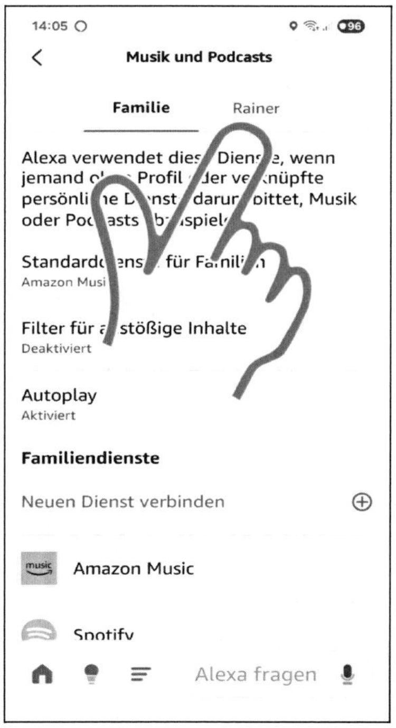

An dieser Stelle müssen Sie eine wichtige Entscheidung treffen, die davon abhängt, ob und wieviele weitere Familienmitglieder einen Alexa-Echo nutzen. Dazu müssen Sie wissen, dass Alexa einzelne Nutzer während der Spracheingabe anhand der Stimme eindeutig identifizieren kann – sofern der Nutzer vorher ein Sprachtraining durchgeführt hat. Darauf gehen wir noch im Kapitel *12.10 Stimmenprofil* ein.

Eine weitere Rolle spielt der abgeschlossene Musik-Streaming-Vertrag bei Amazon Music beziehungsweise einem anderen Musikanbieter: Handelt es sich um einen Einzeltarif, der nur eine Wiedergabe gleichzeitig zulässt (kein Familientarif)? Dann sollten Sie beispielsweise als Spotify-Nutzer die Wiedergabe nur für sich selbst einstellen. Als Einzelnutzer erübrigt sich natürlich die Frage.

In der Praxis ist es aus den oben ausgeführten Gründen sinnvoll, nur für sich selbst die Musikwiedergabe auf – in unserem Beispiel – Spotify umzustellen. Wir aktivieren daher das Register mit unserem Namen (Pfeil).

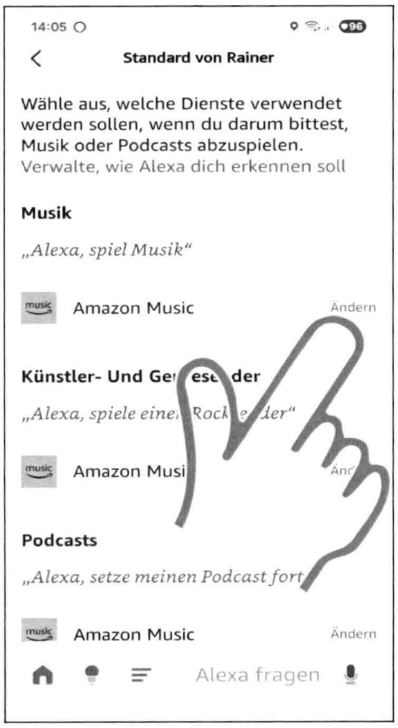

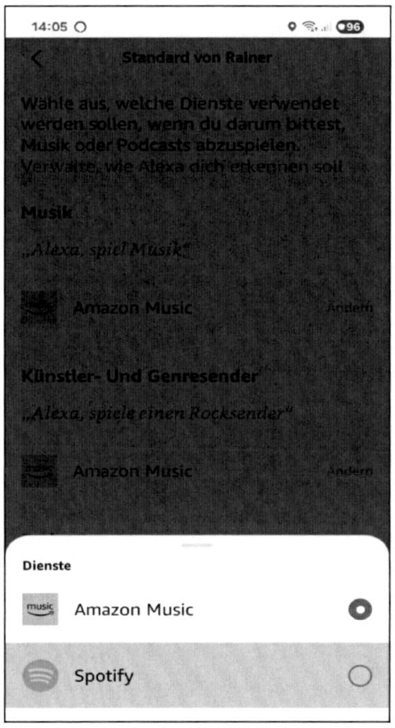

❶ Wählen Sie als Nächstes *Meine Standarddienste* aus.

❷❸ Tippen Sie jeweils auf *Ändern* und stellen Sie *Spotify* ein. Künftig können Sie »*mit Spotify*« in Ihren Befehlen weglassen.

6.6 Stereo

Im Kapitel *6.2 Multiroom* hatten wir ein Feature vorgestellt, bei der zwei oder mehr Echo-Geräte miteinander für die raumübergreifende Musikwiedergabe gekoppelt werden. Ärgerlich ist dabei allerdings, dass die Ausgabe nur in Mono erfolgt. Statt als Multiroom können Sie zwei Echo-Geräte allerdings auch zur Stereo-Wiedergabe koppeln:

- Damit die Stereo-Kopplung funktioniert, müssen beide beteiligten Echo-Geräte vom **gleichen Typ** sein. Amazon möchte offenbar mit dieser Einschränkung Klangprobleme vermeiden. Es gibt von dieser Regel allerdings Ausnahmen, auf die wir unten noch eingehen.
- Achten Sie darauf, dass die gekoppelten Echo-Geräte mit dem gleichen WLAN-Zugangspunkt verbunden sind.
- Sie können nur 2 Echo-Geräte koppeln. Möchten Sie dagegen im ganzen Haus Musik hören, dann empfehlen wir die im Kapitel *6.2 Multiroom* erklärte Funktion. Die Wiedergabe ist dann allerdings mono.
- Die Lautstärkenregelung bezieht sich auf beide gekoppelten Geräte. Das ist ärgerlich, wenn die Echo-Geräte unterschiedlich weit vom Hörer entfernt stehen, denn der Stereo-Effekt geht dann unter.

In der nachfolgenden Tabelle können Sie nachlesen, welche Geräte Sie mit Ihrem Echo-Modell koppeln dürfen[30]:

Echo-Gerät	**Geräte, die damit gekoppelt werden können**
Echo (2. Generation)	• Echo (2. Generation)
Echo (3. Generation)	• Echo (3. Generation) • Echo Plus (2. Generation)
Echo (4. Generation)	• Echo (4. Generation)
Echo Dot (4. Generation) Echo Dot mit Uhr (4. Gen.)	• Echo Dot (4. Generation) • Echo Dot mit Uhr (4. Generation) • Echo Dot (5. Generation) • Echo Dot mit Uhr (5. Generation)
Echo Dot (5. Generation) Echo Dot mit Uhr (5. Gen.)	• Echo Dot (4. Generation) • Echo Dot mit Uhr (4. Generation) • Echo Dot (5. Generation) • Echo Dot mit Uhr (5. Generation)
Echo Dot (3. Generation) Echo Dot mit Uhr	• Echo Dot (3. Generation) • Echo Dot mit Uhr
Echo Pop	• Echo Pop
Echo Plus (1. Generation)	• Echo Plus (1. Generation)
Echo Plus (2. Generation)	• Echo Plus (2. Generation) • Echo (3. Generation)
Echo Show 5 (1. Generation)	• Echo Show 5 (1. Generation) • Echo Show 5 (2. Generation)
Echo Show 5 (2. Generation)	• Echo Show 5 (1. Generation) • Echo Show 5 (2. Generation)
Echo Show 5 (3. Generation)	• Echo Show 5 (3. Generation)
Echo Studio	• Echo Studio

Ausgeschlossen vom Stereo-Betrieb sind alle Echo Show-Modelle.

Die Stereo-Einrichtung erfolgt, wie nachfolgend beschrieben, in der Alexa-App.

30 https://www.amazon.de/gp/help/customer/display.html/?nodeId=GWMXCP6AN3QDTLA9

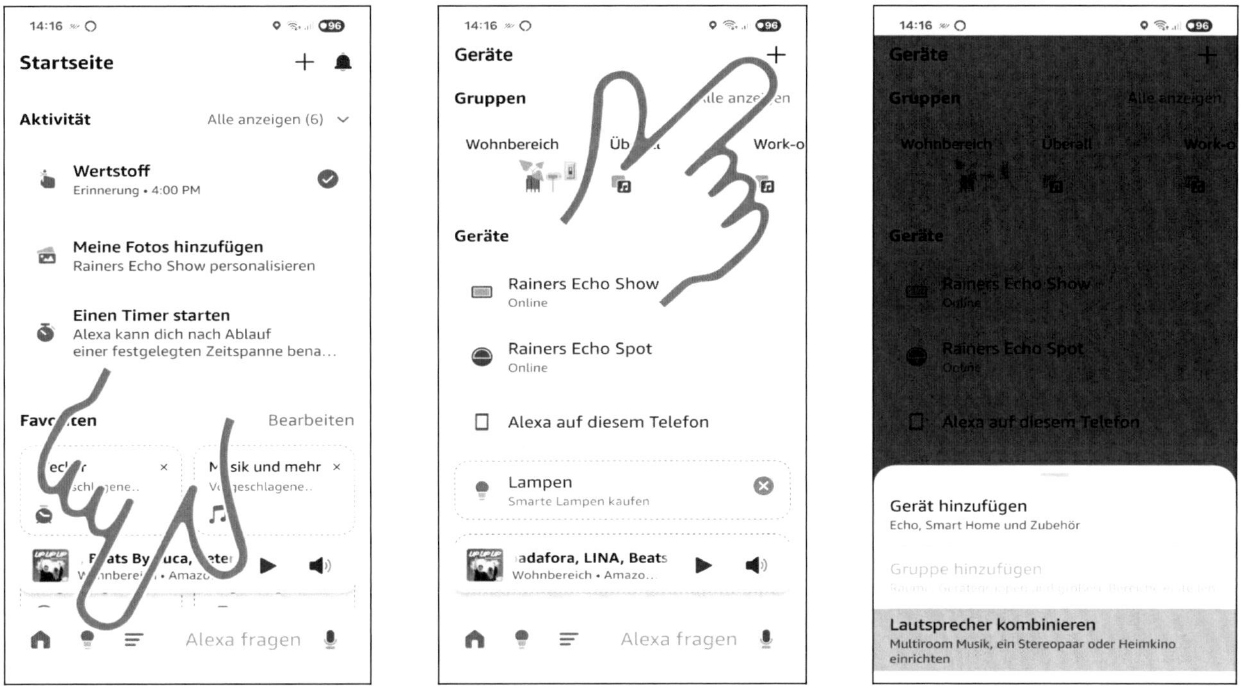

❶❷ Aktivieren Sie in der Alexa-App das (*Geräte*)-Register, dann gehen Sie auf +.

❸ Wählen Sie *Lautsprecher kombinieren*.

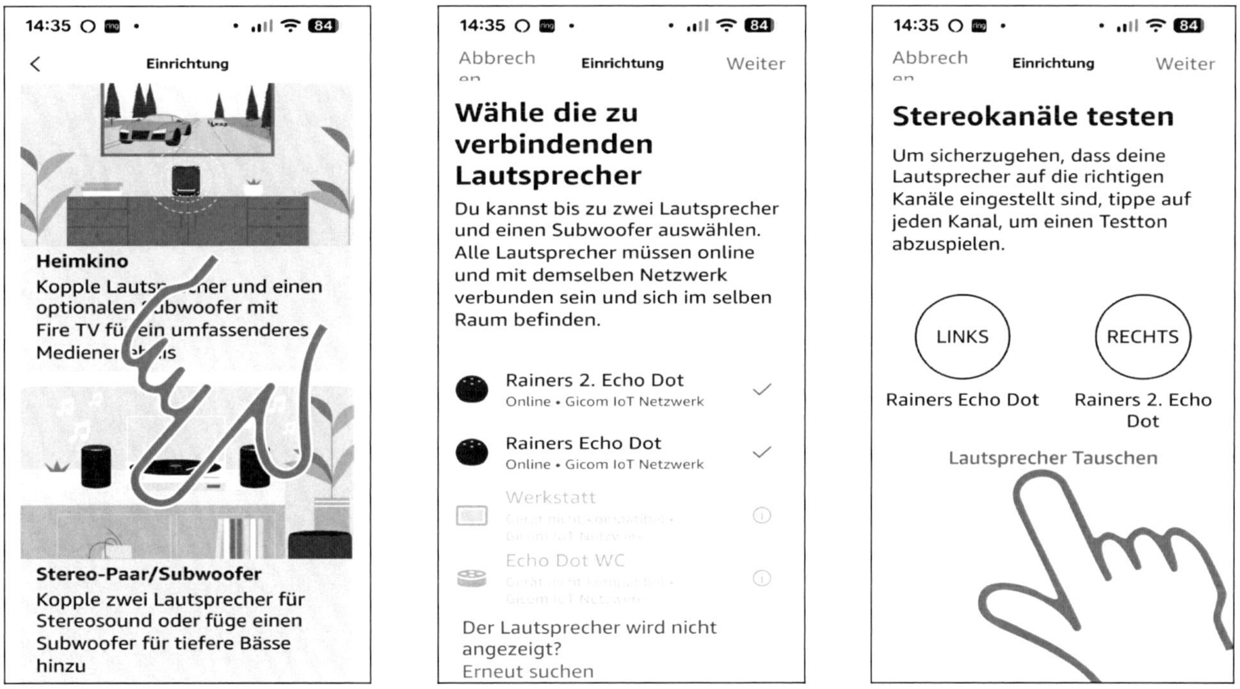

❶ Gehen Sie auf *Stereo-Paar/Subwoofer.*

❷ Markieren Sie mit kurzem Antippen die beiden zu koppelnden Geräte (nicht unterstützte Geräte werden automatisch ausgeblendet) und betätigen Sie oben rechts *Weiter.*

❸ Zum Schluss probieren Sie mit *LINKS* beziehungsweise *RECHTS* die Belegung aus. Bei Bedarf rufen Sie *Lautsprecher tauschen* auf. Erneut betätigen Sie *Weiter.*

Die Stereowiedergabe ist künftig automatisch aktiv, sobald Sie die Musikwiedergabe auf einer der beteiligten Echo-Geräte starten. Wenn Sie die Lautstärke ändern, wird diese, wie erwähnt, auf beiden Echo-Geräten gleichzeitig eingestellt.

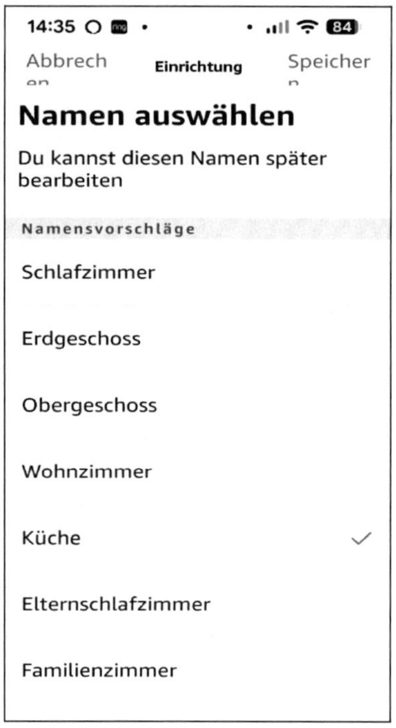

Zum Schluss wählen Sie einen der vordefinierten Gruppennamen aus oder geben einen neuen ein und gehen dann auf *Speichern.*

Damit ist das Stereo-Feature aktiviert. Probieren Sie nun einmal mit »*Alexa, spiele Musik*« aus, ob alles wie gewünscht funktioniert – beide als Stereopaar gekoppelten Echo-Geräte sollten nun losspielen.

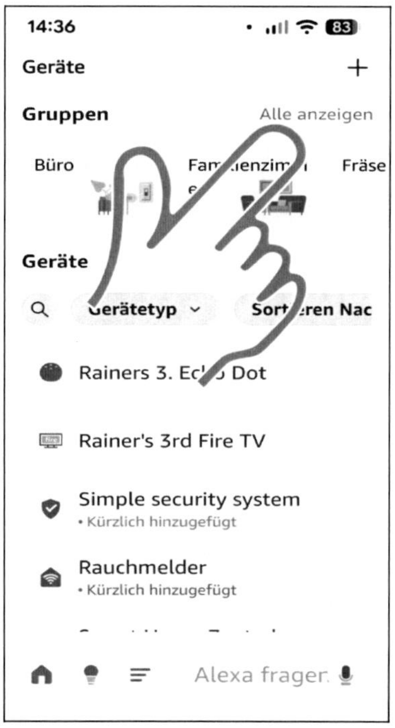

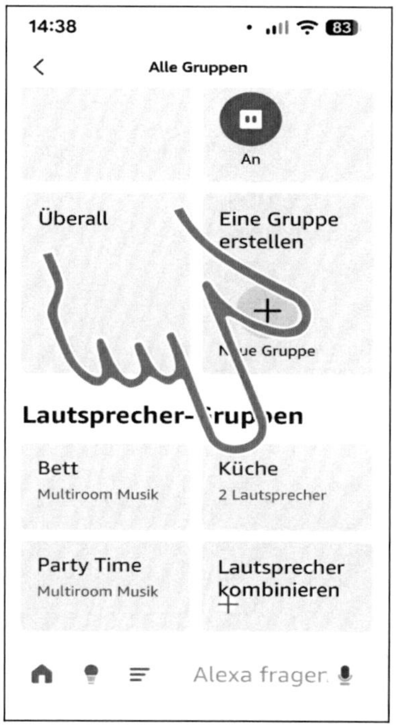

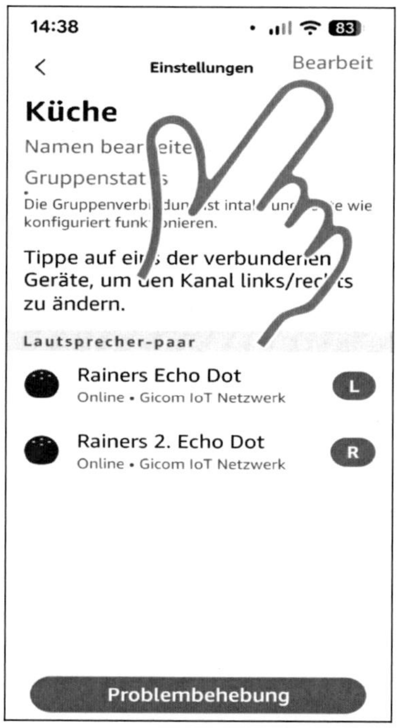

❶❷ So entfernen Sie eine Kopplung: Im 💡-Register rollen Sie mit einer Wischgeste durch die bereits angelegten Gruppen und wählen die Stereo-Gruppe aus.

❸ Gehen Sie auf *Bearbeiten.*

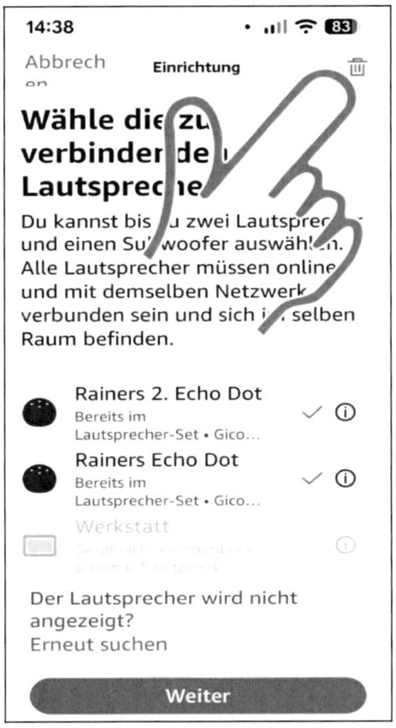

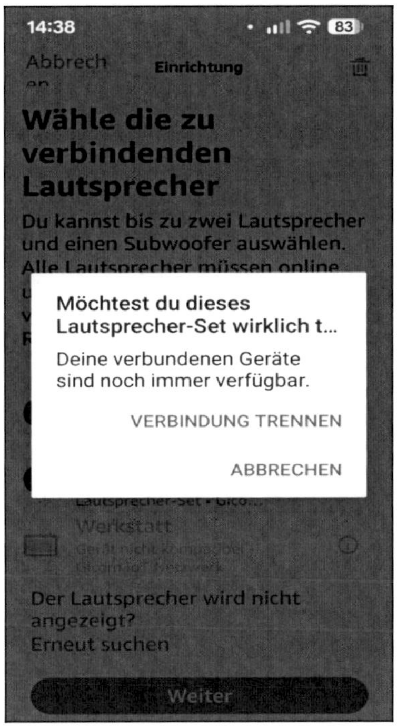

❶❷ Nach Antippen des Papierkorbs oben rechts gehen Sie auf *VERBINDUNG TRENNEN.*

7. Bluetooth

Der Bluetooth-Funkstandard ist vor 20 Jahren zur drahtlosen Kopplung und Datenübertragung entwickelt worden. Heute setzt man Bluetooth vor allem für den Betrieb von Headsets, Kopfhörern oder Lautsprechern am Handy ein. Vielleicht haben Sie ja bereits mal Ihre Autofreisprecheinrichtung oder einen Bluetooth-Lautsprecher damit gekoppelt?

Auch die Echo-Geräte lassen sich mit einem Bluetooth-Lautsprecher (»Bluetooth-Box«) oder Bluetooth-Kopfhörer für die Musikwiedergabe koppeln. Daraus ergeben sich gleich mehrere Vorteile, denn zum einen ist der Klang von hochwertigen Bluetooth-Lautsprechern häufig besser, zum anderen sind diese meistens mit einem Akku ausgestattet. Letzteres erlaubt es, den Bluetooth-Lautsprecher beliebig im Raum zu positionieren. Möchten Sie zum Beispiel auch unter der Dusche oder im Garten Musik hören, dann nehmen Sie einfach die Bluetooth-Box statt des Echo-Geräts mit.

Die Bluetooth-Reichweite beträgt selbst durch Wände hindurch einige dutzend Meter. Stahlbetonwände, Metallschränke, metallbedampfte Glasscheiben und Ähnliches dämpfen dagegen die Bluetooth-Verbindung kräftig.

Zwar werden Bluetooth-Boxen bereits ab etwa 20 Euro angeboten, wenn Sie allerdings auf guten Klang und lange Akkulaufzeit Wert legen, müssen Sie schon etwas mehr auf den Tisch legen, denn erst ab 50 bis 100 Euro erhalten Sie Lautsprecher, die klanglich überzeugen können. Eine Empfehlung möchten wir an dieser Stelle übrigens nicht geben, denn dazu ist der Markt viel zu unübersichtlich und jeder Händler führt eine andere Lautsprecherauswahl.

Beachten Sie, dass das Echo-Gerät, mit dem der Bluetooth-Lautsprecher verbunden ist, kein Audio mehr ausgibt, also stumm bleibt. Das kann problematisch sein, wenn der Bluetooth-Lautsprecher räumlich so weit abseits steht, dass Sie die Sprachausgaben nicht hören.

Unsere Liste, worauf Sie achten sollten, bietet einige Anhaltspunkte zur Kaufentscheidung:

- Akkugröße beziehungsweise garantierte Laufzeit.
- Die RMS-Angabe ist ein Indiz für die maximale Lautstärke. Achten aber darauf, dass diese letztendlich auch Einfluss auf die Akkubetriebsdauer hat.
- Wasserdichtheit oder zumindest Spritzwasserschutz für den Einsatz draußen.
- 360 Grad: Einige Lautsprecher bieten einen 360-Grad-Abstrahlwinkel. Statt sie wie einen normalen Lautsprecher in eine Zimmerecke zu platzieren, stellt man sie direkt in der Raummitte, beispielsweise einen Tisch. Der Vorteil ist eine gleichmäßige Beschallung.
- Einige Zusatzfunktionen sind abseits des Einsatzes mit den Echo-Geräten praktisch: Aufladen (Powerpack-Funktion) und Freisprechfunktion für Handys, direkte Musikwiedergabe von einer eingesteckten Speicherkarte usw.

Zwar hat Amazon ein Bluetooth-Zertifizierungsprogramm aufgelegt[31], in der Praxis funktioniert aber praktisch jede Bluetooth-Box mit den Echo-Geräten.

31 *www.amazon.de/b?node=11988019031*

7.1 Kopplung mit Echo-Gerät (ohne Display)

So verbinden Sie eine Bluetoth-Box mit Ihrem Echo-Gerät:

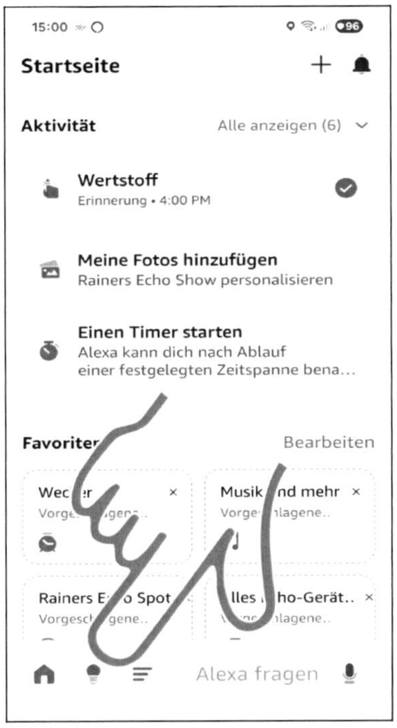

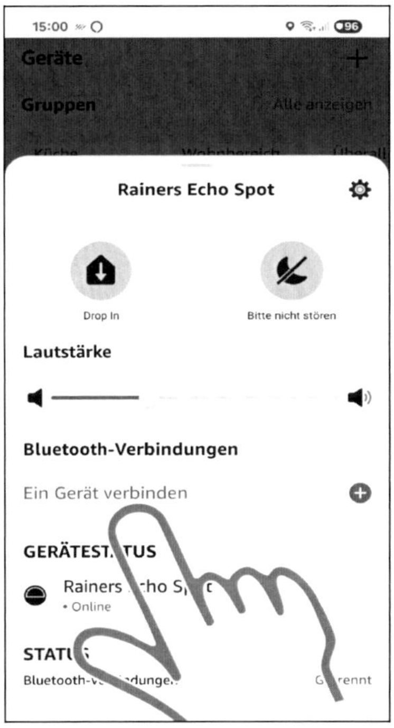

❶ Aktivieren Sie das (*Geräte*)-Register.

❷ Wählen Sie das Gerät aus, mit dem Sie die Bluetooth-Box oder Bluetooth-Kopfhörer koppeln möchten.

❸ Gehen Sie unter *BLUETOOTH-VERBINDUNGEN* auf *Ein Gerät verbinden.*

Auf der Bluetooth-Box beziehungsweise am Bluetooth-Kopfhörer müssen Sie den Kopplungsmodus aktivieren. Dazu empfehlen wir einen Blick in dessen mitgelieferte Anleitung.

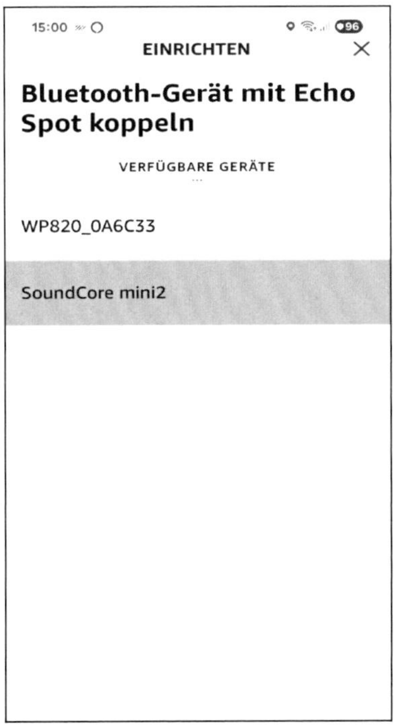

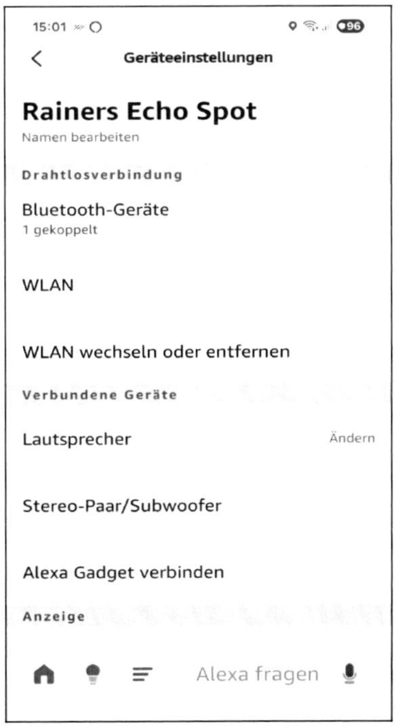

❶ In der Geräteauflistung wählen Sie die Bluetooth-Box aus.

❷ Die Kopplung war erfolgreich.

Künftig sprechen Sie *»Alexa, verbinde meinen Lautsprecher«* beziehungsweise *»Alexa, trenne meinen Lautsprecher«*. Alternativ schalten Sie einfach den Lautsprecher aus beziehungsweise ein, worauf ebenfalls ein automatischer Verbindungsab- oder aufbau erfolgt.

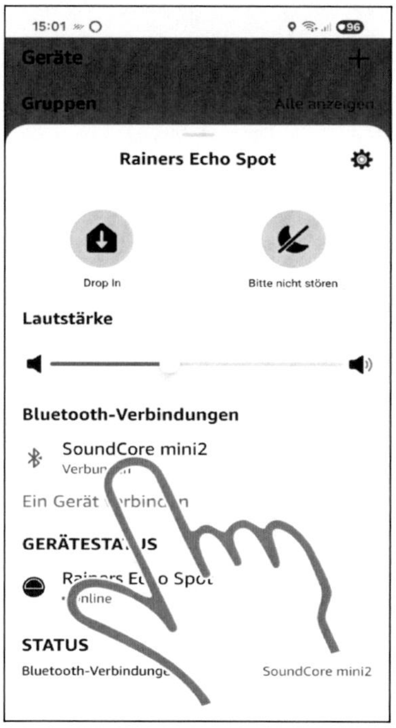

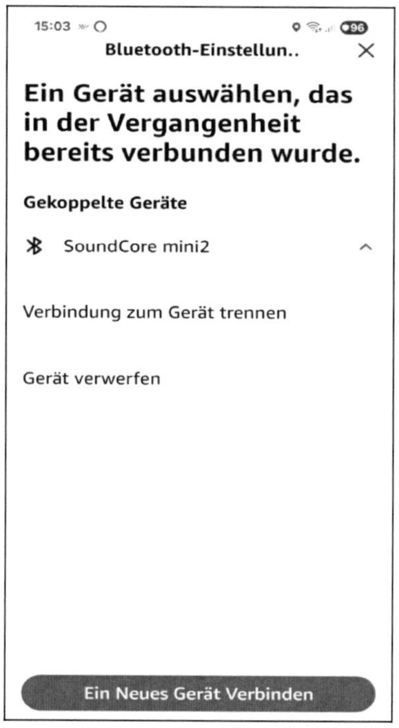

❶ Die Kopplung lässt sich auch wieder auflösen, falls Sie die Bluetooth-Box anderweitig verwenden möchten. Dazu rufen Sie, wie zuvor beschrieben, das Echo-Gerät im (*Geräte*)-Register auf und gehen auf den Namen der gekoppelten Box oder des Kopfhörers.

❷❸ Tippen Sie den Eintrag an und betätigen Sie im ausgeklappten Menü *Gerät verwerfen.*

7.2 Kopplung mit Echo Show-Gerät

Bei den Echo Show-Geräten erfolgt die Kopplung nicht über die Alexa-App, sondern über das Touchdisplay.

Die folgenden Bildschirmabbildungen stammen von einem Echo Show 10. Beim Echo Show 5 oder Echo Spot sieht die Bildschirmanzeige etwas anders aus.

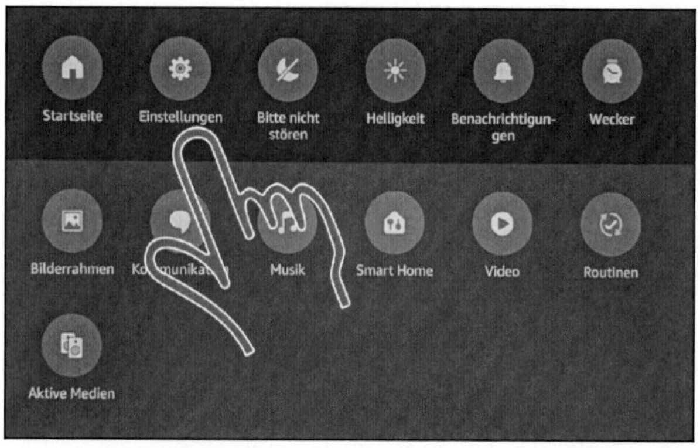

❶❷ Rufen Sie mit einer Wischgeste von oben außerhalb des Displays nach unten das Menü auf und gehen Sie darin auf *Einstellungen.* Alternativ sprechen Sie einfach *»Alexa, Einstellungen«.*

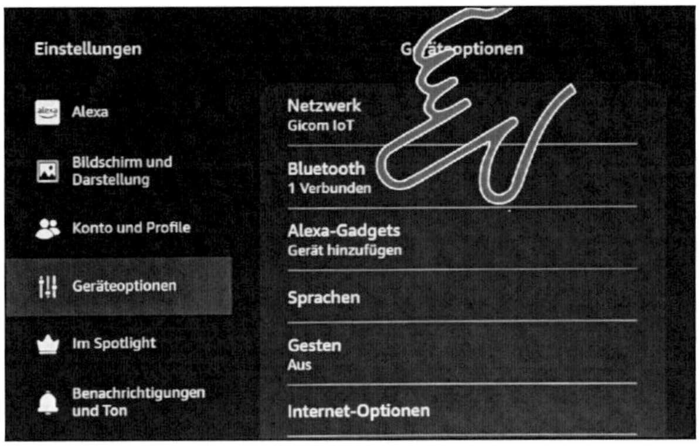

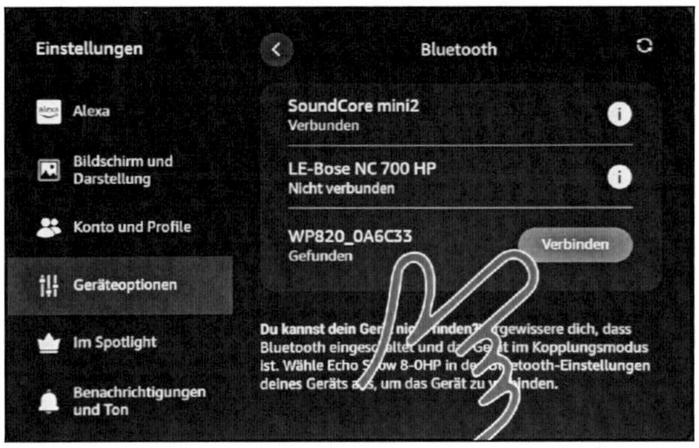

Auf der Bluetooth-Box müssen Sie spätestens jetzt den Kopplungsmodus aktivieren. Dazu empfehlen wir einen Blick in die mitgelieferte Anleitung.

❶ Aktivieren Sie links das *Geräteoptionen*-Register, danach gehen Sie auf *Bluetooth.*

❷ Das Echo Show-Gerät listet die bereits verbundenen und neu gefundenen Bluetooth-Geräte auf. Betätigen Sie *Verbinden.*

Sollte die Bluetooth-Box nicht gefunden werden, dann prüfen Sie, ob sie sich im Verbindungsmodus befindet und betätigen die Schaltleiste am oberen rechten Bildschirmrand.

Künftig sprechen Sie »*Alexa, verbinde meinen Lautsprecher*« beziehungsweise »*Alexa, trenne meinen Lautsprecher*«. Alternativ schalten Sie einfach den Lautsprecher aus beziehungsweise ein, worauf ebenfalls ein automatischer Verbindungsab- oder aufbau erfolgt.

8. Zeitfunktionen

Von Amazon wurden zahlreiche Funktionen in Alexa integriert, die Sie beim Zeitmanagement unterstützen.

8.1 Wecker

Sprechen Sie einfach »*Alexa, wecke mich um [Uhrzeit] Uhr morgens*« oder »*Alexa, stelle Wecker auf [Uhrzeit] Uhr.* Sollte mal eine Angabe unklar sein (»*Alexa, wecke mich um 7 Uhr*«), fragt der Assistent nach, ob Morgens oder Nachmittags gemeint ist. Außerdem erfolgt eine Bestätigung »*Wecker gestellt für morgen auf [Uhrzeit]*«.

Der Wecker ist geräteabhängig. Achten Sie also darauf, dass Sie dem Echo im Schlafzimmer einen Weckbefehl zu geben, damit Sie morgens aus den Federn kommen.

Weitere Befehle:

- »*Alexa, welche Wecker sind eingestellt?*« oder »*Alexa, auf wann ist mein Wecker eingestellt?*« informiert über die festgelegten Weckzeiten.
- »*Alexa welche Wecker sind für morgen gestellt?*« beschränkt die Infos auf den morgigen Wecker.
- »*Alexa, lösche meine Wecker*« entfernt alle Weckzeiten.
- »*Alexa, stelle den Wecker für [Zeit/Tag] ab*« deaktiviert nur einen bestimmten Wecker, falls mehrere Wecker eingerichtet sind.
- »*Alexa, stelle einen wiederholenden Wecker für [Wochentag] um [Uhrzeit]*« stellt den Wecker für mehrere Wochentage ein.
- »*Alexa, wecke mich jeden Tag um [Uhrzeit]*« - Jeden Tag wecken lassen.
- »*Alexa, wann klingelt mein Wecker*« beziehungsweise »*Alexa, Weckzeiten*« informiert über die Weckzeiten.
- »*Alexa, Schlummern*« pausiert den Wecker für 9 Minuten, während »*Alexa, Stopp*« den Alarm beendet.

Sie dürfen übrigens beliebig viele Weckzeiten anlegen. In Kombination mit der Wochentagsangabe stellen Sie sich somit ein individuelles Weckprofil zusammen.

Natürlich können Sie sich auch mit Musik wecken lassen, wozu Sie einfach einen der im Kapitel *6.1.4 Befehle* vorgestellten Befehle mit dem Wecker kombinieren[32]. Dazu müssen Sie aber das Abo bei einem Musikdienst (Amazon Prime, Amazon Musik Unlimited oder Spotify) abgeschlossen haben (siehe Kapitel *6.1 Amazon Prime Music und Amazon Music Unlimited* und *6.5 Andere Musikdienste*):

- »*Alexa, wecke mich um 6 Uhr morgens mit Helene Fischer*«
- »*Alexa, wecke mit mit 80er-Musik um 6 Uhr morgens*«
- »*Alexa, wecke mich mit Kuschelmusik um 6 Uhr morgens*«
- »*Alexa, wecke mich mit der Playlist [Playlistname] um 6 Uhr morgens*«
- »*Alexa, wecke mich mit Musik um 6 Uhr morgens*« spielt die zuletzt wiedergegebene Musikrichtung.

32 *www.stadt-bremerhaven.de/amazon-echo-so-stellt-man-das-wecken-per-musik-richtig-ein*

Falls Sie kein Musikabo nutzen, dann stehen zumindest die Radiosender des TuneIn-Dienstes (siehe Kapitel *6.5.1 TuneIn*) zur Verfügung:

- »*Alexa, stelle einen Wecker auf 18 Uhr mit Radio WDR 5 von TuneIn*«
- »*Alexa, stelle Wecker auf 7 Uhr morgens mit Eins Live*« – Häufig können Sie die Schlüsselwörter »*Radio*« und »*von TuneIn*« auch weglassen, sofern Alexa die Radiostation eindeutig identifizieren kann.

Tipp: Bei den Modellen Echo, Echo Dot, Echo Pop und Echo Dot Kids können Sie den Wecker durch Antippen der Oberseite für kurze Zeit stummschalten.

8.2 Timer

Der Timer zählt die vorgegebene Zeit herunter und gibt dann ein Signal aus. Auch der Timer ist nur auf dem Gerät aktiv, dem Sie den Befehl dazu gegeben haben.

Beispiele:

- »*Alexa, stelle Timer*« – Alexa fragt nach den Zeitraum.
- »*Alexa, stelle den Timer auf 10 Minuten*«.
- »*Wieviel Zeit ist noch bei meinem Timer übrig?*« oder »*Wie viel Restzeit ist noch in meinem Timer?*« informiert über die Restzeit.
- »*Alexa, stopp*« beendet den Timer-Alarm.
- »*Alexa, beende den Timer für 10 Minuten*« entfernt einen bestimmten Timer (den für 10 Minuten), sofern Sie mehrere Timer eingestellt hatten.

Sprechen Sie einfach den Timer-Befehl – gegebenenfalls mit einer anderen Zeitspanne – erneut, um einen weiteren Timer anzulegen. Alternativ vergeben Sie beispielsweise mit »*Alexa, stelle Braten-Timer auf 45 Minuten*« einen Namen. Mit »*Alexa, welche Timer sind eingestellt?*« erfahren Sie dann, welche Timer gerade laufen.

Wecker und Timer werden direkt im Echo-Gerät verwaltet und benötigen keine WLAN-Verbindung.

8.3 Erinnerungen

Die von Alexa verwalteten Erinnerungen unterscheiden sich von der Wecker-Funktion eigentlich nur durch die Angabe eines Ereignistextes. Viele Befehlsvarianten, die Sie vom Wecker her bereits kennen, funktionieren also auch hier:

- »*Alexa, erinnere mich heute um 17 Uhr 'Oma anrufen'*«
- »*Alexa, erinnere mich jeden Sonntag um 10 Uhr morgens an das Fußballspiel*«
- »*Alexa, welche Erinnerungen stehen an?*«
- »*Alexa, lösche meine Erinnerungen*« oder »*Lösche meine Erinnerung für 14 Uhr*«.

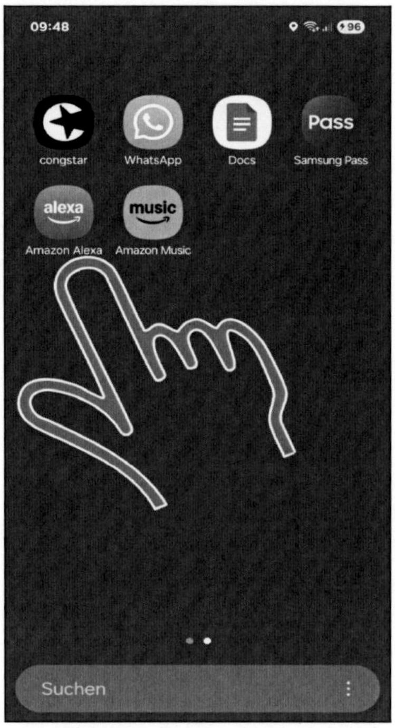

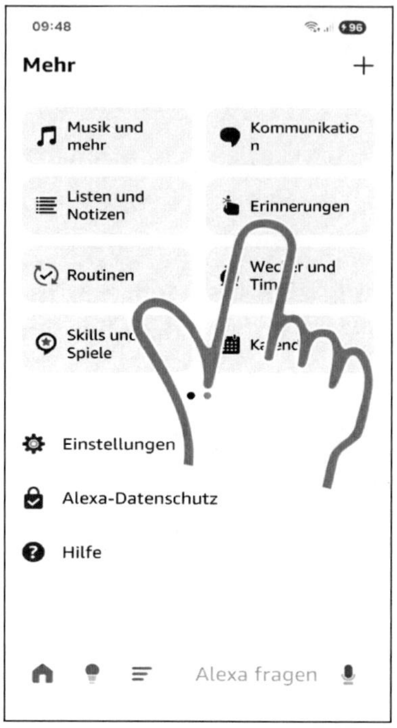

❶ Alternativ können Sie Ihre Erinnerungen auch in der Alexa-App verwalten. Rufen Sie dazu die Alexa-App auf.

❷❸ Nach Aktivieren des ≡ *(Mehr)*-Registers gehen Sie auf *Erinnerungen.*

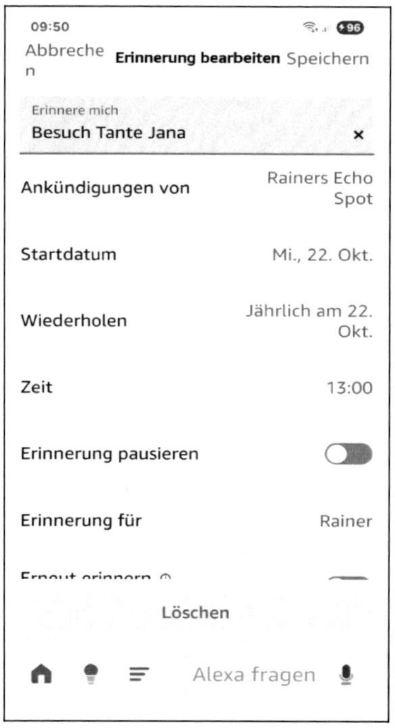

❶❷ Wählen Sie eine Erinnerung aus, die Sie bearbeiten möchten. Alternativ können Sie mit ⊕ weitere Erinnerungen anlegen.

8.4 Wecker

Insbesondere, wenn Sie recht komplexe Weckzeiten nutzen, bietet sich deren Verwaltung in der Alexa-App an.

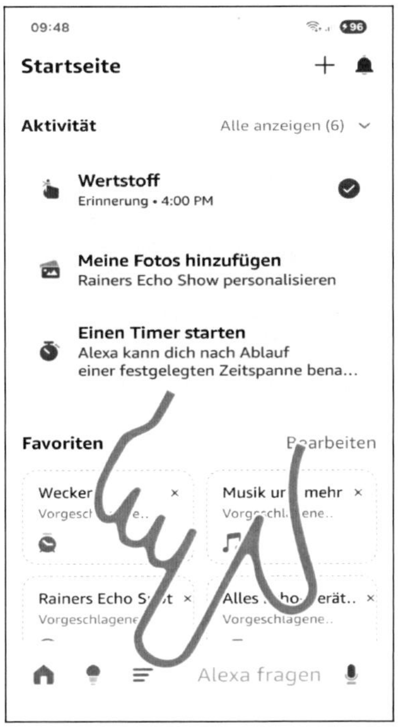

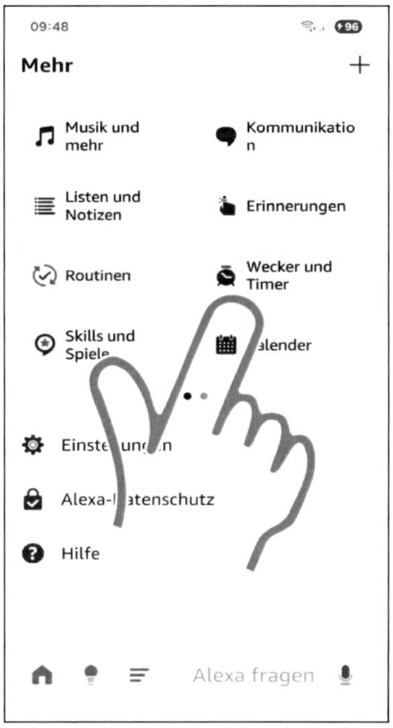

➊ Rufen Sie die Alexa-App auf Ihrem Handy auf.

➋➌ Aktivieren Sie das ☰ (*Mehr*)-Register und gehen Sie auf *Wecker und Timer.*

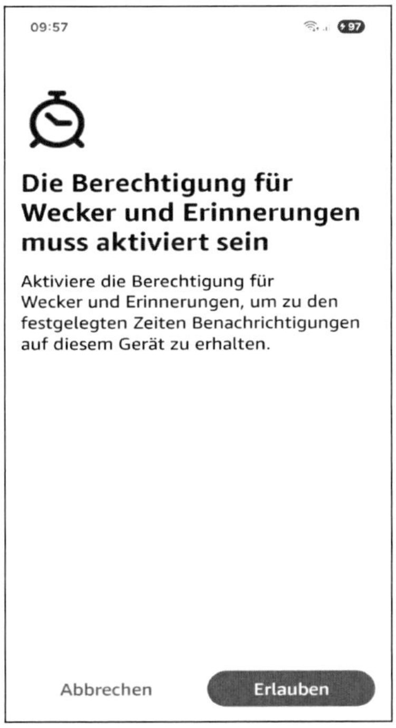

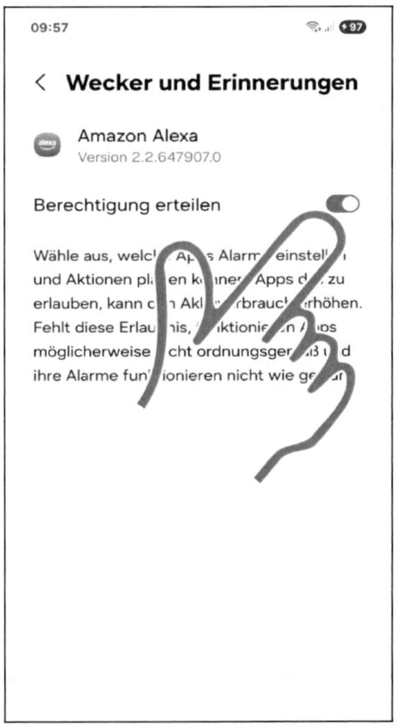

➊➋ Damit Benachrichtigungen und Weckerfunktionen ordnungsgemäß funktionieren, ist es erforderlich, einmalig die entsprechenden Berechtigungen zu erteilen. Wählen Sie **Erlauben** und und aktivieren Sie anschließend das entsprechende Kontrollkästchen. Danach können Sie den Bildschirm schließen.

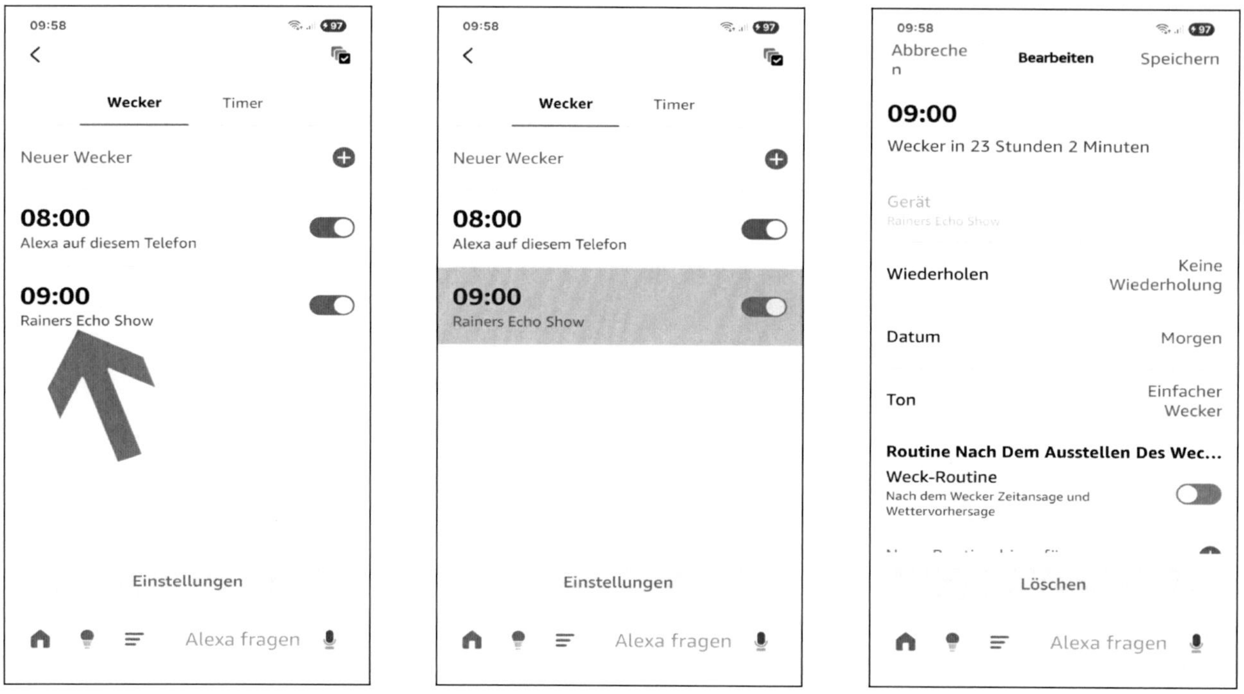

❶ Die Alexa-App zeigt zunächst die angelegten Weckzeiten im *Wecker*-Register an. Wie bereits erwähnt, werden Weckzeiten und Timer für jedes Echo-Gerät separat verwaltet, weshalb hier zu jedem Eintrag der von Ihnen vergebene Gerätename erscheint (Pfeil).

❷❸ Das Bearbeiten sehr einfach, denn Sie brauchen nur einen Eintrag anzutippen. Interessant ist die Möglichkeit, den *Ton* (Weckmelodie) einzustellen. Dies funktioniert allerdings nicht, wenn Sie Musik von einen der Musikstreamingdienste als Weckton eingestellt hatten.

8.4.1 Lautstärke und Signalton für Wecker

Die Lautstärke für den Wecker und den verwendeten Klingelton stellen Sie ebenfalls in der Alexa-App ein.

Leider ist keine Änderung des Signaltons von Timer und Erinnerungen möglich.

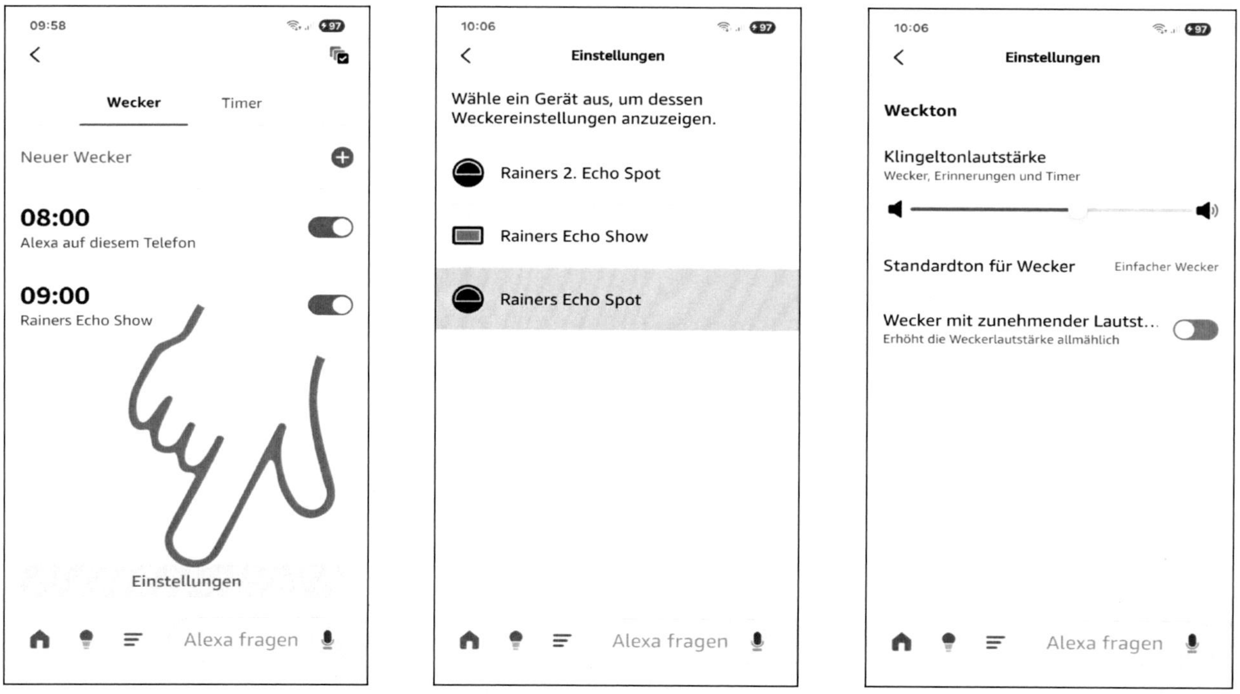

❶ Im *Wecker*-Register gehen Sie auf *Einstellungen.*

❷ Die Lautstärken- und Signaltoneinstellungen erfolgen geräteabhängig. Wählen Sie ein Gerät aus.

❸ Die Funktionen:

- *(Lautstärkeregler)*: Lautstärke für den Signalton von Wecker, Timer oder Benachrichtigungen (Erinnerungen).
- *Ton*: Der Weckersignalton.
- *Wecker mit zunehmender Lautstärke*: Die Weckerlautstärke erreicht erst nach einigen Sekunden die Maximallautstärke, die Sie mit dem Lautstärkeregler festgelegt haben.

8.5 Zeitfunktionen mit Echo Show-Geräten

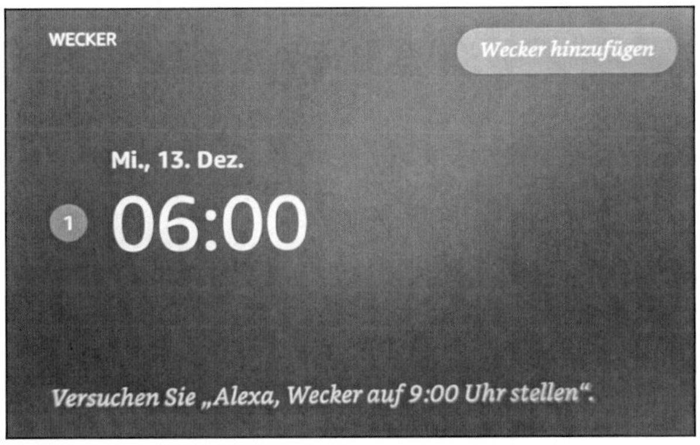

❶ Die Echo-Geräte mit Bildschirm informieren nicht nur per Sprachausgabe über die eingestellten Timer und Erinnerungen, wenn Sie mit »*Alexa, welche Timer/Wecker/Erinnerungen sind eingestellt?*« danach fragen. Sie erhalten auch eine Auflistung auf dem Display.

❷ Hier können Sie dann durch Betätigen der *Wecker hinzufügen*-Schaltleiste einen weiteren anlegen.

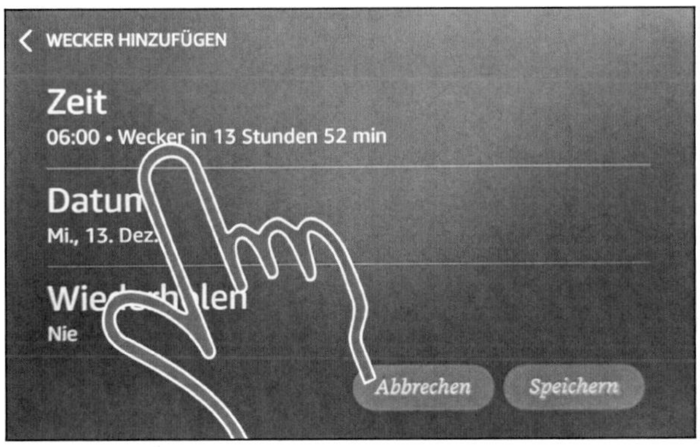

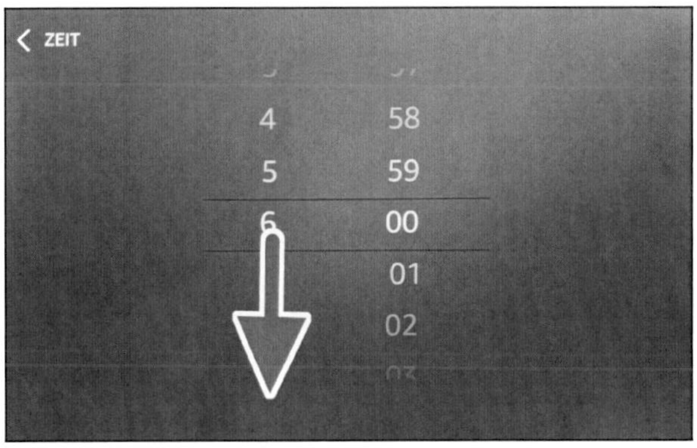

❶ Sie bearbeiten eine Weckzeit, indem Sie sie antippen.

❷ Wischen Sie in der Stunden- beziehungsweise Minuten. Dann kehren Sie über die *UHRZEIT*-Schaltleiste oben links wieder in den Bearbeitungsbildschirm zurück, worin Sie *SPEICHERN* betätigen.

8.6 Kalender

Über Alexa haben Sie direkten Zugriff auf Ihren Kalender, das heißt, Sie erfahren, welche Termine anstehen und legen neue an. Wenn Sie noch nie einen elektronischen Kalender genutzt haben, können Sie dieses Kapitel überspringen.

Für die Kalenderverwaltung müssen Sie einen der folgenden Dienste nutzen:

- Apple iCloud-Kalender (mit iPhone)
- Google Kalender (mit Ihrem Google-Konto verknüpft) oder Google Workspace-Kalender
- Microsoft Office 365-Kalender
- Microsoft Outlook.com-Kalender (mit Ihrer freien Outlook-E-Mail-Adresse verknüpft)
- Microsoft Exchange (Exchange-Unterstützung ist über Alexa for Business[33] verfügbar)

Die Kalendereinrichtung nehmen Sie in der Alexa-App vor.

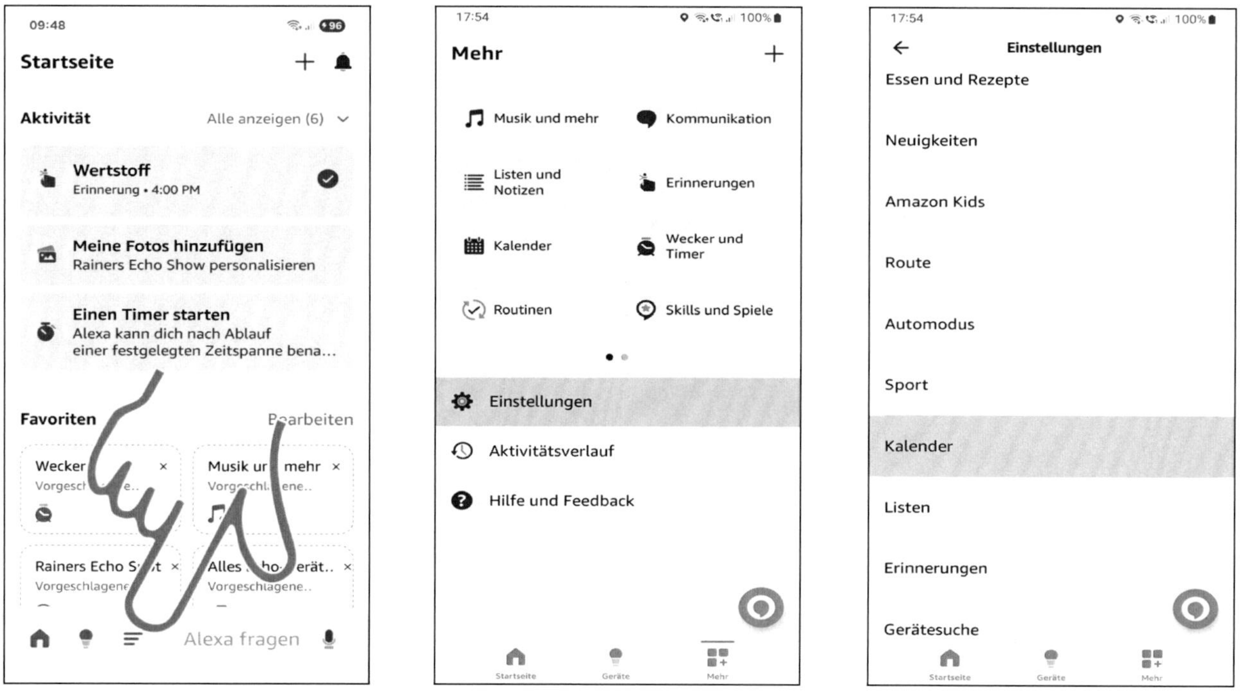

❶❷ In der Alexa-App aktivieren Sie das ≡ *(Mehr)*-Register und gehen auf *Einstellungen*.
❸ Rufen Sie *Kalender* auf.

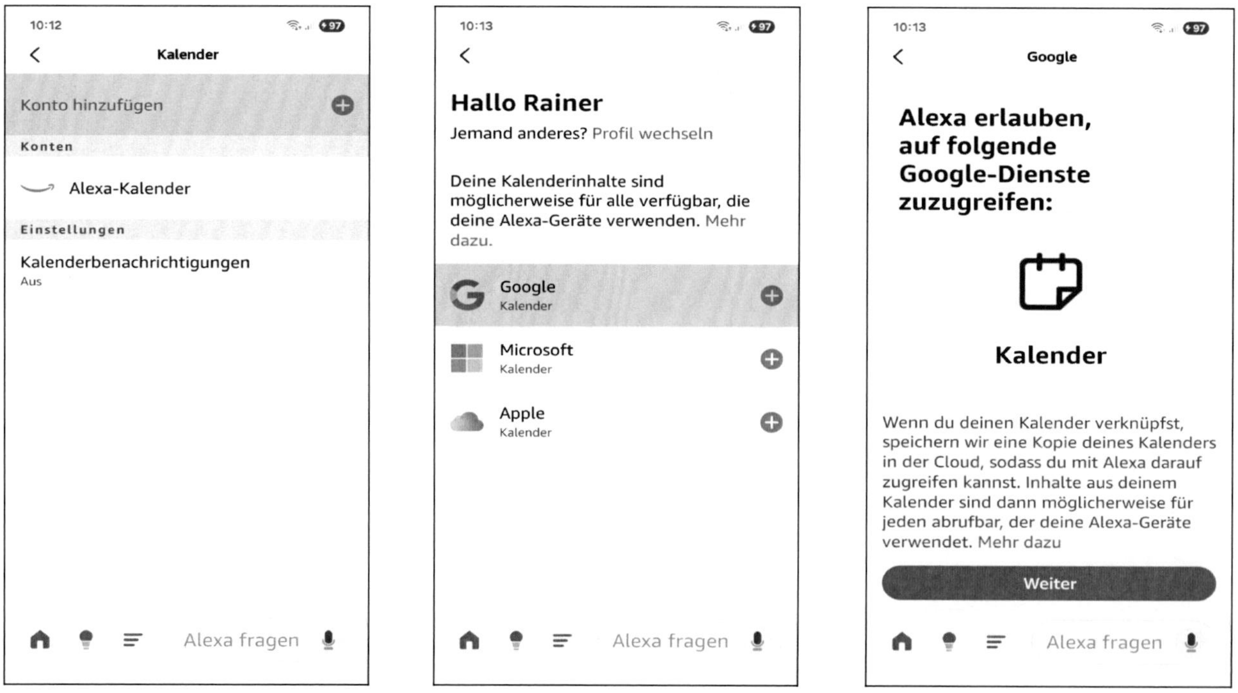

❶ Gehen Sie auf *Konto hinzufügen*.

33 *aws.amazon.com/de/alexaforbusiness*

❷ In unserem Beispiel möchten wir ein Google-Konto mit Alexa nutzen und wählen den entsprechenden Eintrag aus.

❸ Betätigen Sie *Weiter.*

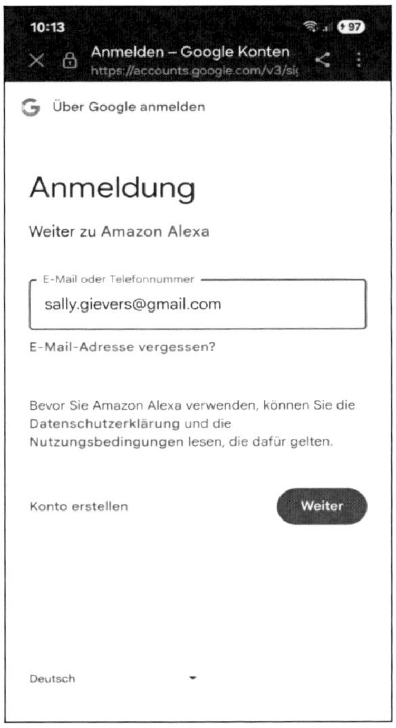

❶ Nach Antippen des Eingabefelds erfassen Sie Ihre Gmail-Adresse, die Ihrem Google-Konto entspricht. Diese lautet *(Ihr Name)@gmail.com*. Betätigen Sie danach *Weiter.*

❷ Geben Sie ebenso das Kennwort zum Google-Konto ein und betätigen Sie *Weiter.*

❸ Je nach Voreinstellung erfolgen auf Ihrem Handy ein- oder mehrere Sicherheitsabfragen, die Sie beantworten.

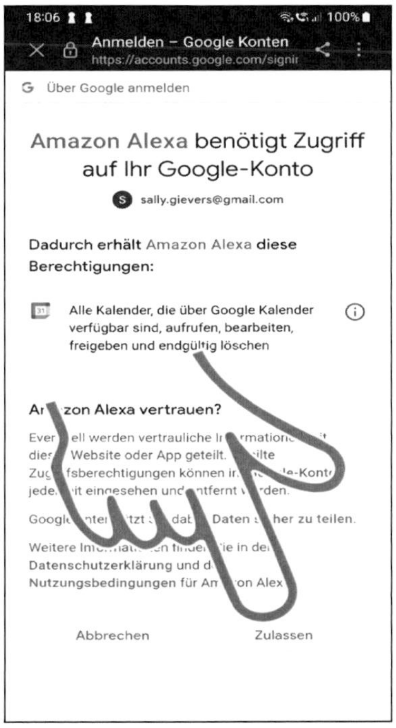

❶ Erteilen Sie mit *Zulassen* die Genehmigung für den Datenzugriff.

❷ Nach einigen Sekunden sollte eine Erfolgsmeldung erscheinen. Falls dies nicht der Fall ist, wie hier im Beispiel, gehen Sie auf ← (Pfeil).

❸ Damit ist die Verbindung zum Google-Kalender hergestellt. Betätigen Sie *Weiter.*

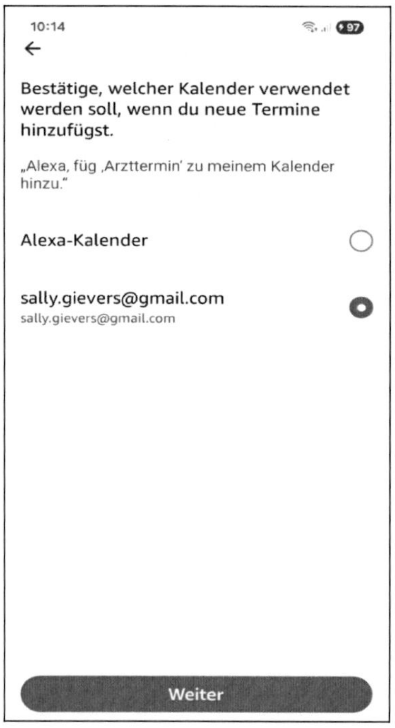

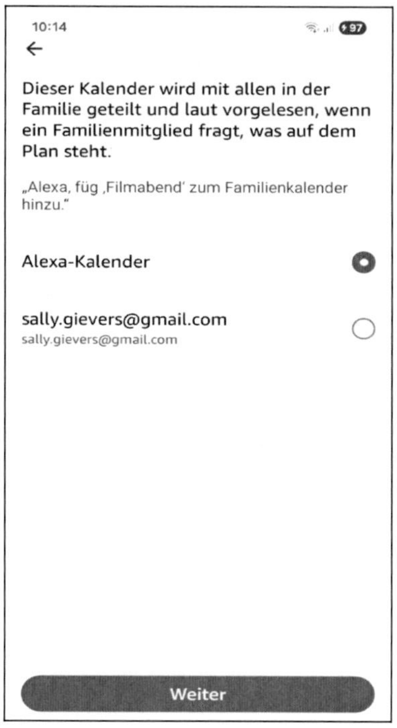

❶ Der Google-Kalender verwaltet neben Ihrem Kalender auch *Feiertage Deutschland* und *Kalenderwochen*. Wir empfehlen letztere abzuwählen, bevor Sie *Weiter* betätigen.

❷ Sie können nun auswählen, ob bei Kalendersprachbefehlen standardmäßig der Google-Kalender genutzt wird. Sofern Sie nur noch Ihren Google-Kalender verwenden möchten, sollten Sie ihn hier aktivieren – Sie müssen dann nicht extra »Google-Kalender« in Kalenderbefehlen verwenden (statt »*Alexa, füge Besprechung dem Google-Kalender hinzu*« sagen Sie einfach »*Alexa, füge Besprechung dem Kalender hinzu*«. Betätigen Sie *Weiter.*

❸ Als Nächstes stellen Sie den Familienkalender ein, auf den alle Personen im Haushalt Zugriff haben. Als Einzelnutzer brauchen Sie sich natürlich darüber keine Gedanken machen. Betätigen Sie *Weiter.*

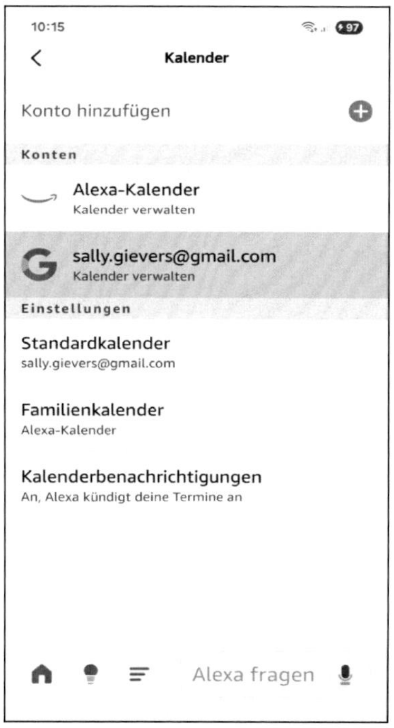

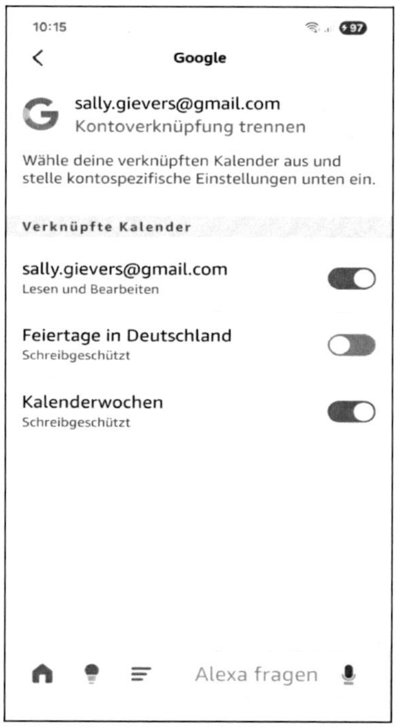

❶ Zum Schluss können Sie noch einstellen, ob Alexa Sie automatisch mit einer Sprachausgabe auf anstehende Google-Kalendertermine aufmerksam macht. Betätigen Sie dafür *Ankündigungen*

einschalten. Die Einrichtung ist damit abgeschlossen.

❷❸ Zum Bearbeiten beziehungsweise Entfernen des Kalenders tippen Sie ihn in der Auflistung an.

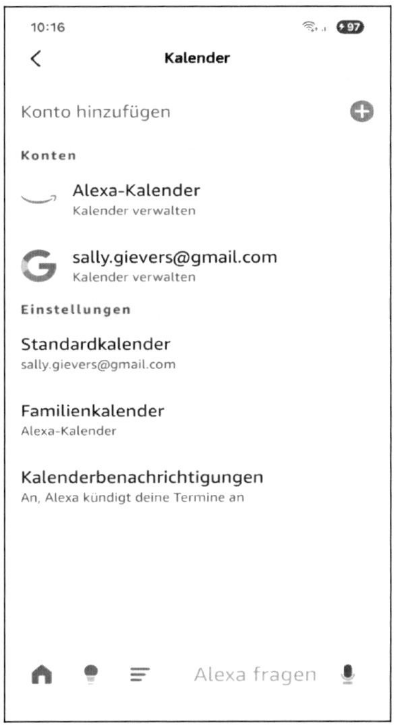

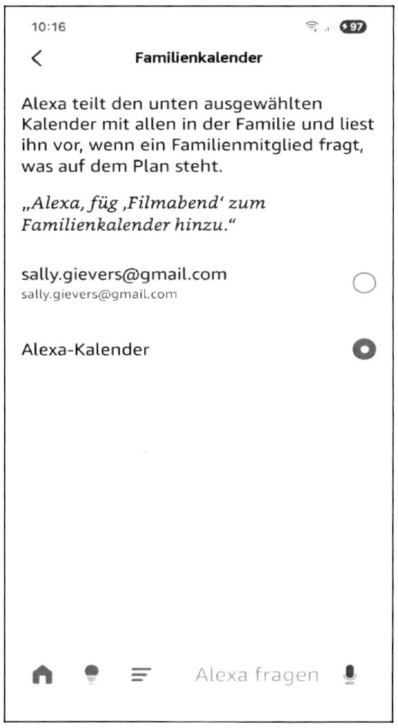

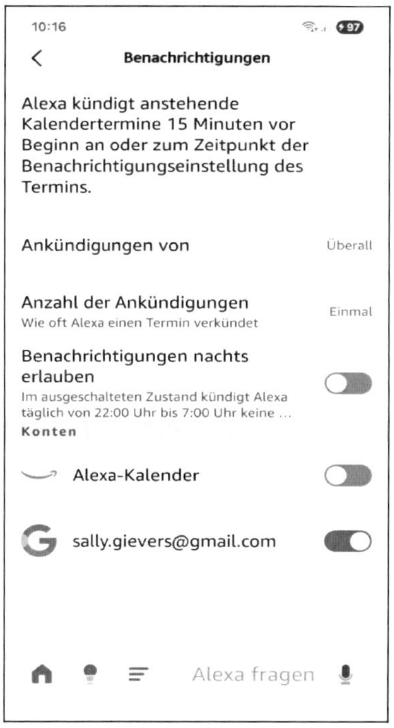

❶ Weitere Optionen unter *Einstellungen*:

- *Standardkalender*: Neue Termine werden automatisch dem hier festgelegten Kalender hinzugefügt.
- *Familienkalender* (❷): Alexa verwaltet einen sogenannten Familienkalender, der über Sprachbefehle wie »*Füge Filmabend zum Familienkalender hinzu*« gesteuert wird. Wählen Sie hier aus, welcher Kalender dafür verwendet wird.
- *Kalenderbenachrichtigungen* (❸): Alexa macht Sie nicht von sich aus über anstehende Termine aufmerksam. Aktivieren Sie im Menü den verwendeten Kalender, damit Sie rechtzeitig per Durchsage informiert werden.

Die Kalenderverwaltung erfolgt mit den Befehlen[34]:

- »*Alexa, wann ist mein nächster Termin?*«, »*Alexa, was ist in meinem Kalender eingetragen?*« »*Alexa, zeig mir meinen Kalender?*« gibt Ihnen eine vollständige Übersicht.
- »Alexa, was steht für Morgen 17 Uhr 30 in meinem Kalender?« oder »Alexa, was steht für Freitag in meinem Kalender?« grenzt den Zeitraum ein.
- »Alexa, füge meinen Kalender einen Termin hinzu« startet die sprachgesteuerte Terminanlage.
- »Alexa, füge Besprechung für Dienstag um 10 Uhr morgens zu meinem Kalender hinzu«

Das Löschen von Terminen ist über Alexa nicht möglich und muss daher weiterhin in der jeweiligen Web- oder Handy-Anwendung durchgeführt werden.

34 *www.amazon.de/gp/help/customer/display.html?nodeId=202127000*

9. Drop In

Um es vorweg zu sagen: Dieses Kapitel ist für Sie nur interessant, wenn Sie mindestens zwei Echo-Geräte in Ihrem Haushalt verwenden.

Wie die deutsche Übersetzung des englischen Begriffs »Drop In« schon andeutet, »schauen« Sie damit bei einem anderen Echo-Gerät vorbei. Die Funktionsweise ist ähnlich einer Gegensprechanlage, das heißt, das per Drop In kontaktierte Echo-Gerät gibt ein kurzes Signal aus und stellt dann ohne weitere Nachfrage eine Sprachverbindung her. Für Drop In müssen die beteiligen Echo-Geräte im gleichen Amazon-Konto registriert sein, was üblicherweise im eigenen Haushalt der Fall ist.

Erfolgt ein Drop In zwischen zwei Echo Show-Geräten, dann wird auch ein Live-Video übertragen. Natürlich ist Drop In nicht überall, beispielsweise im Schlafzimmer oder Bad, sinnvoll, weshalb Sie einzelne Geräte davon ausschließen können.

9.1 Drop In vorbereiten

Sie müssen einmalig einige Einstellungen vornehmen, damit Drop In und andere Kommunikationsfunktionen verfügbar sind.

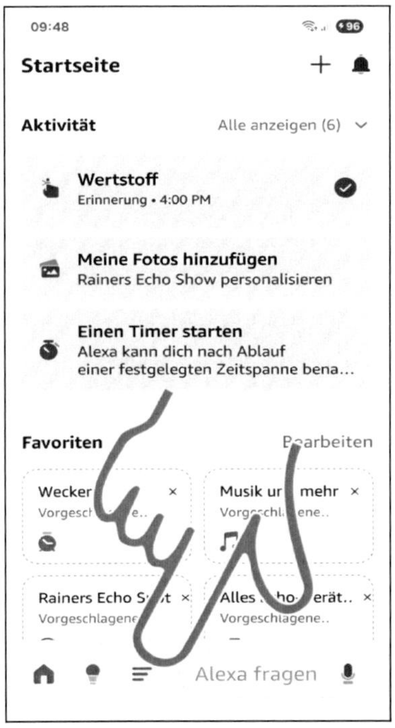

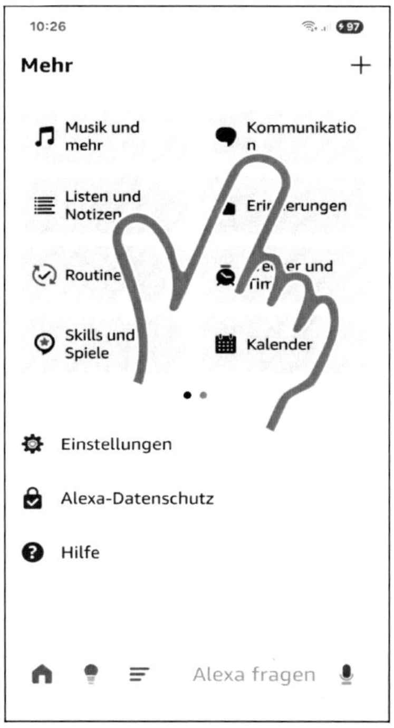

❶ Aktivieren Sie das ☰ *(Mehr)*-Register.

❷ Gehen Sie auf *Kommunikation.* Schließen Sie das eventuell angezeigte Popup *Haushalt-Drop In ausprobieren* mit *Später.*

❸ Wählen Sie Ihren Namen aus (sofern Familienmitglieder sich mit Ihren Stimmprofilen angemeldet haben, erscheinen diese ebenfalls in der Auflistung).

❶ Die folgenden Bildschirme hängen davon ab, ob Sie sie die Ersteinrichtung (*Kapitel 4.2.3 Einrichtung*) vollständig durchgeführt hatten. Folgen Sie einfach den Anweisungen.

❷ Zwischendurch müssen Sie eine Verifzierung Ihrer Handynummer durchlaufen. Geben Sie den per SMS an Sie gesendeten Code ein.

❸ Erlauben Sie ebenfalls Benachrichtigungen mit *Ja* und anschließendem *Zulassen* im Popup.

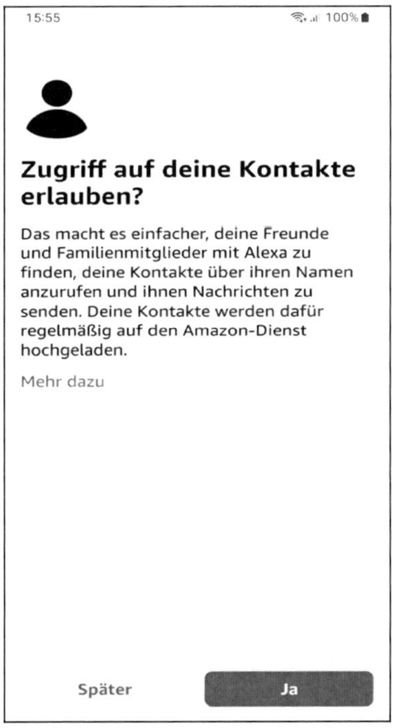

❶ Gestatten Sie den Zugriff auf Ihre Kontakte mit *Ja* und *Zulassen* im folgenden Popup.

❷❸ Betätigen Sie *Später* und dann *Das sind Alle.*

9.2 Drop In im Haushalt durchführen

Haben Sie nur zwei Echo-Geräte in Betrieb, dann sprechen Sie einfach »*Alexa, Drop In*«, worauf die Verbindung zum anderen Echo-Gerät aufgebaut wird. Stehen in Ihrem Haushalt dagegen mehr als zwei Echo-Geräte, dann müssen Sie die Gegenstelle identifizieren mit »*Alexa, Drop In [Name des Echo-Geräts]*«. Die Namen legen Sie übrigens, wie im Kapitel *4.8 Gerätenamen* beschrieben, fest.

Es ist nicht möglich, den Drop In unbemerkt durchzuführen, denn das angerufene Gerät gibt ein Glockensignal aus und sein Leuchtring blinkt während des Drop Ins grün.

Sofern Sie nicht genau wissen, welche Echo-Geräte vorhanden sind beziehungsweise wie sie heißen, sprechen Sie »*Alexa, Drop In*« und Alexa schlägt die Geräte vor. Sprechen Sie dann den Gerätenamen.

Zum Beenden sagen Sie oder der Gesprächspartner »*Alexa, auflegen*«.

9.3 Drop In deaktivieren

Einzelne Echo-Geräte schließen Sie gegebenenfalls vom Drop In aus, wenn sonst die Privatsphäre gestört würde.

❶ Aktivieren Sie das (*Geräte*)-Register.

❷ Wählen Sie ein Echo-Gerät aus, für das Sie Drop In konfigurieren möchten.

❸ Gehen Sie auf ⚙.

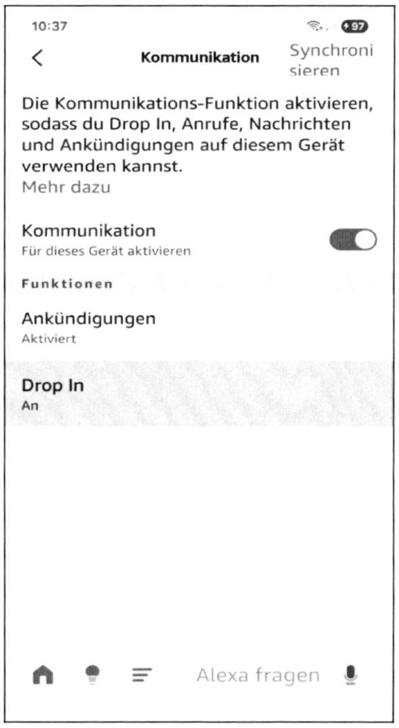

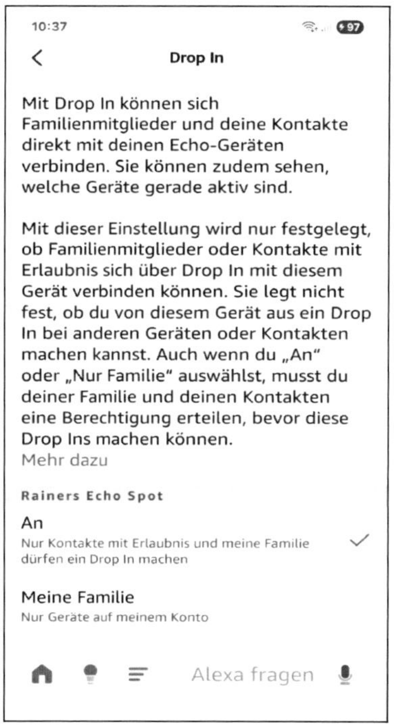

❶ Rufen Sie *Kommunikation* auf.

❷❸ Nach Auswahl von *Drop In* erscheint der Konfigurationsbildschirm, in dem Sie folgende Optionen haben:

- *An*: Gestattet auch Personen außerhalb Ihres Haushalts den Drop In-Zugriff. Diese müssen sich in Ihrem Alexa-Telefonbuch befinden und für Drop Ins freigegeben sein. In diesem Buch gehen wir nicht weiter darauf ein.
- *Meine Familie*: Drop In ist nur auf Echo-Geräten möglich, die mit Ihrem Amazon-Konto angemeldet sind. Dies sind in der Regel Geräte in Ihrem Haushalt.
- *Aus*: Deaktiviert für dieses Echo-Gerät die Drop In-Funktion.

9.4 Drop In mit der Alexa-App

Natürlich wird Drop In auch von der Alexa-App unterstützt. Ein Drop In ist auf diesem Wege nicht nur zuhause, sondern auch von unterwegs aus möglich.

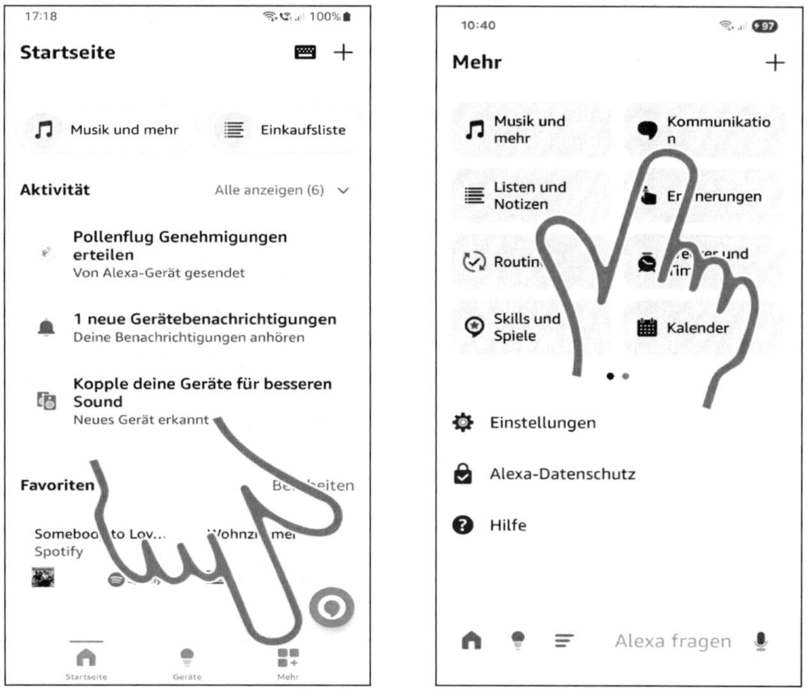

❶❷ Aktivieren Sie das ☰ *(Mehr)*-Register und gehen Sie auf *Kommunikation.*

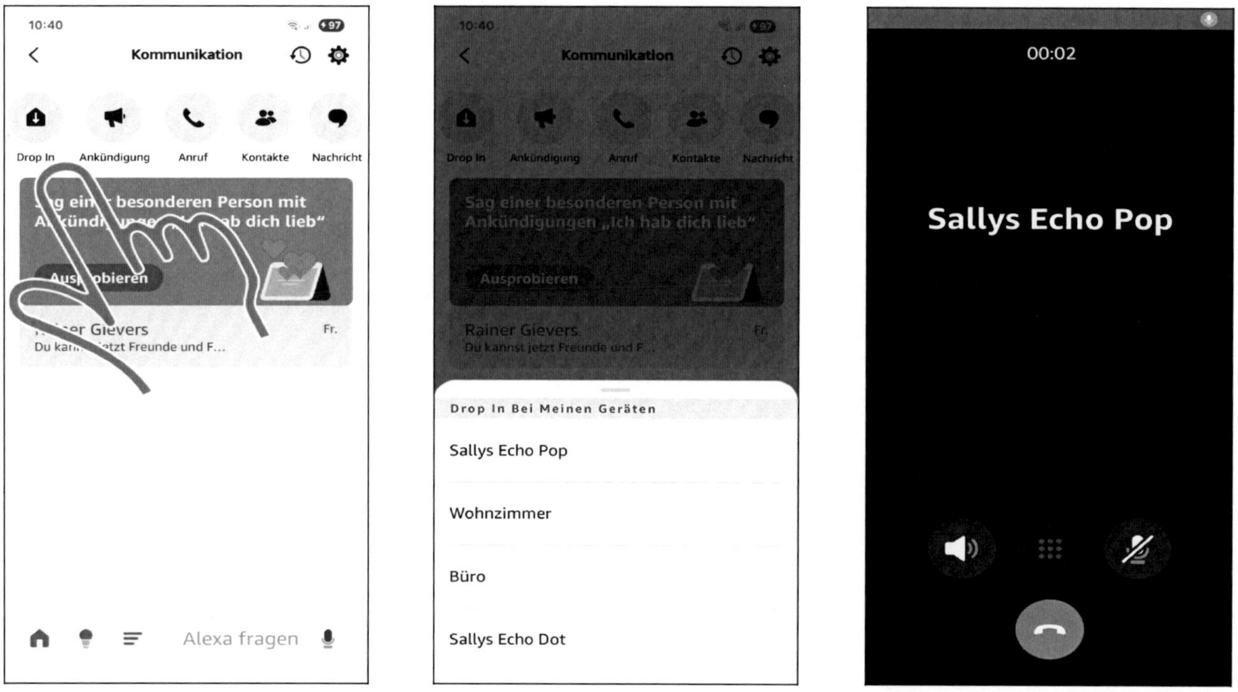

❶❷ Nach Betätigen von *Drop* In wählen Sie das zu verbindende Gerät aus.

❸ Die Schaltleisten:

- 🔊: Freisprechen ein/aus.
- ⠿: Ohne Funktion.
- 🎙̸: Mikrofon ein/aus (sie hören weiterhin die Gegenseite)
- ☎: Gespräch beenden.

9.4.1 Drop In mit Bildschirmgerät

Ist das angerufene Gerät ein Echo Show-Gerät, dann überträgt das Handy nicht nur Audio, sondern auch ein Livevideo von Ihnen.

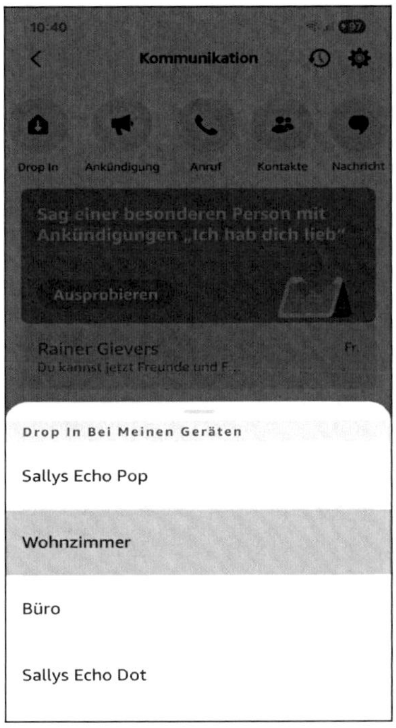

➊ In unserem Beispiel ist das ausgewählte Gerät *Büro* ein Echo Show.

➋ Betätigen Sie *Zulassen* im Popup.

➌ Die Schaltleisten (tippen Sie gegebenenfalls auf den Bildschirm, um sie anzuzeigen):

- : Zwischen Front- und Hauptkamera des Handys umschalten
- : Eigenes Video ein/ausschalten.
- : Gespräch beenden.
- : Mikrofon ein/aus (Sie hören weiterhin die Gegenseite)

9.5 Drop In zwischen Bildschirmgeräten

Wie bei den Echo-Modellen ohne Bildschirm leiten Sie beim Echo Show-Gerät das Drop In mit dem Sprachkommando »*Alexa, Drop In [Name des Echo-Geräts]*« ein. Falls Ihnen gerade der Name des anzurufenden Geräts entfallen ist, sagen Sie einfach nur »*Alexa, Drop In*« worauf die verfügbaren Geräte aufgelistet werden. Sagen Sie dann einfach den Namen eines Geräts.

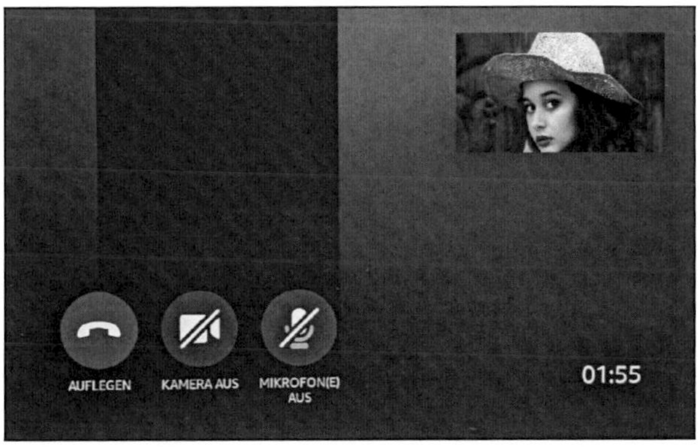

Nach dem Drop In auf das andere Bildschirmgerät sehen Sie bildschirmfüllend dessen Livebild, während Ihr eigenes Video in Briefmarkengröße erscheint.

Antippen des Bildschirms zeigt folgende Schaltleisten:

- : Gespräch beenden.
- : Eigene Videoübertragung ausschalten.
- : Mikrofon ein/aus

Wundern Sie sich bitte nicht, wenn das empfangene Livebild zunächst für einige Sekunden weichgezeichnet erscheint. Damit erhalten Personen, die sich im Raum befinden, die Möglichkeit, sich auf die Videoübertragung vorzubereiten – ähnlich dem Anklopfen, bevor man einen Raum betritt.

Auf beiden beteiligten Echo-Geräten kann jeweils mit dem Sprachbefehl »*Alexa, Kamera aus*« die Videoübertragung für das aktuelle Drop In abgeschaltet werden. »*Alexa, Kamera an*« aktiviert die Kamera wieder.

Tipp: Sie möchten, dass auf einem Echo Show-Gerät generell keine Videoübertragung bei Drop Ins stattfindet? Dann schieben Sie am Gerät die Kamera-Abdeckung manuell vor die Linse.

10. Echo Show und Echo Spot

Der Echo Show wird aktuell in Ausführungen mit verschiedenen Bildschirmgrößen angeboten. In diesem Buch sprechen wir generell vom »Echo Show-Gerät«, sofern wir uns auf alle Gerätevarianten beziehen.

10.1 Einstellungen

Amazon hat leider die Einrichtung seiner Geräte unnötig kompliziert gemacht, denn einige Einstellungen können Sie nur in der Alexa-App vornehmen, andere wiederum nur direkt auf dem jeweiligem Gerät.

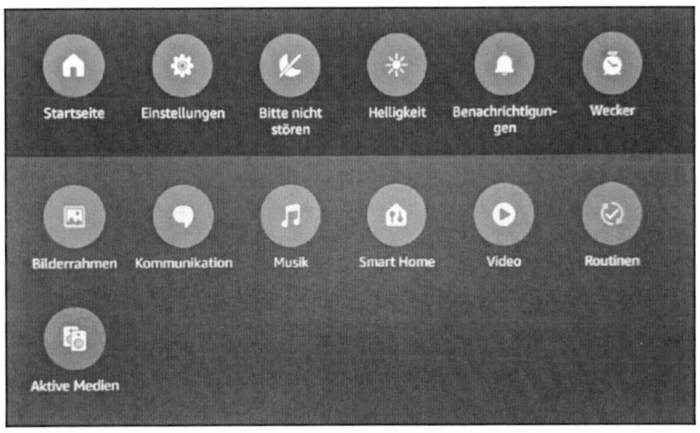

Bei Echo Show-Geräten öffnet die Wischgeste von oben nach unten die Einstellungen.

- *Startseite*: Startseite (mit Uhrzeit) anzeigen.
- *Einstellungen*: Auf die Einstellungen gehen wir unten ein.
- *Bitte nicht stören*: Die zeitweise Deaktivierung von Benachrichtigungen beschreibt Kapitel *12.2 Nicht stören*.
- *Helligkeit*: Der Helligkeitsregler stellt die Hintergrundbeleuchtung ein.
- *Benachrichtigungen*: Sie erhalten ab und zu von Amazon Hinweise, beispielsweise über den erfolgten Versand von Bestellungen.
- *Wecker*: Weckerzeiten anzeigen und anlegen (siehe Kapitel *8.1 Wecker*).
- *Widget-Galerie* (nur Echo Show 15 und 21): Widgets sind kleine praktische Anwendungen, die direkt auf der Startseite angezeigt werden.
- *Bilderrahmen*: Wählen Sie die auf dem Bildschirm als Diaschau abwechselnd angezeigten Fotomotive aus.
- *Kommunikation*: Drop In (siehe Kapitel *9 Drop In*) oder *Ankündigung* (*12.11 Ankündigung*) durchführen. Dies ist einfacher über den entsprechenden Sprachbefehl möglich. Die Funktionen *Anruf, Nachricht* und *Kontakt anzeigen* dienen der Kommunikation mit Echo-Geräten in anderen Haushalten. Verwenden Sie dafür lieber WhatsApp, das heute fast jeder Handy-Nutzer installiert hat und auch unterwegs zur Verfügung steht.
- *Musik*: Öffnet die Musikoberfläche, welche die zuletzt abgespielten Playlists anzeigt.
- *Smart Home*: Lampen, Steckdosen und Schalter verwalten (siehe Kapitel *17 Smart Home*).
- *Fire TV* (nur Echo Show 15 und 21): Ruft die eingebaute Fire TV-Oberfläche auf, welche Kapitel *15 Fire TV* beschreibt.
- *Video* (nicht beim Echo Show 15): Filme und Serien auf Amazon Prime Video, Netflix, YouTube und diversen Suchmaschinen oder Mediatheken abspielen.
- *Routinen*: Routinen verwalten (siehe Kapitel *18 Routinen*).

- *Aktive Medien*: Listet die gerade auf anderen Echo-Geräten abgespielten Musik- und Videostreams auf.

Der größte Teil der hier vorgestellten Funktionen ist für die bildschirmlosen Echo-Geräte auch in der Alexa-App verfügbar. Wir gehen deshalb hier nur auf die zusätzlichen Anzeigen und Bedienelemente ein, die Sie in der Alexa-App nicht vorfinden.

Hinweis: Je nach Echo Show-Gerät kann die Anzeige abweichen beziehungsweise stehen andere Funktionen zur Verfügung.

10.1.1 Echo Show 5

Das kleinste Echo Show-Gerät unterstützt aufgrund der geringen Bildschirmauflösung und fehlender Sensoren nicht alle Funktionen, die Sie bei den größeren Geräten vorfinden.

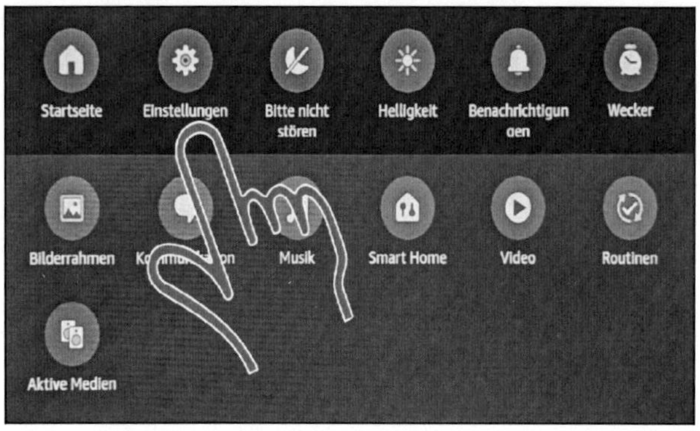

Die verfügbaren Optionen nach Antippen von *Einstellungen*:

- *Bluetooth*: Sie verwenden das Menü für die Kopplung von Bluetooth-Lautsprechern oder Kopfhörern. Im Kapitel *7 Bluetooth* gehen wir darauf ein, wobei dort die Kopplung über die Alexa-App erfolgt.
- *Netzwerk*: Zeigt den verwendeten WLAN-Zugangspunkt an und listet die weiteren verfügbaren WLAN-Zugangspunkte auf. Tippen Sie einen an, mit dem Sie das Echo-Gerät verbinden möchten, worauf Sie das zugehörige WLAN-Kennwort eingeben müssen. Wir empfehlen, für alle Echo-Geräte im Haushalt die Verwendung des selben WLAN-Zugangspunkts, weil sonst Multiroom (siehe Kapitel *6.2 Multiroom*) oder Stereo-Kopplung (siehe Kapitel *6.6 Stereo*) nicht funktionieren.
- *Im Spotlight*: Stellt Features des Echo Show vor, die Sie vielleicht noch nicht kennen und ausprobieren sollten.
- *Mein Profil und meine Familie*: Verwaltet die Nutzer-Profile, in der Regel die einzelnen Familienmitglieder. Anhand der Stimme kann Alexa die Personen zuordnen und beispielsweise Abspiellisten in Amazon Music getrennt verwalten. Darauf geht Kapitel *12.10 Stimmenprofil* ein.
- *Amazon Kids*: Nur kindgerechte Inhalte anzeigen. Darauf geht Kapitel *11 Amazon Kids* genauer ein.
- *Startseite und Uhr*:
    - *Uhr und Fotoanzeige*: Wählen Sie aus, welche Hintergrundbilder auf dem Bildschirm abwechselnd angezeigt werden.
    - *Startseiten-Inhalte*: Das Echo Show-Gerät wechselt zwischen verschiedenen Bildschirmen, die beispielsweise über bevorstehende Weckzeiten, Erinnerungen, das Wetter usw. informieren. Hier stellen Sie ein, welche davon angezeigt werden sollen.
    - *Nachtmodus*: Reduziert automatisch die Bildschirmhelligkeit zwischen 22 und 7 Uhr. Es lassen sich auch andere Zeitspannen einstellen.

  - 24-Stunden-Uhr: In Deutschland wird die Uhrzeit im 24-Stundenformat angezeigt. Alternativ ist der Wechsel auf das AM/PM-Format möglich.
- *Bildschirm und Helligkeit*:
  - (Helligkeitsregler)
  - *Adaptive Helligkeit*: Bildschirmhelligkeit über einen Lichtsensor an die Umgebung anpassen.
  - *Sonnenaufgangseffekt*: Wenn Sie den Wecker (siehe Kapitel *8.1 Wecker*) zwischen 4 und 9 Uhr morgens verwenden, schaltet die Beleuchtung 15 Minuten vorher langsam hoch.
  - *Automatische Dimmen*: Der Show Show wertet die Lichtbedingungen aus und passt die Helligkeit an.
- *Töne*:
  - *Medien*: Statt über den Lautstärkeregler können Sie auch mit »*Alexa, Lautstärke [Zahl von 0 bis 10]*« die Lautstärke festlegen. Siehe dazu Kapitel *5.1.1 Lautstärke*.
  - *Wecker, Timer und Benachrichtigungen*: Lautstärke der aufgeführten Funktionen.
  - *Wecker mit zunehmender Lautstärke*: Der Wecker (siehe Kapitel *8.1 Wecker*) wird nach und nach lauter.
  - Equalizer: Regelt Bass, Mitten und Höhen bei der Musikwiedergabe. Siehe auch Kapitel 6.3 Equalizer für die entsprechenden Sprachbefehle.
  - *Wecker*: Weckerklingelton festlegen. Siehe auch Kapitel *8.1 Wecker*.
  - *Benachrichtigungen*: Tonausgabe wenn beispielsweise eine noch ungelesene Benachrichtigung vorliegt.
  - *Start der Anfrage; Ende der Anfrage*: Ihr Echogerät zeigt auf dem Bildschirm einen blauen Balken an, sobald Sie einen Befehl mit »Alexa« sprechen. Nicht immer können Sie aber Ihr Gerät so aufstellen, dass Sie direkten Sichtkontakt haben. Für diesen Fall sollten Sie hier Beginn der Anfrage und Ende der Anfrage aktivieren. Sie erhalten dann jeweils eine akustische Bestätigung, dass das Echo-Gerät zuhört.
- *Kamera*: Dient der Raumüberwachung. Über die Alexa-App oder andere Echo Show-Geräte können Sie ein Livebild von der Kamera abrufen.
  - *Heimüberwachung*: Ist zu aktivieren, wenn Sie die Kameraüberwachung nutzen möchten.
  - *Videoverzögerung*: Verzögerung, mit der die Übertragung beginnt.
  - *Warnton*: Eventuell im Raum anwesende Personen werden durch ein Signal über die Videoüberwachung informiert.
- *Alexa Datenschutz*: Listet alle von Ihnen durchgeführte Sprachbefehle, ausgelöste Smart Home-Funktionen und genutzte Skills auf, welche sich einzeln oder ingesamt löschen lassen. Für den Zugriff auf diese sensiblen Daten müssen Sie sich mit dem Passwort Ihres Amazon-Kontos identifizieren.
- *Bitte nicht stören*: Deaktiviert alle Benachrichtigungen (Drop Ins [*Kapitel 9 Drop In]* usw.). Timer (siehe Kapitel *8.2 Timer*) und Wecker (siehe Kapitel *8.1 Wecker*) sind nicht davon betroffen.
- *Kommunikation*: Die Funktion *Klingelton für eingehende Anrufe* wird von Ihnen nicht benötigt, weil Sie die (in diesem Buch nicht weiter beschriebene) Anruffunktion nicht nutzen werden.
- *Geräteoptionen*:

- *Gerätename*: Über den hier eingegebenen Namen wird der Echo Show von anderen Echo-Geräten beispielsweise bei Drop Ins (siehe Kapitel *9 Drop In*) angesprochen. Siehe auch Kapitel *4.8 Gerätenamen*.
- *Gerätestandort*: Damit Sie Entfernungsfragen stellen können (»*Alexa, wie weit ist es bis London?*«, »*Wie wird das Wetter?*«, »*Was läuft im Kino?*«, »*Wie lange hat der Edeka geöffnet?*« usw.), müssen Sie Ihre Adresse vollständig eingeben.
- *Gerätesprache*: Die voreingestellte Sprache sollten Sie nicht ändern.
- *Alexas Stimme*: Schaltet die Sprachausgabe zwischen dem *Original* (weibliche Stimme) und *Neu* (männliche Stimme) um.
- *Aktivierungswort*: Falls es in Ihrem Haushalt eine Person gibt, die »Alex« oder »Alexandra« heißt, kann eine Änderung des Aktivierungswort »Alexa« sinnvoll sein. Zur Auswahl stehen »Amazon«, »Computer«, »Echo« und »Ziggy«. Siehe auch Kapitel *12.3 Aktivierungsbefehl ändern.*
- *Tipp-Gesten*: Schlagen Sie mit der Hand auf die Geräteoberseite, um den Wecker zu deaktivieren (siehe auch Kapitel *8.1 Wecker*).
- *Datum und Uhrzeit*: Die Voreinstellung sollten Sie nicht ändern.
- *Temperatur*: Zur Auswahl stehen Celsius oder Fahrenheit.
- *Entfernung*: Die Voreinstellung *Kilometer* kommt bei einigen Alexa-Funktionen zum Einsatz, beispielsweise »*Alexa, wie weit ist es zum Mond?*«)
- *Internet-Optionen*:
  - *Browser*: Einstellungen für den zur Webseitenanzeige genutzten Browser. Siehe Kapitel *10.3 Webbrowser*. Aktuell wird nur der von Amazon entwickelte Silk-Browser angeboten.
- *Alexa Gadget verbinden*: Von Amazon werden diverse »Gadgets« angeboten, welche Sie über das Menü verbinden. Leider sind fast alle Gadgets nur in den USA erhältlich und nicht in Deutschland.
- *Nach Softwareupdates suchen*: Dies geschieht bereits automatisch.
- *Auf Werkseinstellungen zurücksetzen*: Darauf geht Kapitel *4.5 Echo-Gerät zurücksetzen* ein.
- *Seriennummer*

- *Zugriffsbeschränkungen*: Sperren Sie den Zugriff auf bestimmte Funktionen, was Sie durch Ihr Amazon-Konto-Passwort bestätigen müssen:
  - *Amazon Photos*
  - *Webbrowser*
  - *Webvideo-Suche*
  - *Videoanbieter*
- *Kalender*: Auf die Kalendernutzung geht bereits Kapitel *8.6 Kalender* ein.
- *Hilfe*: Kurzhilfe für verschiedene Probleme mit Alexa oder den Echo-Geräten, die im Alltag auftauchen.
- *Barrierefreiheit*: Die meisten Einstellungen in diesem Menü aktivieren zusätzliche Bildschirmtexte für Anwender mit Hörverlust.
- *Rechtliches und Konformität*

Wenn Sie etwa 30 Sekunden keine Aktion in den Einstellungen vornehmen, schaltet das Echo-Gerät wieder auf die Startseite um. Alternativ sagen Sie »*Alexa, Startseite*«.

10.1.2 Weitere Echo Show-Geräte

Die Einstellungen von Echo Show 8, 10, 15 und 21 unterscheiden sich etwas vom Echo Show 5. Hier dürfte die Bildschirmgröße eine Rolle spielen.

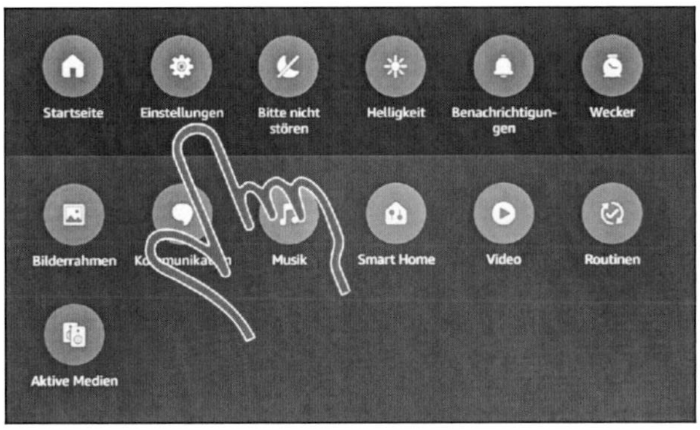

Die verfügbaren Optionen nach Antippen von *Einstellungen*:

- *Alexa*:
  - *Alexas Stimme*: Schaltet die Sprachausgabe zwischen dem *Original* (weibliche Stimme) und *Neu* (männliche Stimme) um.
  - *Aktivierungswort*: Falls es in Ihrem Haushalt eine Person gibt, die »Alex« oder »Alexandra« heißt, kann eine Änderung des Aktivierungswort »Alexa« sinnvoll sein. Zur Auswahl stehen »Amazon«, »Computer«, »Echo« und »Ziggy«. Siehe auch Kapitel *12.3 Aktivierungsbefehl ändern*.
  - *Aufmerksamkeitsmodus*: Standardmäßig verarbeitet Alexa immer nur einen Befehl. Wenn Sie das stört, aktivieren sie den »Aufmerksamkeitsmodus«. Nach jeder Befehlsausführung wartet dann Alexa noch einige Sekunden auf weitere Eingaben. Siehe auch Kapitel *12.4 Aufmerksamkeitsmodus*.
  - *Alexa-Datenschutz*: Listet alle von Ihnen durchgeführte Sprachbefehle, ausgelöste Smart Home-Funktionen und genutzte Skills auf, welche sich einzeln oder ingesamt löschen lassen. Für den Zugriff auf diese sensiblen Daten müssen Sie sich mit dem Passwort Ihres Amazon-Kontos identifizieren.
- *Bildschirm und Darstellung*:
  - *Fotoanzeige*: Wählen Sie zwischen verschiedenen Quellen für die automatisch ausgetauschten Hintergrundbilder.
  - *Adaptiver Inhalt*: Standardmäßig erkennt das Gerät über die Kamera, dass Sie sich in der Nähe befinden und passt die Anzeige entsprechend an (große Anzeigeelemente bei größerem Abstand, kleinere Anzeige mit Schaltleisten wenn Sie sich direkt vor dem Gerät befinden). Sie können diese Funktion über *Einstellungen* konfigurieren.
  - *Inhaltskategorien auf der Startseite*: Das Echo Show-Gerät wechselt zwischen verschiedenen Bildschirmen, die beispielsweise über bevorstehende Weckzeiten, Erinnerungen, das Wetter usw. informieren. Hier stellen Sie ein, welche davon angezeigt werden sollen.
- *Konto und Profile*:
  - *Mein Profil und meine Familie*: Verwaltet die Nutzer-Profile, in der Regel die einzelnen Familienmitglieder. Anhand der Stimme kann Alexa die Personen zuordnen und

beispielsweise Abspiellisten in Amazon Music getrennt verwalten. Darauf geht Kapitel *12.10 Stimmenprofil* ein.

- *Kalenderkonten verknüpfen*: Darauf geht bereits Kapitel *8.6 Kalender* ein.

- *Geräteoptionen*:
  - *Netzwerk*: Zeigt den verwendeten WLAN-Zugangspunkt an und listet die weiteren verfügbaren WLAN-Zugangspunkte auf. Tippen Sie einen an, mit dem Sie das Echo-Gerät verbinden möchten, worauf Sie das zugehörige WLAN-Kennwort eingeben müssen. Wir empfehlen, für alle Echo-Geräte im Haushalt die Verwendung des selben WLAN-Zugangspunkts, weil sonst Multiroom (siehe Kapitel *6.2 Multiroom*) oder Stereo-Kopplung (siehe Kapitel *6.6 Stereo*) nicht funktionieren.
  - *Bluetooth*: Sie verwenden das Menü für die Kopplung von Bluetooth-Lautsprechern oder Kopfhörern. Im Kapitel *7 Bluetooth* gehen wir darauf ein, wobei dort die Kopplung über die Alexa-App erfolgt.
  - *Alexa-Gadgets*: Von Amazon werden diverse »Gadgets« angeboten, welche Sie über das Menü verbinden. Leider sind fast alle Gadgets nur in den USA erhältlich und nicht in Deutschland.
  - *Sprachen*: Die voreingestellte Sprache sollten Sie nicht ändern.
  - *Gesten*: Timer (siehe Kapitel *Timer*) und Wecker (siehe Kapitel *8.1 Wecker*) deaktivieren Sie, indem Sie die Handfläche vor die Kamera halten.
  - *Internet-Optionen*:
    - Webvideos: Zwischengespeicherte Dateien löschen, nachdem Sie Videos (siehe Kapitel 14 Video mit Echo Show-Geräten) geschaut haben. In der Praxis nicht benötigt.
    - *Browser*: Einstellungen für den zur Webseitenanzeige genutzten Browser. Siehe Kapitel *10.3 Webbrowser*. Aktuell wird nur der von Amazon entwickelte Silk-Browser angeboten.
  - *Regionale Einstellungen*:
    - *Region*
    - *Zeitzone*: Die Voreinstellung sollten Sie nicht ändern.
    - *Temperatur*: Zur Auswahl stehen Celsius oder Fahrenheit.
    - *Entfernung*: Die Voreinstellung *Kilometer* kommt bei einigen Alexa-Funktionen zum Einsatz, beispielsweise »*Alexa, wie weit ist es zum Mond?*«)
  - *Infos zum Gerät*:
    - *Gerätename*: Über den hier eingegebenen Namen wird der Echo Show von anderen Echo-Geräten beispielsweise bei Drop Ins (siehe Kapitel *9 Drop In*) angesprochen. Siehe auch Kapitel *4.8 Gerätenamen*.
    - *Gerätemodell*
    - *Gerätestandort*: Damit Sie Entfernungsfragen stellen können (»*Alexa, wie weit ist es bis London?*«, »*Wie wird das Wetter?*«, »*Was läuft im Kino?*«, »*Wie lange hat der Edeka geöffnet?*« usw.), müssen Sie Ihre Adresse vollständig eingeben.
    - *Nach Softwareaktualisierungen suchen*: Dies geschieht normalerweise automatisch im Hintergrund.
    - *Rechtliches und Konformität*
    - *Auf Werkseinstellungen zurücksetzen*: Darauf geht Kapitel *4.5 Echo-Gerät zurücksetzen* ein.
    - *Seriennummer*

- *Im Spotlight*: Stellt einige nützliche Funktionen vor, die Sie mal ausprobieren sollten.
    - *Fire TV einrichten* (nur Echo Show 15 und 21): Siehe Kapitel *15 Fire TV* .
    - *Automatischer Ruhemodus*: Schaltet das Display automatisch aus, sobald Sie das Licht im Raum ausschalten. Dies spart Stromkosten.
    - *Untertitel*: Untertitel sind für Personen mit Hörschäden sehr praktisch.
    - *Adaptiver Inhalt*: Standardmäßig erkennt das Gerät über die Kamera, dass Sie sich in der Nähe befinden und passt die Anzeige entsprechend an (große Anzeigeelemente bei größerem Abstand, kleinere Anzeige mit Schaltleisten wenn Sie sich direkt vor dem Gerät befinden). Sie können diese Funktion über *Einstellungen* konfigurieren.
    - *Gesten*: Timer (siehe Kapitel *Timer*) und Wecker (siehe Kapitel *8.1 Wecker*) deaktivieren Sie, indem Sie die Handfläche vor die Kamera halten.
- *Fire TV* (Nur Echo Show 15 und 21): Darauf geht Kapitel *10.1.4 Einstellungen des Echo Show 15 und 21* ein.
- *Benachrichtigungen und Ton*:
    - *Töne*:
        - *Medien*: Statt über den Lautstärkeregler können Sie auch mit »*Alexa, Lautstärke [Zahl von 0 bis 10]*« die Lautstärke festlegen. Siehe dazu Kapitel *5.1.1 Lautstärke*.
        - *Wecker, Timer und Benachrichtigungen*: Lautstärke der aufgeführten Funktionen.
        - *Wecker mit zunehmender Lautstärke*: Der Wecker (siehe Kapitel *8.1 Wecker*) wird nach und nach lauter.
        - *Equalizer*: Regelt Bass, Mitten und Höhen bei der Musikwiedergabe. Siehe auch Kapitel *6.3 Equalizer* für die entsprechenden Sprachbefehle.
        - *Wecker*: Weckerklingelton festlegen. Siehe auch Kapitel *8.1 Wecker*.
        - *Benachrichtigungen*: Nicht von Amazon dokumentiert.
        - *Start der Anfrage; Ende der Anfrage*: Ihr Echogerät zeigt auf dem Bildschirm einen blauen Balken an, sobald Sie einen Befehl mit »*Alexa*« sprechen. Nicht immer können Sie aber Ihr Gerät so aufstellen, dass Sie direkten Sichtkontakt haben. Für diesen Fall sollten Sie hier Start *der Anfrage* und *Ende der Anfrage* aktivieren. Sie erhalten dann jeweils eine akustische Bestätigung, dass das Echo-Gerät zuhört.
    - *Bitte nicht stören*: Deaktiviert alle Benachrichtigungen, unter anderem für für Drop Ins (*Kapitel 9 Drop In*). Timer (siehe Kapitel *8.2 Timer*) und Wecker (siehe Kapitel *8.1 Wecker*) sind nicht davon betroffen.
    - *Klingelton für eingehende Anrufe*: Auf die Anrufe gehen wir in diesem Buch nicht ein, weil damit nur Verbindungen zu freigegebenen Echo-Geräten in anderen Haushalten möglich sind, welche diese Funktion freigegeben haben müssen.
- *Barrierefreiheit*: Die meisten Einstellungen in diesem Menü aktivieren zusätzliche Bildschirmtexte für Anwender mit Hörverlust.
- *Datenschutz und Berechtigungen*:
    - *Alexa-Datenschutz*: Listet alle von Ihnen durchgeführte Sprachbefehle, ausgelöste Smart Home-Funktionen und genutzte Skills auf, welche sich einzeln oder ingesamt löschen lassen. Für den Zugriff auf diese sensiblen Daten müssen Sie sich mit dem Passwort Ihres Amazon-Kontos identifizieren.
    - *Zugriffsbeschränkungen*: Sperren Sie den Zugriff auf bestimmte Funktionen, was Sie durch Ihr Amazon-Konto-Passwort bestätigen müssen:
    - *Amazon Photos; Webbrowser; Webvideo-Suche; Videoanbieter*

- ◦ Amazon Kids: Nur kindgerechte Inhalte anzeigen. Darauf geht Kapitel 11 Amazon Kids genauer ein.
- ◦ *Heimüberwachung*: Ist zu aktivieren, wenn Sie die Kameraüberwachung nutzen möchten.
- *Hilfe*

10.1.3 Einstellungen des Echo Spot

Viele Jahre hat Amazon nur Variationen des Echo Show oder des Echo Dot angeboten. Mit dem Echo Spot ist nun wieder ein innovatives Modell auf dem Markt, das die Vorteile beider Gerätegattungen in einem kleinen Gehäuse vereint. Einziger nennenswerter Nachteil gegenüber den Echo Show-Modellen ist die fehlende Videowiedergabe, was angesichts des nur 2,8 Zoll großen Displays aber keinen Nachteil darstellt.

Das Display zeigt standardmäßig die Uhrzeit sowie das aktuelle Wetter mit einem passenden Symbol an. Je nach Sprachbefehl werden zusätzlich weitere Informationen eingeblendet. Damit eignet sich der Echo Spot als praktischer Wecker auf dem Nachttisch oder als Küchenuhr. Eine günstige Alternative zum Echo Spot ist übrigens der nur noch gebraucht erhältliche Echo Dot mit Uhr.

❶ Führen Sie für die Einstellungen auf dem Display eine Wischgeste von oben nach unten durch.

❷ Die Schaltflächen:

- ⌂: Startseite anzeigen (das Gerät schaltet automatisch nach 30 Sekunden auf den Startbildschirm um, wenn keine Aktivität stattfindet).
- ☀: Displayhelligkeit einstellen.
- ☾: Schlafmodus ein/ausschalten. Im Schlafmodus erhalten Sie keine Benachrichtigungen. Wecker und Timer sind dagegen weiter aktiv.
- ⚙: Einstellungen aufrufen, worauf wir als Nächstes eingehen.

Die *Einstellungen*:

- *Uhr und Design*:
  - *Uhren-Design*: Wählen Sie zwischen 8 verschiedenen Anzeigen.
  - *Farbschema*: Farbliche Gestaltung des Startbildschirms.
  - *Uhrzeitformat*: Umschaltbar zwischen 24-Stunden- und AM/PM-Format.
- *Bluetooth*: Sie verwenden das Menü für die Kopplung von Bluetooth-Lautsprechern oder Kopfhörern. Im Kapitel *7 Bluetooth* gehen wir darauf ein, wobei dort die Kopplung über die Alexa-App erfolgt.
- Anzeige:
  - *Helligkeit*

    - *Adaptive Helligkeit*: Reduziert die Displayhelligkeit automatisch bei dunkler Umgebung.
    - *Mediaplayer-Animation*: Das Gerät zeigt während des Musikabspielens (siehe Kapitel *6 Musik*) bunte Animationen an.
    - *Nachtmodus*: Das Display reduziert automatisch bei Dunkelheit die Helligkeit.
- Töne:
    - *Medienlautstärke*: Statt über den Lautstärkeregler können Sie auch mit »*Alexa, Lautstärke [Zahl von 0 bis 10]*« oder den Tasten auf der Geräteoberseite die Lautstärke festlegen. Siehe dazu Kapitel *5.1.1 Lautstärke*.
    - *Lautstärke von Weckern, Timern und Benachrichtigungen*: Lautstärke der aufgeführten Funktionen.
    - *Weckton*: Sie haben die Wahl zwischen verschiedenen Melodien.
    - *Anfragetöne*: Ihr Echogerät zeigt auf dem Bildschirm einen blauen Balken an, sobald Sie einen Befehl mit »Alexa« sprechen. Nicht immer können Sie aber Ihr Gerät so aufstellen, dass Sie direkten Sichtkontakt haben. Für diesen Fall sollten Sie hier *Start der Anfrage* und *Ende der Anfrage* aktivieren. Sie erhalten dann jeweils eine akustische Bestätigung, dass das Echo-Gerät zuhört.
- *Geräteoptionen*:
    - *Softwareupdates*: Dies geschieht normalerweise automatisch im Hintergrund.
    - *Auf Werkseinstellungen zurücksetzen*: Darauf geht Kapitel *4.5 Echo-Gerät zurücksetzen* ein.
    - *Seriennummer*
- *Hilfe*
- *Alexa-Datenschutz*: Weist auf die Alexa-App hin.
- *Barrierefreiheit*: Diverse Funktionen für Personen mit eingeschränktem Hör- oder Sehvermögen.
- *Rechtliches und Konformität*

10.1.4 Einstellungen des Echo Show 15 und 21

Die meisten Funktionen von Echo Show 15 und 21 sind identisch mit denen der kleineren Echo Show-Modelle, auf die wir im zuvor im Kapitel *10 Echo Show und Echo Spot* eingehen. An dieser Stelle sollen daher nur die Besonderheiten beschrieben werden.

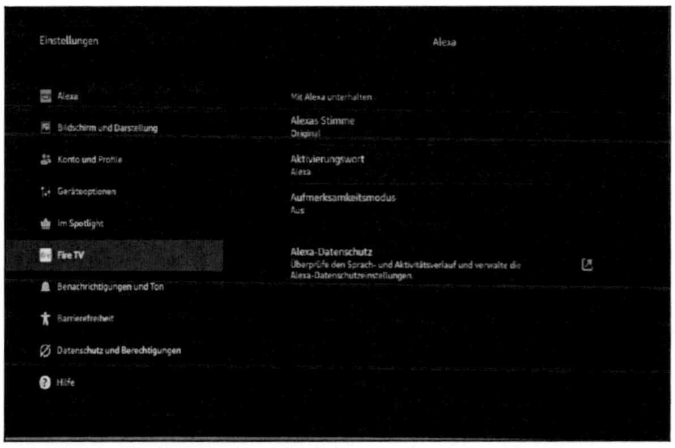

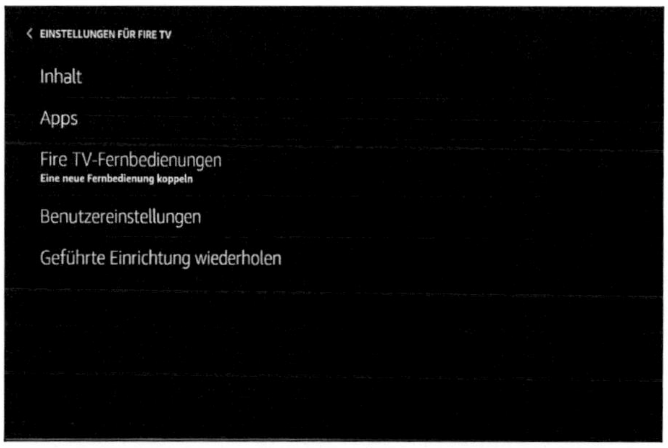

❶❷ Das *Fire TV*-Menü:

- *Inhalt*: Unter Live TV verwalten Sie unter anderem die Anordnung der Schnellstart-Schaltflächen für die Streaming-Dienste in der Startseite, sowie die Kindersicherung.

- *Apps*:
    - *Installierte Apps verwalten*: Listet die installierten Apps mit deren Speicherbedarf auf und bietet die Option, sie zu deinstallieren (eine Neuinstallation ist jederzeit über den App-Store möglich).
    - *Alle App-Caches löschen*: Die Speicherverwaltung auf dem Gerät erfolgt automatisch, weshalb Sie dieses Menü nur bei Fehlermeldungen benötigen werden.
    - *Silk-Browser*: Öffnet die Einstellungen des Silk-Webbrowsers.
    - *Appstore*: Einstellungen des Appstore, aus dem Sie weitere Apps installieren.
    - *Fire TV-Fernbedienungen*: Koppelte eine Fire TV-Fernbedienung mit dem Echo Show. Sie ist eine lohnende Investition, da sie dann nicht mehr auf Sprachbefehle beziehungsweise die Touchbedienung angewiesen sind.
    - *Benutzereinstellungen*: Datenschutzeinstellungen (Sammlung von Nutzungsdaten, personalisierte Werbung) und Kindersicherung verwalten.
    - *Geführte Einrichtung wiederholen*: Ein Assistent unterstützt Sie bei der Einrichtung des Echo Show.

10.2 Bildschirmanzeige konfigurieren

In diesem Kapitel stellen wir einige Dinge vor, die Sie an Ihrem Echo Show optimieren können.

10.2.1 Durchlaufender Bildschirm

Im Auslieferungszustand ist der Bildschirm des Echo Show-Geräts leider extrem unruhig, denn laufend wechselt die Anzeige zwischen verschiedenen Bildschirmen (»Beliebte Fragen«,«Beliebte Rezepte«, »Sportergebnisse« usw.). Das lässt sich zum Glück ändern.

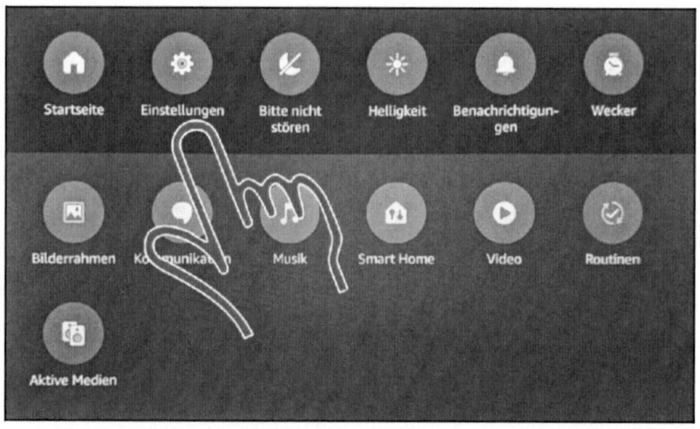

❶❷ Rufen Sie mit einer Wischgeste von oben außerhalb des Displays nach unten das Menü auf und gehen Sie darin auf *Einstellungen.*

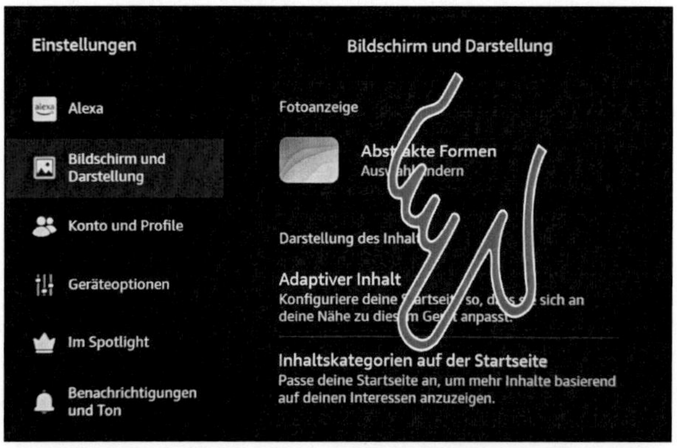

❶❷ Echo Show 8 und 10: Nacheinander gehen Sie in die Menüs *Startseite* und dann *Bildschirm und Darstellung*. Beim Echo Show 5 rufen Sie dagegen in den Einstellungen *Startseite und Uhr* und dann *Startseiten-Inhalte* auf.

Aktivieren Sie – je nach Ihren Vorlieben – folgende Optionen:

- *Beliebte Rezepte*: Damit Sie passendere Vorschläge erhalten, sollten Sie in der Alexa-App Ihre Ernährungsvorlieben eingeben. Rufen Sie dazu die Alexa-App auf und aktivieren Sie das ☰ *(Mehr)*-Register, dann gehen Sie in *Einstellungen/Essen und Rezepte*.
- *Benachrichtigungen*: Hinweise von Skills oder Alexa-Diensten.
- *Drop In*: Kontakte, die Drop In (siehe Kapitel *9 Drop In*) genutzt haben.
- *Finanzen*: Börsenkurse und Finanznachrichten.
- *Foto-Highlights:* Fotos, die Sie auf Amazon Photos hochgeladen haben. In diesem Buch gehen wir nicht darauf ein.
- *Jetzt streamen*: Videostreams verschiedener Anbieter.
- *Kaufempfehlungen*: Diese basieren auf Ihren bisherigen Käufen auf der Amazon-Website.
- *Kommunikation*: Listet Ankündigungen und Drop Ins (siehe Kapitel *9 Drop In*) auf.
- *Kürzlich abgespieltes Audio*: Nicht von Amazon dokumentiert.
- *Meine Lieferungen*: Listet die auf der Amazon-Website gekauften Artikel auf, die sich gerade in der Zustellung befinden.
- *Meine Sport-Videos*: Sporthighlights und Kommentare.
- *Meine häufigen Bestellungen*: Listet Ihre letzten Bestellungen von Amazon auf.
- *Musik für dich*: Ausgehend von bisher abgespielter Musik erhalten Sie passende Vorschläge.
- *Skills: Kürzlich verwendet*: Kürzlich aktivierte/verwendete Skills (siehe Kapitel *5.2 Skills*).
- *Spaß mit Alexa*: Witze und andere unterhaltsame Inhalte.
- *Sportergebnisse*: Spielergebnisse Ihrer Lieblingssportteams.
- *Sportpläne:* Sie können in den Einstellungen der Alexa-App im ☰ *(Mehr)*-Reigster unter *Einstellungen/Sport* Ihre Lieblingsteams festlegen. Der Echo Show weist dann auf Spieltermine hin.
- *Trending Stories*: Hier informiert Amazon über aktuelle Themen oder interessante Persönlichkeiten, Geschichtsereignisse usw. »*Alexa, erzähl mir mehr*« zeigt die Infos dazu an.
- *Tägliche Einblicke*: Täglich aktualisierte Fakten, Zitate und Tipps.
- *Vorschläge von Alexa*
- *Wettervorhersage*: Für die Wetterhinweise und Wetterwarnungen wertet Amazon Ihren Standort aus, den Sie bei der Ersteinrichtung eingegeben haben.
- *Wetterwarnungen*
- Wenn Sie hier *Kontinuierlich durchlaufen* deaktivieren, zeigt der Echo Show nur die Startseite mit Uhrzeit und Wetter, sowie einer Hintergrundgrafik (siehe Kapitel *10.2.3 Eigene Hintergrundbilder*) an. Die »Trending Stories« und weitere Infos erreichen Sie dann mit einer Wischgeste, aber darauf kommen wir unten noch.

Aktive Optionen haben einen hellblau gefärbten ⬤-Schalter.

Haben Sie *Kontinuierlich durchlaufen* deaktiviert? Dann blättern Sie mit einer Wischgeste nach rechts/links zwischen den Informationsbildschirmen auf der Startseite.

10.2.2 Hintergrund

Ihr Echo Show-Gerät verwendet entweder eine bunte Hintergrundgrafik oder von Ihnen eingestellte Fotos. Sie können aber auch auf einen dezenteren Hintergrund umschalten.

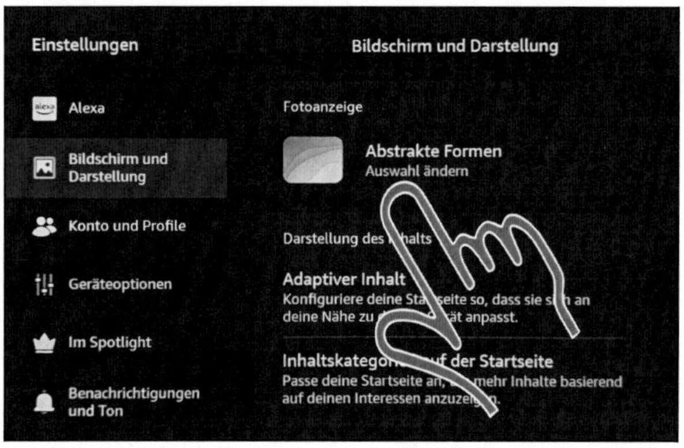

❶ Rufen Sie, wie im Kapitel *10.1 Einstellungen* beschrieben, den *Einstellungen*-Bildschirm auf Ihrem Echo Show auf, dann gehen Sie in *Bildschirm und Darstellung. Wählen Sie unter Abstrakte Formen* die Option *Auswahl ändern* (beim Echo Show 5: *Startseite und Uhr/Uhr und Fotoanzeige*).

❷ Zur Auswahl stehen beim Echo Show 8 und 10:

- *Meine Fotos*: Amazon bietet seinen Kunden einen Online-Speicher für Fotos an, aus dem Sie Fotos für das Hintergrundbild verwenden können. Darauf gehen wir im nächsten Kapitel ein.
- *Von Amazon kuratierte Bilder*: Diverse Hintergrundbildsammlungen zu diversen Themen.

Beim Echo Show 5 stehen in dem Menü etwas andere Optionen zur Verfügung:

- *Persönliche Fotos*: Amazon bietet seinen Kunden einen Online-Speicher für Fotos an, aus dem Sie Fotos für das Hintergrundbild verwenden können. In diesem Buch gehen wir nicht weiter darauf ein.
- *Kunst, Natur und Reisen; Modern, Verspielt, Fotografie; Klassisch*: Diverse von Amazon vorgegebene Hintergrundbilder.

10.2.3 Eigene Hintergrundbilder

Der Bildschirm des Echo Show wechselt regelmäßig zwischen verschiedenen, von Amazon zur Verfügung gestellten Hintergrundbildern. Sie dürfen auch eigene Fotos hinterlegen, die dann nacheinander angezeigt werden. Für Letzteres müssen Sie den Amazon Photos-Dienst nutzen.

10.2.3.a Hintergrundbilder anlegen

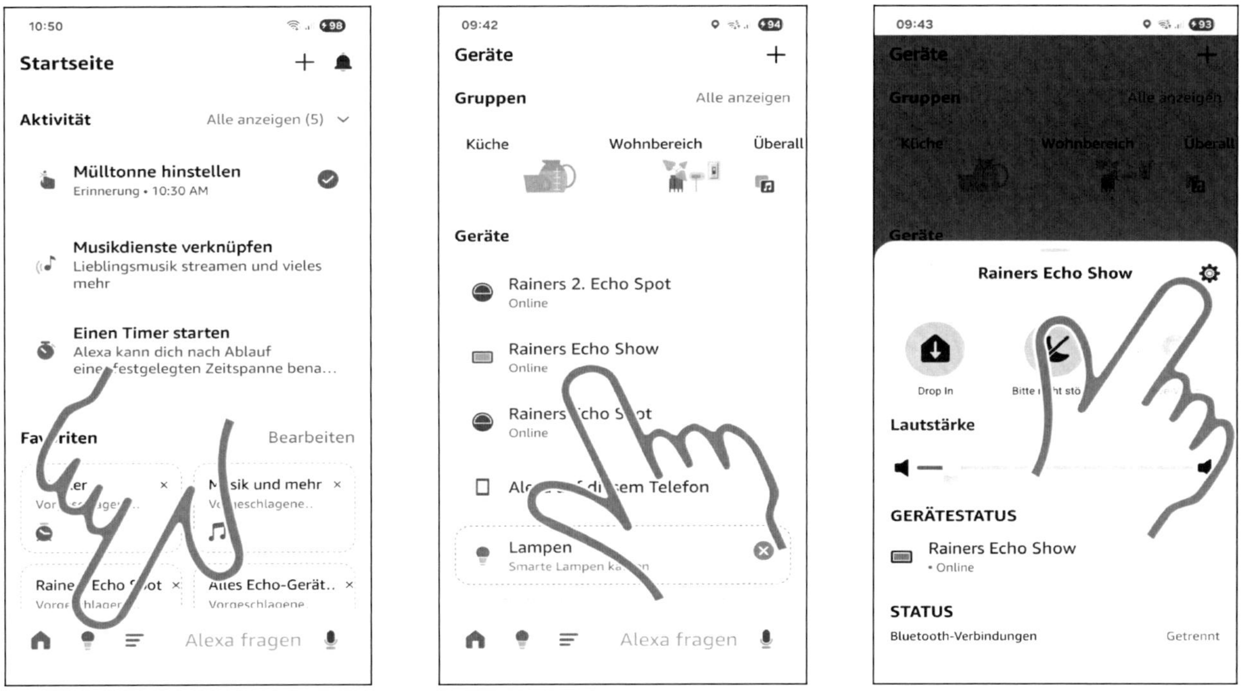

❶ In der Alexa-App aktivieren Sie das (*Geräte*)-Register.

❷❸ Wählen Sie das Echo Show-Gerät aus und gehen Sie auf .

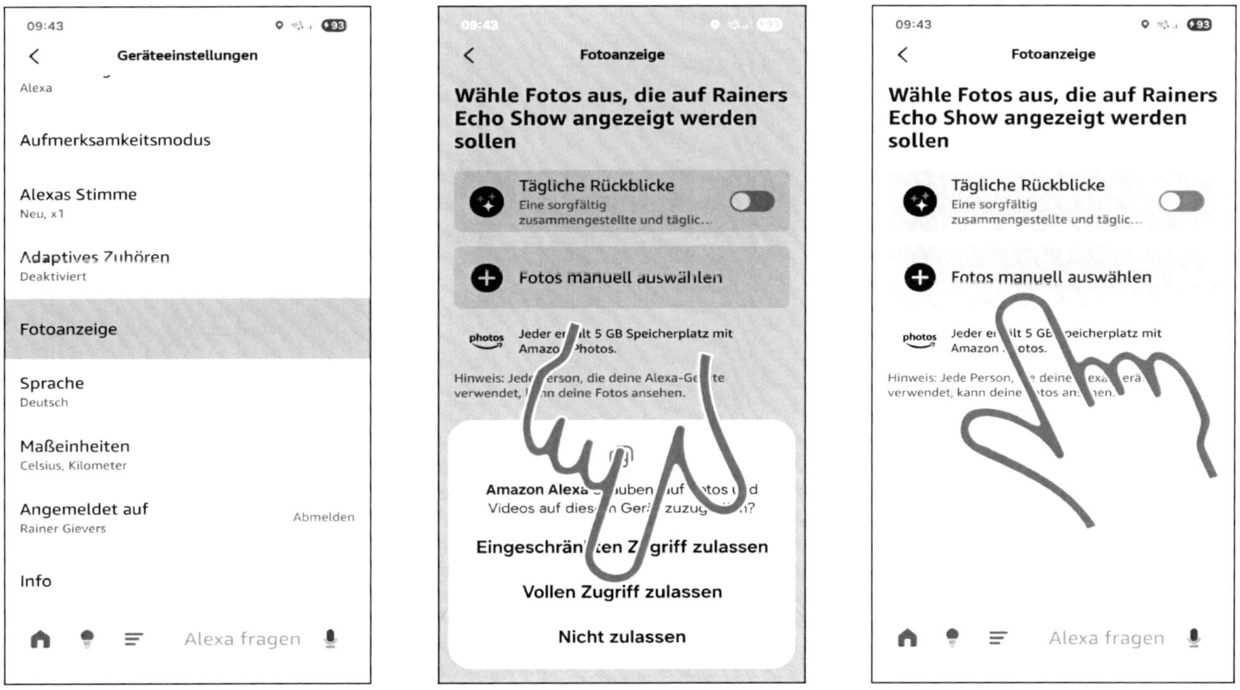

❶ Wählen Sie *Fotoanzeige*.

❷ Das einmalig angezeigte Popup schließen Sie mit *Vollen Zugriff zulassen.*

❸ Wählen Sie *Fotos manuell auswählen.*

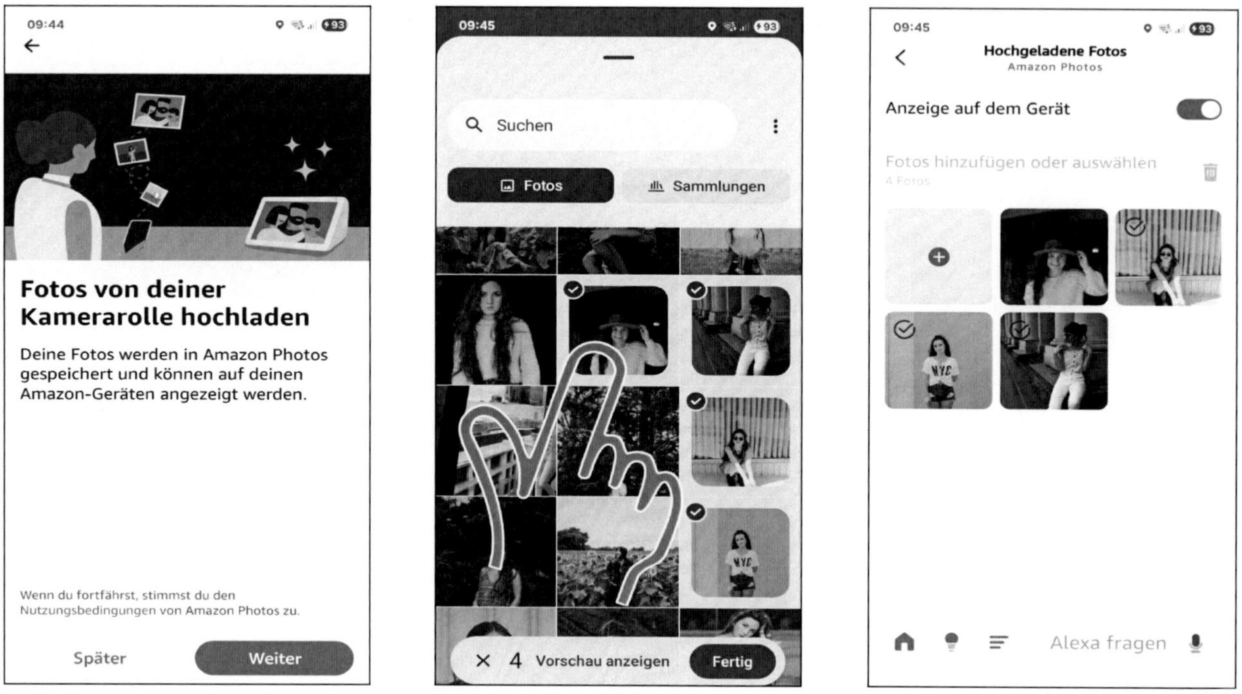

❶ Betätigen Sie *Weiter.*

❷ Markieren Sie die auf dem Echo Show anzuzeigenden Bilder und betätigen Sie *Fertig*.

❸ Achten Sie darauf, dass der Schalter bei *Anzeige auf dem Gerät* aktiv ist. Sie können nun den Bildschirm verlassen.

10.2.3.b Hintergrundbilder entfernen

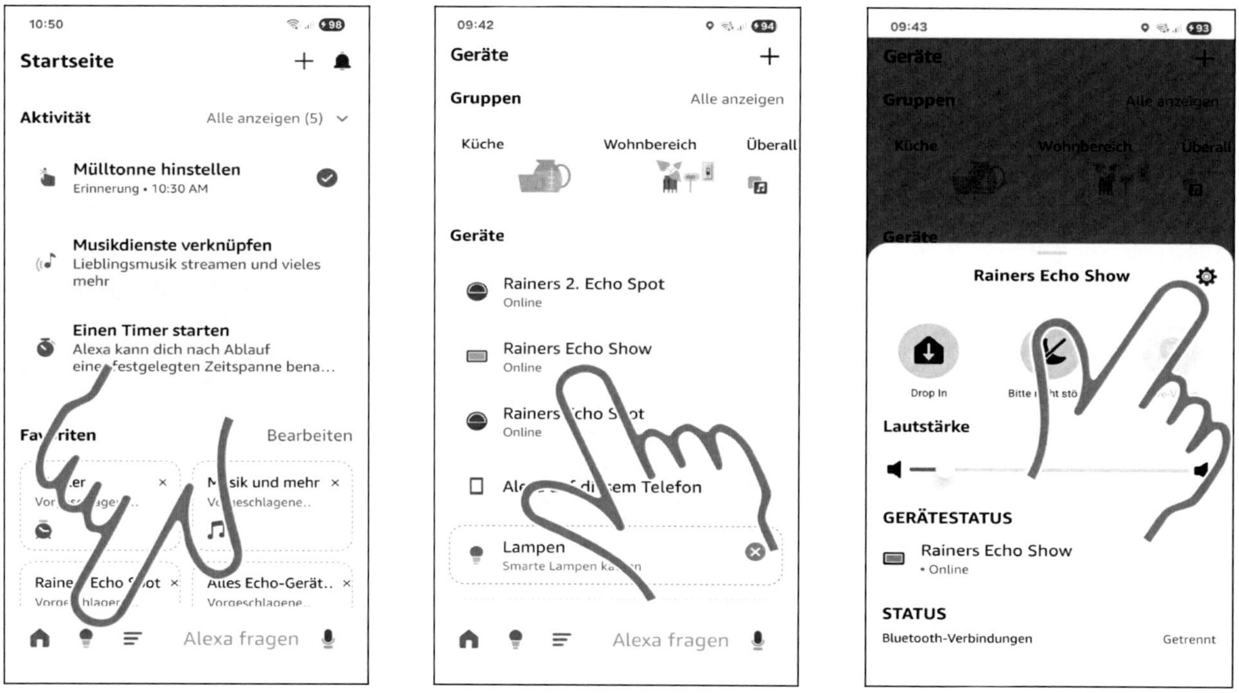

❶ In der Alexa-App aktivieren Sie das 💡 (*Geräte*)-Register.

❷❸ Wählen Sie das Echo Show-Gerät aus und gehen Sie auf ⚙.

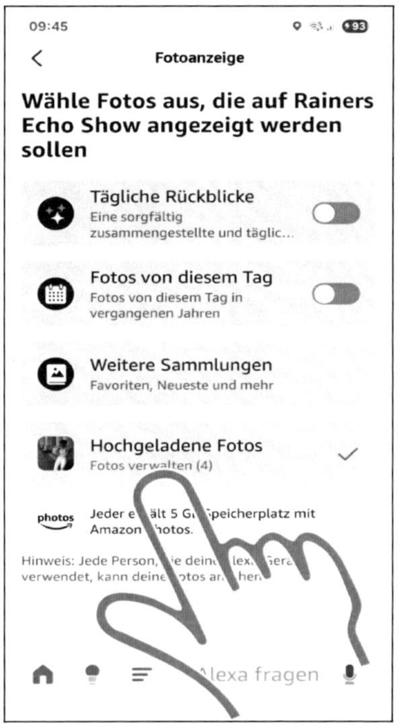

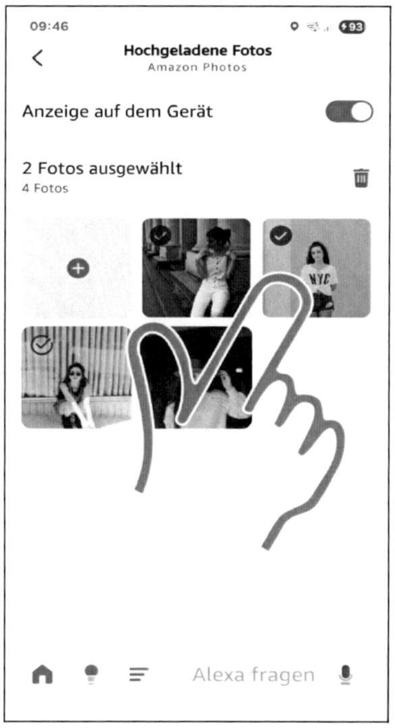

❶ Wählen Sie *Fotoanzeige*.

❷ Wählen Sie *Fotos verwalten.*

❸ Die zu löschenden Fotos markieren Sie mit kurzem Antippen, dann betätigen Sie 🗑.

10.2.3.c Fotoanzeige auf dem Echo Show aktivieren

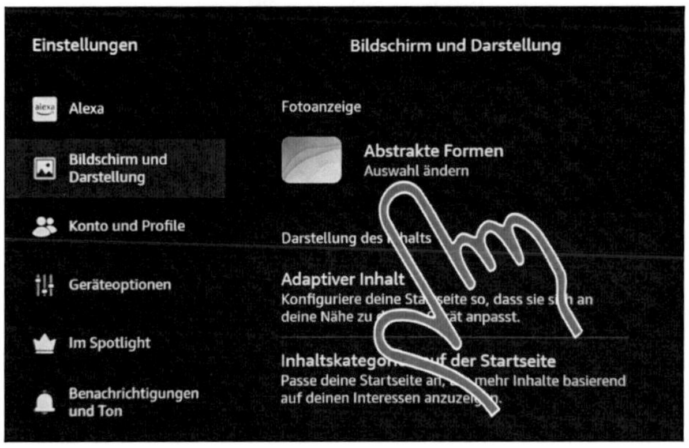

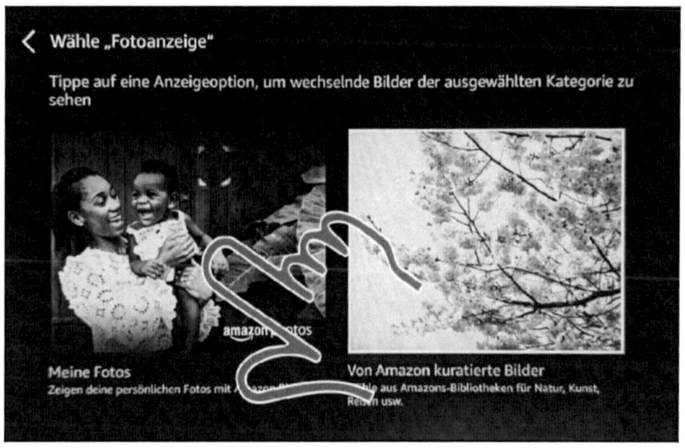

❶ Rufen Sie, wie im Kapitel *10.1 Einstellungen* beschrieben, den *Einstellungen*-Bildschirm auf Ihrem Echo Show auf, dann gehen Sie in *Bildschirm und Darstellung. Wählen Sie unter Abstrakte Formen* die Option *Auswahl ändern* (beim Echo Show 5: *Startseite und Uhr/Uhr und Fotoanzeige*).

❷ Wählen Sie *Meine Fotos* (beim Echo Show 5: *Amazon Photos*).

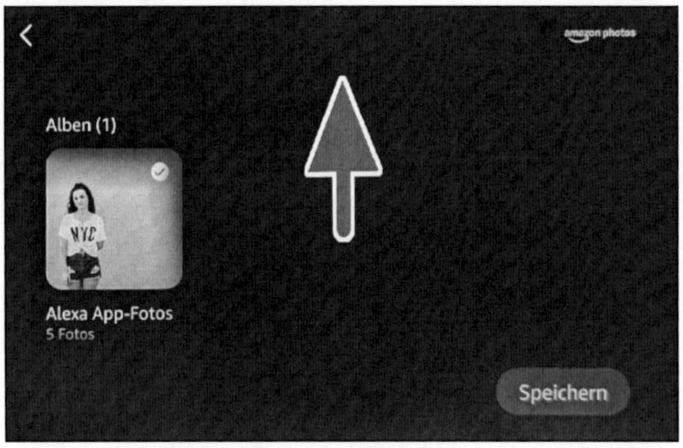

➊ Wischen Sie auf dem Bildschirm nach oben und aktivieren Sie *Alexa App-Fotos.* Schließen Sie den Bildschirm mit *Speichern.*

➋ Die Fotoanzeige erfolgt.

10.3 Webbrowser

Der auf Echo Show-Geräten vorinstallierte Webbrowser verzichtet auf vieles, was Sie vom PC- oder Handy-Webbrowser kennen. Zum Beispiel wird immer nur eine Webseite angezeigt; Fenster oder Tabs werden nicht unterstützt. Auch auf Browser-Erweiterungen müssen Sie verzichten und die Lesezeichenverwaltung ist nur rudimentär.

Für den Aufruf der Webbrowser sprechen Sie »*Alexa, öffne Silk*«. »Silk« ist die offizielle Bezeichnung des Webbrowsers. Es wird automatisch die zuletzt geöffnete Webseite angezeigt.

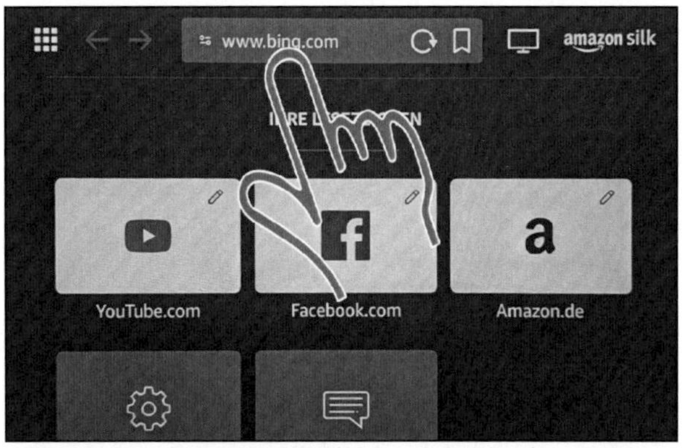

➊ Für die Eingabe einer Webadresse tippen Sie ins Adressfeld. Leider wird im Browser keine Spracheingabe unterstützt.

➋ Geben Sie auf dem gewöhnungsbedürftigen Tastenfeld eine Webadresse ein. Das »http://« können Sie übrigens ebenso weglassen wie »*www.*«. Betätigen Sie dann *LOS* unten rechts auf dem Tastenfeld.

❶ Mit einer Wischgeste auf dem Display »blättern« Sie durch die aufgerufene Webseite.

❷ Die Seitenansicht vergrößern/verkleinern Sie mit einer Kneifgeste: Halten Sie Zeigefinger und Daumen gleichzeitig auf das Display und ziehen Sie sie auseinander/zusammen.

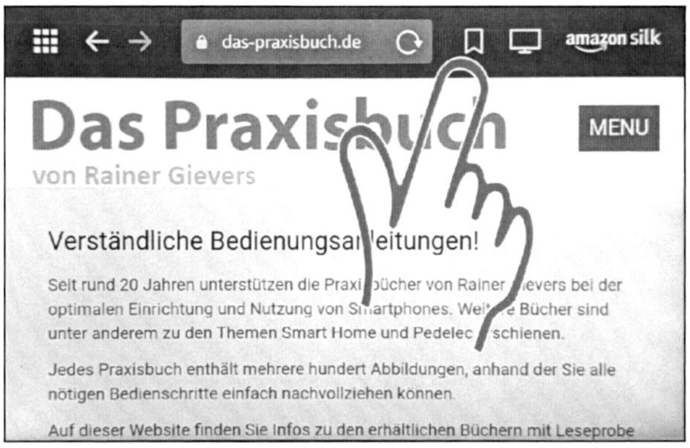

Ein Lesezeichen legen Sie mit der 🔖-Schaltleiste an. Erneutes Antippen entfernt das Lesezeichen wieder,

❶ ▦ zeigt die Lesezeichen an.

❷ Dort finden Sie auch das zuvor angelegte Lesezeichen, das Sie antippen, um die Webadresse anzuzeigen.

11. Amazon Kids

Der Dienst Amazon Kids bietet Kindern von 3 bis 12 Jahren passende Inhalte wie Lernspiele, Hörbücher und Songs. Eltern können die Nutzung über eine Zeitsteuerung einschränken. Weitere Infos erhalten Sie unter der Webadresse *www.amazon.de/amazonkids*.

Neben einer kostenlosen Version, die unter **Amazon Kids Discovery** (discover = engl. entdecken) läuft, ist auch die kostenpflichtige Version **Amazon Kids+** verfügbar. Nutzer mit einer bestehenden Amazon Prime-Mitgliedschaft erhalten einen kostenlosen Probemonat von Amazon Kids+, danach kostet Amazon Kids+ 4,99 Euro pro Monat (ohne Prime-Mitgliedschaft 7,99 Euro).

Um es gleich vorweg zu sagen: Amazon Kids+ kann nicht überzeugen, denn insbesondere die Jüngsten dürften Probleme mit der korrekten Aussprache und Anwendung der nötigen Sprachbefehle haben. Falls Sie bereits eine Toniebox oder Tigerbox einsetzen, hat dieses Angebot für Sie ohnehin keinen Mehrwert, denn viele Amazon-Inhalte sind auch dort vorhanden und wesentlich unkomplizierter zu nutzen.

Die gemeinsamen Features von Amazon Kids Discovery und Amazon Kids+:

- Maximale Kinderprofile: 4
- Kaufmöglichkeiten sind deaktiviert, lassen sich aber wieder einschalten
- Festlegung von Zeitlimits
- Webbrowser (beispielsweise auf einem Echo Show-Gerät) lässt sich deaktivieren, alternativ gefilterte Nutzung des Webbrowsers.

Amazon Kids+ bietet zusätzlich:

- Premium-Inhalte (Apps, Bücher, Videos, Spiele, Hörbücher)
- Radiosender ohne Werbung

Die Einrichtung von Amazon Kids setzt die Anwesenheit eines Kindes voraus, das später diesen Dienst nutzen soll. Das Kind muss ein Stimmtraining durchführen, damit es später von Alexa erkannt wird. An diesem Punkt scheitert Amazon Kids leider häufig, weil die Stimmerkennung sehr empfindlich ist und deshalb häufig wiederholt werden muss.

Im Kauf des Echo Dot Kids (bis auf das Design technisch identisch zum Echo Dot, siehe Kapitel *3.1 Echo Dot*) ist ein einjähriges Abo von Amazon Kids enthalten.

Foto: Amazon

11.1 Einrichtung von Amazon Kids

Wie bereits oben erwähnt, ist Amazon Kids in der Grundfunktion »Discovery« vollkommen kostenlos. Kosten entstehen erst, wenn Sie auf der Webadresse *www.amazon.de/amazonkids* den Amazon Kids+-Tarif buchen.

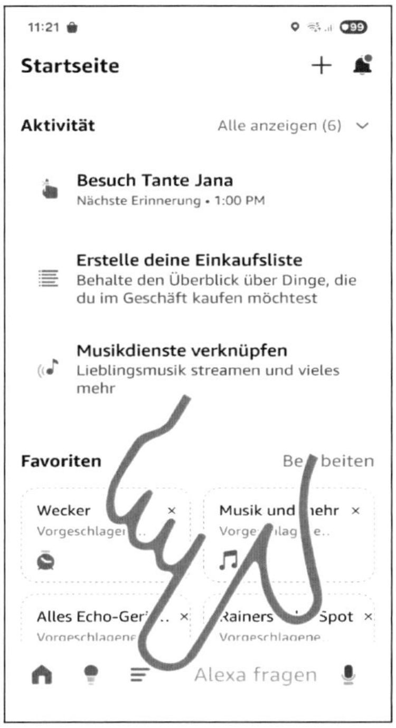

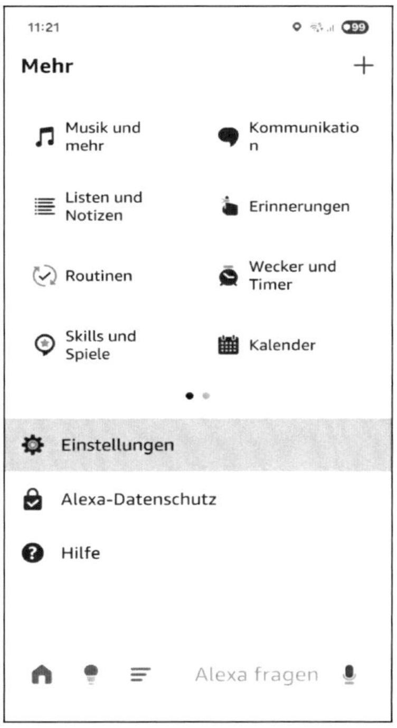

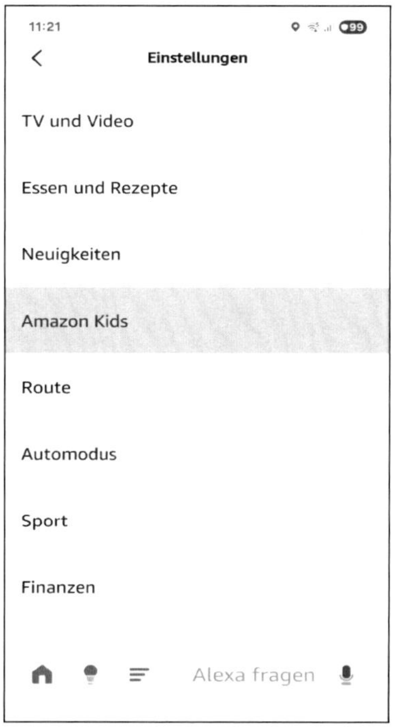

❶❷ Rufen Sie Im (*Mehr*)-Register die *Einstellungen* auf.

❸ Wählen Sie *Amazon Kids*.

❶❷ Betätigen Sie *Erste Schritte* und *Weiter.*

❸ Erfassen Sie den Vornamen und das Geburtsdatum, danach gehen Sie auf *Weiter.*

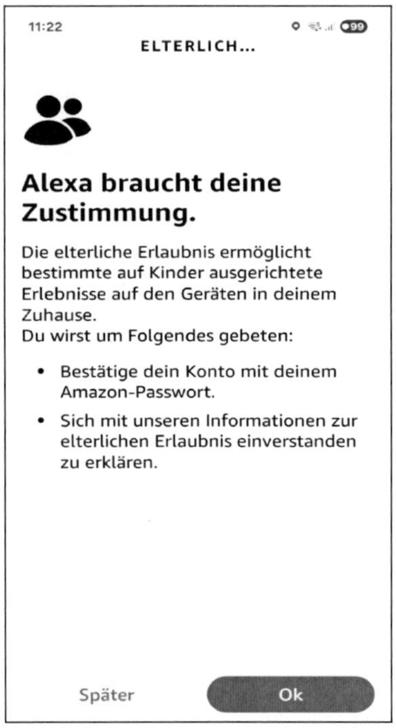

❶❷ Nach Betätigen von *Ok* gehen Sie auf *Fortfahren.* Sie müssen sich mit Ihrem Amazon-Login anmelden.

❸ Betätigen Sie *Aktivieren.*

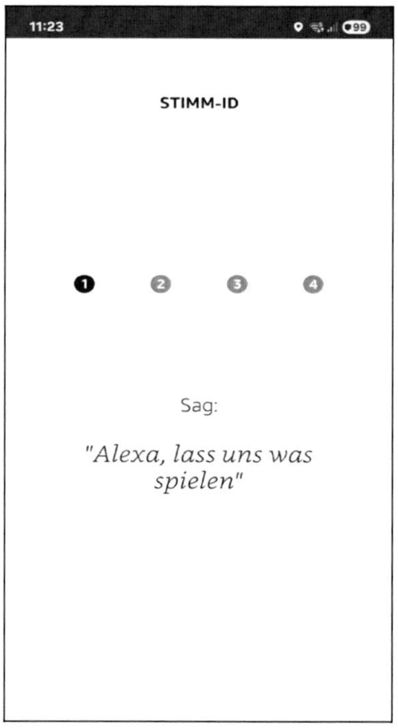

❶ Betätigen Sie *ZUSTIMMEN.*

❷❸ Gehen Sie auf *Erste Schritte*, danach muss das Kind die Texte nachsprechen.

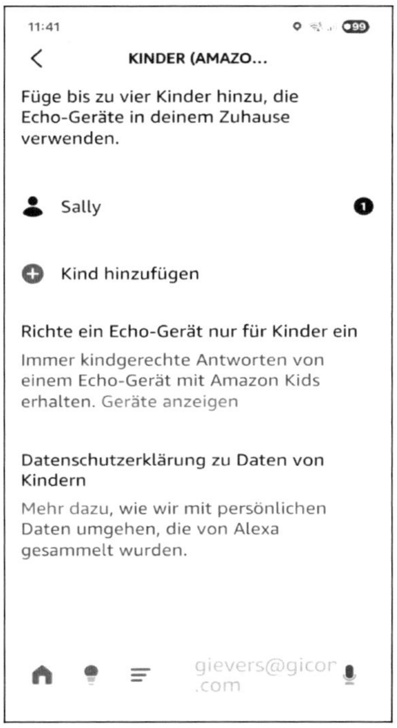

❶ Schließen Sie den Bildschirm mit *Fertig.*

❷ Sie befinden sich wieder im *Amazon Kids*-Menü. Bei Bedarf legen Sie weitere Kinder an – der Amazon Kids-Tarif unterstützt bis zu vier Kinder.

Das Kind kann jetzt bereits Amazon Kids auf allen Echo-Geräten nutzen.

Einmal angelegte Kinder lassen sich derzeit nicht löschen. Um Amazon Kids für ein Kind zu deaktivieren, rufen Sie später das Kinderprofil erneut auf und löschen das Stimmprofil.

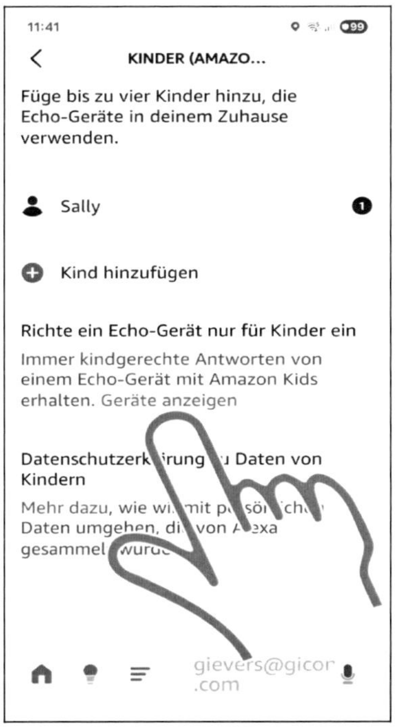

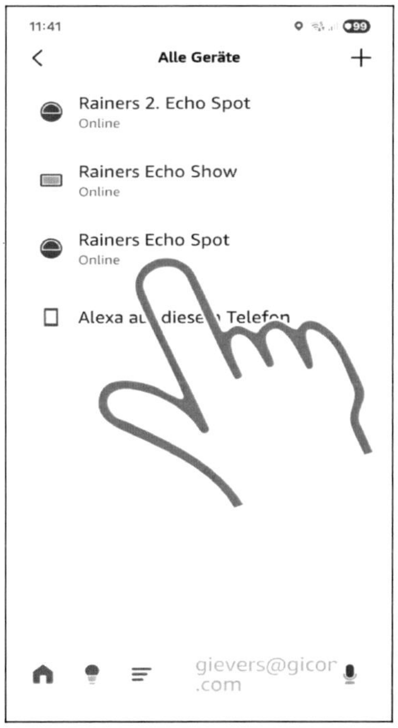

❶❷ Um die Nutzungsdauer, Lautstärke und weitere Einstellungen zu beschränken, müssen Sie das dem Kind zugängliche Echo Gerät explizit Amazon Kids zuweisen. Dazu gehen Sie im *Amazon Kids*-Menü auf *Geräte anzeigen* und wählen das Echo Gerät aus.

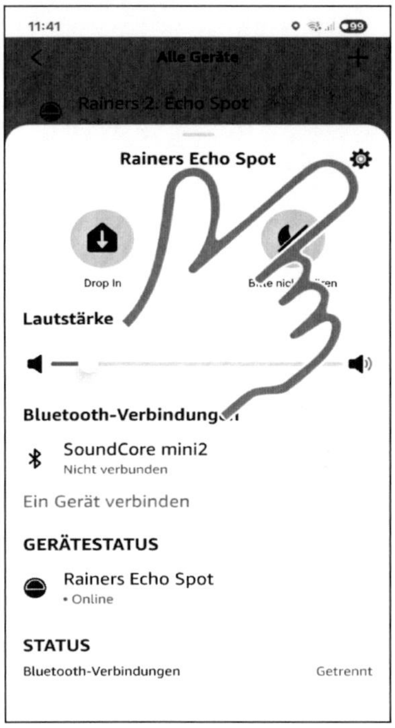

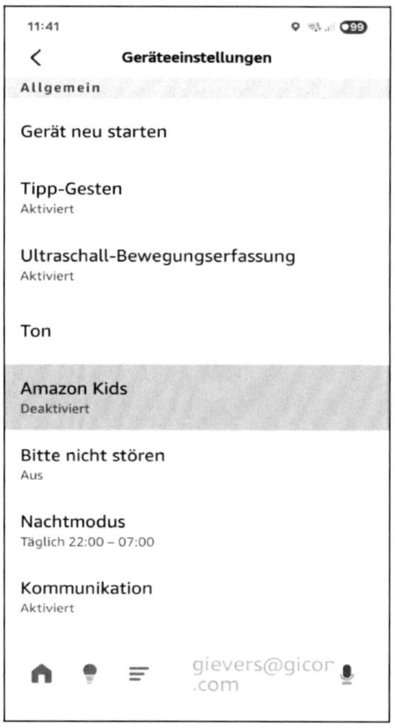

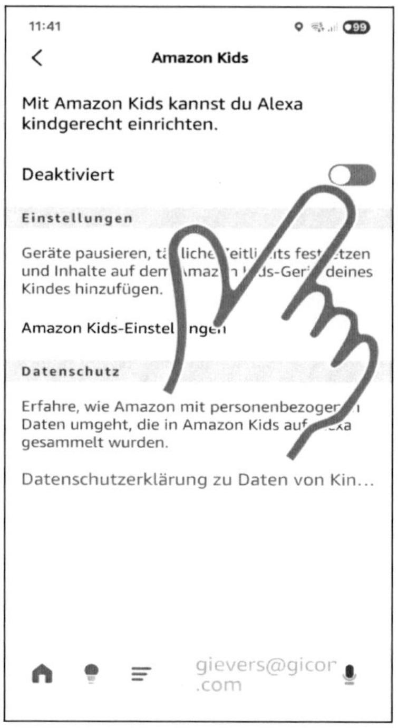

❶ Gehen Sie auf ⚙.

❷ Rufen Sie das *Amazon Kids*-Menü auf.

❸ Aktivieren Sie den Schalter und durchlaufen Sie die Anmeldeprozedur. Anschließend beschränken Sie unter *Amazon Kids-Einstellungen* die Kindernutzung.

Sie können später Amazon Kids auf dem jeweiligen Gerät mit »*Alexa, Amazon Kids ausschalten*« beziehungsweise »*Alexa, Amazon Kids einschalten*« steuern.

12. Weitere Funktionen

In diesem Kapitel stellen wir einige nützliche Einstellungen und Funktionen vor, die auf jedem Echo-Gerät vorhanden sind.

12.1 Wetter

Das Wetter beziehungsweise die Wettervorhersage gehört zum häufigsten Smalltalk-Themen. Alexa kann da natürlich mithalten: Sprechen Sie einfach »*Alexa, wie ist das Wetter in [Stadt]?*«

Wir empfehlen Ihnen die Hinterlegung Ihres Standorts in der Alexa-App, worauf wir unten eingehen. Für die Wettervorhersage reicht dann der Befehl »*Alexa, wie ist das Wetter?*« oder »*Alexa, Wetter?*«

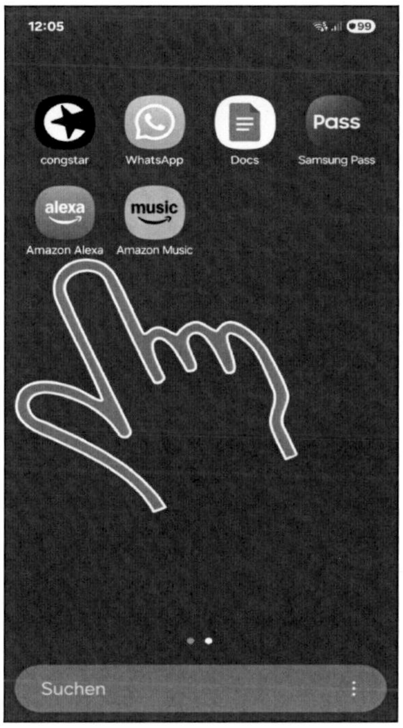

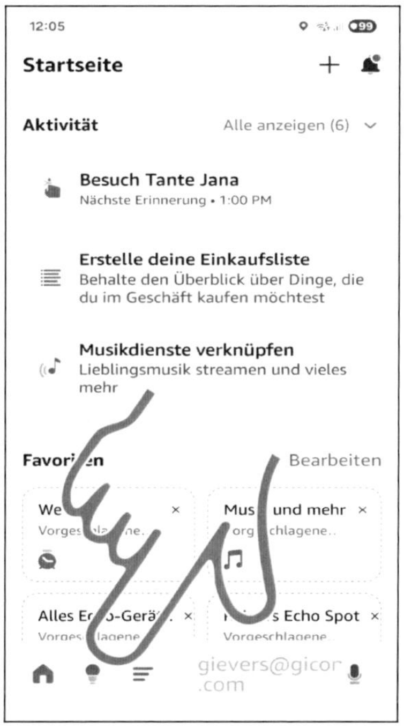

So hinterlegen Sie Ihren Wohnort in der Alexa-App:

❶ Starten Sie die Alexa-App auf Ihrem Handy.

❷ Gehen Sie auf 💡 (*Geräte*).

Normalerweise legen Sie den Wohnort beziehungsweise Standort Ihrer Echo-Geräte bereits bei deren ersten Einrichtung fest. Sie können das einfach überprüfen, indem Sie das jeweilige Gerät nach dem Wetter fragen. Ist kein Ort hinterlegt, so werden Sie darauf hingewiesen.

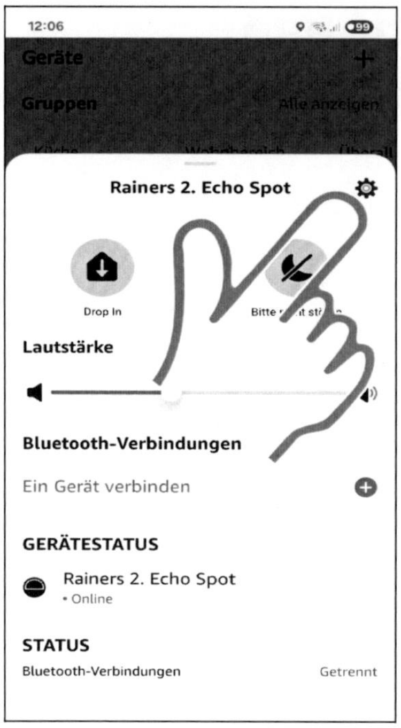

❶ Wählen Sie ein Gerät aus.

❷ Tippen Sie nun auf ⚙.

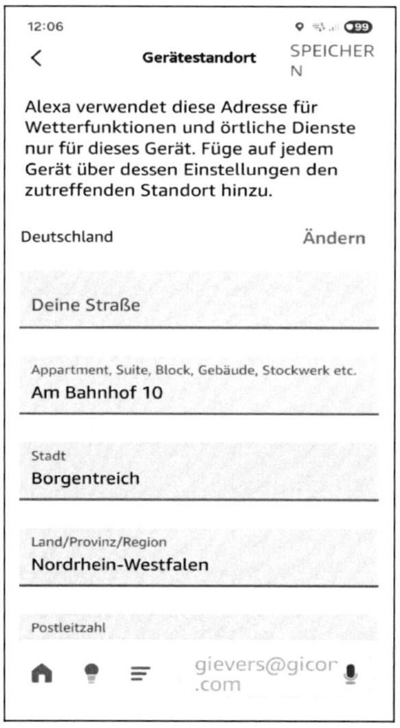

❶ Gehen Sie auf *Gerätestandort.*

❷ Hier stellen Sie als Land *Deutschland* ein und geben Ihre vollständige Adresse ein. Bitte beachten Sie, dass Amazon als US-Unternehmen keine Rücksicht auf deutsche Gepflogenheiten nimmt und deshalb nach amerikanischer Sitte zuerst die Stadt und dann die PLZ verlangt. Betätigen Sie dann *SPEICHERN.*

Sie können nun die standortbezogenen Funktionen verwenden, zum Beispiel:

- *»Alexa, wird es morgen regnen?«*
- *»Alexa, brauche ich heute einen Regenschirm?«*
- *»Alexa, wie wird das Wetter am Wochenende?«*
- *»Alexa, wie wird das Wetter am Mittwoch?«*

- *»Alexa, wie weit ist es bis Berlin?«*

> Wir empfehlen, nicht nur die Stadt, sondern auch die Straße mit anzugeben, weil andere Alexa-Funktionen ebenfalls darauf zurückgreifen.
>
> Nutzen Sie mehrere Echo-Geräte, so müssen Sie bei jedem Gerät den Standort einzeln hinterlegen.

12.2 Nicht stören

So schön die Kommunikationsfunktion Drop In (siehe Kapitel *9 Drop In*) oder die Erinnerungen (siehe Kapitel *8.3 Erinnerungen*) auch sein mögen, zu manchen Uhrzeiten können sie doch ganz schön nerven. Deshalb gibt es den Nicht stören-Modus, über den Sie einen Echo »stumm schalten«. Timer (siehe Kapitel *8.2 Timer*) und Wecker (siehe Kapitel *8.1 Wecker*) werden dadurch aber nicht blockiert.

12.2.1 Nicht stören in der Praxis

Zum Einschalten sprechen Sie »*Alexa, nicht stören einschalten*«, mit »*Alexa, nicht stören ausschalten*« deaktivieren Sie ihn wieder.

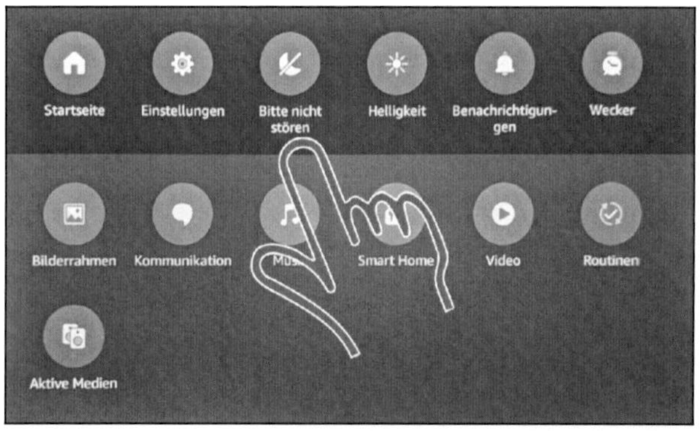

Bei den Echo Show-Geräten können Sie »Nicht stören« statt per Sprachbefehl auch über den Bildschirm ein/ausschalten:

❶❷ Wischen Sie auf Ihrem Echo Show-Gerät von oben außerhalb des Displays nach unten für die Einstellungen und betätigen Sie *Bitte nicht stören*. Erneutes Betätigen deaktiviert Nicht stören wieder.

12.2.2 Geplant

Möchten Sie, dass der Nicht stören-Modus sich regelmäßig zu bestimmten Zeiten einschaltet, dann stellen Sie ihn in der Alexa-App ein.

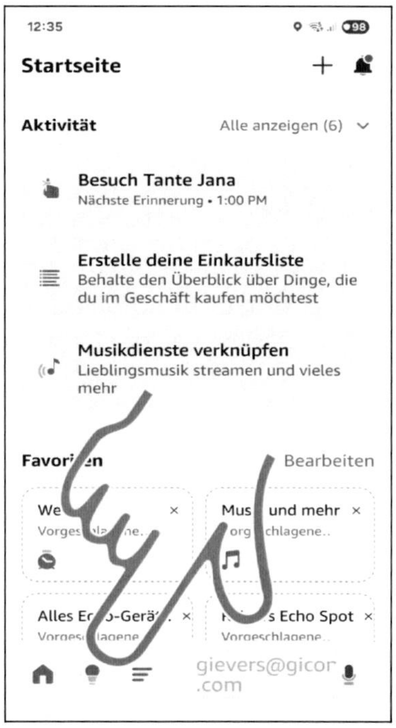

❶ Starten Sie die Alexa-App und gehen Sie ins (*Geräte*)-Register.

❷❸ Tippen Sie auf *Alle Geräte* und wählen Sie ein *Echo*-Gerät aus.

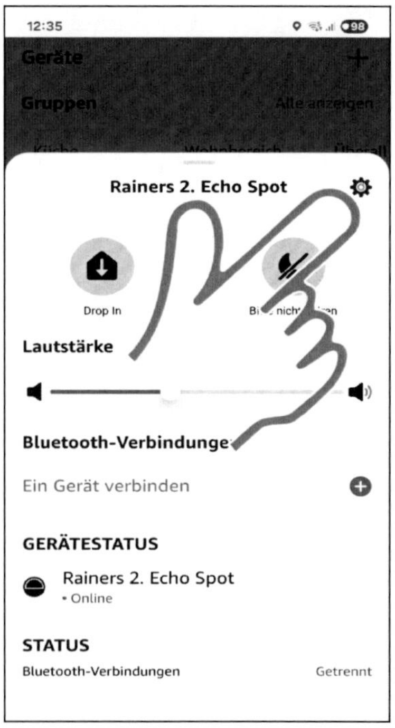

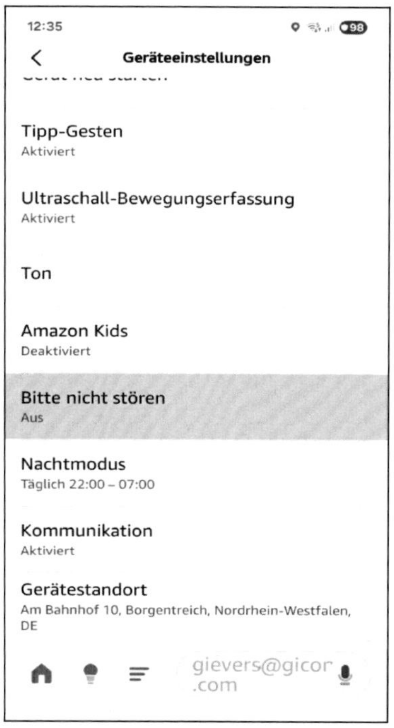

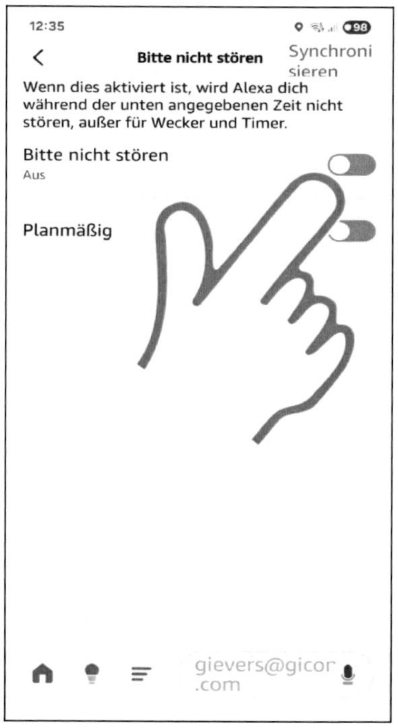

❶ Betätigen Sie jetzt ⚙.

❷ Wählen Sie *Bitte nicht stören* aus.

❸ Über den Schalter aktivieren/deaktivieren Sie den *Bitte nicht stören*-Modus. Aktivieren Sie ihn.

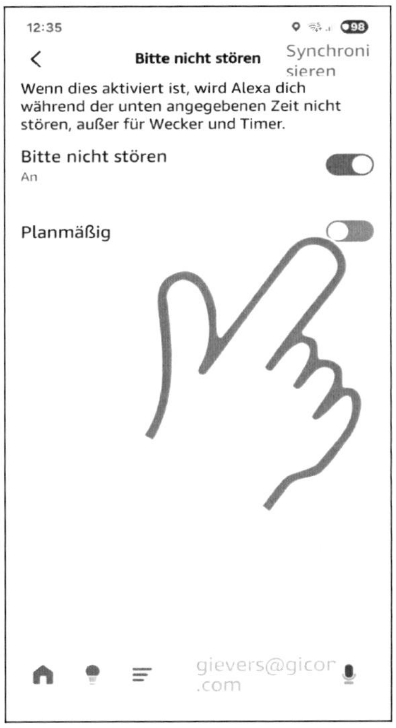

❶ Aktivieren Sie *Planmäßig.*

❷ Nun gehen Sie auf *Starten* oder *Beenden* und stellen jeweils die Uhrzeit ein.

12.3 Aktivierungsbefehl ändern

In manchen Situationen ist es sinnvoll, statt »*Alexa*« einen anderen Weckbefehl zu verwenden, beispielsweise, wenn zwei Echo-Geräte von unterschiedlichen Nutzern im gleichen Raum stehen. Damit nicht immer beide Geräte gleichzeitig reagieren, vergeben Sie einfach jedem Gerät einen anderen Weckbefehl. Auch wenn ein Haushaltsmitglied zufällig »Alexander«, »Alexandra« oder ähnlich heißt, ist die Umbenennung anzuraten.

Tipp: Es sollten alle Echo-Geräte des jeweiligen Nutzers auf das selbe Schlüsselwort gestellt werden, weil man sonst mit dem nötigen Aktivierungswort durcheinander kommt.

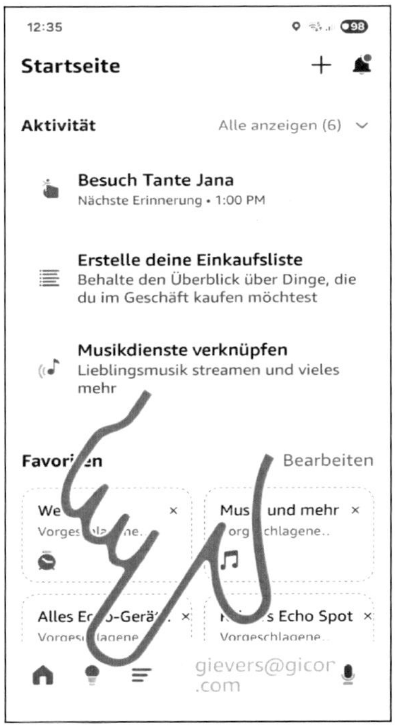

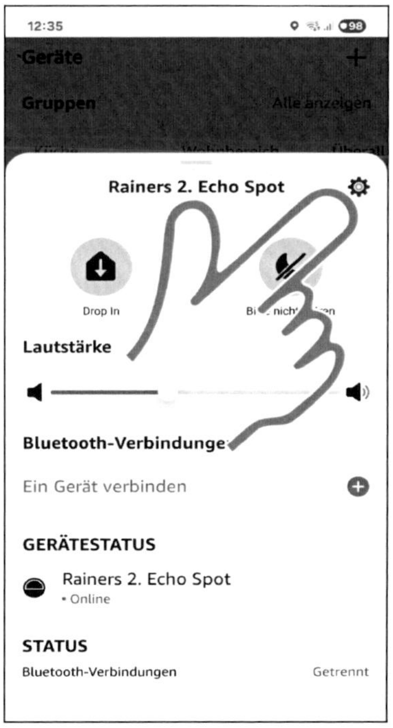

❶ Aktivieren Sie in der Alexa-App das (*Geräte*)-Register.

❷❸ Hier wählen Sie das Echo-Gerät aus und gehen auf .

❶❷ Im *Aktivierungswort*-Menü stellen Sie das gewünschte Schlüsselwort ein.

12.4 Aufmerksamkeitsmodus

Standardmäßig verarbeitet Alexa immer nur einen Befehl. Wenn Sie das stört, aktivieren sie den »Aufmerksamkeitsmodus«. Nach jeder Befehlsausführung wartet dann Alexa noch einige Sekunden auf weitere Eingaben. Sie erkennen dies am LED-Ring, der noch einige Sekunden durch Leuchten auf die Befehlsbereitschaft hinweist. Sprechen Sie nun einfach einen weiteren Befehl, aber ohne vorangestelltes »*Alexa*«.

Beispiel (→ = Anwender, ← = Alexa):

→ »*Alexa, regnet es heute?*«

← »*Für heute wird kein Regen erwartet*«

→ »*Wie wird das Wetter am Freitag?*« (ohne »*Alexa*«!)

← …

Bei einigen Befehlen, beispielsweise wenn Sie Alexa zur Musikwiedergabe auffordern, ist der Aufmerksamkeitsmodus nicht aktiv. Dies macht auch Sinn, denn Alexa spielt ja bereits die Musik ab und würde Sie nicht verstehen.

Damit Alexa schneller den Aufmerksamkeitsmodus verlässt, sprechen Sie »*Stopp*«, »*Abbrechen*«, »*Ruhezustand*« oder »*Danke*«.

Der Aufmerksamkeitsmodus ist nicht ohne Grund standardmäßig deaktiviert, denn durch ihn steigt die Wahrscheinlichkeit, dass private Gespräche mitgeschnitten und an Amazon übertragen werden.

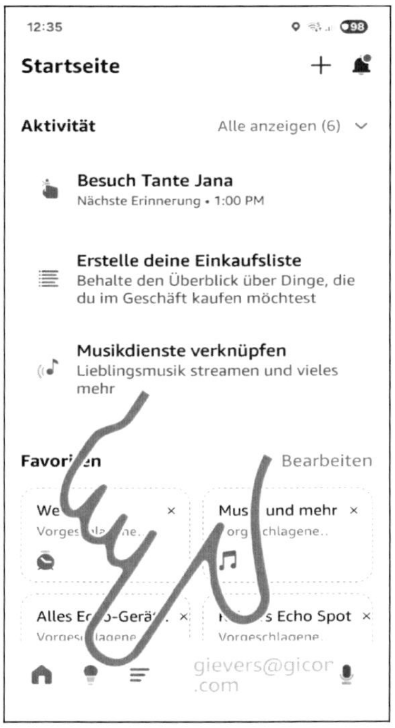

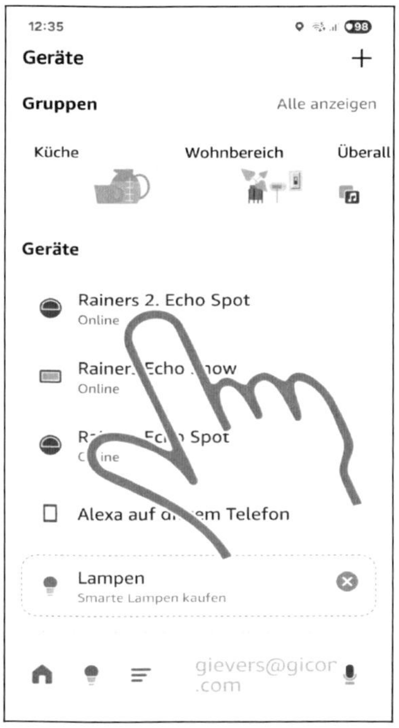

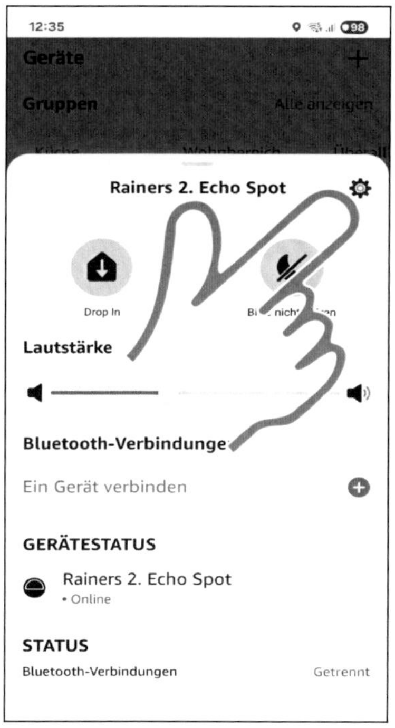

❶ Aktivieren Sie in der Alexa-App das (*Geräte*)-Register.

❷ Hier gehen Sie auf *Alle Geräte* und wählen das Echo-Gerät aus.

❸ Gehen Sie auf auf .

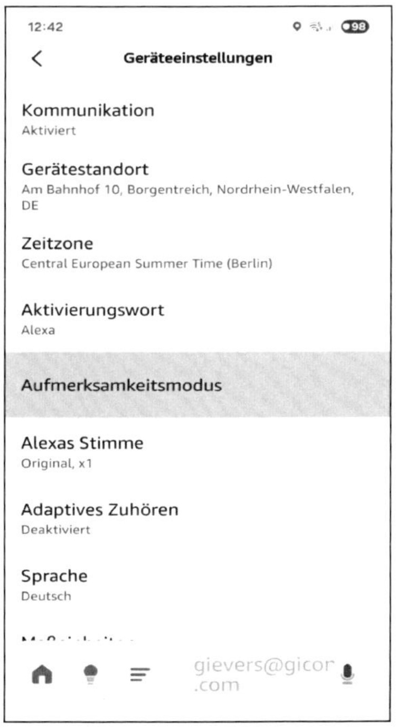

❶❷ Nach Auswahl von *Aufmerksamkeitsmodus* aktivieren Sie die Option.

12.5 Befehlshistorie

In manchen Situationen ist ein Blick auf die von Ihnen durchgeführten Sprachbefehle und Alexa-Aktionen interessant, beispielsweise wenn mal ein Echo-Gerät unerwartet reagiert. Oder vielleicht möchten Sie wissen, welchen Musiksender sie vor zwei Tagen gehört haben.

Der Verlauf ist auch hilfreich, wenn Sie wissen möchten, welche Befehle auf welchem Echo-Gerät ausgeführt wurden.

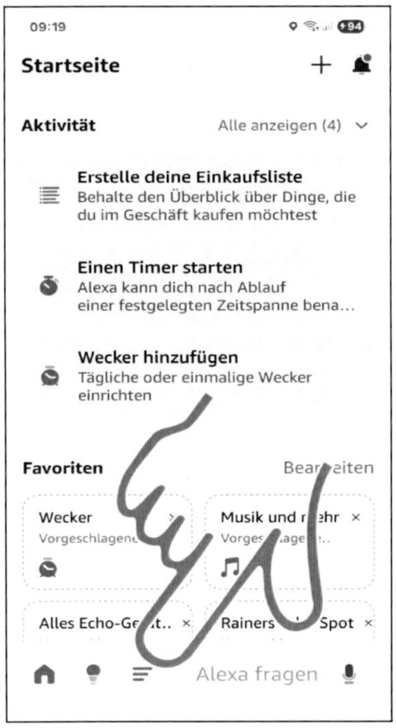

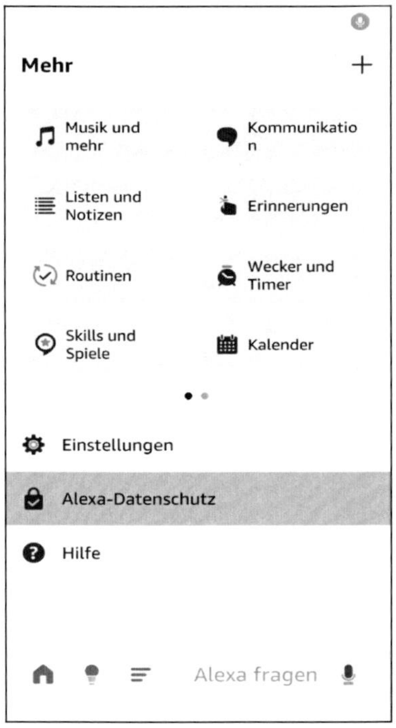

❶❷ Aktivieren Sie das (*Mehr*)-Register und gehen Sie auf *Alexa-Datenschutz.*

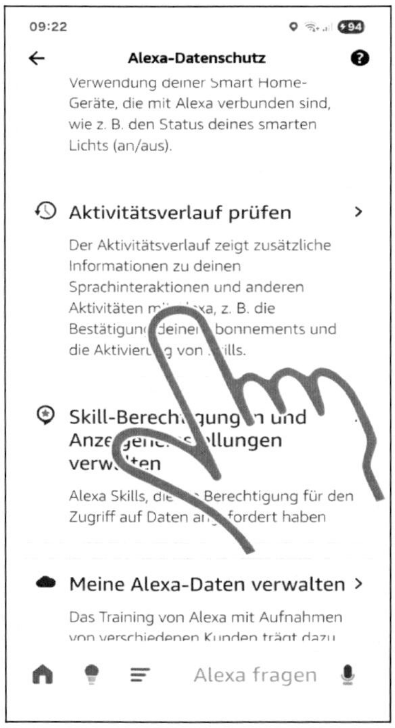

❶ Wischen Sie durch die Auflistung:

- *Sprachaufnahmen-Verlauf überprüfen*: Listet alle von Ihnen gesprochenen Sprachbefehle und deren Kontext auf.
- *Verlauf des Smart-Home-Geräts überprüfen*: Auflistung der Smart Home-Geräte und deren Status. Siehe Kapitel *17 Smart Home*.
- *Aktivitätsverlauf prüfen*: Sie erfahren, welche Befehle erkannt wurden und wie Alexa darauf reagiert hat.
- *Skill-Berechtigungen und Anzeigeeinstellungen verwalten*: Die aktivieren Skills (siehe Kapitel *5.2 Skills*) und deren Berechtigungen.
- *Meine Alexa-Daten verwalten*: Für jeden Datentyp können Sie einstellen, ob und wie lange er gespeichert wird.

❷ In unserem Beispiel gehen wir auf *Aktivitätsverlauf prüfen.*

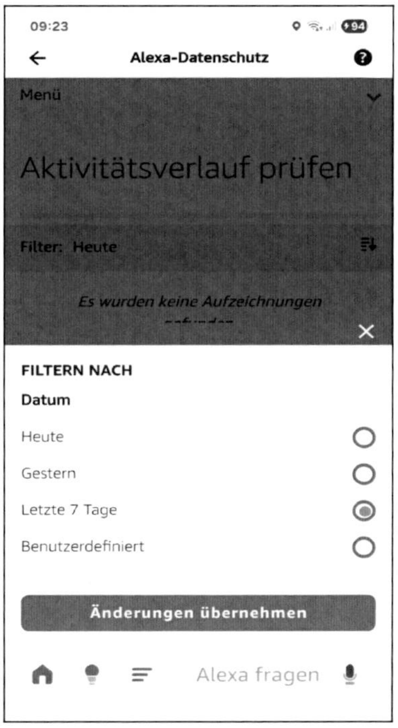

❶❷ Die Auflistung passen Sie mit dem *Filter* an, den Sie antippen. Wählen Sie dann die Zeitspanne aus.

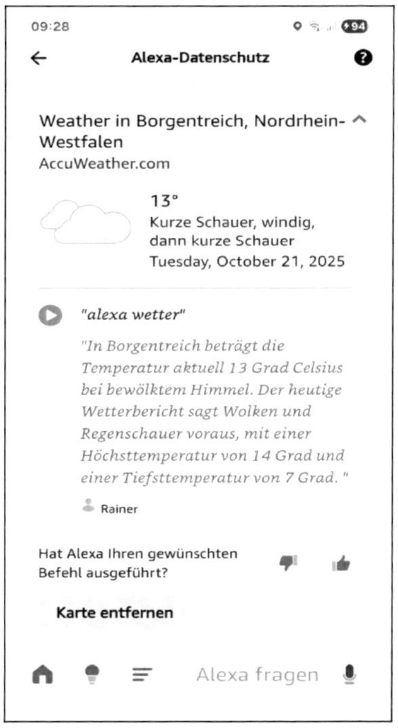

❶❷ Tippen Sie hinter einem Eintrag auf ⌄ (Pfeil) für die Details. ▶ spielt den zugrundeliegenden Sprachbefehl nochmals ab, *Karte entfernen* löscht den Befehl aus der Liste.

12.6 Verkehrsinformation

Als Berufstätige(r) mit langer Autofahrt zum Arbeitsplatz ist für Sie die Verkehrssituation wichtig. Alexa informiert über die nötige Fahrtzeit, sofern Sie die benötigte Adresse in der Alexa-App hinterlegen.

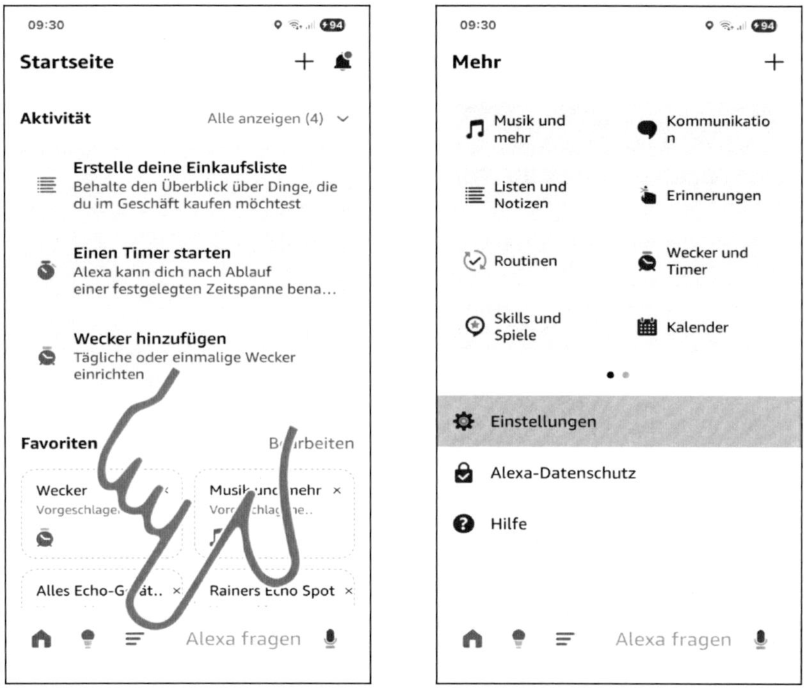

❶❷ Aktivieren Sie in der Alexa-App das ☰ (*Mehr*)-Register und gehen Sie auf *Einstellungen*.

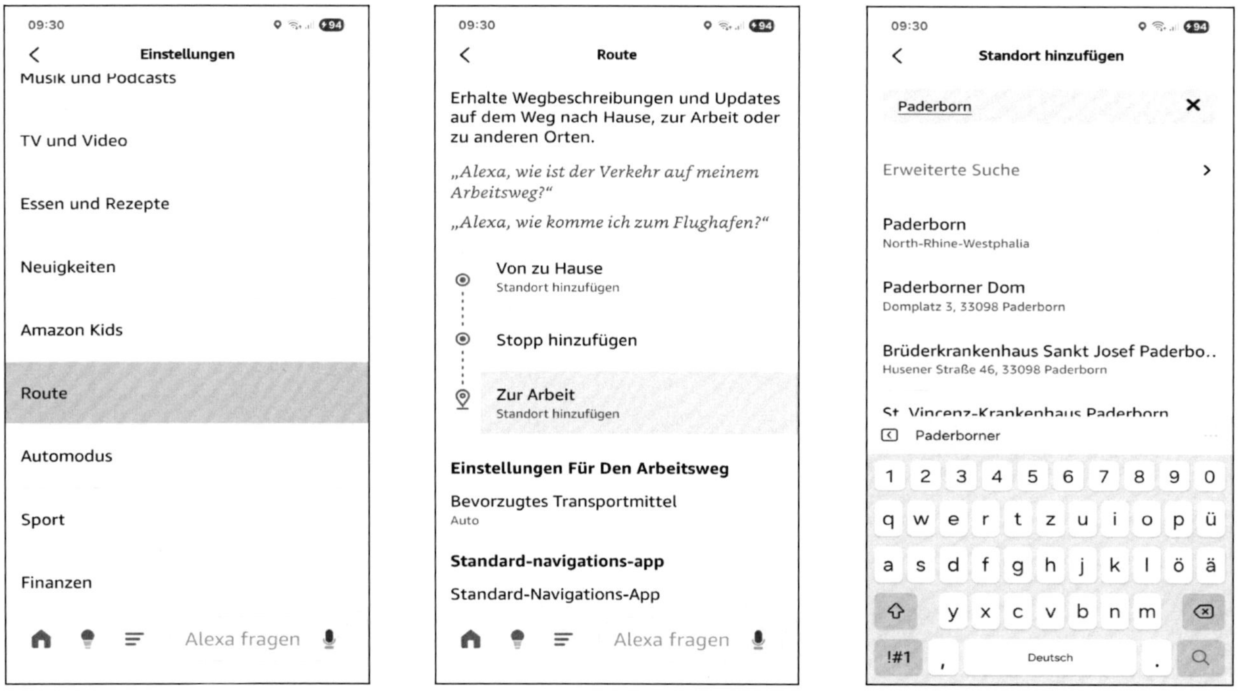

❶ Rufen Sie das *Route*-Menü auf.

❷ Im *Von zu Hause* und *Zur Arbeit*-Eingabefeld erfassen Sie nun die jeweilige Adresse.

❸ Erfassen Sie die Adresse im Format »*Straße Nr, PLZ Stadt*« oder »*Straße Nr, Stadt*«. Bei Letzterem wählen Sie anschließend den Vorschlag unter dem Eingabefeld aus. Schließen Sie dann den Bildschirm mit *Speichern*.

Künftig sagen Sie einfach »*Alexa, wie ist mein Verkehr?*«

12.7 Kurzmodus und Flüstermodus

Alexa quittiert jeden Befehl mit einer ausführlichen Bestätigung. Das ist zwar für Einsteiger hilfreich, erfahrene Nutzer sind aber nach wenigen Tagen davon genervt. Amazon erlaubt deshalb die Umschaltung auf einen Kurzmodus, bei dem Ihre Eingaben meistens nur mit einem kurzen Signalton bestätigt werden.

Zusätzlich gibt es einen Flüstermodus, bei dem Alexa bei geflüsterten Befehlen zurückflüstert.

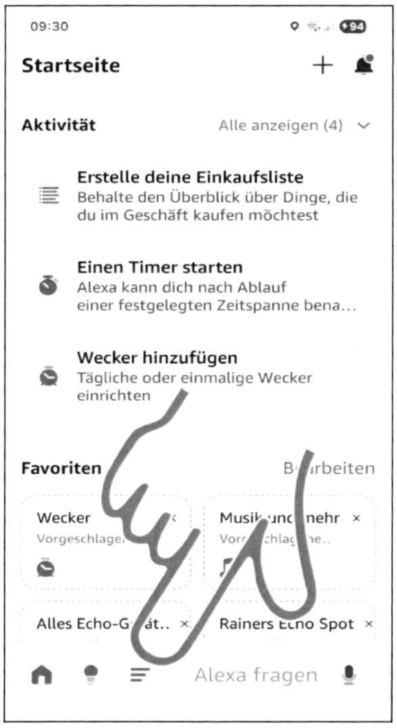

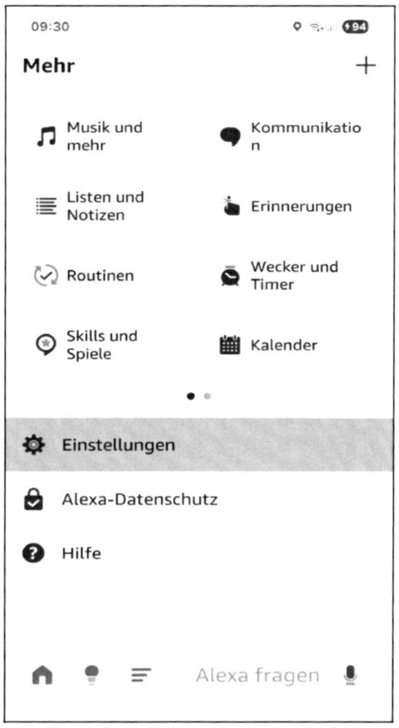

❶❷ Aktivieren Sie in der Alexa-App das ☰ (*Mehr*)-Register und gehen Sie auf *Einstellungen*.

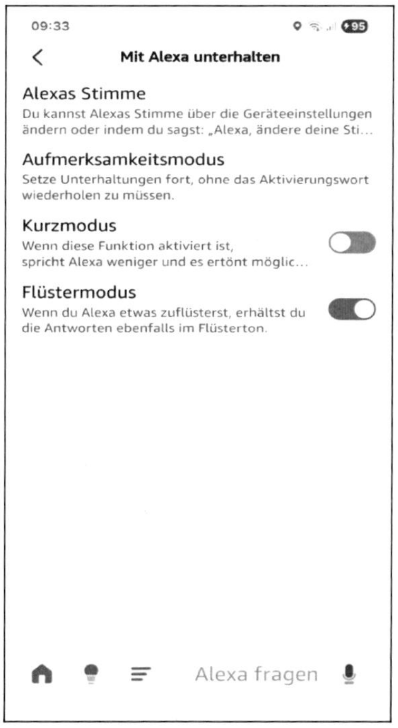

❶❷ Gehen Sie auf *Sprachantworten* und aktivieren Sie *Kurzmodus* und *Flüstermodus.*

Künftig quitiert Alexa manche Sprachbefehle nur mit einem Signalton statt einer gesprochenen Rückmeldung. Den Flüstermodus sollten Sie direkt mal ausprobieren, indem Sie beispielsweise flüstern »*Alexa, wie geht es dir?*«

Statt über das Menü schalten Sie Kurzmodus und Flüstermodus mit einem Sprachbefehl ein/aus. Sagen Sie einfach »*Kurzmodus ein/aus*« beziehungsweise »*Flüstermodus ein/aus*«.

12.8 Sportergebnisse

Die Echo Show-Geräte wechseln regelmäßig die Bildschirmanzeige. Dabei werden auch aktuelle Fußballergebnisse angezeigt. Bei den Echo-Geräten ohne Bildschirm sprechen Sie dagegen »*Alexa, Sportergebnisse*«. Welche Vereine in der Sportergebnisübersicht berücksichtigt werden, können Sie einstellen.

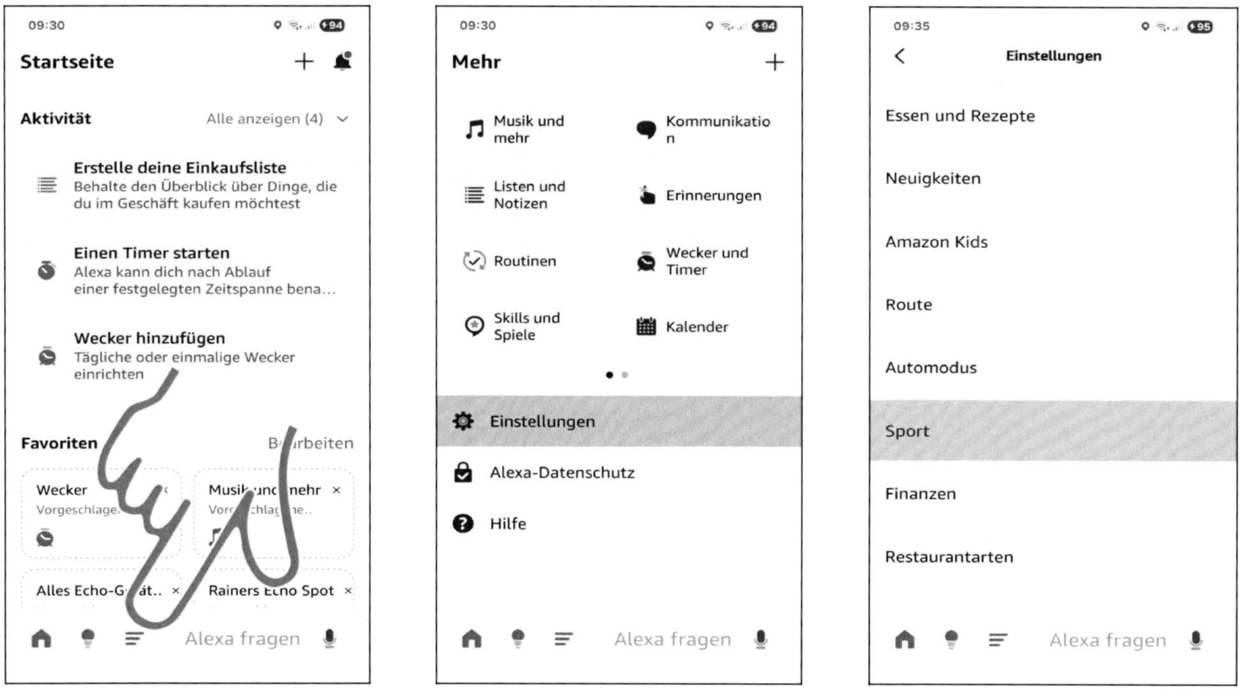

➊➋ Aktivieren Sie in der Alexa-App das ≡ (*Mehr*)-Register und gehen Sie auf *Einstellungen*.

➌ Wählen Sie *Sport*.

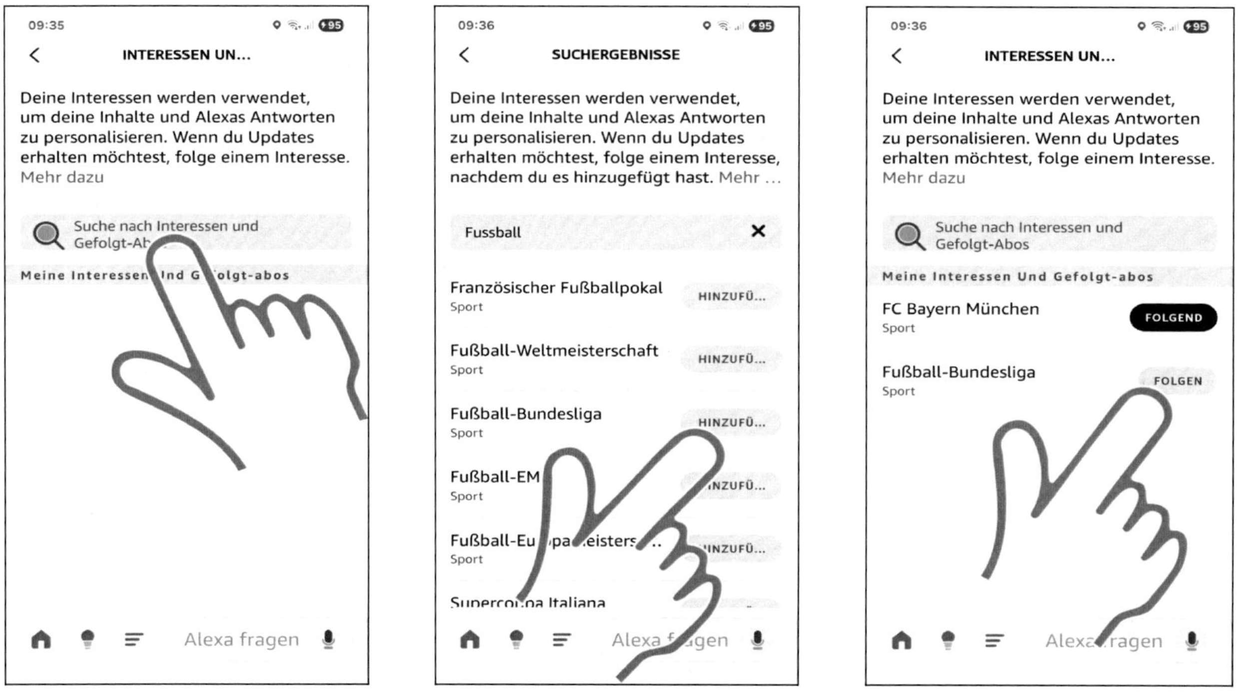

➊ Tippen Sie in das Eingabefeld und geben Sie den Namen eines Fußballverbands, eine Liga oder eines Vereins ein. Betätigen Sie 🔍 auf dem Tastenfeld.

➋ Betätigen Sie bei den für Sie interessanten Einträgen *HINZUFÜGEN*.

➌ Die ausgewählten Vereine/Ligen sind aber erst vorgemerkt und müssen mit *FOLGEN* freigegeben werden. Umgekehrt deaktiviert erneutes Betätigen der *FOLGEND*-Schaltleiste ein Thema wieder.

12.8.1 Ergebnissanzeige auf Echo Show-Geräten

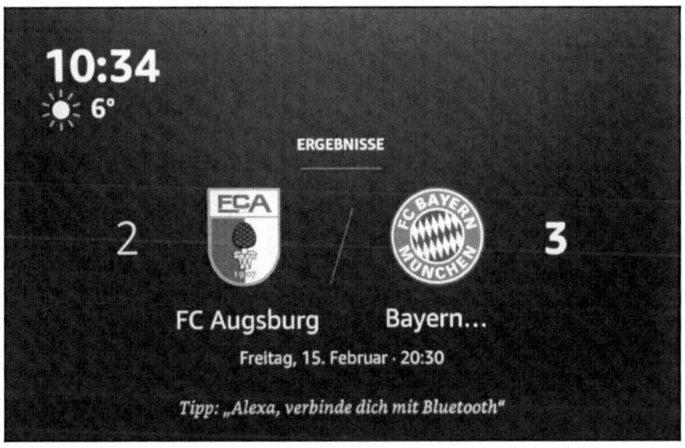

Die Bildschirmgeräte zeigen in der wechselnden Anzeige auch die Sportergebnisse an. Falls Sie das stört, können Sie sie, wie im Kapitel *10.2 Bildschirmanzeige konfigurieren* beschrieben, deaktivieren.

12.9 Nachrichten

Ihr Echo-Gerät spielt Ihnen per Sprachbefehl die aktuellen Nachrichten vor. Dabei können Sie die Nachrichtenquelle einstellen.

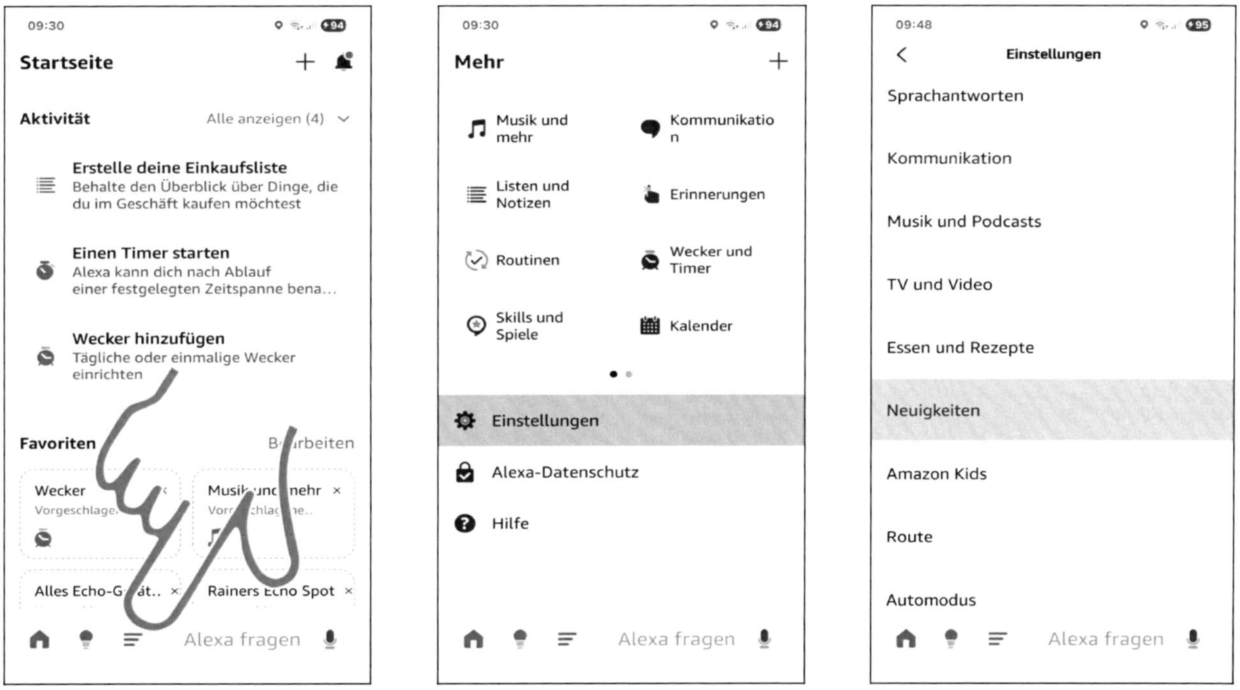

➊➋ Aktivieren Sie in der Alexa-App das ☰ (*Mehr*)-Register und gehen Sie auf *Einstellungen*.

➌ Wählen Sie *Neuigkeiten*.

12.9.1 Nachrichtenquelle

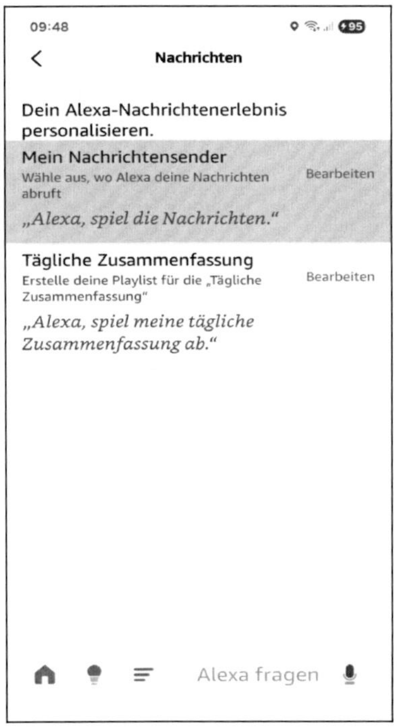

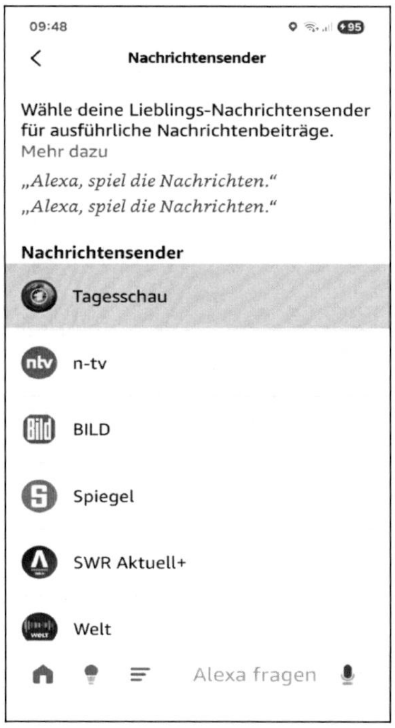

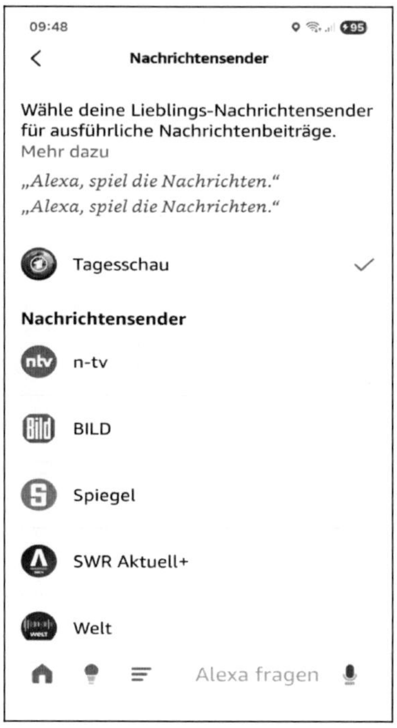

❶ Gehen Sie auf *Mein Nachrichtensender.*

❷ Wählen Sie eines der aufgelisteten Angebote auf.

❸ Sie können den Bildschirm verlassen.

Wenn Sie künftig »*Alexa, spiel die Nachrichten*« sprechen, werden die neuesten Nachrichten des ausgewählten Senders abgespielt.

12.9.2 Tägliche Zusammenfassung

Die »tägliche Zusammenfassung« liefert Ihnen aktuelle Nachrichten aus den von Ihnen gewählten Bereichen. Dabei werden einfach mehrere Nachrichten-Skills (siehe Kapitel *5.2 Skills*) nacheinander abgerufen.

Vor der ersten Nutzung müssen Sie angeben, welche Nachrichten Sie interessieren.

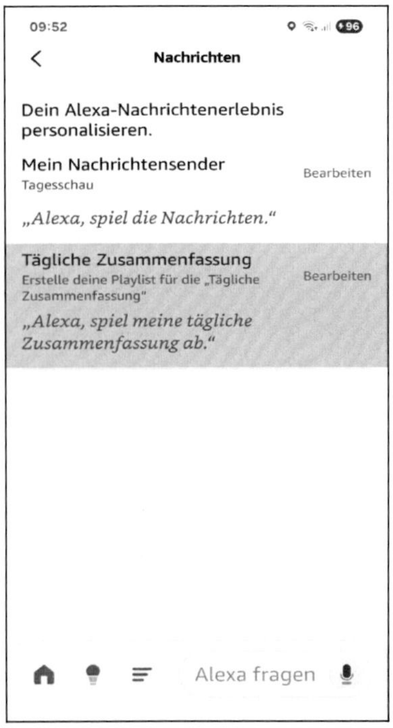

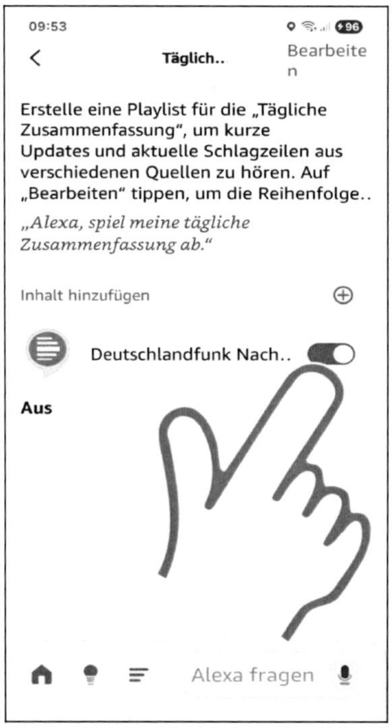

❶ Wählen Sie *Tägliche Zusammenfassung.*

❷ Vorgegeben ist bereits eine Nachrichtenquelle, die Sie bei Bedarf über den Schalter deaktivieren können.

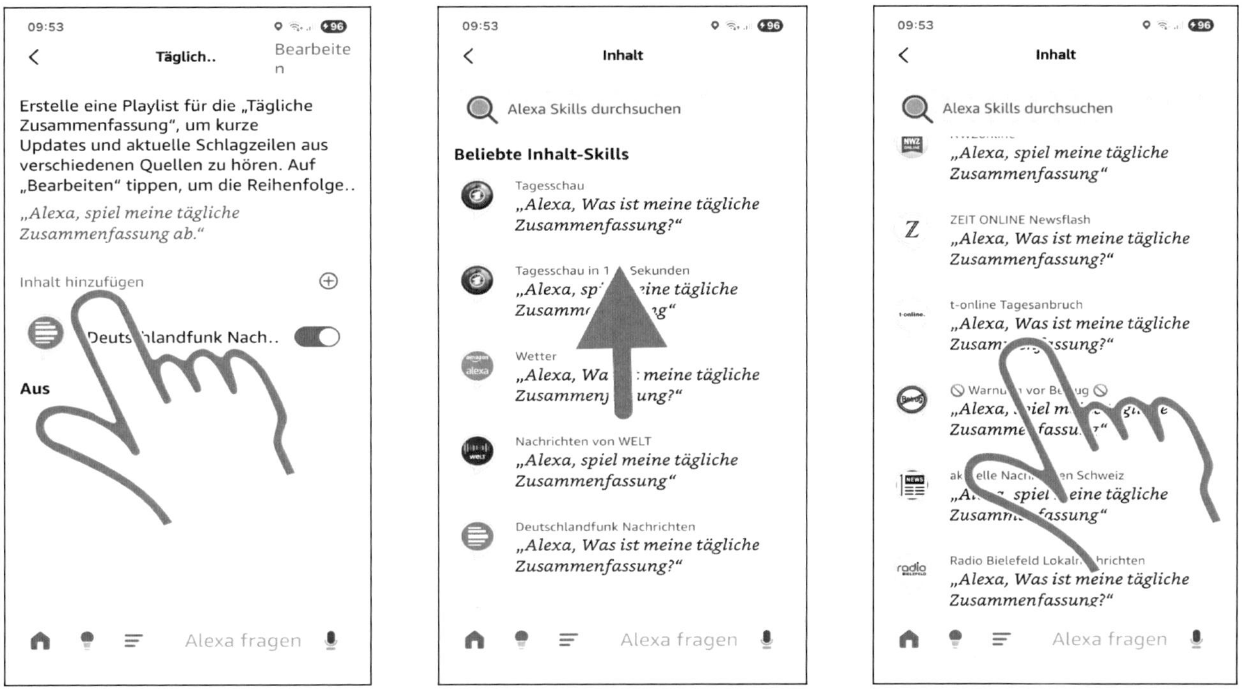

❶ So fügen Sie weitere Nachrichtenquellen hinzu: Betätigen Sie *Inhalt hinzufügen.*

❷ Wischen Sie durch die Skill-Auflistung…

❸ … und tippen Sie das den gewünschten Skill an.

❶ Gehen Sie auf *ZUR VERWENDUNG AKTIVIEREN* (falls Sie später den Skill wieder entfernen möchten, rufen Sie ihn erneut auf und betätigen *SKILL DEAKTIVIEREN*).

❷ Viele Skills lassen sich unter *EINSTELLUNGEN* konfigurieren.

❸ ‹ bringt Sie wieder in die Skill-Liste zurück, worin Sie bei Bedarf weitere auswählen und aktivieren.

Künftig sagen Sie »*Alexa, spiele meine tägliche Zusammenfassung ab*« oder kürzer »*Alexa, Zusammenfassung*«

Bei einigen Skills finden Sie nur eine *STARTEN*- statt der *ZUR VERWENDUNG AKTIVIEREN*-Schaltleiste vor. Sie können diese Skills leider nicht für die Nachrichtenzusammenfassung verwenden.

Auf Bildschirmgeräten erscheinen – abhängig vom Skill-Anbieter – zusätzliche Informationen oder ein Video.

Mit »*Alexa, stopp*« und »*Alexa, Startseite*« beenden Sie die Wiedergabe.

Bei einigen Skills überspringen Sie mit »*Alexa, Nächstes*« uninteressante Schlagzeilen.

12.10 Stimmenprofil

Standardmäßig trainieren Sie Alexa bereits bei der ersten Einrichtung eines Echo-Geräts mit Ihrer Stimme (siehe Kapitel *4.2.3 Einrichtung*). Ihre Stimme wird also bereits optimal erkannt. Befinden sich mehrere Personen in Ihrem Haushalt, dann kann es sich aber lohnen, deren Stimmen ebenfalls zu trainieren, insbesondere, wenn sie mit Dialekt sprechen.

12.10.1 Stimme lernen

Dieses Kapitel sollten Sie durchzuarbeiten, wenn der bisherige Hauptnutzer, der die Ersteinrichtung durchgeführt hat, nicht mehr in Ihrem Haushalt vertreten ist. Vor einigen Jahren war zudem das Stimmtraining nicht verpflichtend, das heißt, bei älteren Alexa-Installationen ist noch keine Stimme hinterlegt.

Auch wenn Alexa Ihre Stimme nicht oder nicht mehr richtig erkennt, kann ein Löschen Ihres Stimmprofils und erneutes Stimmtraining sinnvoll sein.

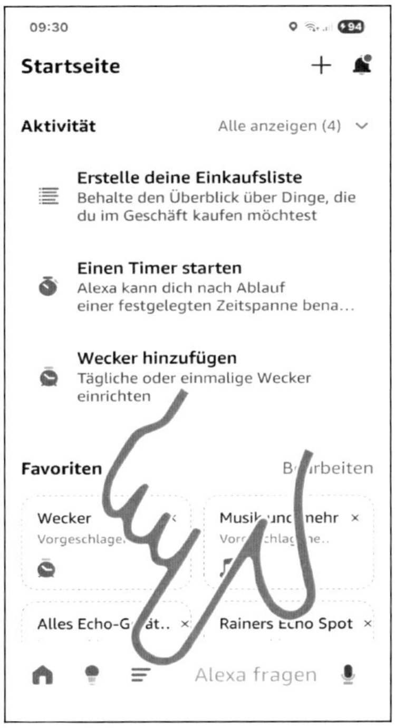

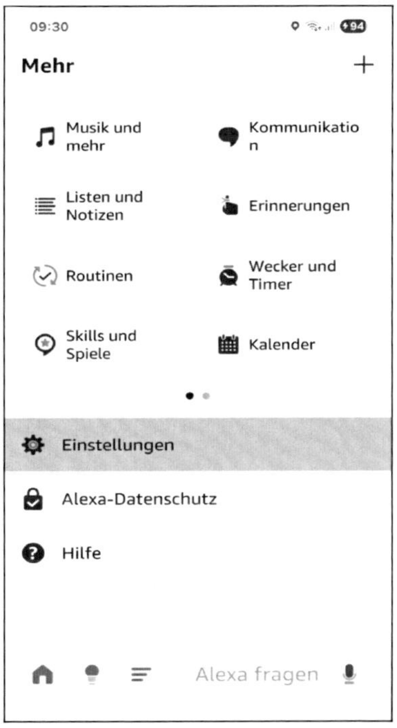

❶❷ Aktivieren Sie in der Alexa-App das ☰ (*Mehr*)-Register und gehen Sie auf *Einstellungen*.

❸ Wählen Sie *Mein Profil und meine Familie.*

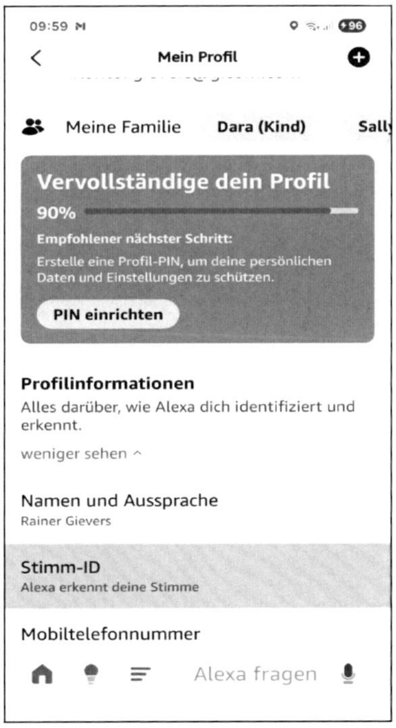

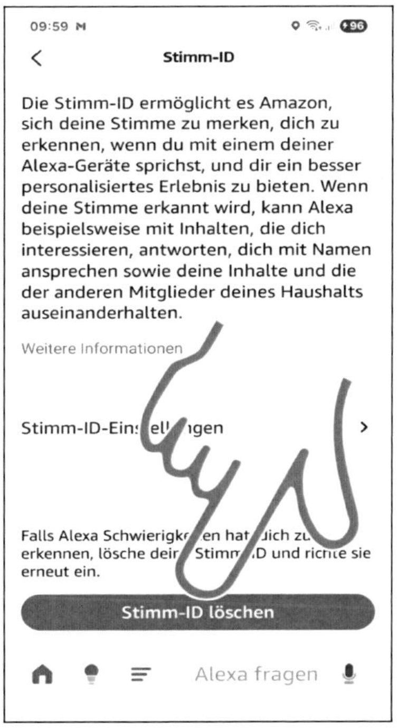

❶ Gehen Sie auf *Stimm-ID.*

❸ Betätigen Sie *Stimm-ID löschen.*

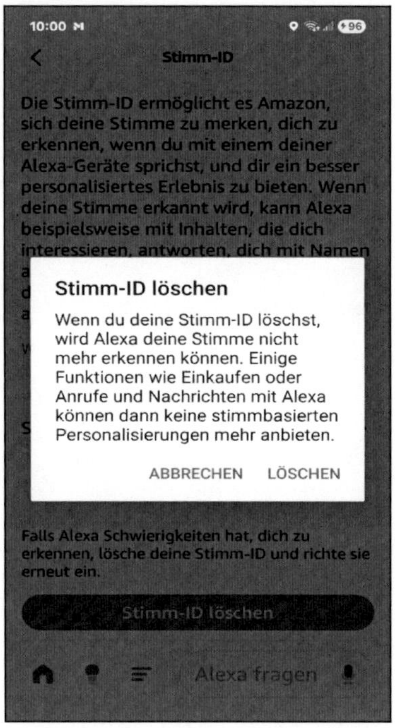

❶ Bestätigen Sie mit *LÖSCHEN*.

❷ Nun gehen Sie auf *STIMM-ID EINRICHTEN*, um die Spracherkennung zu trainieren.

❸ Betätigen Sie *ZUSTIMMEN*.

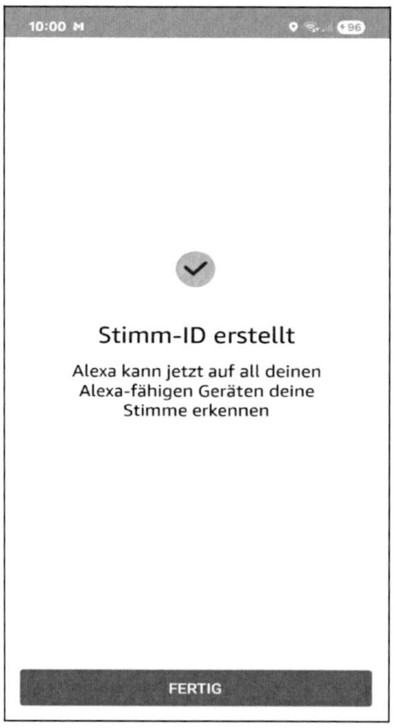

❶ Sprechen Sie die vorgegebenen Anweisungen nach – verwenden Sie den selben Tonfall wie Sie im Alltag für die Sprachbefehle verwenden. Halten Sie das Handy am besten ca. 30 cm vor sich und achten Sie darauf, dass keine lauten Umgebungsgeräusche vorhanden sind. Bei in der Nähe vorhandenen Echo-Geräten sollte mit der ⊘-Taste vorläufig das Mikrofon ausgeschaltet werden.

❷ Schließen Sie mit *FERTIG* ab.

❸ Sie befinden sich wieder im Profilbildschirm.

12.10.2 Weitere Stimmprofile anlegen

Um eine weitere Stimme anzulernen, sollte der zweite Nutzer die Alexa-App auf seinem Handy installieren und sich mit dem zuvor verwendeten Amazon-Konto anmelden. Dies haben wir ja bereits im Kapitel *4.2 Alexa-App* beschrieben.

Alternativ können Sie auch ein Handy verwenden, auf dem Alexa bereits installiert ist. Melden Sie sich dort einfach ab und dann erneut mit dem Amazon-Konto an. Wir zeigen im Folgenden, wie das geht.

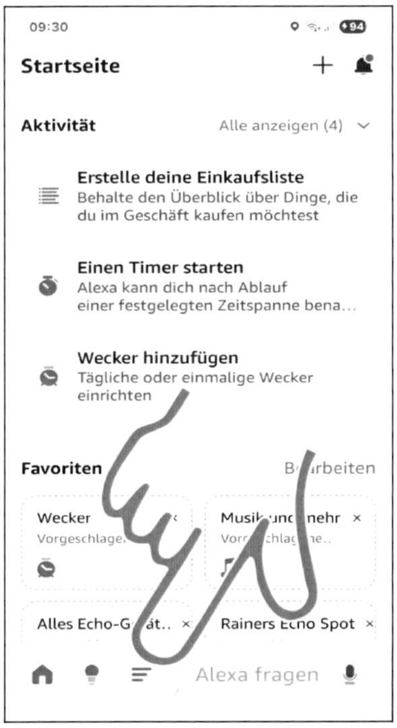

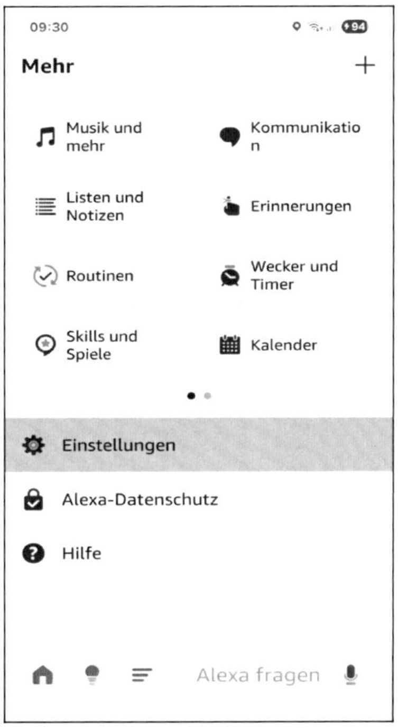

So melden Sie sich in der Alexa-App vom Amazon-Konto ab:

❶❷ Aktivieren Sie das ≡ (*Mehr*)-Register und gehen Sie auf *Einstellungen*.

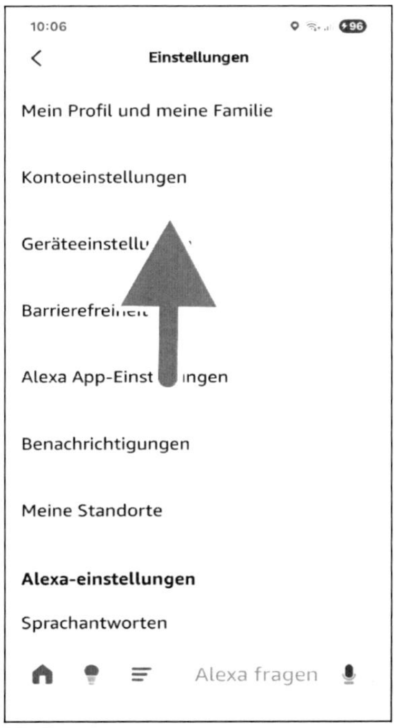

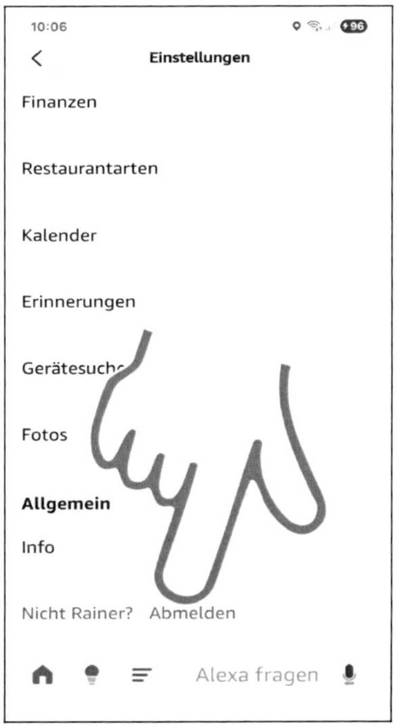

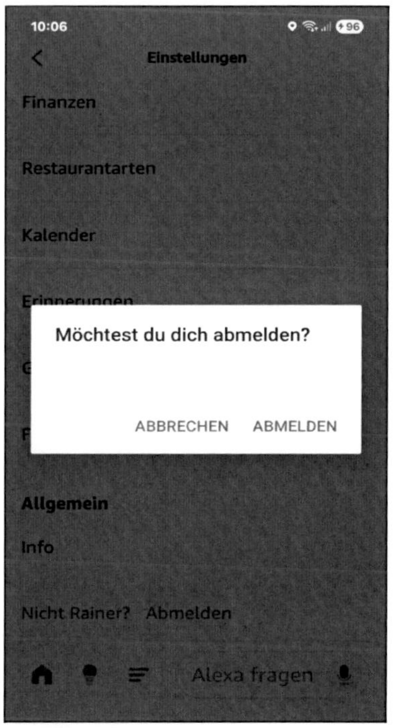

❶❷ Blättern Sie mit einer Wischgeste nach unten und betätigen Sie *Abmelden.*

❸ Schließen Sie das Popup mit *ABMELDEN*.

Starten Sie die Alexa-App gegebenenfalls neu und melden Sie sich erneut mit dem Amazon-Konto an.

❶ Wenn der *Wie heißen Sie*-Bildschirm erscheint, gehen Sie auf *Ich bin jemand anders.*

❷ Erfassen Sie den Namen und betätigen Sie *Zustimmen und fortfahren* (eventuell müssen Sie das Tastenfeld vorher schließen).

❸ Betätigen Sie *ÜBERSPRINGEN.*

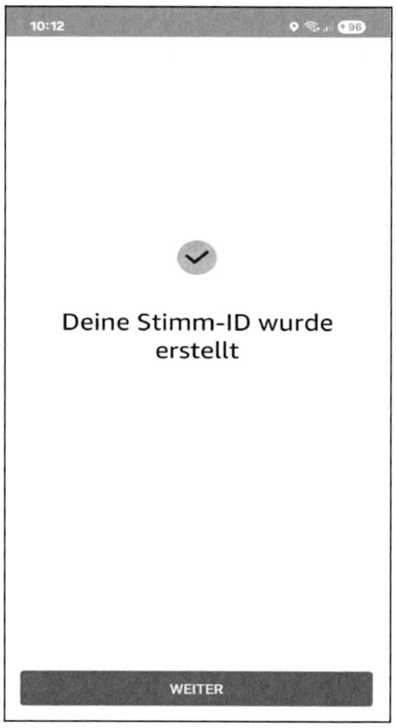

❶ Betätigen Sie *ZUSTIMMEN.*

❷ Der neue Nutzer muss darauf achten, dass er sich in einer ruhigen Umgebung befindet, dann hält er das Handy in etwa 30 cm Abstand von sich und spricht die angezeigten Befehle nach. Bei eventuell in der Nähe befindliche Echo-Geräten sollte mit der ⊘-Taste vorläufig das Mikrofon ausgeschaltet werden.

❸ Schließen Sie den Vorgang mit *WEITER* ab.

❷❸ Zum Schluss wird *SPÄTER* betätigt und die Einrichtung der Spracherkennung ist abgeschlossen.

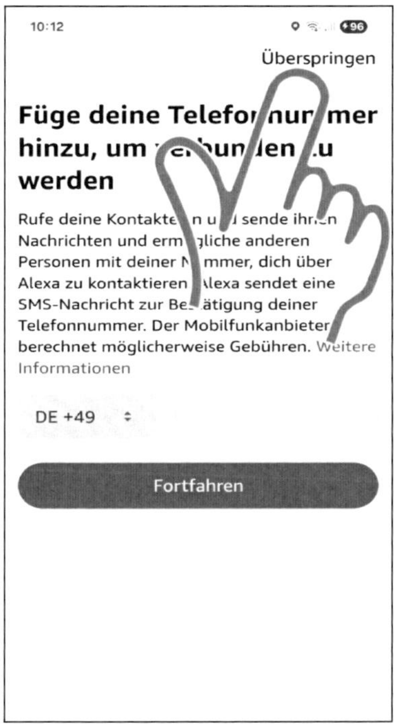

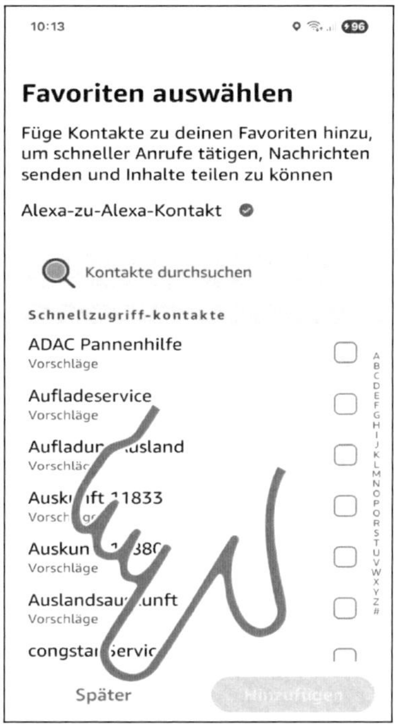

❶❷ Die folgenden Einrichtungsschritte kann man mit *Überspringen* beziehungsweise *Später* schließen (sollten Sie später Nachrichten und Drop Ins mit dem neuen Profil nutzen wollen, müssen Sie natürlich die Rufnummernidentifizierung durchlaufen).

❸ Betätigen Sie *Das sind Alle.*

Der Befehl »*Alexa, wer bin ich*« bei einem Echo-Gerät zeigt nun, dass Alexa den zugehörigen Nutzer beim Namen kennt.

Folgendes wird derzeit nach Stimmenprofil getrennt verwaltet:

- Musikpräferenzen bei Amazons Musikdiensten (siehe Kapitel *6.1 Amazon Prime Music und Amazon Music Unlimited*. Andere Streamingdienste wie Spotify werden nicht unterstützt.
- Nachrichtenzusammenfassung (siehe Kapitel *12.9.2 Tägliche Zusammenfassung*): Der jeweilige Nutzer erhält nur die Nachrichten, die seit seiner letzten Anfrage angefallen sind.
- Shopping (siehe Kapitel *16 Online shoppen*). Sofern das Online-Shopping mit einem Sicherheitscode versehen ist, ist der Kauf erst nach Code-Eingabe möglich. Wurde einmal der Code korrekt eingegeben, muss die gleiche Stimme ihn nicht nochmals eingeben.

12.11 Ankündigung

Ein praktisches Feature verbirgt sich hinter der »Ankündigung«: Sie können damit sehr einfach eine kurze Ansage auf allen Echo-Geräten abspielen. Sprechen Sie dazu beispielsweise »*Alexa, Ankündigung: Es gibt Mittagessen*«.

Abhängig von den verwendeten Schlüsselwörtern erklingt auf den Echo-Geräten vorab eine Melodie, beispielsweise ein Klingelton bei »*Mittagessen*« oder eine kurze Musik bei »*Schlafenszeit*« und »*guten Morgen*«.

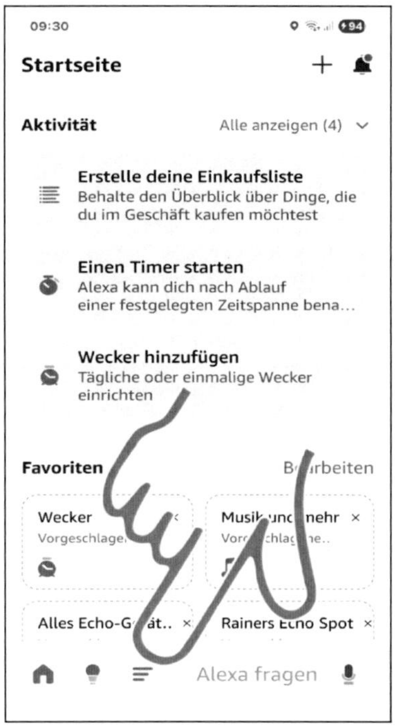

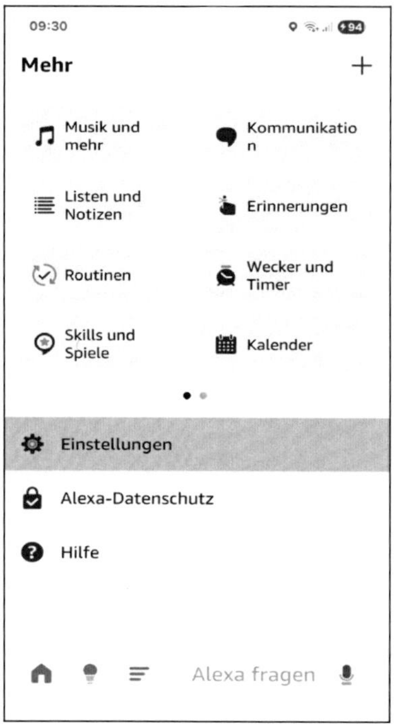

Auf dem Handy ist mit der Alexa-App von unterwegs das Nachrichtensenden möglich.

❶ Rufen Sie das ☰ (*Mehr*)-Register auf.

❷ Gehen Sie auf *Kommunikation* (Pfeil).

❶ Tippen Sie auf *Ankündigung*.

❷ Geben Sie Ihren Text ein. Zusätzlich können Sie über die Schaltleisten *Furz, Essensglocke* usw. ein Signal auswählen, das vor der eigentlichen Ansage abgespielt wird. Betätigen Sie dann →. Alternativ gehen Sie auf das Mikrofonsymbol und sprechen Ihre Ansage.

Sie möchten nicht, dass ein bestimmter Echo die Ansage wiedergibt? Dann nutzen Sie die im Kapitel *12.2 Nicht stören* beschriebene Funktion.

13. To-do- und Einkaufsliste

Gehören Sie auch zu der Bevölkerungsgruppe, die häufig wichtige Dinge vergisst? Dies gehört dank Alexa jetzt der Vergangenheit an!

Bereits ab Inbetriebnahme unterstützt Alexa eine Einkaufs- und eine To-Do-Liste, die bis zu 100 Einträge mit jeweils maximal 100 Zeichen enthalten dürfen. Sagen Sie beispielsweise »*Alexa, füge Tomaten der Einkaufsliste hinzu*« oder »*Alexa, Tomaten auf Einkaufsliste*«. Ähnlich funktioniert es für die To-Do-Liste auch per »*Alexa, Hans anrufen auf To-Do-Liste*« oder »*Alexa, Hans anrufen auf To-Do*«.

»*Alexa, was steht auf der To-Do-Liste?*«, oder kürzer »*Alexa, To-Do-Liste*« sowie »*Alexa, was steht auf der Einkaufsliste?*«, »*Alexa, Einkaufsliste*« liest die jeweilige Liste vor.

Leider ist bei den Echo-Geräten ohne Bildschirm das Bearbeiten oder Löschen von Listeneinträgen nicht per Sprachbefehl möglich, was die Nutzbarkeit arg einschränkt. Sie müssen dafür die Alexa-App bemühen.

Unterwegs verwenden Sie ebenfalls die Alexa-App, um die Listen einzusehen.

13.1 Listen in der Alexa-App

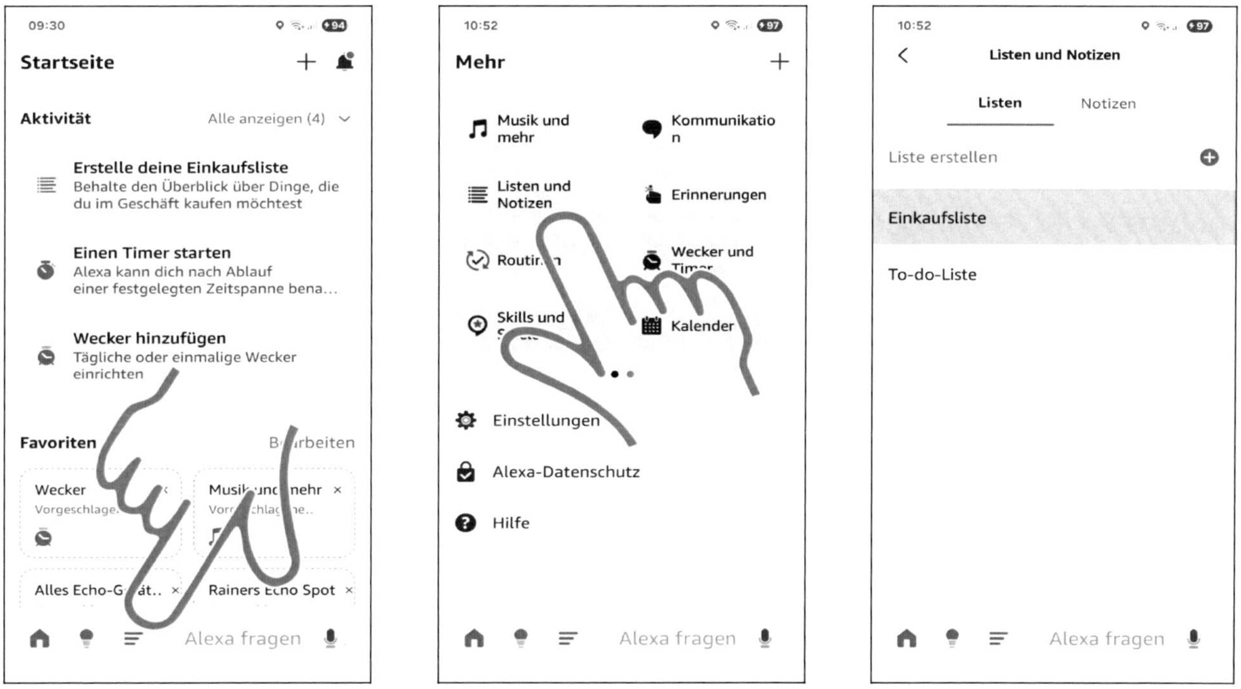

❶❷ In der Alexa-App aktivieren Sie das *(Mehr)*-Register und gehen auf *Listen und Notizen.*

❸ In unserem Beispiel wählen wir die *Einkaufsliste* aus – die *To-Do-Liste* funktioniert aber genauso.

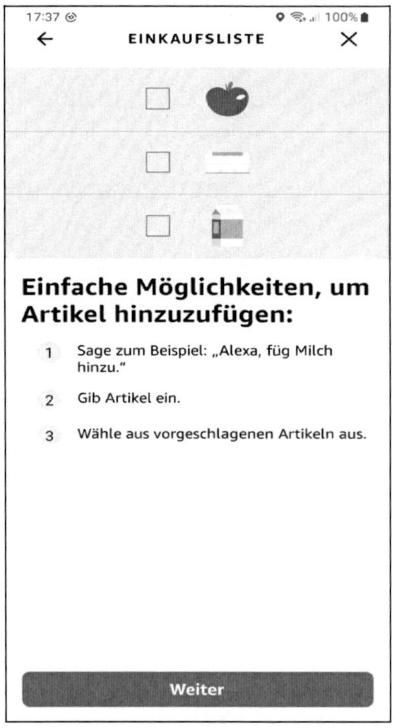

❶❷ Schließen Sie die eventuell einmalig angezeigten Bildschirme mit *Erste Schritte* und *Weiter.*

❸ Wählen eine der Vorgaben *Milch*, *Eier*, *Butter* usw. aus. Falls ein Artikel nicht in der Auflistung enthalten ist, ergänzen Sie ihn mit *Eintrag hinzufügen*.

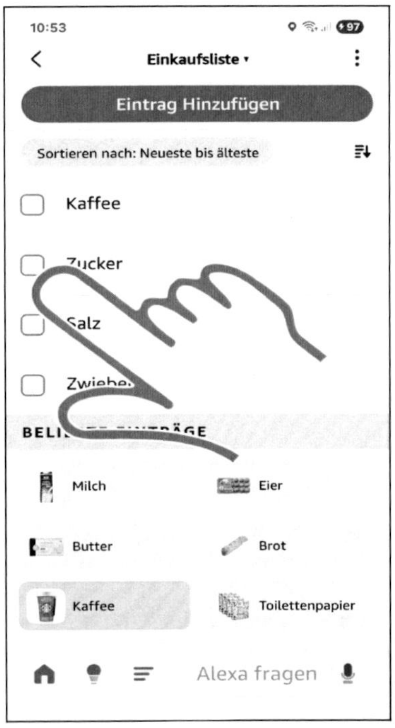

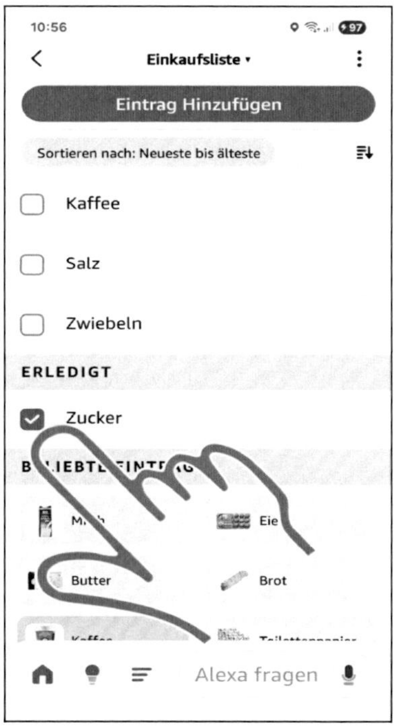

❶❷ Erledigte Einträge haken Sie ab, indem Sie auf ▢ tippen, worauf sie unter *ERLEDIGT* angezeigt werden.

❸ Antippen von ☑ vor einen erledigten Eintrag bringt ihn wieder in die Unerledigt-Liste zurück.

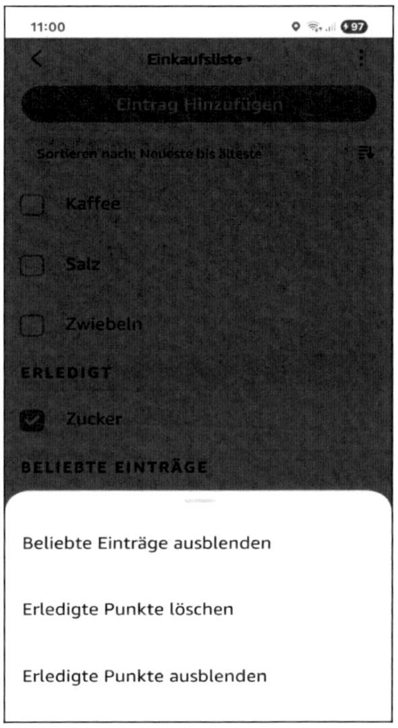

❶❷ Das ⋮-Menü:

- *Beliebte Einträge ausblenden*: Deaktiviert die Anzeige der Schaltleisten (unterhalb der Einkaufsliste) mit den Artikelvorschlägen.
- *Erledigte Punkte löschen*: Die von Ihnen als »erledigt« markierten Listeneinträge werden gelöscht.
- *Erledigte Punkte ausblenden.*

13.2 Listen mit Echo Show-Geräten

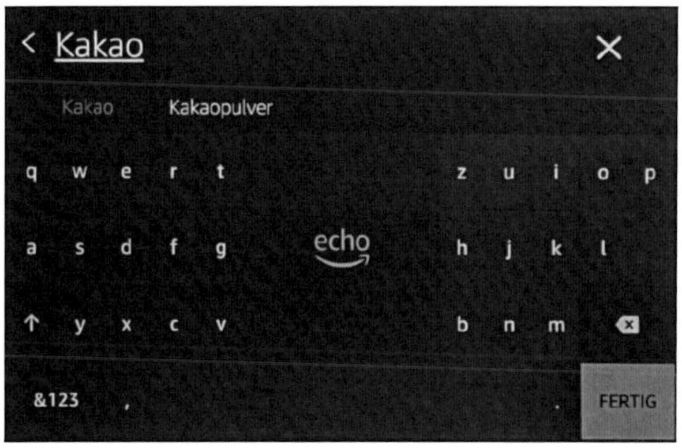

❶❷ Bei den Echo-Bildschirmgeräten wird nach dem Sprachbefehl »*Alexa, zeige Einkaufsliste*« oder »*Alexa, zeige To-Do-Liste*« die Liste angezeigt. Tippen Sie auf einen Eintrag, den Sie bearbeiten möchten.

Sie können einen Eintrag löschen, indem Sie ihn antippen und dann den Text im Eingabefeld mit der ⌫-Taste vollständig löschen. Betätigen Sie zum Schluss ✓ am unteren Bildschirmrand.

14. Video mit Echo Show-Geräten

Zwar unterstützen die Echo Show-Geräte die Videowiedergabe, richtigen Spaß macht es allerdings wegen der vergleichsweise kleinen Displays nicht. Das gilt besonders für den Echo Show 5.

> Über das im Kapitel *15 Fire TV* vorgestellte Gerät machen Sie aus einem vorhandenen Fernseher ein universelles Abspielgerät für Video und Musik. Darüber hinaus haben Sie abseits von Amazon Prime Video auch Zugriff auf Streamingdienste von Drittanbietern und können auch die Mediatheken aller deutschen Sender nutzen. Alternativ können Sie Prime Video auch einfach in Ihrem PC-Webbrowser nutzen.

14.1 Amazon Prime Video

Wenn Sie Mitglied von **Amazon Prime** sind, das für rund 90 Euro im Jahr neben dem schnelleren Versand aus dem Online-Shop zahlreiche weitere Dienste enthält[35], haben Sie Zugriff auf das kostenlose Amazon Prime Video-Angebot. Dieses können Sie auch über einen Webbrowser[36], alternativ mit der Amazon Prime Video-App auf dem Handy oder Tablet nutzen.

Wenn Sie sich nicht für Amazon Prime begeistern können, weil es Ihnen zu teuer ist, können Sie einzelne Serien/Filme für einmaliges Anschauen mieten oder für dauerhafte Nutzung kaufen. Wir raten aber davon ab, denn für den Kauf einer einzelnen Serienstaffel werden Sie schnell über 20 Euro los, was schon einem Drittel der Amazon Prime-Jahreskosten entspricht.

Beachten Sie, dass in Amazon Prime Video von Amazon produzierte Filme und Serien kostenlos angeboten werden, aktuelle Kinofilme und Serien aber trotzdem kostenpflichtig sind. Seit Februar 2024 enthält das reguläre Prime-Video-Abo in Deutschland standardmäßig minutenlange Werbung. Wer keine Spots sehen möchte, muss monatlich weitere 2,99 Euro zusätzlich zahlen, um das »Ad-Free«-Abo zu erhalten.

Daneben gibt es verschiedene Pay-TV-Angebote bei den **Amazon Channels**, das Sie für 2 bis 8 Euro pro Monat bei Amazon Prime hinzubuchen können.

Die nachfolgend vorgestellten Sprachbefehle sollen als Beispiel dienen, denn Alexa erkennt auch Synonyme und wertet den Kontext aus.

Suchbefehle[37]:

- »*Alexa, zeig mir meine Video-Bibliothek*«: Listet alle von Ihnen gekauften beziehungsweise gemieteten Filme auf.
- »*Zeig mir meine Watchlist*«: Listet alle Filme auf, die Sie auf die Watchlist (engl. Beobachtungsliste) gesetzt haben. Die Watchlist erstellen und verwalten Sie auf der Amazon-Website[38] oder in der Amazon Video-App (erhältlich für Android- und iPhone-Handys/Tablets).
- »*Alexa suche nach Filmen mit [Schauspieler]*«
- »*Alexa, suche einen [romantischen/lustigen/spannenden/usw.] Film*«

Manchmal ist Alexa störrisch und will nur in den freien Videoquellen (siehe nächstes Kapitel) suchen. Wenn mal auf einen Suchbefehl kein Ergebnisse aus Amazon Prime angezeigt werden, dann ergänzen Sie Ihren Suchbefehl mit »*in Amazon Prime*«. Beispiel: »*Alexa, suche lustige Filme in Amazon Prime*«.

Wiedergabe steuern:

35 *www.amazon.de/amazonprime*
36 *www.amazon.de/primevideo*
37 *www.amazon.de/gp/help/customer/display.html?nodeId=202153090*
38 *www.amazon.de/gp/video/watchlist*

- »*Alexa, zeig [Filmtitel]*«: Beachten Sie dass dieser Befehl nur bei eindeutigen Filmtiteln funktioniert, weshalb Sie besser »*Alexa, zeige **Film** [Film- oder Serientitel]*« verwenden sollten.
- »*Alexa, zeig [Name der Serie], Staffel [Nummer]*«
- »*Alexa, Pause*«
- »*Alexa, Fortsetzen*«
- »*Alexa, zurückspulen*«: Springt 10 Sekunden vorwärts.
- »*Alexa, vorwärtsspulen*«: Springt im Video 10 Sekunden rückwärts.
- »*Alexa, gehe [Zahl] [Sekunden/Minuten/Stunden] zurück*«
- »*Alexa, springe [Zahl] [Sekunden/Minuten/Stunden] vorwärts*«
- »*Alexa, nächste Folge*«: Bei Serien.

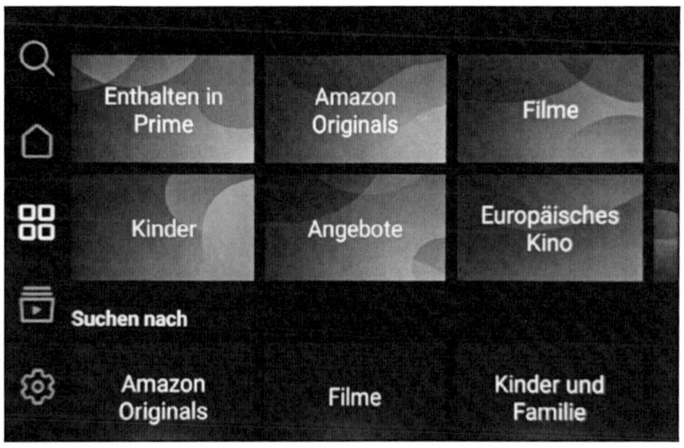

❶ Der Echo Show besitzt eine Video-Oberfläche, die Sie mit »*Alexa, öffne Prime Video*« aufrufen.

Auf der linken Seite finden Sie folgende Schaltflächen:

- : Nach Filmen, Serien oder Darstellern suchen.
- : Startseite anzeigen.
- (❷): Filme/Serien sortiert nach »Enthalten in Prime«, »Amazon Originals« (von Amazon produziert), Filme, Serien usw. anzeigen.
- : Ihre Watchlist. In der Detailanzeige eines Films können Sie ihn mit *Watchlist* in diese Liste aufnehmen.
- : Infos zu Prime Video. Einstellungen selbst lassen sich hier derzeit nicht vornehmen.

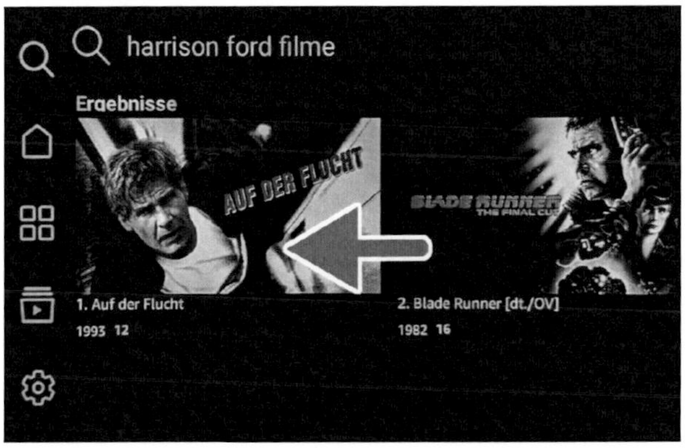

Alternativ sprechen Sie einfach einen Suchbefehl, im Beispiel »*Alexa, suche Filme mit Harrison Ford*«. Es erscheint eine Liste, in der Sie mit einer Wischgeste nach links/rechts blättern.

Beachten Sie, dass die Anzeige davon abhängt, ob Sie den Suchbefehl in der Prime Video-Benutzeroberfläche oder im Startbildschirm sprechen.

❶❷ Antippen des Bildschirms zeigt weitere Optionen:

- ⟳10: 10 Sekunden vorspulen
- II / ▶ : Pause/Weiter
- ⟲10: 10 Sekunde zurückspulen
- ⤡ (oben rechts): Zwischen Vollbild und eingepasste Anzeige umschalten.
- 🗨 (oben rechts): Sprache und Untertitel einstellen.

14.2 Videosuche

Heute kann jeder, der Spaß daran hat, mit seinem Handy Videos aufzeichnen und im Internet hochladen. Dazu haben sich zahlreiche Websites etabliert, auf denen nicht nur Amateure, sondern auch kommerzielle Produzenten ihre Werke zum kostenlosen (werbefinanzierten) Abruf bereit stellen.

Die Videosuche greift auf YouTube, Microsoft Bing und TikTok zurück, listet aber auch Filme und Serien aus dem Amazon-Angebot (siehe Kapitel *14.1 Amazon Prime Video*) auf.

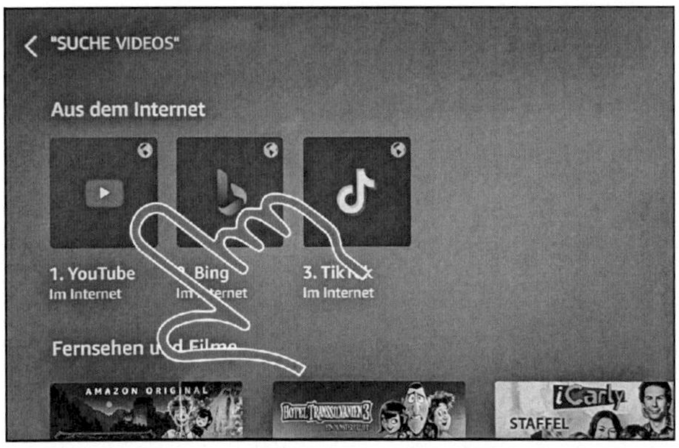

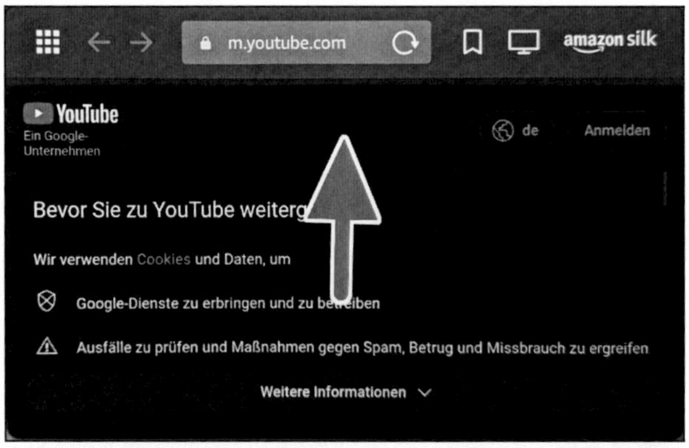

❶ Sprechen Sie beispielsweise bei Ihrem Echo Show »*Alexa, suche Videos*«. Sie können dann den Videodienst aussuchen. Alternativ öffnen Sie mit »*Alexa, YouTube*« beispielsweise direkt YouTube.

❷ Wenn Sie YouTube zum ersten Mal nutzen, müssen Sie den Datenverarbeitungsbedingungen zustimmen. Blättern Sie mit einer Wischgeste durch den Text und gehen Sie auf *Alle akzeptieren.*

So läuft die Suche: Sagen Sie zum Beispiel »*Alexa, suche Beatles auf YouTube*«. Wenn YouTube gerade geöffnet ist, wird übrigens jeder Sprachbefehl als Suche interpretiert. Sie können dann also sagen »*Alexa, Robbie Williams*« (ohne »*auf YouTube*«), worauf Videos des Künstlers auf YouTube gesucht werden. Die Anzeige erfolgt übrigens im Amazon-eigenen Webbrowser (siehe Kapitel *10.3 Webbrowser*).

Weitere unterstützte Sprachbefehle sind »*Alexa, Pause*« und »*Alexa, fortsetzen*«. »*Alexa, Hauptmenü*« schließt den Videodienst und bringt Sie zur Echo Show-Benutzeroberfläche zurück.

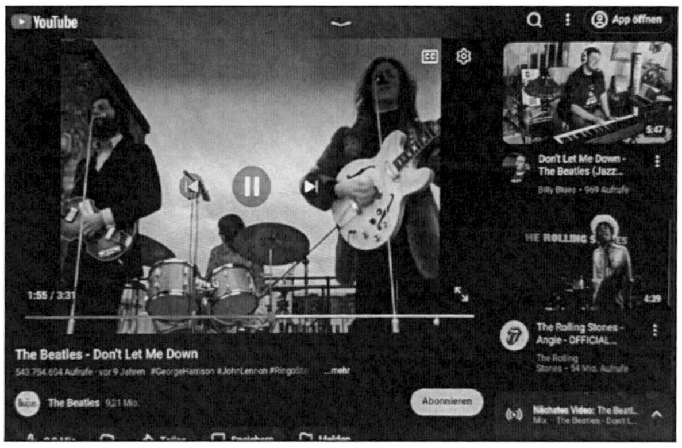

❶❷ Die YouTube-Bedienelemente werden erst nach Antippen des Wiedergabebereichs angezeigt.

14.3 Weitere Video-Streaming-Dienste

Auf dem Echo Show 5 erhalten Sie mit dem Befehl »*Alexa, öffne Videostartseite*« eine Auflistung aller unterstützten Streaming-Dienste beziehungsweise Mediatheken. Die Modelle Echo Show 8 und 10 bieten diese Funktion allerdings nicht an, weshalb Sie bei Bedarf einfach ausprobieren, ob Sie mit »Alexa, starte xxx« den jeweiligen Streaming-Dienst aufrufen können.

Die derzeit unterstützten Mediatheken/Streamingdienste:

- PrimeVideo
- YouTube
- Bing
- ARTE
- TikTok
- Arte
- Red Bull TV
- Netflix (nicht auf Echo Show 5)

Das Videostreaming ist unterschiedlich organisiert: Während einige Dienste wie YouTube im im Webbrowser laufen, ist zum Beispiel Netflix als eigene Software integriert.

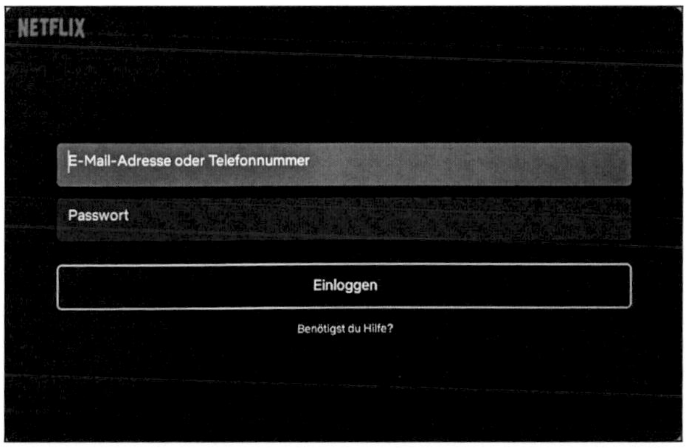

❶ Beispiel Netflix: Sie müssen sich mit Ihren Kontendaten einloggen…

❷ … worauf die gewohnte Benutzeroberfläche zur Verfügung steht.

Beachten Sie dass die Netflix-App weitgehend über die Sprachsteuerung bedienbar ist. Sagen Sie beispielsweise »*Alexa, suche Kommödien*« für die Auflistung entsprechender Filme oder »*Alexa, spiele Men in Black*« für das Abspielen eines bestimmten Films. Im Abspielbildschirm nutzen Sie »*Alexa, Pause*«, »*Alexa, Fortsetzen*« oder »*Alexa, 5 Minuten vorspulen*«.

14.4 Videostreaming

Stream Player[39] ist ein Skill (siehe Kapitel *5.2 Skills*), der über das Internet verbreitete TV-Sender auf dem Echo Show-Gerät abspielt. Auch alle Echo-Geräte ohne Bildschirm werden unterstützt, natürlich hört man dort nur den Ton.

Sagen Sie einfach einmalig »*Starte Stream Player*« für die sprachgeführte Oberfläche. »*Hilfe*« gibt dann Nutzungshinweise.

Wie auf einem normalen TV sind die Sender als »Kanäle« organisiert:

1. ARD	11. Tagesschau24	21. Sky Sport News	31. Magenta Musik
2. ZDF	12. ZDF Neo	22. Augsburg TV	32. BR Süd
3. WDR	13 ZDF Heute	23. WDR International	33. NHK World
4. NDR Hamburg	14. ZDF Info	24. HSE24	34. Sky News UK*
5. RBB	15. MTV	25. QVC	35. SLAM!
6. MDR	16. Beats TV	26. AktionärTV	36. xite
7. KiKa	17. Alex Berlin	27. SWR	37. Al Jazeera
8. Arte	18. Phoenix	28. Deutsche Welle	38. RBB Brandenburg
9. 3Sat	19. Welt	29. ARD Alpha	39. NDR M.- Vorpommern
10. ONE	20. Servus TV	30. HR	40. NDR Niedersachsen

41. NDR Schleswig Holstein	51. Nickelodeon	61. München TV	71. Adult Swim
42. TV Mainfranken	52. Deutsch. Musik Fernsehen	62. CBS News	72. Country Network
43. BR	53. SWR Baden Würtemberg	63. teins.at	73. Fox5
44. Bloomberg US	54. Bibel TV	64. Isar TV	74. INTV
45. Bloomberg EU	55. QVC Plus	65. Hamburg1	75. Real Madrid TV
46. Russia Today	56. QVC Beauty	66. WGN TV	76. BBC Arabia
47. France24	57. EWTN	67. Family TV	77. MTV Music24
48. ISS TV	58. K-TV	68. Blizz TV	78. Earth Cam TV
49. Fox News	59. SR	69. Parlamentsfernsehen 1	79. NRJ TV (79)
50. London Live	60. Sport1	70. Parlamentsfernsehen 2	80. Voice of America

41. NDR Schleswig Holstein	51. Nickelodeon	61. München TV	71. Adult Swim
42. TV Mainfranken	52. Deutsch. Musik Fernsehen	62. CBS News	72. Country Network
43. BR	53. SWR Baden Würtemberg	63. teins.at	73. Fox5
44. Bloomberg US	54. Bibel TV	64. Isar TV	74. INTV
45. Bloomberg EU	55. QVC Plus	65. Hamburg1	75. Real Madrid TV
46. Russia Today	56. QVC Beauty	66. WGN TV	76. BBC Arabia
47. France24	57. EWTN	67. Family TV	77. MTV Music24
48. ISS TV	58. K-TV	68. Blizz TV	78. Earth Cam TV
49. Fox News	59. SR	69. Parlamentsfernsehen 1	79. NRJ TV (79)
50. London Live	60. Sport1	70. Parlamentsfernsehen 2	80. Voice of America

39 *www.amazon.de/damido-de-Daniel-Mittendorf-Stream-Player/dp/B078T1ZXPN*

81. JuceTV	91. ORF Sport*	101. GoTV*
82. ABC News	92. DR 1*	102. Disney Channel*
83. OE24	93. DR 2*	103. Euronews*
84. MedaTV	94. DR 3*	104. RiC
85. NASA TV	95. DR K*	105. Krone Hit
86. NASA Media TV	96. DR Ramasjang*	106. Musig24
87. Red Bull TV	97. DR Ultra*	107. Folx
88. ORF 1*	98. RT Doku	108. Canal Extremadura, Spanisch
89. ORF 2*	99. ServusTV Österreich*	109. Deutsche Welle, Spanisch
90. ORF 3*	100. 1-2-3 TV	110 Canal Andalucia, Spanisch

111. Deluxe Music	124. TRT Kurdi	137. PowerTürk TV
112. NRVision	125. TRT Türk	138. TV 1 Schweiz
113. Anixe	126. TRT Diyanet	139. Bielingue
114. Kanal D	127. TRT Arabia	140. Bärn
114. TRT1	128. TRT World	141. M1
115. TRT2	129. TRT 3	142. TVO
116. TRT Okul	130. Canli 24 TV	143. Tele Zürich
117. TRT News	131. Show TV	144. Tele Basel
119 TRT Spor	132. Habertürk	145. Kanal 9 Schweiz
120. TRT Cocuk	133. KAN TV israel	146 Alpen Welle
121. TRT Müzik	134. Radio Bremen TV	147 RTF1
122. TRT Belgesel	135. Halk TV	148. Ohrfunk
123. TRT Avaz	136. FOX TV	

Die mit * markierten Sender werden aus rechtlichen Gründen nur in den jeweiligen Heimatländern (Österreich, Dänemark oder Deutschland) abgespielt (sogenanntes Geo-Blocking).

Wenn Sender aus technischen/rechtlichen Gründen nicht verfügbar sind, erhalten Sie einen entsprechenden Hinweis.

Sie können auch direkt einen TV-Kanal anzeigen/anhören:

- »*Alexa, starte Stream Player mit Kanal 14*«
- »*Alexa, starte Stream Player mit ARD*«
- »*Alexa, frage Stream Player was läuft jetzt auf ARD?*«

Alexa versucht, den Kontext auszuwerten. Sofern Ihr Befehl eindeutig genug ist, können Sie auch direkt einen TV-Kanal aufrufen, beispielsweise mit »*Alexa, öffne ZDF Neo*« statt »»*Alexa, starte Stream Player mit ZDF Neo*«, oder »*Alexa, öffne Kanal 12*«. Es hängt dabei davon ab, ob es andere Skills (siehe Kapitel *5.2 Skills*) gibt, die ähnliche Schlüsselwörter verwenden.

Mit den Befehlen »*Alexa, Pause*«, »*Alexa, fortsetzen*« und »*Alexa, beenden*« steuern Sie die aktuelle Wiedergabe beziehungsweise in die Echo Show-Benutzeroberfläche zurück.

14.4.1 Stream Player auf Echo Show-Geräten

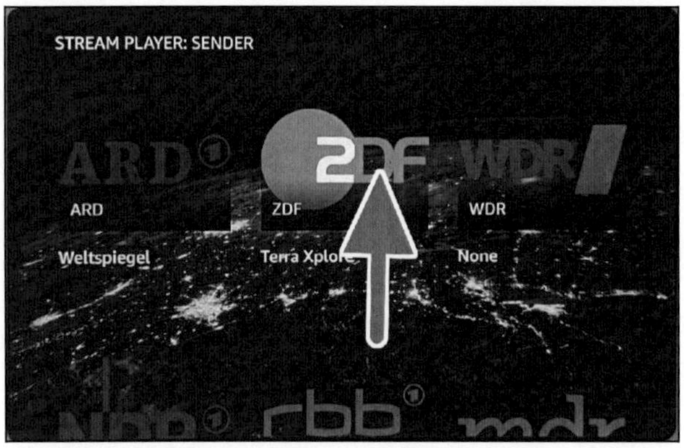

Die Benutzeroberfläche rufen Sie mit »*Alexa, öffne Stream Player*« auf. Wischen Sie durch die Liste und tippen Sie einen Sender an, den Sie abspielen möchten. Mit »*Alexa, Menüseite [Zahl]*« wählen Sie eine andere Menüseite aus. »*Alexa, beenden*« schließt den Stream Player.

❶❷ Tippen Sie auf den Bildschirm für Bedienelemente: ‖ beziehungsweise ▶ pausieren die Wiedergabe/lassen die Sendung weiter laufen. Außerdem können Sie durch Tippen in den Fortschrittsbalken an eine bestimmte Stelle springen.

15. Fire TV

Auf den kleinen Bildschirmen der Echo Show-Geräte macht der Video- und Spielfilmkonsum keinen Spaß.

Amazon vertreibt daher unter dem Namen »Fire TV« (Fire = engl. Feuer) verschiedene Produkte, mit denen Sie neben dem eigenen Amazon-eigenen Videoangebot, diverse andere Videodienste, darunter auch die Mediatheken der öffentlich-rechtlichen Sender, direkt auf dem Fernseher nutzen können.

Das Angebot an Fire TV Sticks und deren Versionen ändert sich laufend. Aktuell (November 2025) von Amazon verkauft werden:

- Fire TV Stick HD
- Fire TV Stick 4K (4K-Auflösung)
- Fire TV Stick 4K Max
- Fire TV Cube (4K-Auflösung)

Falls Sie bereits einen Highend-Fernseher besitzen, dann sind die Fire TV-Geräte für Sie nicht unbedingt sinnvoll. Viele TVs unterstützen ja bereits Videostreamingdienste und die Anzeige von YouTube-Videos. Für die Amazon-Geräte spricht allerdings die Alexa-Integration und dass man damit ältere beziehungsweise »dumme« TVs oder einen nicht mehr für die Computerarbeit benötigten Monitor einfach fürs Videostreaming nachrüsten kann.

Die Modelle Fire TV Stick 4K, 4K Max und Fire TV Cube sind bereits in 2. beziehungsweise 3. Generation erhältlich. Zwar sind die Unterschiede zu den Vorgängern nur gering (zum Beispiel soll der Fire TV Stick 4K jetzt 25 Prozent schneller sein und unterstützt zusätzlich den WLAN-Standard WiFi 6), wir empfehlen aber trotzdem den Griff zum jeweils aktuellsten Modell.

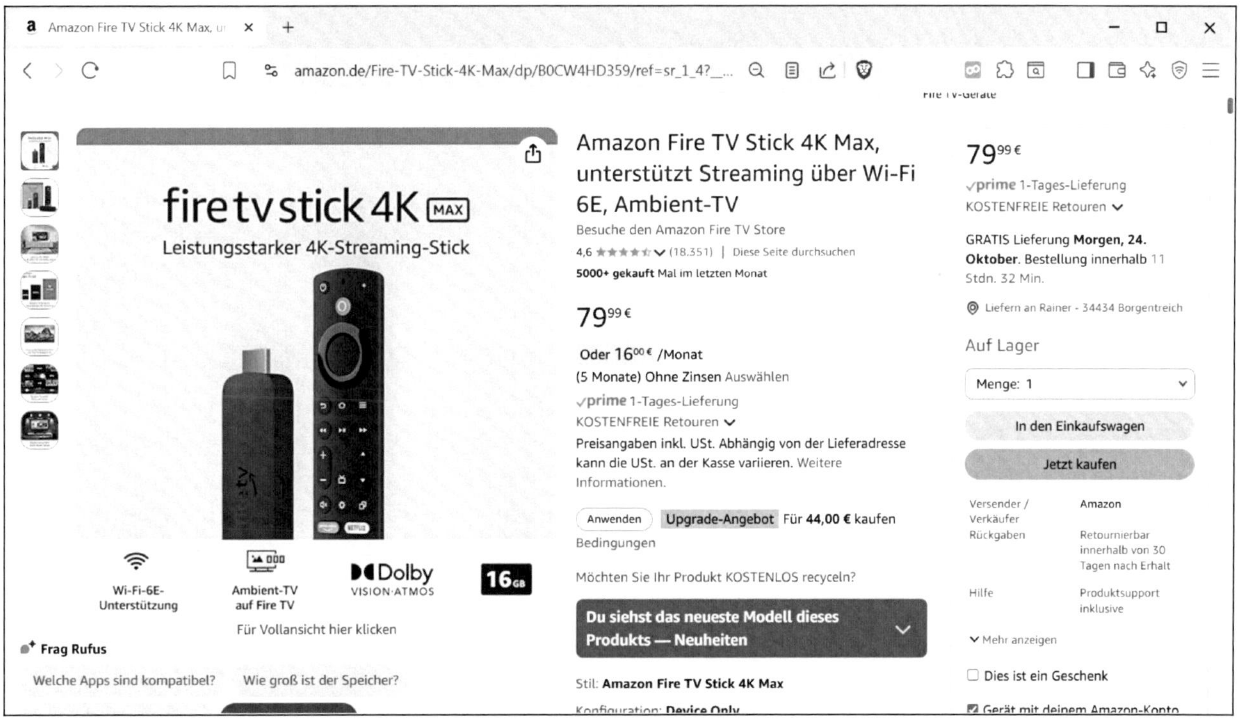

Im Gegensatz zu vielen anderen Herstellern verzichtet Amazon bei seinen Geräten auf eindeutige Modellbezeichnungen, aus denen die jeweilige Generation eindeutig hervorgeht. Der gelegentliche Zusatz »2. Generation« oder ähnliche Hinweise schaffen dabei kaum Klarheit. Existieren mehrere Versionen eines Geräts, erscheint oberhalb der Produktseite eine grüne Infobox mit dem Hinweis: »Du siehst das neueste Modell dieses Produkts.«

Auf den Modellen Echo Show 15 und 21 ist Fire TV – wie bei vielen Smart TVs – bereits vorinstalliert: Sie können mit dem Sprachbefehl »*Alexa, öffne Fire TV*« die eingebaute Fire TV-Oberfläche öffnen, mit »*Alexa, schließe Fire TV*« schalten Sie wieder auf die gewohnte Echo Show-Oberfläche zurück.

15.1 Fire TV Stick

Amazon Fire TV 4K Stick mit Fernbedienung (Foto: Amazon).

Der Fire TV Stick ist so groß wie ein Schokoriegel und verzichtet auf Bedienelemente, denn die Steuerung erfolgt ausschließlich über die beiliegende Fernbedienung. Alle Daten holt sich der Stick aus dem Internet über eine WLAN-Verbindung.

Die Stromversorgung des Fire TV Sticks erfolgt über das mitgelieferte Steckernetzteil. Zwar ist vorgesehen, dass Sie den Stick direkt in die HDMI-Buchse des TVs stecken, für ungünstig platzierte Anschlüsse liegt aber ein kurzes HDMI-Adapterkabel bei.

Unterstützt werden von den Sticks die Auflösungen HD (720p) und Full HD (1080p). Die 4K-Sticks zeigen darüber hinaus auch die neue Ultra-HD-Auflösung an, die aber nur auf entsprechendem 4K-TV nutzbar ist und zudem eine sehr schnelle Internetverbindung von mindestens 25 Mbit/s voraussetzt. Beispielsweise liefern Netflix und Amazon Prime Video bei vielen Filmen eine 4K-Auflösung. Erhältlich ist der Fire TV Stick ab rund 45 Euro, die 4K-Version ab 70 Euro. Während Aktionstagen wie dem Black Friday sind die Fire TV Sticks häufig um bis die Hälfte günstiger auf Amazon im Angebot.

Wir empfehlen übrigens den Kauf der 4K-Version, die dank des besseren Prozessors schneller auf Eingaben reagiert und mit der unterstützten 4K-Bildschirmauflösung zukunftssicher ist.

Nur der Vollständigkeit halber möchten wir den rund 160 Euro teuren Fire TV Cube erwähnen. Das Gerät ist eine Kombination aus Fire TV und Echo, das heißt, auf der Oberseite befinden sich die Echo-üblichen Tasten. Der eingebaute Lautsprecher dient nur der Sprachausgabe und kann keine Musik ausgeben. Aus diesem Grund fehlen auch die im TV-Umfeld unnötigen Funktionen Multiroom (siehe Kapitel *6.2 Multiroom*) und Bluetooth (siehe Kapitel *7 Bluetooth*).

15.2 Installation des Fire TV Sticks

In diesem Kapitel beschreiben wir die Einrichtung des Sticks. Beachten Sie bitte, dass Amazon ab und zu die Benutzeroberfläche überarbeitet, weshalb es bei Ihnen Abweichungen bei den Bildschirmanzeigen geben könnte.

Verbinden Sie zunächst das beiliegende USB-Kabel mit Netzteil und Stick, dann kommt das Netzteil in eine Steckdose. Schieben Sie den Stick in eine HDMI-Buchse des Fernsehers. Falls der Platz neben der HDMI-Buchse nicht ausreicht, verwenden Sie das beiliegende HDMI-Adapterkabel.

Vergessen Sie nicht, den Fernseher anzuschalten und mit der zugehörigen Fernbedienung den richtigen HDMI-Eingang einzuschalten. Zum Schluss kommen die zwei AAA-Batterien in die Sprachfernbedienung und die Einrichtung kann am TV los gehen. Die Sprachfernbedienung verbindet sich übrigens per Bluetooth, sodass im Gegensatz zu konventionellen Infrarotfernbedienungen keine Sichtverbindung zum Fire TV Stick nötig ist.

Das herunterbaumelnde Stromkabel des Fire TV Sticks ist natürlich kein schöner Anblick, wenn der Fernseher an einer Wand angebracht ist oder frei im Raum steht. An einigen Fernsehern funktioniert aber folgender Trick: Ziehen Sie das USB-Kabel aus dem Netzteil und stecken Sie es in eine freie USB-Buchse an Ihrem Fernseher, die dann die Stromversorgung übernimmt. Beachten Sie dazu unbedingt die Hinweise in der Bedienungsanleitung Ihres TVs! Falls es nach einiger Zeit zu Bildstörungen oder Abstürzen kommt, wird die Stromversorgung nicht ausreichen, weshalb Sie wieder das Netzteil anschließen müssen. Die Ersteinrichtung Ihres Fire TV Sticks sollten Sie aber auf jedem Fall mit angeschlossenem Netzteil durchführen.

Bitte haben Sie Verständnis dafür, dass wir nicht auf alle Funktionen des Fire TV Sticks eingehen, können. Mit unserer Anleitung kommen Sie aber schon mal durch die Einrichtung und der Rest erschließt sich größtenteils selbst.

An dieser Stelle möchten wir die erweiterte Fernbedienung des Fire TV 4K Max vorstellen:

- ⏻: Ein/ausschalten
- Blaue Taste: Alexa-Sprachbefehl geben
- Runde Scheibe: Vierwege-Navigationspad. Drücken Sie den Knopf in der Mitte, um eine Auswahl vorzunehmen oder Aktionen zu bestätigen.
- ⮌: Zum vorherigen Bildschirm oder Menüpunkt zurück gehen.
- ⌂: Startseite anzeigen.
- ≡: Weitere Optionen anzeigen.
- ◂◂ ▸▸: In Videos/Musik 10 Sekunden vor/zurückspringen. Gedrückt halten für größere zeitliche Sprünge im Video/Musikstück.
- ▸II: Musik/Wiedergabe starten/pausieren. Diese Taste hat einen kleinen Knubbel, damit Sie sie auch im dunkeln finden.
- 🔇: Lautsprecher aus/ein (bei der Standard-Fernbedienung an anderer Stelle)
- + −: Lautstärke lauter/leiser

Bei der Standard-Fernbedienung fehlen die Tasten:

- 📺: Senderliste
- *Prime Video; Netflix; Disney+*: Streaming-Dienste
- *APPS*: Weitere Anwendungen auf dem Stick installieren/verwalten

15.2.1 Einrichtung des Fire TV für Amazon-Kunden

Dieses Kapitel sollten Sie durcharbeiten, wenn Sie den Fire TV Stick direkt bei Amazon erworben haben. Ihr Amazon-Konto und – falls Sie bereits ein Echo-Gerät nutzen – Ihr WLAN-Zugangspunkt sind dann bereits von Amazon fertig eingerichtet. Wenn Sie den Stick woanders erworben haben, lesen Sie bitte im Kapitel *15.2.2 Einrichtung des Fire TV für neue Nutzer* weiter.

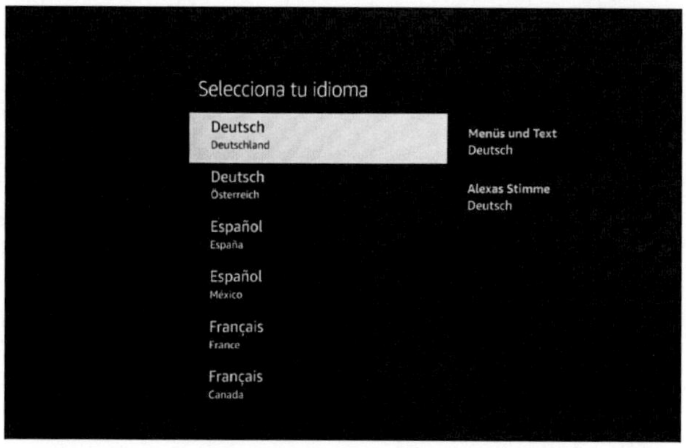

❶ So begrüßt Sie Fire TV nach dem Einschalten. Falls Sie dazu aufgefordert werden, betätigen Sie die ⊜-Taste für die Kopplung zwischen Stick und Fernbedienung. Mit der ⏯-Taste auf Ihrer Fernbedienung geht es weiter.

❷ Wählen Sie die Sprache *Deutsch (Deutschland)* im Auswahlmenü aus. Dazu kommt erstmals das runde Navigationspad (runde Scheibe) auf der Fernbedienung zum Einsatz. Anschließend drücken Sie in die Mitte des Navigationspads, was die Auswahl bestätigt.

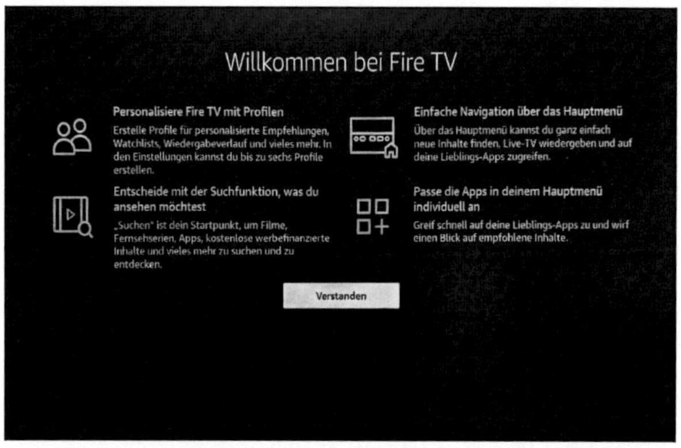

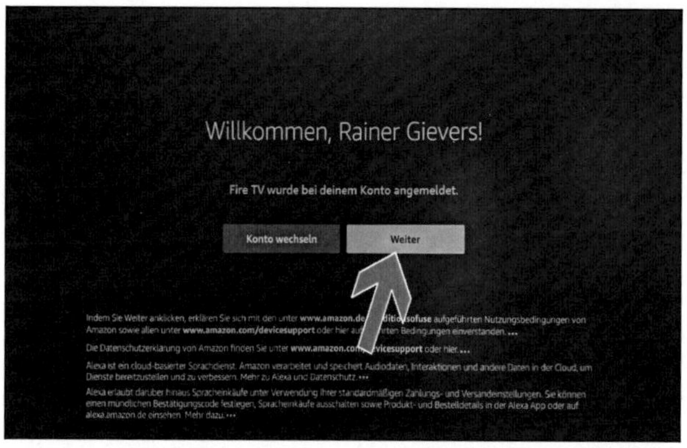

❶ Schließen Sie den Hinweis mit *Verstanden.*

❷ Sie haben den FireTV-Stick direkt von Amazon erworben und möchten den TV Stick mit Ihrem Amazon-Konto nutzen? Dann betätigen Sie einfach *Weiter*, indem Sie das runde Navigationspad Ihrer Fernbedienung kurz drücken. Andernfalls lesen Sie bitte im Kapitel *15.4 Fire TV in der Praxis* weiter.

In den folgenden Schritten weisen wir nicht mehr auf das Navigationspad hin. Verwenden Sie es immer dann, wenn wir von »wählen Sie aus« oder »gehen Sie auf« sprechen.

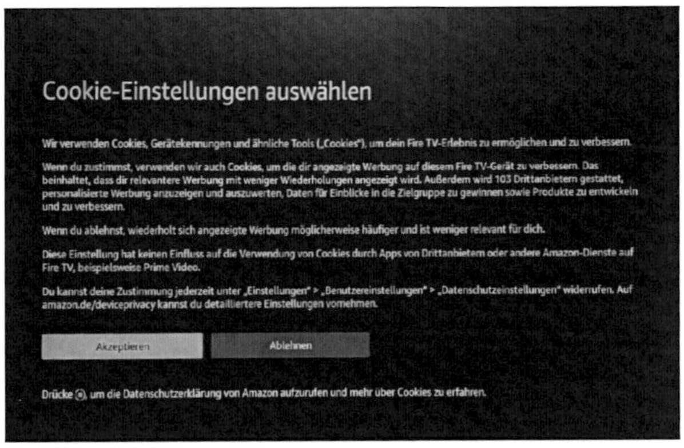

❶ Betätigen Sie *Akzeptieren*. Eventuell erfolgt nun ein Update der Firmware Ihrer Fernbedienung. Den Hinweis *Deine Fire TV-Fernbedienung ist eingerichtet* schließen Sie mit *OK*.

❷ An dieser Stelle zeigt Amazon einen Bildschirm an, der rechtlich zumindest bedenklich ist: Sie müssen dem kostenpflichtigen Amazon Kids+-Abo nämlich aktiv widersprechen. Bewegen Sie dazu den Cursor mit dem Navigationspad auf *Nein danke*, bevor Sie mit Drücken des Navigationspads bestätigen!

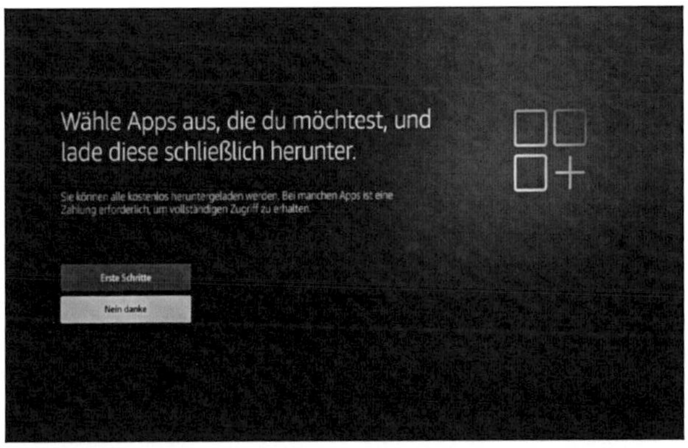

❶ Auf dem Fire TV Stick können sogenannte Apps installiert werden. Wir überspringen das zunächst mit Nein, danke.

❷ Der Bildschirmschoner zeigt bei Nichtaktivität Fotos an. Wir empfehlen mit dem Navigationspad *Stockfotografie* auszuwählen. Schließen Sie den folgenden Erfolgshinweis mit *Fertig*.

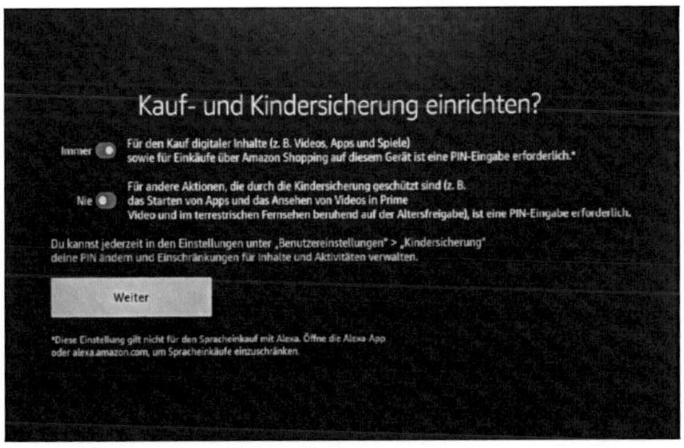

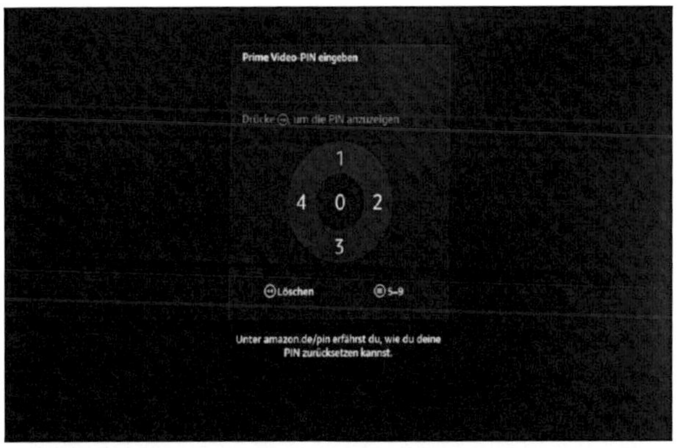

❶ Die Kindersicherung, welche verhindert, dass Unbefugte mit Ihrem Amazon-Konto digitale Inhalte kaufen, ist bereits vorinstalliert, wenn Sie diese irgendwann mal aktiviert hatten. Bestätigen Sie mit *Weiter*.

❷ Sie müssen nun die PIN über das Navigationspad eingeben. Falls Sie Ihre PIN nicht mehr wissen, können Sie sie über *www.amazon.de/pin* zurücksetzen. Schließen Sie den Erfolgshinweis mit *OK*.

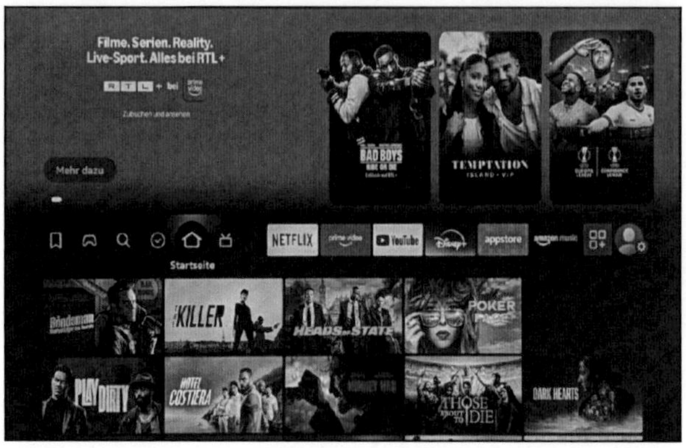

❶ Auch die Frage *Wer schaut Fire TV?* beantworten Sie mit einem Druck auf das Navigationspad. Es lassen sich später noch weitere Nutzer anlegen.

❷ Sie können nun Fire TV nutzen.

15.2.2 Einrichtung des Fire TV für neue Nutzer

Dieses Kapitel richtet sich an Anwender, die Ihren Fire TV Stick bei einem anderen Anbieter als Amazon oder gebraucht erworben haben.

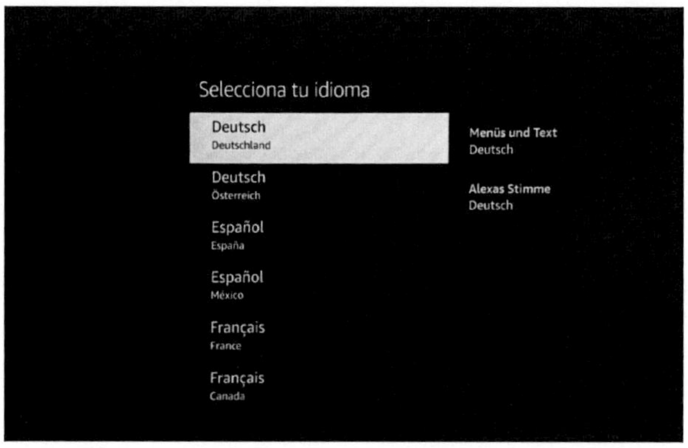

❶ So begrüßt Sie Fire TV nach dem Einschalten. Falls Sie dazu aufgefordert werden, betätigen Sie die ⊚-Taste für die Kopplung zwischen Stick und Fernbedienung. Mit der ⏯-Taste auf Ihrer Fernbedienung geht es weiter.

❷ Wählen Sie die Sprache *Deutsch (Deutschland)* im Auswahlmenü aus. Dazu kommt erstmals das runde Navigationspad (runde Scheibe) auf der Fernbedienung zum Einsatz. Anschließend drücken Sie in die Mitte des Navigationspads, was die Auswahl bestätigt.

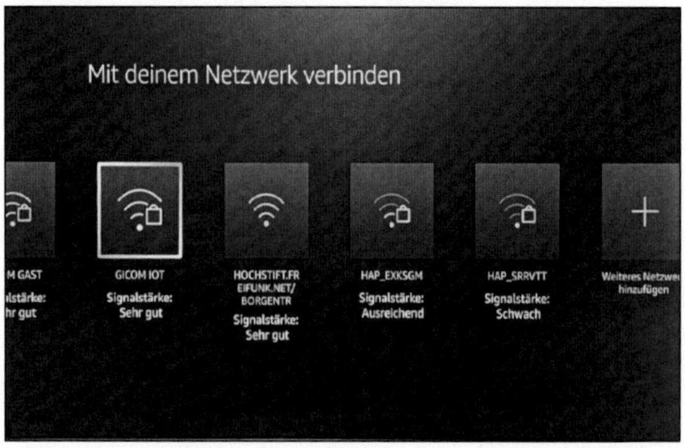

❶ Drücken Sie die runde Navigationstaste.

❷ Wählen Sie einen der gefundenen WLAN-Zugangspunkte aus. Wir empfehlen aus praktischen Gründen den gleichen, den Sie auch mit bereits im Haushalt vorhandenen Echo-Geräten verwenden.

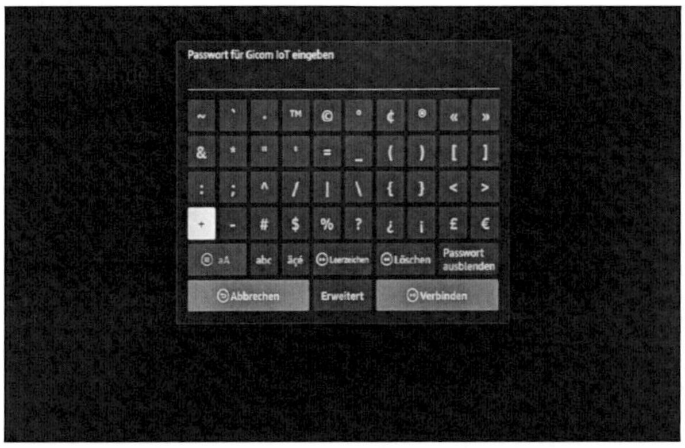

❶ Geben Sie über das Tastenfeld das WLAN-Kennwort ein. Den Cursor bewegen Sie mit dem Navigationspad. Schließen Sie die Eingabe mit der *Weiter*-Schaltleiste ab.

An dieser Stelle wird der Stick vermutlich erst einmal ein Update herunterladen und nach einem Neustart installieren. Die in diesem Buch beschriebene Benutzeroberfläche könnte deshalb an einigen Stellen von der Ihren abweichen.

❷ Wählen Sie die Vorgabe *Bestehendes Konto anmelden.*

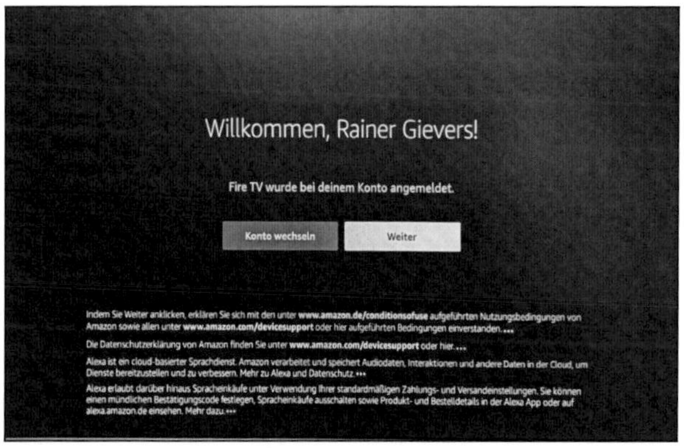

❶ Jetzt nehmen Sie Ihren PC zur Hand und rufen dort die Webadresse *amazon.de/code* auf. Nach der Anmeldung bei Ihrem Amazon-Konto werden Sie zur Codeeingabe aufgefordert. Alternativ scannen Sie mit Ihrem Handy den QR-Code. Geben Sie den auf dem TV angezeigten Code ein. Ihre Amazon-Login-Daten werden nun im Fire TV Stick programmiert.

❷ Nun geht es auf dem TV weiter. Gehen Sie auf *Weiter.*

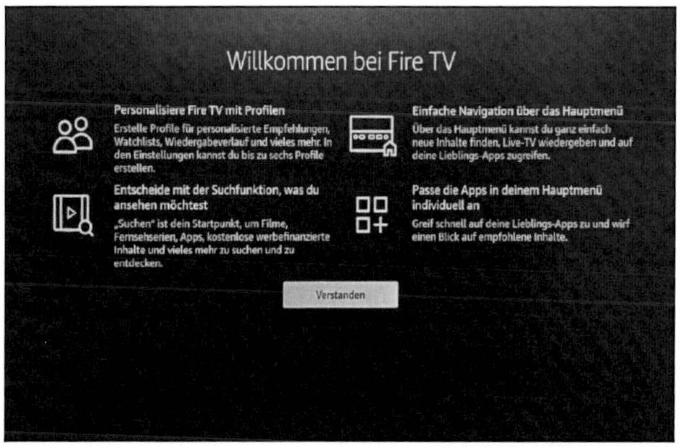

❶ Die Frage nach der Passwortspeicherung beantworten Sie mit Ja.

❷ Betätigen Sie *Verstanden.*

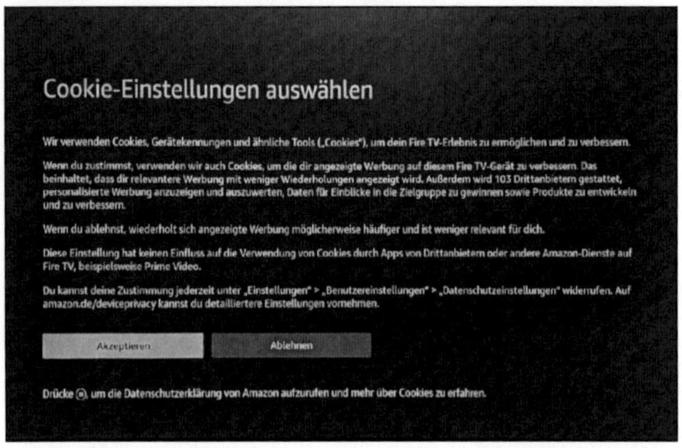

➊ Einige Funktionen auf dem TV Stick laufen in einer Weboberfläche, weshalb die Cookie-Einstellungen abgefragt werden, die Sie mit *Akzeptieren* beantworten. Den folgenden Hinweis auf die fertig eingerichtete Fernbedienung schließen Sie ebenfalls mit *OK*.

➋ Falls Sie noch kein Amazon Prime-Abo abgeschlossen haben, erscheint dieser Bildschirm. Sofern Sie an Prime, das rund 90 Euro im Jahr kostet kein Interesse haben, müssen Sie mit dem Navigationspad *Später* auswählen und dann bestätigen.

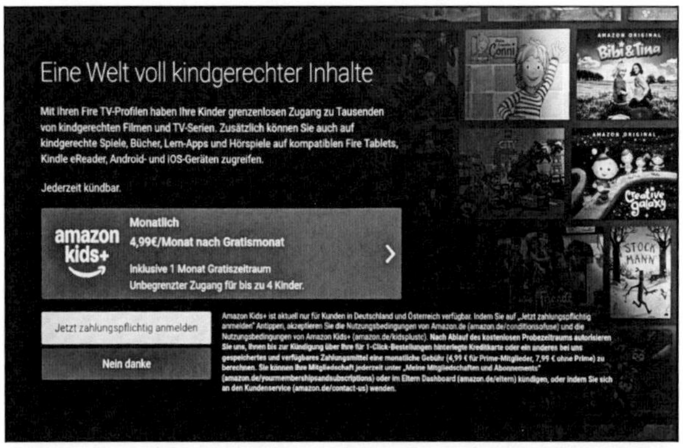

An dieser Stelle zeigt Amazon einen Bildschirm an, der rechtlich zumindest bedenklich ist: Sie müssen dem kostenpflichtigen Amazon Kids+-Abo nämlich aktiv widersprechen. Bewegen Sie dazu den Cursor mit dem Navigationspad auf *Nein danke,* bevor Sie mit Drücken des Navigationspads bestätigen!

➊ Auf dem Fire TV Stick können sogenannte Apps installiert werden. Wir überspringen das zunächst mit *Nein, danke*.

➋ Der Bildschirmschoner zeigt bei Nichtaktivität Fotos an. Wir empfehlen mit dem Navigationspad *Stockfotografie* auszuwählen. Schließen Sie den folgenden Erfolgshinweis mit *Fertig*.

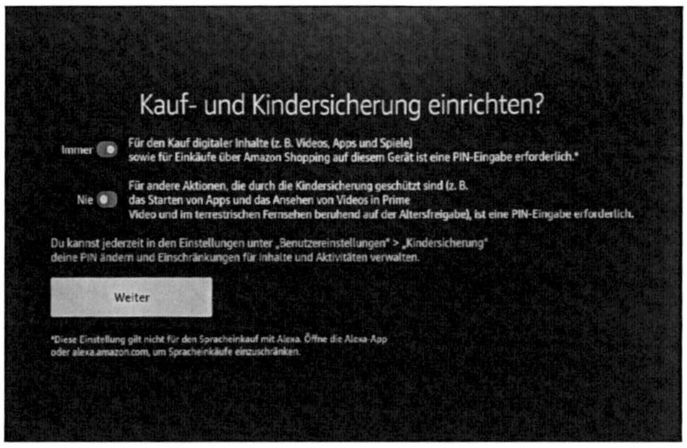

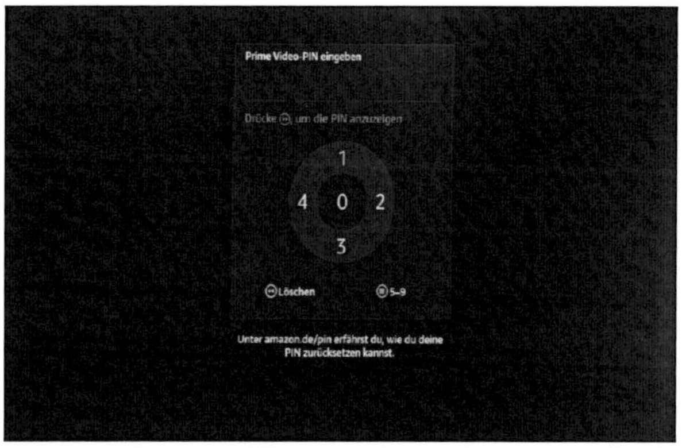

❶ Die Kindersicherung, welche verhindert, dass Unbefugte mit Ihrem Amazon-Konto digitale Inhalte kaufen, ist bereits vorinstalliert, wenn Sie diese irgendwann mal aktiviert hatten. Bestätigen Sie mit *Weiter.*

❷ Sie müssen nun die PIN über das Navigationspad eingeben. Falls Sie Ihre PIN nicht mehr wissen, können Sie sie über *www.amazon.de/pin* zurücksetzen. Schließen Sie den Erfolgshinweis mit *OK*. Es war noch keine PIN eingerichtet, dann müssen Sie diese jetzt festlegen, indem Sie sie die gewünschte PIN zweimal hintereinander eingeben.

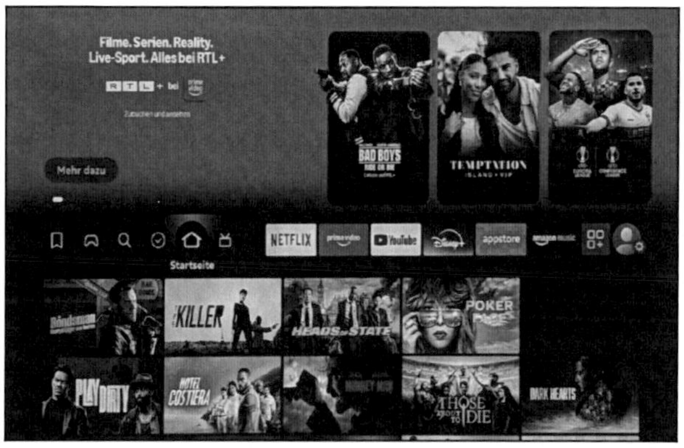

❶ Auch die Frage *Wer schaut Fire TV?* beantworten Sie mit einem Druck auf das Navigationspad. Es lassen sich später noch weitere Nutzer anlegen.

❷ Sie können nun Fire TV nutzen.

15.3 Fire TV mit dem Echo Show 15/21

Fire TV öffnen Sie ganz einfach über die Schaltfläche oben rechts im Startbildschirm.

Alternativ sprechen Sie einfach »*Alexa, öffne Fire TV*« (sofern keine weiteren Echo-Geräte in der Nähe sind) oder »*Alexa, öffne Fire TV auf [Gerätename des Echo Show 15/21]*«

Sie können auch eine optionale Fire TV Fernbedienung mit dem Gerät nutzen, die Sie auf Amazon erwerben können. Die Einrichtung erfolgt über das Fire TV-Menü (siehe Kapitel *10.1.4 Einstellungen des Echo Show 15 und 21*)

15.4 Fire TV in der Praxis

❶ Mit der Fernbedienung (Navigationspad rechts/links betätigen) beziehungsweise über den Touchscreen beim Echo Show 15/21 wechseln Sie zwischen den verschiedenen Registern:

- *Suchen*: Nach bestimmten Filmen suchen.
- *Startseite*: Auf diese Seite kehren Sie alternativ mit der ⌂-Taste auf der Fernbedienung zurück.
- *Live*: Zugriff auf private und öffentlich-rechtliche TV-Sender.
- *Meine Inhalte*: Von Ihnen als Favorit markierte Filme/Serien.

Darunter finden Sie verschiedene Streaming-Dienste:

- ⊞: Anordnung der Schaltleisten auf der Startseite ändern.
- *prime video*: Das Amazon-Filmeportal (siehe Kapitel *14.1 Amazon Prime Video*).
- *Netflix*: Der Marktführer für Streaminginhalte.
- *Red Bull TV*
- freevee: Eine kostenfreie werbefinanzierte Video-on-Demand-Plattform von Amazon als Alternative für Nutzer, die sich kein Amazon Prime-Abo (das Amazon Prime Video beeinhaltet) leisten können oder möchten.
- *appstore*: Anwendungen und Spiele auf dem Stick installieren. Im Kapitel *15.6 Andere Streamingdienste* gehen wir noch darauf ein, warum Apps so wichtig sind.
- *Internet*: Öffnet den Webbrowser (siehe Kapitel *10.3 Webbrowser*)
- *Alle anzeigen*: Weitere Streaming-Dienste.

❷ Mit Navigationspad hoch/runter blättern Sie durch das Amazon Prime-Video-Angebot.

Wie erwähnt, sind insbesondere aktuelle Kinofilme und Serien häufig kostenpflichtig. Zur Auswahl steht dann »ausleihen« oder »kaufen«. Geliehene Filme dürfen Sie 48 Stunden lange, gekaufte dagegen so häufig wie Sie möchten, ansehen. Für Kauf und Ausleihe müssen einige Voraussetzungen erfüllt sein, auf die Kapitel *16 Online shoppen* eingeht.

15.4.1 Sprachsteuerung über die Fernbedienung

Für die Sprachsteuerung halten Sie die 🎙-Taste auf der Fernbedienung gedrückt und sprechen den Befehl, allerdings ohne vorangestelltes »*Alexa*«. Lassen Sie dann die 🎙-Taste los. Beim Fire TV Stick 4K Max betätigen sie die hellblaue Taste auf der Oberseite.

Viele Sprachbefehle, die Sie bereits von Ihrem Echo-Gerät, besonders von den Echo Show-Modellen, her kennen, funktionieren auch mit dem Fire TV Stick. Siehe dazu Kapitel *5.1 Standardbefehle*.

Einige Befehlsvorschläge[40]:

Videowiedergabe (Abo eines Videostreamingdienstes, wie in Amazon Prime enthalten ist, nötig):

- *»Suche [Titel/Schauspieler/Genre] in [App]«*
- *»Suchen nach [Genre] von [Schauspieler]«*
- *»Spiele [Titel] in [App]«*
- *»Starte/Öffne [Name der App]«*
- *»Gehe zu [Sender/Netzwerk] auf [App]«*
- *»Zurückspulen 5 Minuten«*
- *»Gehe zu Minute 25«*
- *»Vorspulen 30 Sekunden«*
- *»Nächste Folge«*

Musikwiedergabe (Musik-Abo notwendig, siehe auch Kapitel *6.1 Amazon Prime Music und Amazon Music Unlimited*):

- *»Spiele Musik von [Künstler] ab«*
- *»Spiele meinen [Künstlername]-Radiosender auf [App] ab«*
- *»Nächster Song«*
- *»Vorheriger Song«*

Smart Home-Kameras:

- *»Zeige [Kameraname]«*
- *»Verberge [Kameraname]«*

15.4.2 Ruhemodus

Fire TV zeigt nach 5 Minuten Inaktivität einen Bildschirmschoner an und schaltet nach weiteren 15 Minuten in den energiesparenden Ruhemodus. Alternativ halten Sie die ⌂-Taste gedrückt, bis das Menü erscheint, in dem Sie *Ruhemodus* auswählen. Betätigen Sie eine beliebige Taste auf der Fernbedienung, um Fire TV wieder aufzuwecken.

Sie können den Fire TV Stick auch zusammen mit dem Fernseher an einer schaltbaren Steckdose betreiben und somit gemeinsam ein- und ausschalten. Beachten Sie aber, dass OLED- und Plasma-Fernseher in der Regel nicht vollständig vom Netz getrennt werden dürfen, weil sonst die Displayregeneration nicht funktioniert und nach einiger Zeit das Bild »einbrennt«. Fragen Sie bitte unbedingt vorher Ihren Fachhändler oder den Hersteller!

15.5 Fire TV mit Echo-Gerät nutzen

Statt über die Fernbedienung lässt sich Fire TV auch von einem Echo-Gerät aus steuern. Damit Sie die nachfolgend beschriebenen Funktionen nutzen können, müssen alle beteiligten Geräte, also Echo-Gerät und Fire TV Stick, den selben WLAN-Zugangspunkt und das selbe Amazon-Konto nutzen.

Sprechen Sie einfach einen Befehl mit dem Zusatz *»auf Fire TV«* (der englische Begriff wird »Feier Tiwie« gesprochen). Beispiel: *»Alexa, spiele Sandmännchen **auf Fire TV**«*. Beim ersten Aufruf wird Sie Alexa fragen, ob Sie sich mit Fire TV verbinden möchten, was Sie mit *»Ja«* beantworten.

40 *www.amazon.de/gp/help/customer/display.html?nodeId=GX9DCFLG2CCMHJWN*

Es wird natürlich schnell lästig, immer »*auf Fire TV*« zu sprechen, deshalb kann man Fire TV und Echo miteinander verknüpfen. Alexa wendet dann alle Ihre Mediensteuerungsbefehle auf Fire TV an.

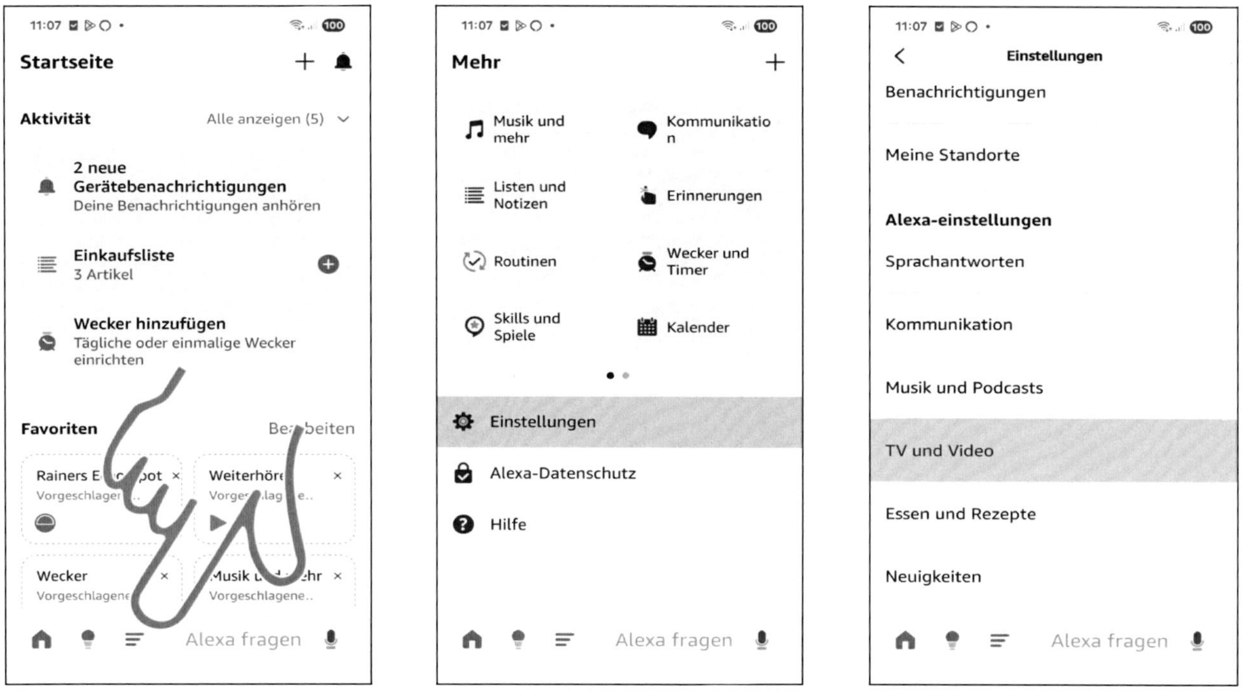

❶❷ Aktivieren Sie in der Alexa-App das ☰ (*Mehr*)-Register und gehen Sie auf *Einstellungen.*

❸ Wählen Sie *TV und Video* aus.

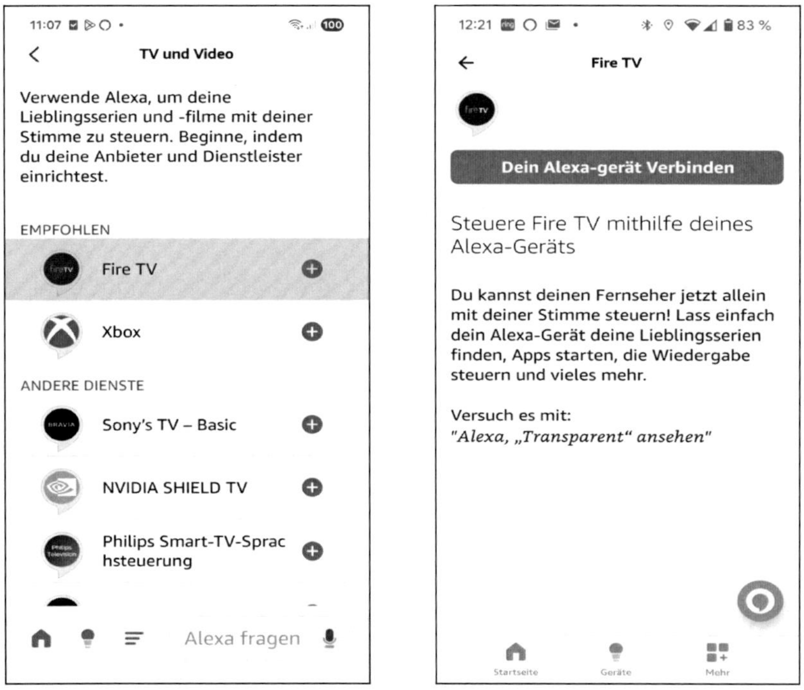

❶ Betätigen Sie *Fire TV.*

❷ Gehen Sie auf *Dein Alexa-gerät Verbinden.*

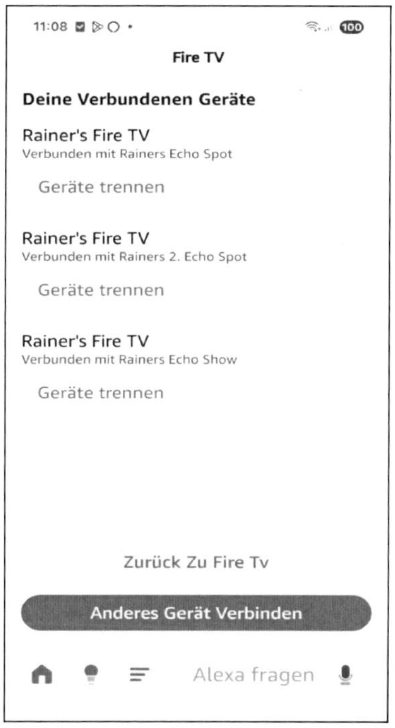

❶ Aktivieren Sie »*Fire TV*« und betätigen Sie *Weiter.*

❷ Wählen Sie das Echo-Gerät aus, von dem Sie Fire TV steuern möchten (es erhält einen Haken) und betätigen Sie *Geräte verbinden*.

❸ Betätigen Sie *Zurück zu Fire Tv.* Damit die ist die Einrichtung abgeschlossen.

Künftig reicht Ihr Echo-Gerät alle Medienbefehle wie »*Alexa, spiele Tatort*« automatisch an Fire TV weiter. Soll dagegen der Medienbefehl nicht auf Fire TV, sondern auf dem Echo-Gerät ausgeführt werden, müssen Sie nun den Befehl um »*auf [Echo-Gerätename]*« ergänzen.

Ein Fire TV Stick kann mit mehreren Echo-Geräten verknüpft werden, ein Echo-Gerät kann aber immer nur einen Fire TV Stick steuern.

15.6 Andere Streamingdienste

Erfreulicherweise ist Fire TV ein sehr offenes System, das die Erweiterung über Programme, den sogenannten Apps, unterstützt. Auf diesem Wege installieren Sie auch diverse Videoplattformen und Streamingdienste auf dem System.

Unterstützt werden unter anderem:

- Netflix
- Disney+
- Amazon Prime Video
- Sky Ticket
- Apple TV+

Auch Mediatheken vieler öffentlich-rechtlichen und privater Sender sind verfügbar. An Videodiensten werden neben Marktführer YouTube beispielsweise auch Twitch, Vimeo und TikTok unterstützt. Live TV steht in den Mediatheken beziehungsweise über separate Apps zur Verfügung, zum Beispiel von waipu.tv, Zattoo, MagentaTV und DAZN.

Bitte beachten Sie, dass viele Anbieter kostenpflichtige Abos voraussetzen. Sie erhalten deshalb einen entsprechenden Hinweis, wenn Sie die jeweilige App aufrufen.

Die Fernbedienung des Fire TV Stick 4K Max besitzt extra Tasten an der Unterseite, über die Sie die gängigen Videodienste direkt aufrufen können.

➊ Im Beispiel möchten wir Netflix nutzen. Geben Sie einfach den Sprachbefehl »*Öffne Netflix*« über die Fernbedienung oder Betätigen Sie dort die *Netflix*-Taste. Alternativ wählen Sie Netflix auf der Startseite aus. Drücken Sie das Navigationspad, worauf die Netflix-App installiert beziehungsweise geöffnet wird.

➋ Künftig rufen Sie Netflix über den Befehl »*Öffne Netflix*« auf. Sie müssen sich nun einmalig anmelden.

Sprechen Sie zum Beispiel »*Spiele Bodyguard auf Netflix*«, wenn Sie einen bestimmten Film ansehen möchten.

16. Online shoppen

Dank Alexa bestellen Sie direkt aus dem Amazon-Online-Shop. Dazu müssen Sie aber eine Amazon Prime-Mitgliedschaft[41] besitzen, die derzeit 89,90 Euro im Jahr kostet, und eine Zahlungsart und Lieferadresse im Amazon-Konto hinterlegt haben.

Unterstützt werden nur die für »Prime« qualifizierten Artikel, das heißt, alle Drittanbieter (die selbst den Versand organisieren) bleiben außen vor. Weil damit auch häufig günstigere Preise unter den Tisch fallen, können wir Alexa-Shopping nur den Kauf von Verbrauchsmaterial wie Waschpulver und dergleichen empfehlen. Zu deutsch: Die Nützlichkeit von Alexa-Shopping hält sich doch arg in Grenzen.

Trotz allem sollten Sie aber trotzdem Ihre Zahlungsdaten (in der Regel Ihr Bankkonto für Lastschriftabbuchung) bei Amazon hinterlegen, denn nur so können Sie auch den kostenpflichtigen Kauf beziehungsweise Verleih von Spielfilmen und Serien (siehe Kapitel *14 Video mit Echo Show-Geräten*) nutzen.

Mit der Verwendung von Alexa für das Online-Shopping gehören Sie übrigens zu den Pionieren, denn weltweit haben 2018 gerade mal 2 Prozent aller Echo-Gerät-Besitzer mal einen Kauf darüber durchgeführt[42]. Aktuelle Zahlen liegen uns nicht vor, aber es ist davon auszugehen, dass dieser Wert weiterhin einstellig ist.

16.1 Zahlungsdaten hinterlegen

Die für die Zahlungsabwicklung und Versand benötigten Daten legen Sie entweder über die Amazon-Website fest, oder in der Amazon-App auf dem Handy/Tablet.

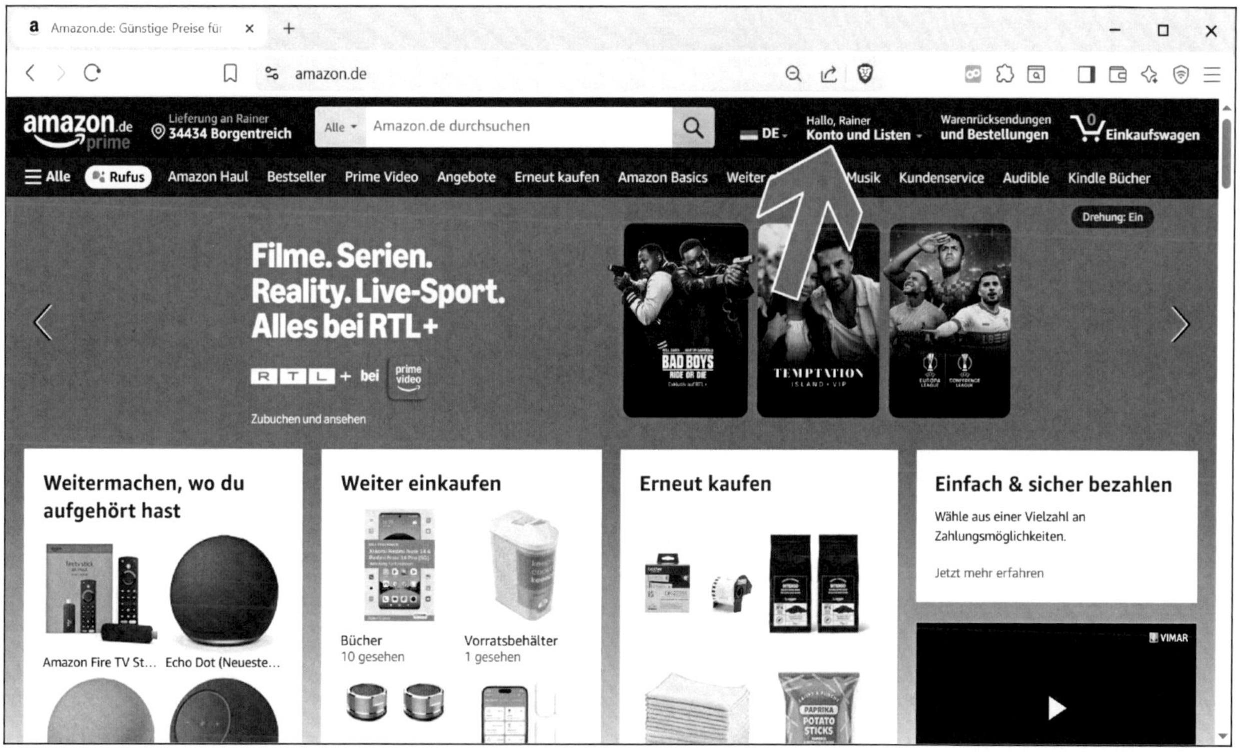

Rufen Sie die Amazon-Website unter *www.amazon.de* in einem Webbrowser auf und klicken Sie auf *Konto*. Melden Sie sich dann mit Ihrem Amazon-Login und Passwort (mit dem Sie auch bei Alexa angemeldet sind) an. Danach klicken Sie erneut auf *Konto und Listen…*

41 *www.amazon.de/amazonprime*
42 *www.heise.de/newsticker/meldung/Voice-Shopping-Nur-2-Prozent-nutzen-Alexa-zum-Einkaufen-4131456.html*

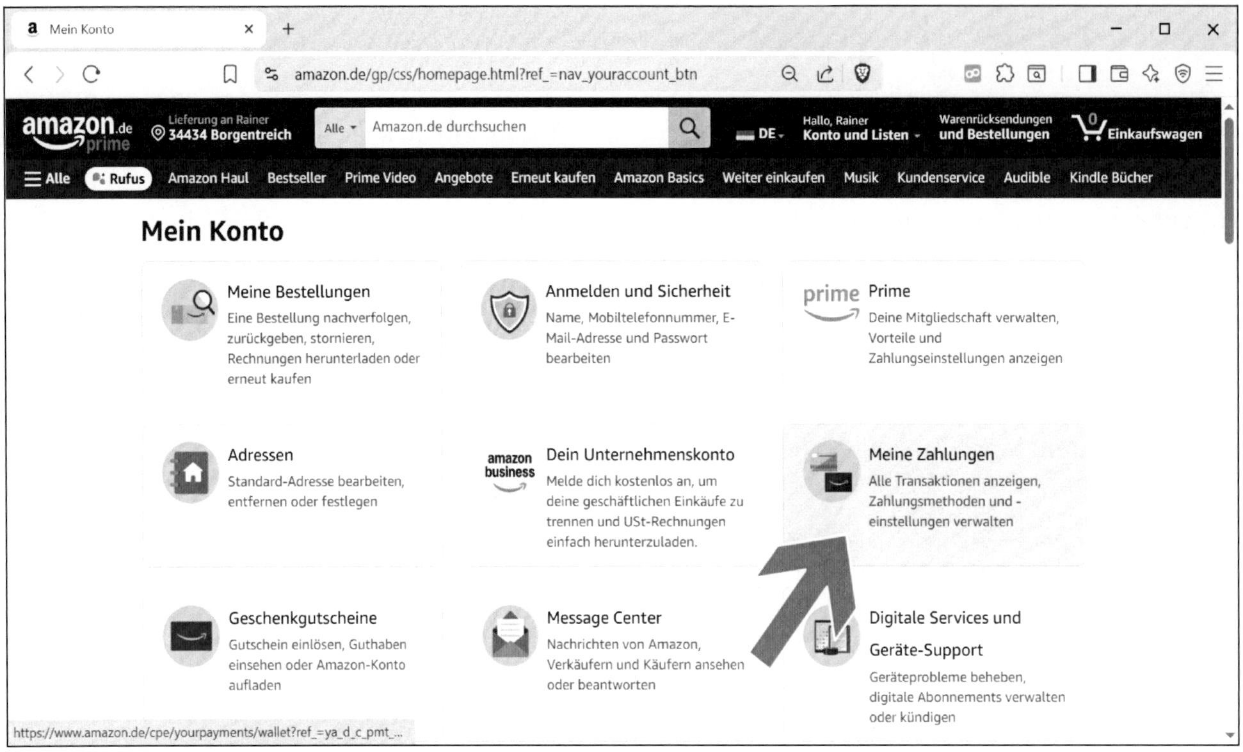

… Hier klicken Sie *Meine Zahlungen* an, um Ihre Daten zu hinterlegen.

Bei dieser Gelegenheit sollten Sie auch auf die Webadresse *www.amazon.de/amazonprime* gehen und dort Ihre Prime-Mitgliedschaft aktivieren, sofern Sie dies noch nicht getan haben. Wie bereits oben erwähnt, funktionieren sprachgesteuerte Bestellungen nur über Prime.

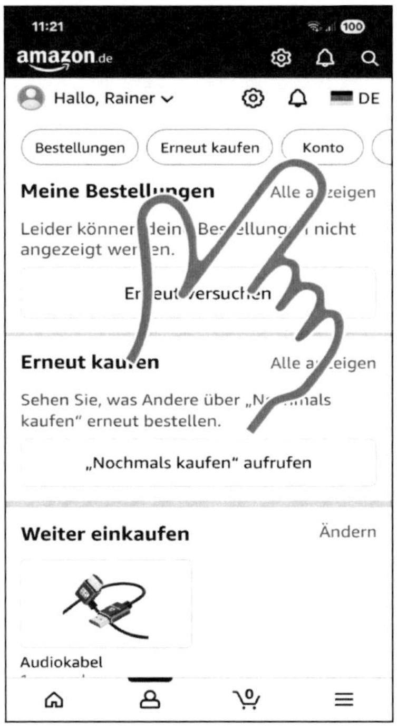

➊ Alternativ installieren Sie die *Amazon Shopping*-App aus dem *App Store* (iPhone) oder aus dem *Google Play Store* (Android).

➋➌ Nach Aktivieren des 👤-Registers gehen Sie auf *Konto*.

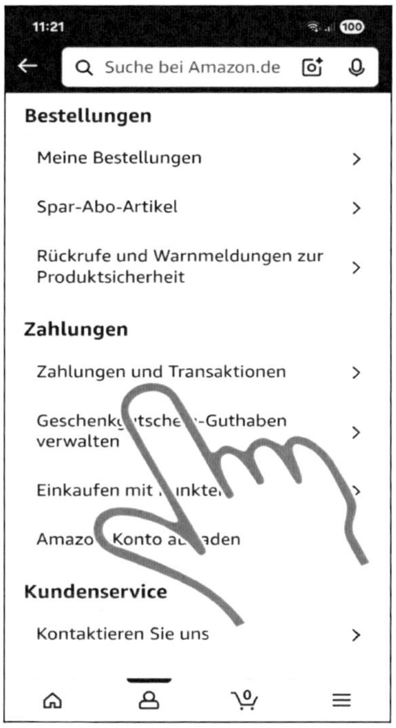

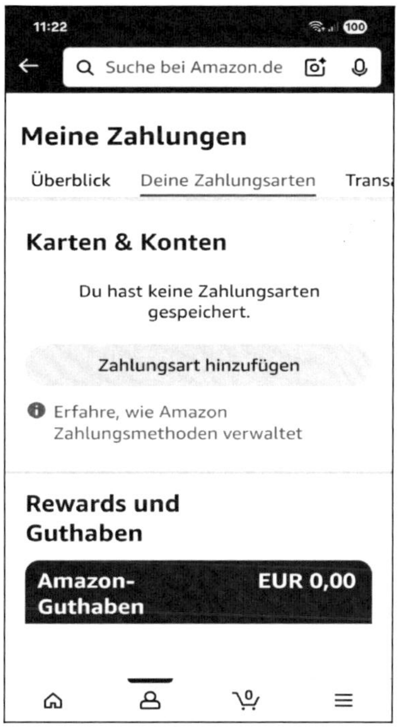

❶ Rufen Sie *Zahlungen und Transaktionen* auf.

❷ Betätigen Sie *Zahlungsart hinzufügen* und wählen Sie dann die Zahlungsmethode aus.

16.2 Shopping in der Praxis

Alexa reagiert im Shopping-Modus auf den Echo-Geräten ohne Bildschirm etwas anders als auf den Echo Show-Modellen.

16.2.1 Kauf auf einem Echo-Gerät ohne Bildschirm

Hier simulieren wir den interaktiven Produktkauf (→ = Nutzereingabe, ← = Alexa-Ausgabe):

→ »*Alexa, Seife kaufen*«

← »*Amazon's Choice für Seife ist …, der Preis ist … Euro auf Amazon. Willst du den Artikel jetzt kaufen?*«

→ »*Nein*«

← »*Das Top-Suchergebnis ist für Seife ist …, der Preis ist … Euro auf Amazon. Willst du den Artikel jetzt kaufen.*«

→ »*Nein*«

← »*Das ist alles, was ich gerade für Seife finden kann. Siehe in der Alexa-App nach für weitere Optionen.*«

In unserem Beispiel hat Amazon automatisch den Kaufvorgang abgebrochen.

Amazon schlägt nur maximal zwei Produkte vor: »Amazon's Choice« (engl. Amazons Empfehlung) und dann das beste Suchergebnis. Beachten Sie, dass »Amazon's Choice« keinerlei Aussage darüber gibt, dass ein Artikel besonders gut oder gar preiswert ist. Vermutlich orientiert sich Amazon an hohen Produktbewertungen und Absatzzahlen.

Sagen Sie »*Ja*«, für den Kauf eines vorgeschlagenen Artikels.

Sehr selten ist die im Kaufbefehl angegebene Artikelbezeichnung so exakt, dass Alexa die Produktauflistung überspringt und direkt nach dem Kaufabschluss für den Artikel fragt.

Beispiel für einen erfolgreichen Kauf:

→ »*Alexa, Seife kaufen*«

← »*Amazon's Choice für Seife ist ..., der Preis ist ... Euro auf Amazon. Willst du den Artikel jetzt kaufen?*«

→ »*Ja*«

← »*Okay. Bestellung aufgegeben. Der Gesamtbetrag ist ... Euro inklusive Mehrwertsteuer und wird am ... geliefert.*«

Neben dem direkten Kauf existiert eine Warenkorbfunktion, das heißt, Sie fügen mit »*Alexa, Seife in Warenkorb*« dem Warenkorb einen Artikel hinzu. Den Kauf müssen Sie dann allerdings in der Amazon-App oder auf der Amazon-Website abschließen. Angesichts dessen, dass alle Prime-Artikel ohnehin versandkostenfrei versendet werden, macht der Warenkorb aber ohnehin keinen Sinn.

16.2.2 Kauf auf Echo Show

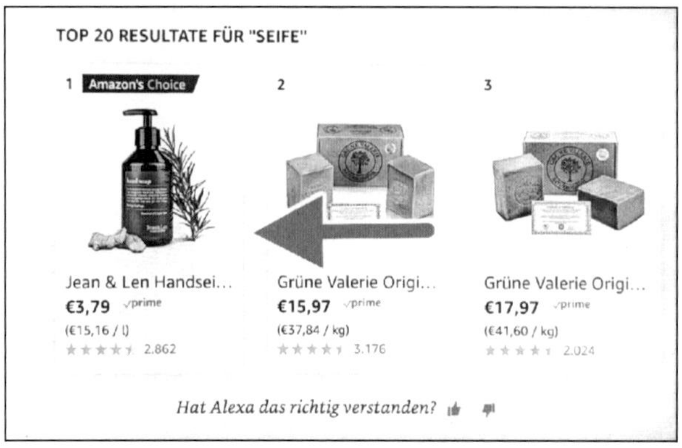

❶ Im Beispiel sagen Sie »*Alexa, Seife kaufen*«. Alexa stellt die Produkte nacheinander vor. Wir empfehlen das Blättern mit einer Wischgeste durch die Produktauflistung, alternativ sprechen Sie einfach »*Alexa, Nächstes*« beziehungsweise »*Alexa, Vorheriges*«.

Zum Kaufen eines Produkts sprechen Sie beispielsweise »*Alexa, kaufe Nummer 1*« oder »*Alexa, lege Nummer 1 in den Warenkorb*«. »*Alexa, zeige Details für Nummer 1 an*« beziehungsweise antippen eines Artikelfotos öffnet die Details (❷). Hier können Sie mit den Schaltleisten beziehungsweise »*Alexa, kaufen*« den Kauf durchführen.

Echo-Geräte und Alexa-Sprachsteuerung sollten ursprünglich neue Kundengruppen erschließen, die bequem »vom Sofa aus« bei Amazon shoppen. Kein Wunder, dass Alexa und die Echo Show-Geräte permanent mit Hinweisen auf die Shopping-Funktion nerven!

16.2.3 Weitere Optionen

»*Alexa, welche Bestellungen?*« informiert über das Bestell- und Lieferdatum.

»*Alexa, Bestellung stornieren*« löscht die letzte Bestellung. Sollte Alexa dies verweigern, versuchen Sie die Stornierung nochmals über die Amazon-App oder die Amazon-Website. Sollte die Ware bereits unterwegs sein, können Sie natürlich immer noch vom 14-tägigen Rückgaberecht Gebrauch machen.

»*Alexa ... erneut bestellen*« sucht in Ihrer Bestellhistorie nach dem Artikel und führt nach Rückfrage den Kauf erneut aus.

16.3 Kaufoptionen

In Haushalten mit mehreren Personen oder vielen Besuchern macht es Sinn, dass man die Käufe deaktiviert oder zumindest mit einem Code schützt.

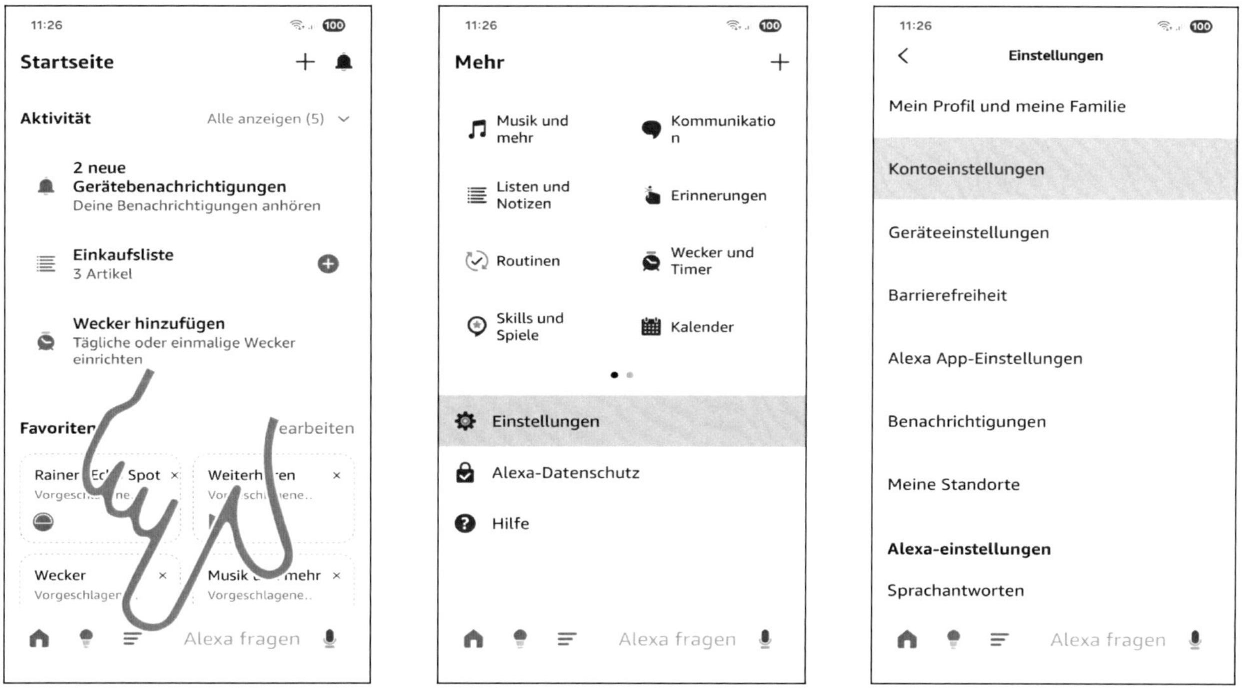

❶ In der Alexa-App aktivieren Sie das ☰ (*Mehr*)-Register.

❷❸ Gehen Sie auf *Einstellungen* und dann *Kontoeinstellungen*.

❶ Wählen Sie *Spracheinkauf*.

❷ Wenn Sie keine Käufe über Echo-Geräte durchführen möchten, dann deaktivieren Sie *Spracheinkauf*.

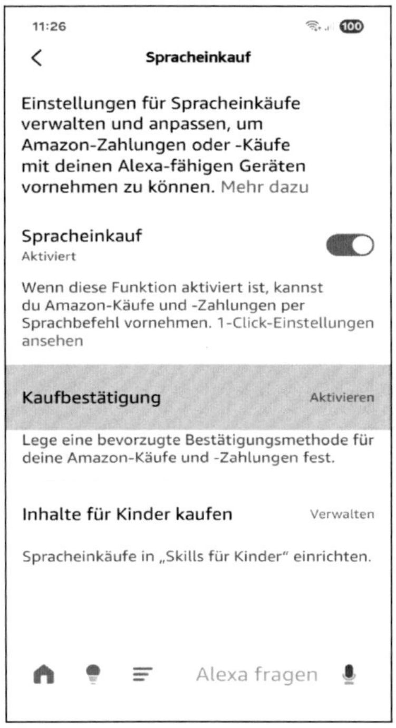

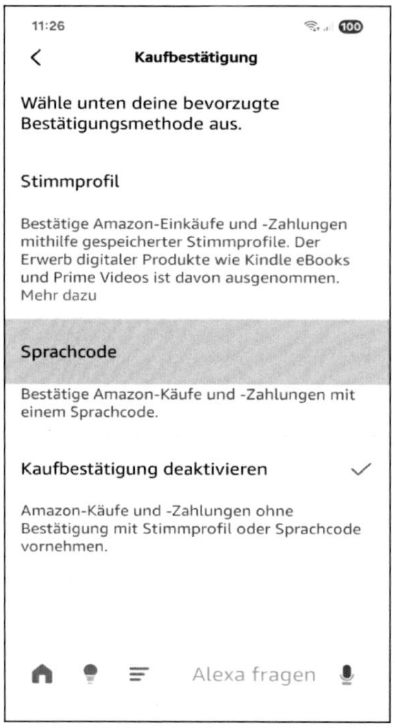

❶ Weitere Sicherheitsfunktionen verbergen sich im *Kaufbestätigung*-Menü.

❷❸ Wählen Sie *Sprachcode*, damit Alexa jeden Kauf erst nach Aussprechen eines vierstelligen Codes durchführt. Alternativ rufen Sie Stimmenprofil auf, worin Sie festlegen, welche der im Haushalt registrierten Stimmen (siehe Kapitel *12.10 Stimmenprofil*) Einkäufe durchführen darf.

17. Smart Home

Vielleicht gibt Sie ja bereits in Ihrem Bekanntenkreis Familien, die auf das Smart Home (engl. kluges Zuhause) setzen? Unter Smart Home versteht man die zentrale Steuerung und Überwachung von Geräten im Haushalt.

Dazu zählen unter anderem[43]:

- Thermostate: Durch eine Zeitsteuerung werden Heizkörper und Fußbodenheizungen Nachts oder an bestimmten Wochentagen automatisch heruntergeschaltet, was mehr als 30 Prozent an Energie spart.
- Lampen, Steckdosen und Zwischendosen: Die Zeitsteuerung sorgt beispielsweise dafür, dass die elektrischen Rolladen automatisch morgens hoch- und abends runtergefahren werden oder die Kaffeemaschine rechtzeitig zum Frühstück startet.
- Bewegungsmelder und Überwachungskameras: Bewegungsmelder informieren auf Ihrem Handy automatisch über ungebetene Besucher oder lösen die Sirene aus. Mit einem Blick auf Ihrem Handy erfahren Sie anhand Live-Videobilder, ob nur der Postbote oder ein Einbrecher vor Ihrer Tür steht.
- Türklingeln und Gegensprechanlagen: Über Funk lässt sich die Türklingel auch in entfernte Räume anbringen. Besucher an der Tür fertigen Sie einfach über eine App auf dem Handy von unterwegs ab, die Video und Ton von der Gegensprechanlage überträgt.
- Haushaltsgeräte: Einige Staubsaugerroboter, Kaffeevollautomaten, Kühlschränke und Waschmaschinen lassen sich in das Smart Home integrieren.

Für die Kopplung zu einem Smart Home gibt es mehrere Optionen:

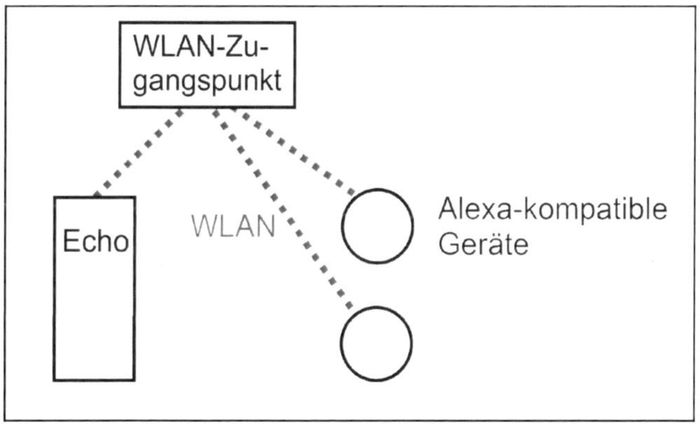

1. Anbindung über Alexa

Amazon hat die Alexa-Schnittstellen für Drittanbieter frei gegeben. Deren (Haushalts)-Geräte werden, genauso wie die Echo-Geräte, über WLAN oder Bluetooth gekoppelt.

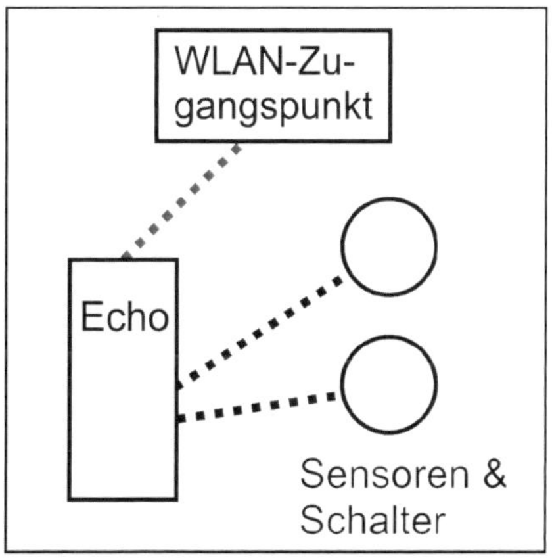

2. Anbindung über WLAN und andere Standards

Viele Sensoren und Schalter von Drittanbietern lassen sich per Funk anbinden. Dazu benötigen Sie ein Echo-Gerät, in dem ein sogenannter Smart Home-Hub integriert ist.

43 *www.homeandsmart.de/amazon-echo-kompatible-produkte-systeme*

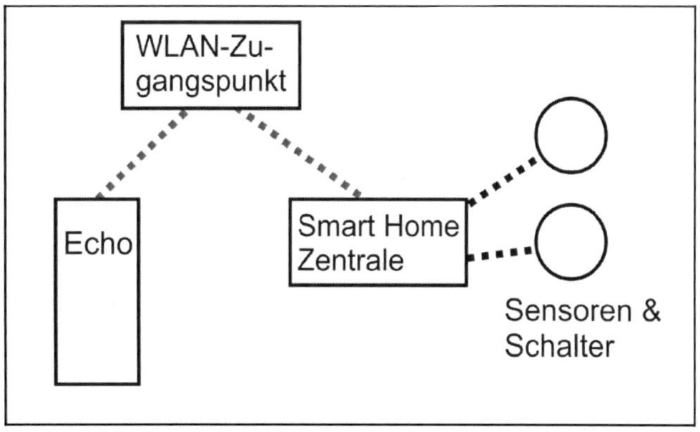

3. Anbindung über Smart Home-Systeme

Bestehende Smart Home-Systeme wie »Philips Hue«, »Bosch Smart Home« oder »Homematic IP« lassen sich ebenfalls über Alexa steuern. Sie benötigen dazu eventuell ein optionales Alexa-Modul.

In den folgenden Kapiteln gehen wir nur auf 1. und 2. Anbindung ein, weil die 3. Anbindungsoption bei jedem Smart Home-System anders realisiert ist.

Es ist leider unmöglich, in diesem Buch auf alle Möglichkeiten, die sich mit verschiedenen Smart Home-Geräten ergeben, einzugehen. Wir hoffen, Ihnen aber einen kleinen Überblick geben zu können.

Interessant ist die Verwendung von Sensoren und Schaltern im Zusammenhang mit den im Kapitel *18 Routinen* erwähnten Automatisierungsfunktionen. So können Sie beispielsweise zeitgesteuert Steckdosen ein- oder ausschalten.

17.1 Funkstandards

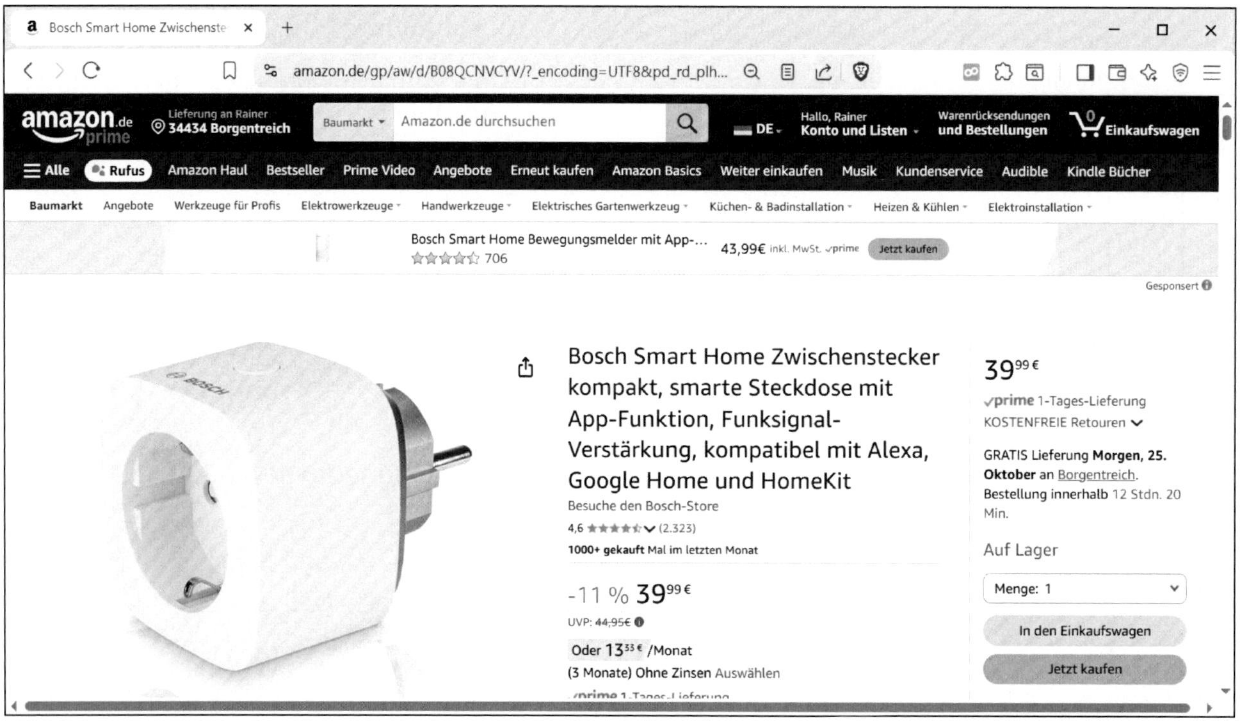

Beim Kauf von Smart Home-Produkten müssen Sie darauf achten, dass sie von Alexa unterstützt werden. Meistens gibt es in der Produktbeschreibung einen Hinweis auf die Kompatibilität, wie in diesem Beispiel.

Diese Tabelle fasst die aktuellen Echo-Modelle und deren unterstützte Smart-Home-Funkstandards zusammen. Dazu gehören ZigBee, Thread, Matter, Wi-Fi und Bluetooth. (Stand: November 2025, Angaben ohne Gewähr).

Modell	ZigBee	Thread	Matter	Wi-Fi / Bluetooth
Echo (4. Gen)	Ja	Ja	Ja	Wi-Fi 2,4/5 GHz, BT LE
Echo Dot (5. Gen)	Nein	Teilweise	Ja	Wi-Fi 2,4/5 GHz, BT LE
Echo Spot	Nein	Nein	Teilweise	Wi-Fi 2,4/5 GHz, BT LE
Echo Pop	Nein	Nein	Teilweise	Wi-Fi 2,4/5 GHz, BT LE
Echo Show 5 (3. Gen)	Nein	Ja	Ja	Wi-Fi 2,4/5 GHz, BT LE
Echo Show 8 (3. Gen, 2023)	Ja	Ja	Ja	Wi-Fi 2,4/5 GHz, BT LE
Echo Show 10 (3. Gen)	Ja	Ja	Ja	Wi-Fi 2,4/5 GHz, BT LE
Echo Show 15/21	Nein	Ja	Ja	Wi-Fi 2,4/5 GHz, BT LE
Echo Studio (2023)	Ja	Ja	Ja	Wi-Fi 2,4/5 GHz, BT LE
Echo Plus (2. Gen)	Ja	Nein	Nein	Wi-Fi 2,4/5 GHz, BT LE
Echo Hub (2024)	Ja	Ja	Ja	Wi-Fi 2,4/5 GHz, BT LE

17.1.1 ZigBee, Thread und Matter

Zigbee, Matter und Thread sind drei unterschiedliche, aber teilweise miteinander kompatible oder sich ergänzende Funkstandards im Smart-Home-Ökosystem.

Kurz zusammengefasst:

ZigBee und **Matter** wurden von der gleichen Organisation entwickelt. Matter wird als Nachfolger für ZigBee gesehen. ZigBee-Geräte können gegebenenfalls über Firmware-Updates oder Bridge-Lösungen (zum Beispiel durch eine Hue Bridge mit Matter-Support) in Matter-Systeme eingebunden werden.

Thread liefert die physikalische Netzwerkverbindung für Matter-Geräte mit geringem Stromverbrauch. Matter definiert die Kommunikationssprache (beispielsweise Licht an/aus, Temperatur setzen).

ZigBee und Thread: Beide nutzen denselben Funkchip-Typ, aber inkompatible Protokolle. Geräte können also nicht direkt miteinander sprechen, obwohl die Hardware oft identisch ist. Ein Gateway oder Matter-Bridge kann Übersetzungen ermöglichen.

17.1.1.a ZigBee (IEEE 802.15.4)

ZigBee ist ein energieeffizienter Mesh-Netzwerkstandard für die Heimautomatisierung. Er verbindet Lampen, Sensoren, Steckdosen und Schalter direkt miteinander oder über einen Hub.

Vorteile:

- Sehr stromsparend, daher ideal für batteriebetriebene Geräte
- Stabile Reichweite durch Mesh-Weiterleitung
- Lokale Steuerung ohne Internet möglich
- Breite Unterstützung durch Hersteller

Nachteile:

- Geräte müssen über einen ZigBee-Hub eingebunden werden
- Teilweise proprietäre Hersteller-Implementierungen (Kompatibilitätsprobleme)
- Geringe Datenrate (20–250 kbit/s), daher nicht für Videoübertragungen oder Ähnliches geeignet

17.1.1.b Thread (ebenfalls IEEE 802.15.4)

Thread ist ein IP-basiertes Mesh-Protokoll, das speziell für Smart-Home-Geräte entwickelt wurde und Matter-Geräte (siehe unten) miteinander verbindet.

Vorteile:

- IPv6-basiert: Datenübertragung über das Internet möglich
- Selbstheilendes Mesh-Netzwerk (jedes Gerät kann Router sein)
- Niedriger Energieverbrauch und hohe Zuverlässigkeit
- Kein zentraler Hub erforderlich, nur ein sogenannter Border-Router (Echo-Gerät) nötig

Nachteile:

- Noch relativ geringe Geräteverfügbarkeit
- Einrichtung komplexer als bei WLAN
- Funktioniert nur mit Thread-fähigen Controllern (Border Router)

17.1.1.c Matter (Standard 1.4)

Matter ist ein herstellerübergreifender Smart-Home-Standard, der als einheitliche Sprache über WLAN, Ethernet oder Thread fungiert. Er soll Cloud-Abhängigkeiten reduzieren und Interoperabilität zwischen Marken (Amazon, Google, Apple, Samsung usw.) ermöglichen.

Vorteile:

- Lokale Steuerung (auch ohne Internet)
- Einheitliche Einrichtung und Kompatibilität
- Unterstützt mehrere Übertragungswege (WLAN, Ethernet, Thread)
- Zukunftssicherer Industriestandard (Connectivity Standards Alliance)

Nachteile:

- Noch nicht alle Gerätekategorien unterstützt
- Firmware-Updates oft nötig
- Keine Abwärtskompatibilität zu älteren ZigBee-Geräten

17.1.2 WLAN (IEEE 802.11 a/b/g/n/ac/ax)

Primär zur Internet- und Cloud-Kommunikation. Viele Smart-Home-Geräte (zum Beispiel Steckdosen, Kameras) nutzen direkt das heimische WLAN und kommunizieren über Alexa-Skills oder Cloud-APIs. Ein Beispiel ist die im Kapitel *17.3.1 WLAN-Steckdose koppeln* vorgestellte Tapo-Steckdose.

Vorteile:

- Hohe Datenrate (bis 1 Gbit/s)
- Keine zusätzliche Bridge erforderlich
- Große Geräteauswahl

- Direkter Internetzugang

Nachteile:

- Hoher Energieverbrauch, daher ungeeignet für batteriebetriebene Sensoren
- Kein Mesh zwischen Geräten (Verbindung erfolgt nur über Router)
- Abhängig von WLAN-Abdeckung und Internetverbindung

17.1.3 Bluetooth Classic / Bluetooth Low Energy (BLE)

Wird in Echo-Geräten für Audio-Streaming, Geräteeinrichtung (BLE Setup) oder direkte Verbindung zu Bluetooth-Smart-Home-Geräten genutzt.

Vorteile:

- Energieeffizient (BLE)
- Einfache Direktverbindung ohne Netzwerk
- Große Geräteverbreitung

Nachteile:

- Begrenzte Reichweite (typisch sind 10 Meter)
- Für komplexe Smart Home-Netze ungeeignet

17.1.4 Alexa Smart Home API (Cloud-basiert)

Virtuelles Protokoll zur Cloud-Kommunikation zwischen Alexa und Smart-Home-Skills von Herstellern.

Vorteile:

- Kein Hub notwendig
- Große Gerätevielfalt durch Alexa-Skills

Nachteile:

- Internetverbindung zwingend erforderlich
- Latenz höher als bei lokaler Steuerung
- Datenschutz abhängig vom Skill-Anbieter

17.2 Amazon Smart Plug-Steckdose

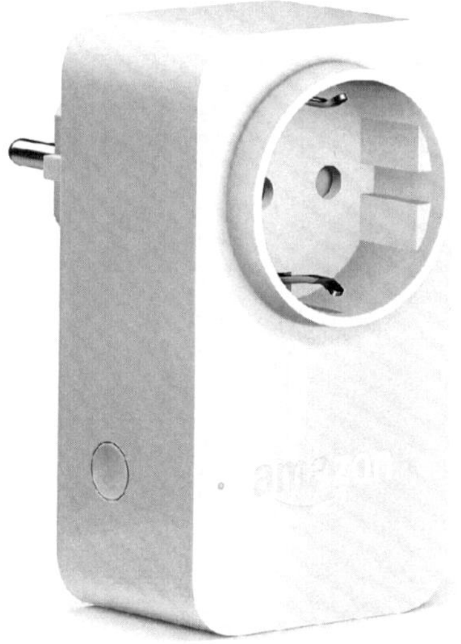

Unter dem Namen »Smart Plug« vertreibt Amazon eine Steckdose, die sich einfach mit Alexa-Geräten koppeln lässt.

Ein Nachteil des rund 20 Euro teuren Smart Plugs ist das übergroße Gehäuse, welches den Betrieb in einer Mehrfachsteckdose zur Herausforderung macht.

Der Smart Plug lässt sich – im Gegensatz zu WLAN-Steckdosen anderer Hersteller – nur mit Echo-Geräten und nicht mit anderen Heimautomatisierungssystemen koppeln. Das dürfte aber für die meisten Käufer ohnehin keine Rolle spielen.

Foto: Amazon

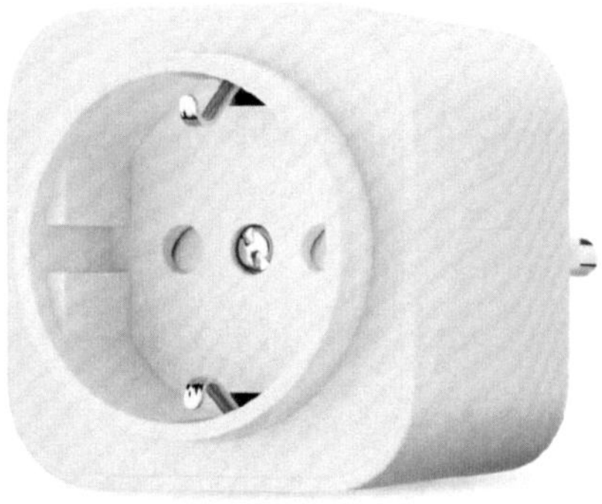

Unter dem Namen »Amazon Basics Smart WLAN-Steckdose Wi-Fi für EU-Steckdose« vertreibt Amazon zusätzlich eine kompakte Steckdose, die sich funktionell nicht vom »Smart Plug« unterscheidet, aber dafür wesentlich kompakter und günstiger ist.

Die einzigen Mankos der Steckdose sind das spartanischere Design und die fehlende Angabe zur maximalen Schaltleistung. Wir empfehlen aber ohnehin, elektronisch geschaltete Steckdosen **niemals für Heizlüfter, Wasserkocher** oder Ähnliches einzusetzen.

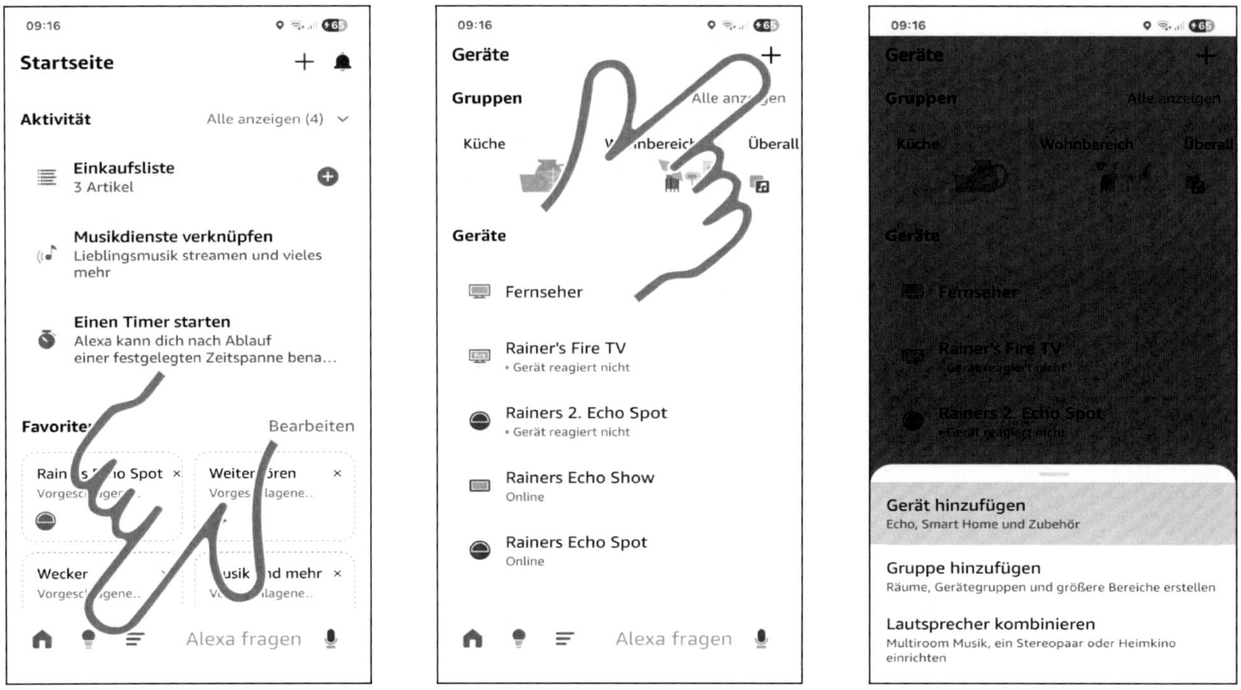

❶ In der Alexa-App aktivieren Sie das 💡 (*Geräte*)-Register.

❷❸ Betätigen Sie **+** und dann *Gerät hinzufügen.*

❶ Wählen Sie *Steckdose*.

❷ Wählen Sie Amazon in der Liste. Schließen Sie die Steckdose am Stromnetz an, dann halten sie Sie die Taste an der Steckdose solange gedrückt, bis die LED auf Vorderseite blau leuchtet.

❸ Betätigen Sie *Ja* und im folgenden Popup *Bei Nutzung der App*.

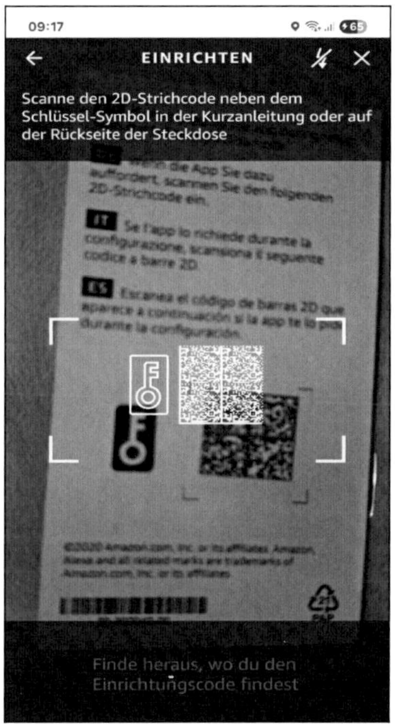

❶ Betätigen Sie *Ja.*

❷ Gehen Sie auf *Code Scannen.*

❸ Halten Sie die Kamera auf den QR-Code, den Sie entweder auf dem Stecker oder auf einem mitgelieferten Zettel finden. Sie müssen dann natürlich gegebenenfalls den Stecker schnell wieder ans Stromnetz anschließen – halten Sie die Taste am Schalter anschließend gedrückt, bis die LED auf der Vorderseite blau blinkt.

❶ Die Alexa-App informiert Sie über den Einrichtigungsfortschritt. Gehen Sie auf *Weiter.*

❷❸ Gehen Sie auf *Überspringen* und dann *Fertig.*

17.3 WLAN-Steckdose mit Alexa

Die meisten im Handel als »Alexa-kompatibel« verkauften Steckdosen stammen von chinesischen Herstellern. Die Preise liegen, je nach gewünschten Features, zwischen 5 bis 50 Euro. Ob die Asiaten alle europäischen Sicherheitsstandards einhalten, möchten wir bei einigen Anbietern bezweifeln.

Die »chinesischen« Produkte lassen sich nicht direkt mit Alexa koppeln, sondern müssen erst über eine Handy-App registriert werden. Die Alexa-Kopplung erfolgt dann über einen Skill (siehe Kapitel *5.2 Skills*). Sollte der jeweilige Hersteller irgendwann sein Geschäft einstellen, wird dann auch der Skill nicht mehr funktionieren, weil die dahinterstehenden Server abgeschaltet wurden. Wir raten daher stattdessen zur Nutzung der im Kapitel *17.4 ZigBee und Thread* beschriebenen Produkte, welche sich direkt mit einem Echo-Gerät verbinden lassen. Der Mehrpreis lohnt sich auf jeden Fall, zumal sich alle ZigBee-Produkte auch in anderen Heimautomatisierungssystemen einsetzen lassen.

Probleme und Features, auf die Sie achten sollten:

- In der Regel wird nur 2,4-GHz-WLAN unterstützt. Das kann zum Problem werden, wenn Ihr WLAN-Zugangspunkt ausschließlich mit 5 GHz arbeitet, weil dann kein Verbindungsaufbau möglich ist.
- Die in vielen Steckdosen vorhandenen USB-Buchsen bieten meistens keine ausreichende Leistung für schnelles Handyladen.
- Energieverbrauchsmessung über eine Handy-App.
- Überhitzungsschutz schaltet die Dose automatisch bei Überlastung ab.
- Fernsteuerung ist nicht nur über Alexa, sondern auch über separate Hersteller-App möglich.
- Achten Sie beim Kauf darauf, dass die Steckdose für deutsche Stecker und das 230 Volt-Netz ausgelegt sind. Meist sehen Sie allerdings schon an den Produktabbildungen, dass ein Stecker die falschen Anschlüsse hat.

Eine bestimmte Kaufempfehlung können wir leider nicht geben, denn selbst bei von außen identischen Steckdosen eines Anbieters kann sich die verbaute Technik – je nach Charge – erheblich unterscheiden. Insbesondere bei den Ebay-Angeboten wird zudem häufig kein Hersteller oder nur ein Fantasiename angegeben.

Uns ist zwar kein Fall bekannt, dass eine WLAN-Steckdose für das Abfackeln einer Wohnung verantwortlich gemacht wurde, trotzdem sollten Sie um unbekannte Ebay-Anbieter einen Bogen machen und lieber im (Online-)Fachhandel kaufen, beispielsweise bei großen Elektronikketten. Dadurch haben Sie im Schadensfall jemanden in Deutschland, der die Haftung übernimmt.

Auch bei Amazon ist Vorsicht angebracht, denn häufig erfolgt zwar die Abrechnung über den Internetkonzern, der Versand und damit die Haftung liegt weiterhin bei einem meist unbekannten Händler in China. Und der ist meistens nicht greifbar! Achten Sie daher auf die Angabe »Versender/Verkäufer: Amazon«.

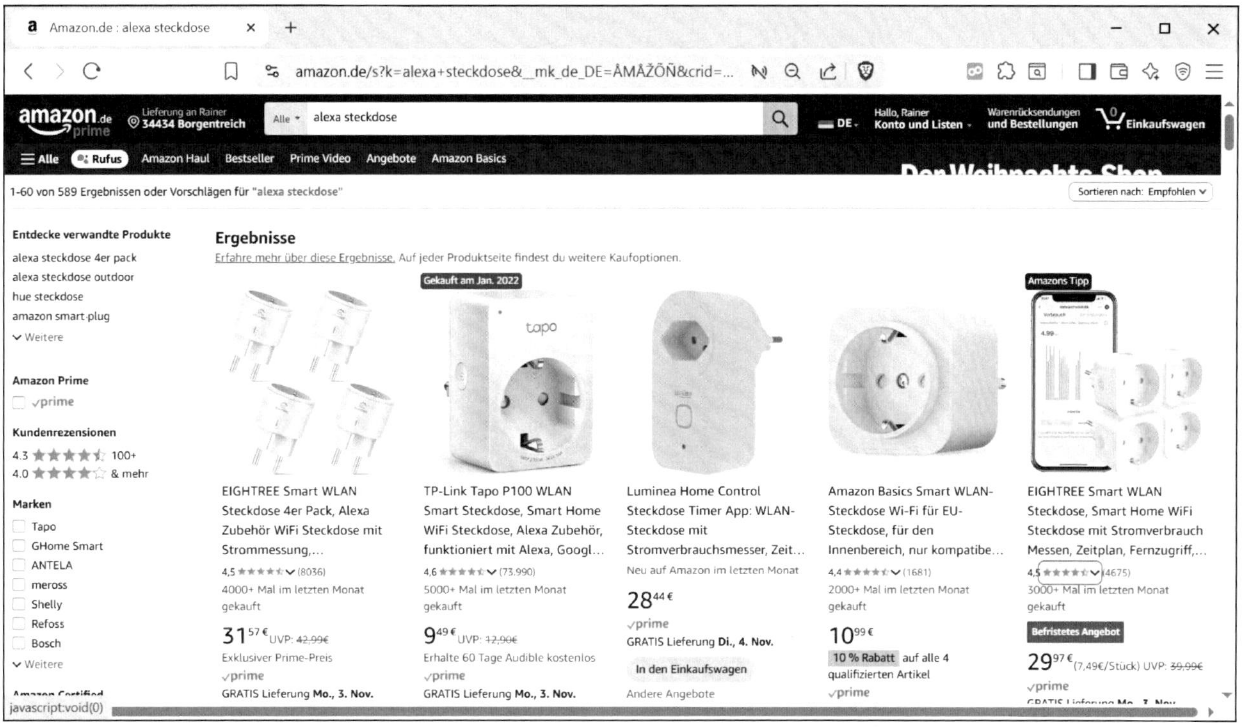

Passende WLAN-Steckdosen finden Sie mit der Suche nach »Alexa Steckdose« unter anderem auf Amazon oder auf Ebay.

17.3.1 WLAN-Steckdose koppeln

Wie bereits im vorherigen Kapitel erwähnt, erfolgt die Alexa-Kopplung in mehreren Schritten, die sich bei jeder WLAN-Steckdose unterscheidet. Wir geben hier daher nur einen kurzen Überblick zur grundsätzlichen Vorgehensweise bei der Ersteinrichtung.

Typisches Beispiel für eine WLAN-Steckdose, hier die Marke Tapo des Herstellers TP-Link.

Praktisch alle WLAN-Steckdosen verfügen über einen separaten Einschalter, über den man auch die Kopplung mit der Handy-App des Herstellers initiiert.

Foto: TP-Link

❶ In unserem Beispiel benötigen wir die TP-Link Tapo-App, die wir aus dem Google Play Store beziehungsweise Apple App Store installieren. Nach dem App-Aufruf führen Sie die Einrichtungsschritte durch, in deren Rahmen Sie ein Benutzerkonto erstellen.

❷❸ Versetzen Sie die Steckdose in den Kopplungsmodus – meistens geschieht dies durch längeres Drücken auf den Schalter an der Steckdose – und führen Sie dann über das Menü die Kopplung durch.

Wundern Sie sich bitte nicht, falls Steckdosen unterschiedlicher Anbieter jeweils die gleiche App verwenden. Hunderte Hardwarehersteller greifen auf Dienstleister wie Tuya zurück.

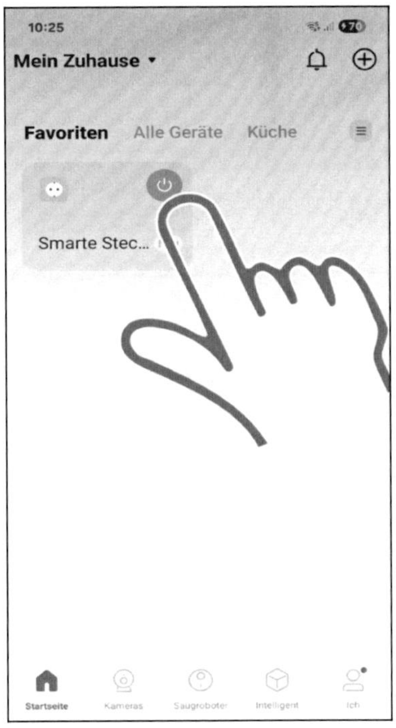

Die Steckdose lässt sich nun direkt über die Tapo-App ein- und ausschalten. Probieren Sie es ruhig mal aus. Sie hören dann jeweils ein leises Knacken, wenn das Steckdosenrelais umschaltet.

Die Tapo-App unterstützt sogar Smart Home-Funktionen wie das Ein/Ausschalten nach Zeitplan. Sie sind also nicht unbedingt auf die Alexa-Steuerung angewiesen.

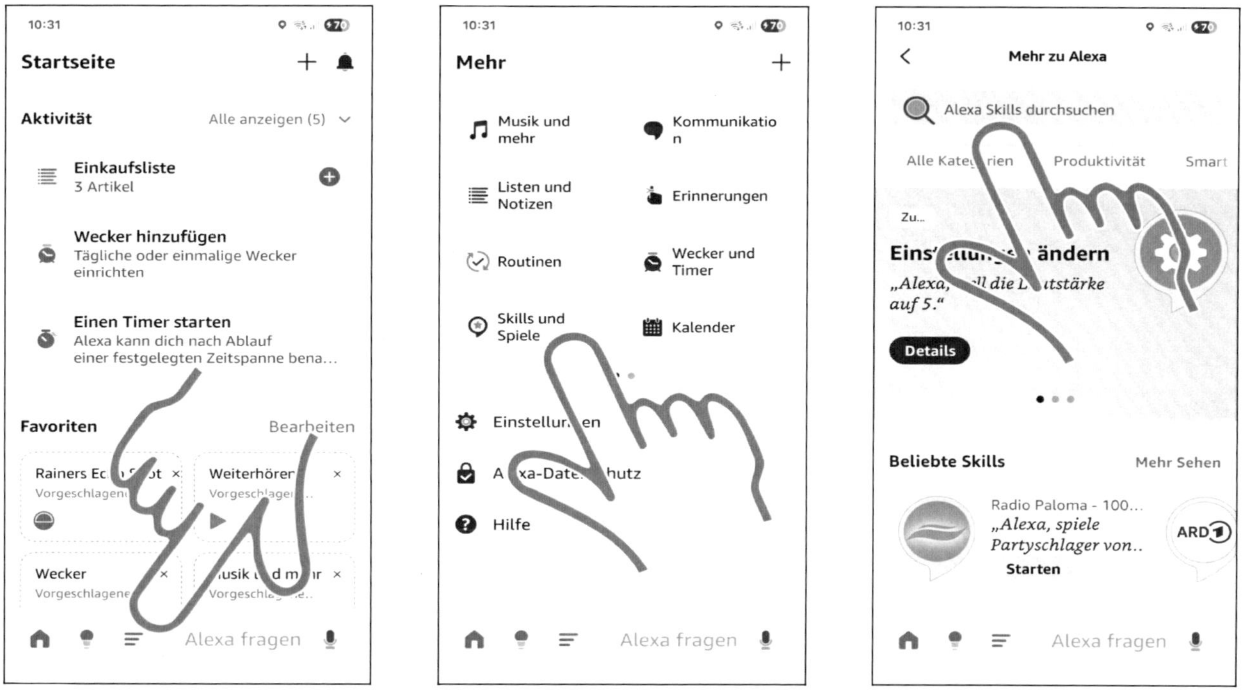

Nun müssen Sie noch den passenden Skill installieren.

❶❷ Rufen Sie in der Alexa-App das ≡ (*Mehr*)-Register auf, worin Sie *Skills und Spiele* auswählen.

❸ Gehen Sie ins Eingabefeld. In unserem Fall müssen wir nach »*tapo*« von TP-Link suchen.

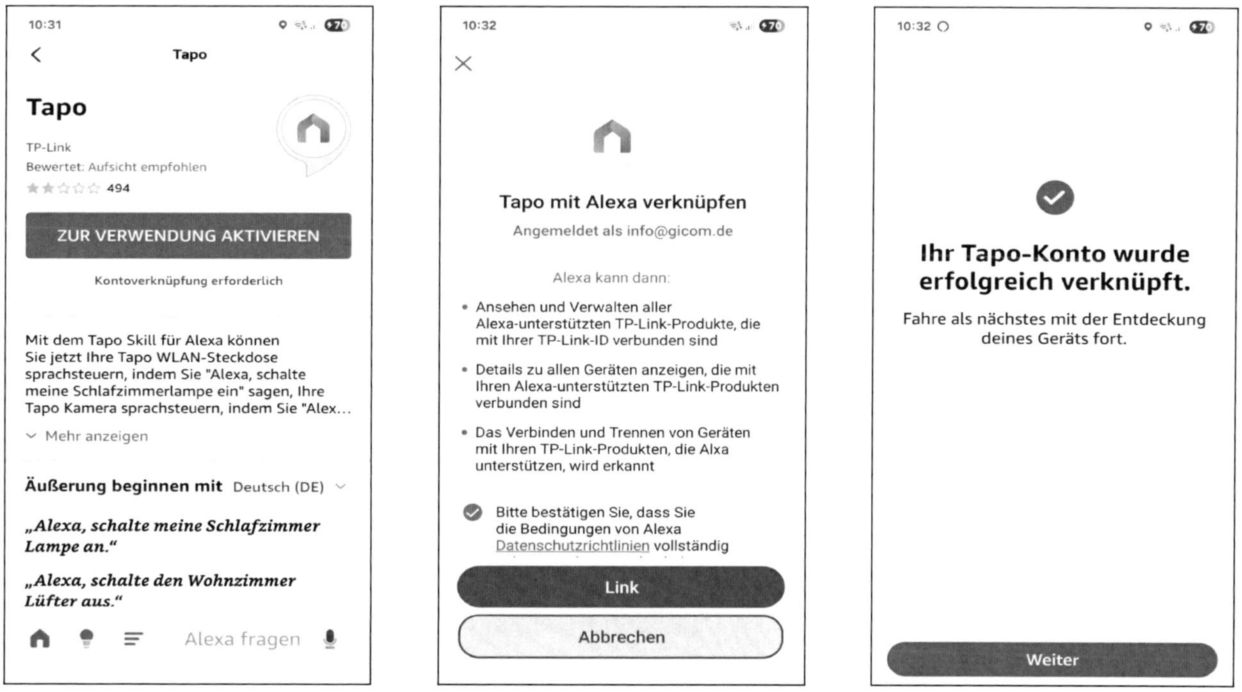

❶❷❸ Betätigen Sie *ZUR VERWENDUNG AKTIVIEREN* und folgen Sie den Anweisungen. Bei Tapo startet beispielsweise der Webbrowser und Sie müssen sich mit dem zuvor angelegten Tapo-Benutzerkonto anmelden.

Sie können nun mit »*Alexa, Steckdose aus*« beziehungsweise »*Alexa, Steckdose ein*« die Steckdose nutzen. Sollten Sie weitere Steckdosen hinzufügen, dann müssen Sie den jeweiligen Namen im Sprachbefehl angeben, also beispielsweise »*Alexa, **erste** Steckdose an*«, »*Alexa, **zweite** Steckdose an*«.

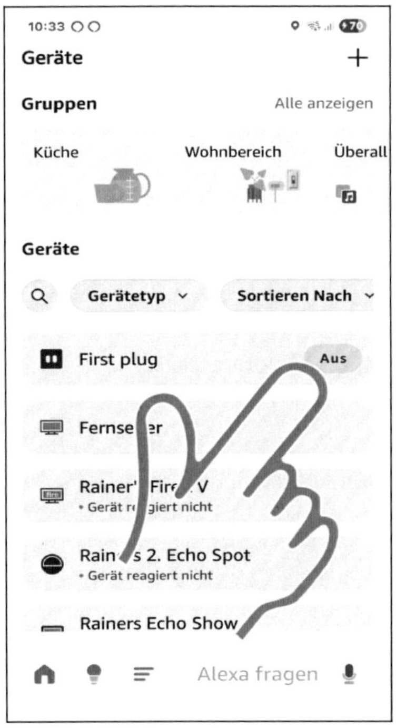

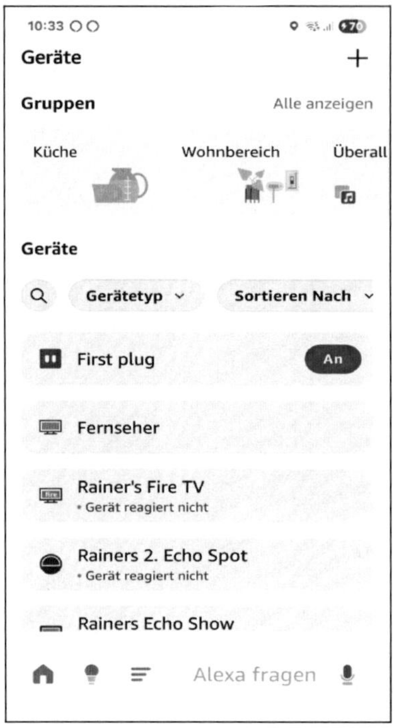

❶❷ Auch im (*Geräte*)-Register können Sie die Steckdose nun schalten.

17.4 ZigBee und Thread

ZigBee beziehungsweise der kompatible Nachfolger Thread sind herstellerübergreifende Standards zur Funksteuerung im Rahmen der Gebäude- und Heimautomation. Ein gewichtiger Vorteil von ZigBee/Thread-kompatiblen Sensoren und Schaltern ist, dass Sie sich mit ihnen nicht auf ein bestimmtes Smart Home-System festlegen, sondern jederzeit wechseln können.

Im Kapitel *17.1 Funkstandards* finden Sie eine Auflistung der Amazon-Geräte, die ZigBee und Matter unterstützen, was Sie bei der Kaufentscheidung berücksichtigen sollten. Sie können dort auch sehen, dass Amazon inzwischen die Unterstützung für ZigBee zurückfährt.

ZigBee/Thread-Geräte, die sich in bis zu 10 Meter Reichweite befinden, verbinden sich automatisch zu einem Netz und übertragen Steuerbefehle untereinander. Sofern Sie also Ihre ZigBee/Thread-Geräte geschickt im Haus verteilen, können Sie auch mehrere dutzend Meter entfernte Räume oder den Garten problemlos abdecken. Beachten Sie allerdings, dass nur direkt am Stromnetz angeschlossene ZigBee/Thread-Geräte (beispielsweise Steckdosen oder Lampen) das Funksignal als sogenannte Repeater (engl. Weiterleiter, Wiederholer) weiterleiten. Die mit Batterie betriebenen ZigBee/Thread-Geräte sind dazu nicht in der Lage. Verteilen Sie also einfach über das das ganze Haus ZigBee/Thread-Steckdosen, wenn Sie Verbindungsprobleme haben. Im Handel sind auch spezielle »Repeater« verfügbar, die Sie unter Bezeichnungen wie »ZigBee Signalverstärker« im Handel finden.

Wenn Ihnen Ihnen der Leistungsumfang Ihres Echo-Geräts nicht (mehr) gefällt, dann müssen Sie beim Wechsel zu einer anderen Smart Home-Zentrale nicht alle Sensoren und Schalter neu kaufen. Während einige Smart Home-Zentralen ZigBee oder Thread direkt unterstützen, benötigen Sie bei anderen eine sogenannte Bridge (engl. Brücke).

Von einigen Echo-Geräten werden ZigBee und Matter direkt unterstützt, das heißt, Sie müssen nicht den Umweg über eine der oben aufgelisteten Smart Home-Zentralen gehen.

Empfehlenswert ist die Anschaffung von Steckdosen und anderem Zubehör mit Matter-Unterstützung, denn zukünftige Amazon Echo-Geräte werden kein ZigBee mehr unterstützen.

Bevor Sie Ihr Haus mit Matter-Steckdosen oder anderen Smart-Home-Komponenten ausstatten, sollten Sie die Systemarchitektur sorgfältig planen. Aus Gründen der Kompatibilität empfiehlt es sich, alle Steckdosen und Peripheriegeräte vom selben Hersteller zu beziehen. Vorteilhaft ist zudem, wenn dieser ein möglichst breites Sortiment an Matter-fähigen Produkten anbietet.

17.4.1 Schalter einrichten

Im Folgenden richten wir einen LEDVANCE Smart+ Plug ein. Dazu sollte sich ein Echo-Gerät mit ZigBee-Unterstützung in maximal 5 Meter Abstand zum ZigBee-Gerät befinden. Die Einrichtung von anderen ZigBee/Matter-Geräten (Schalter, Lampen, Sensoren usw.) läuft ähnlich ab.

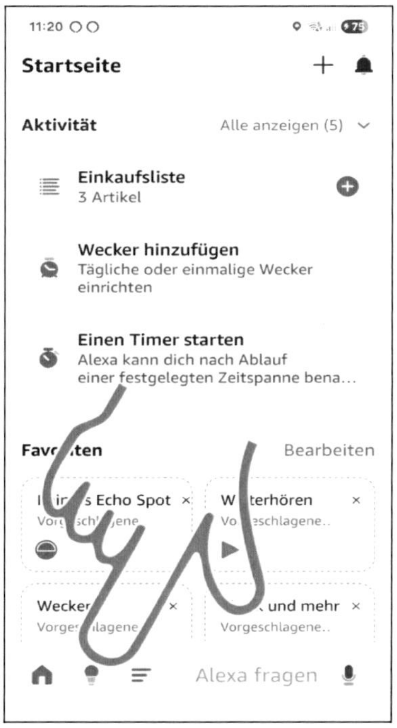

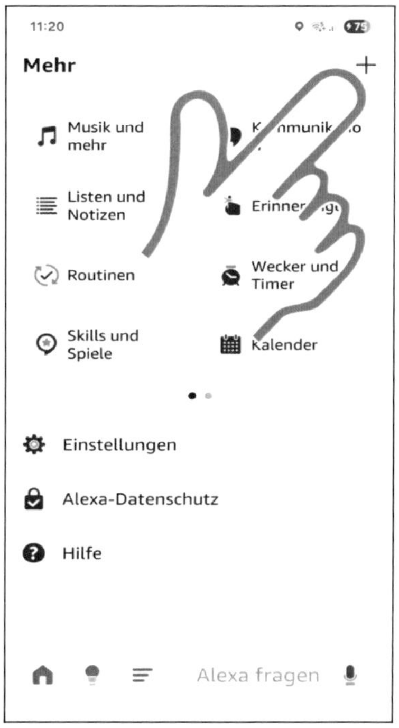

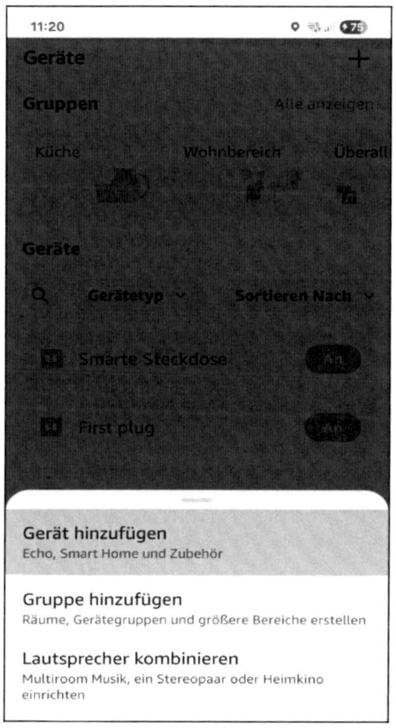

❶ In der Alexa-App aktivieren Sie das (*Geräte*)-Register.

❷❸ Betätigen Sie + und dann *Gerät hinzufügen*.

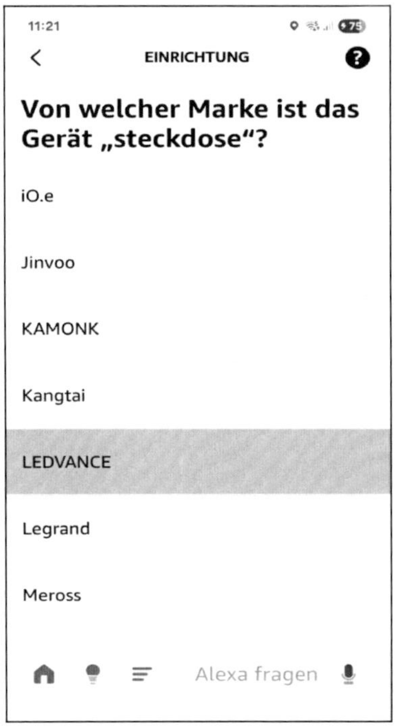

❶ Wählen Sie *Steckdose*.

❷ In unserem Fall wählen wir *LEDVANCE* in der Liste. Schließen Sie die Steckdose am Stromnetz an, dann halten sie Sie die Taste an der Steckdose solange gedrückt, bis Sie ein Klacken hören.

❸ Einige Produkte von LEDVANCE werden mit Bluetooth-Unterstützung verkauft. In unserem Beispiel nutzen wir eine ZigBee-Steckdose und müssen deshalb bei der Frage nach Bluetooth auf *Nein* gehen.

❶ Betätigen Sie *Ja*.

❷ Halten Sie den Schalter an der Steckdose gedrückt, bis Sie ein Klacken hören, dann betätigen Sie *Ja*. Der Kopplungsvorgang dauert ca. eine Minute.

❸ Die Erfolgsmeldung schließen Sie mit *Weiter*.

❶❷ Betätigen Sie *Überspringen* und dann *Fertig*. Schließen Sie gegebenenfalls die weiteren Bildschirme mit *Später*, *Weiter* und *Fertig*.

17.4.2 Schalter verwalten und steuern

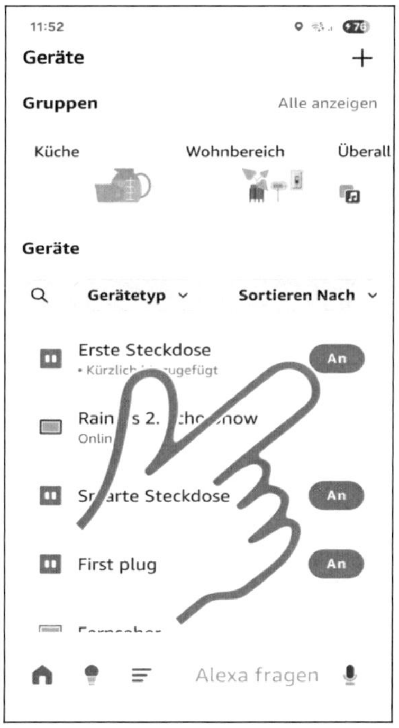

❶ Aktivieren Sie das 💡 (*Geräte*)-Register.

❷ Die Steckdosen erscheinen in der Geräteauflistung und können einzeln ein/ausgeschaltet werden.

Im Kapitel *17.5 Gerätegruppen* zeigen wir später noch, wie Sie mehrere Schalter zu Gruppen kombineren, die Sie dann gleichzeitig bedienen.

17.4.3 Hilfe bei nicht gefundenen Geräten

Alle auf ZigBee pder Thread basierenden Schalter, Lampen und Sensoren werden einmalig mit Alexa beziehungsweise Ihrem Echo-Gerät gekoppelt. Auch bei einem Stromausfall oder Batteriewechsel bleibt die Kopplung erhalten. Das wird zum Problem, wenn Sie ein bereits mal verwendeten Schalter oder eine Lampe neu koppeln möchten. Sie müssen dieses dann erst von Hand zurücksetzen.

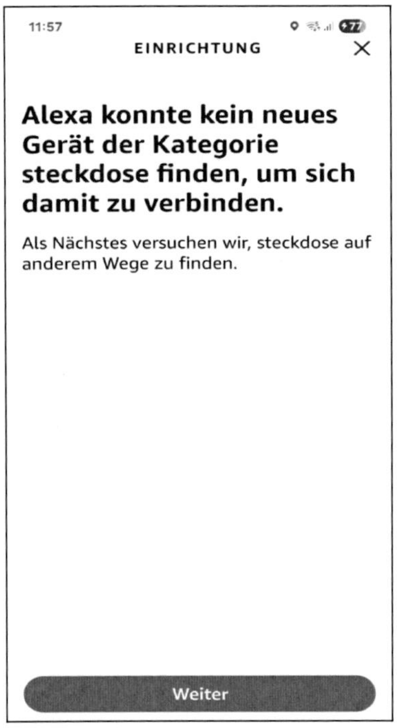

❶❷ Wenn die Meldung »*Alexa konnte kein neues Gerät...*« einen erfolglosen Kopplungsversuch vermeldet, gehen Sie auf Weiter und folgen Sie den Anweisungen.

17.4.4 Gerätename

Haben Sie erst mal ein halbes Dutzend Steckdosen oder Lampen bei Alexa angemeldet, dann wird es unübersichtlich… Ist die Lampe bei der fünften oder doch der sechsten Steckdose eingesteckt? Es bietet sich in dem Fall an, den Steckdosen passende Namen zu geben, die deren Aufgabe entsprechen.

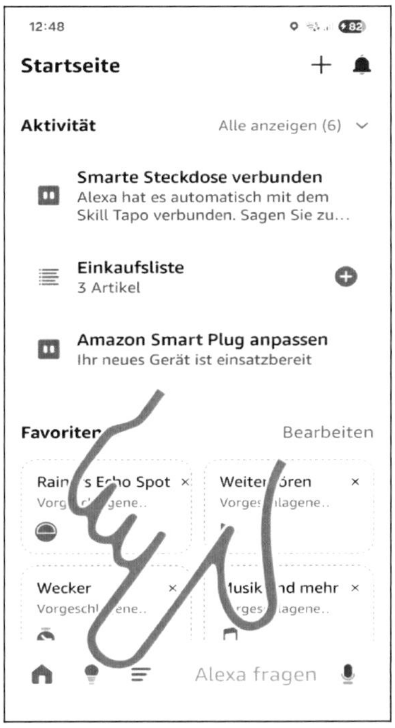

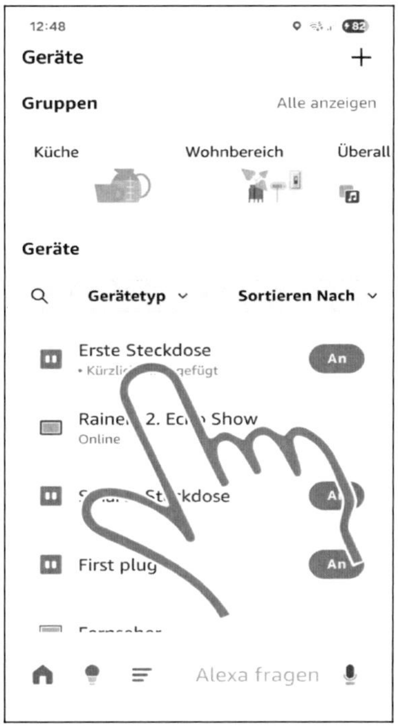

❶ Aktivieren Sie das (*Geräte*)-Register.

❷ In der Auflistung tippen Sie eine Steckdose an.

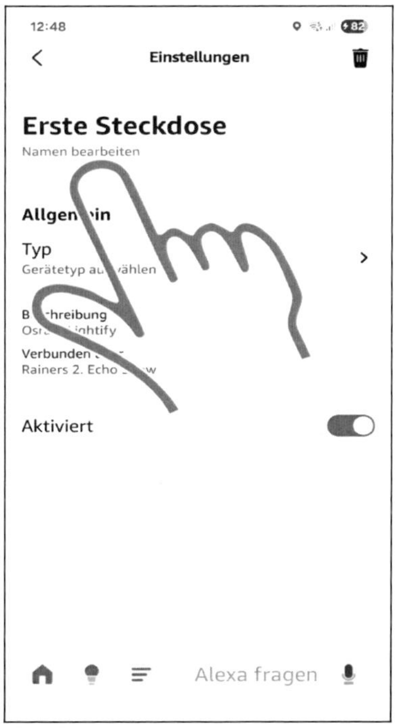

❶ Betätigen Sie ⚙.

❸ Gehen Sie auf *Namen bearbeiten*.

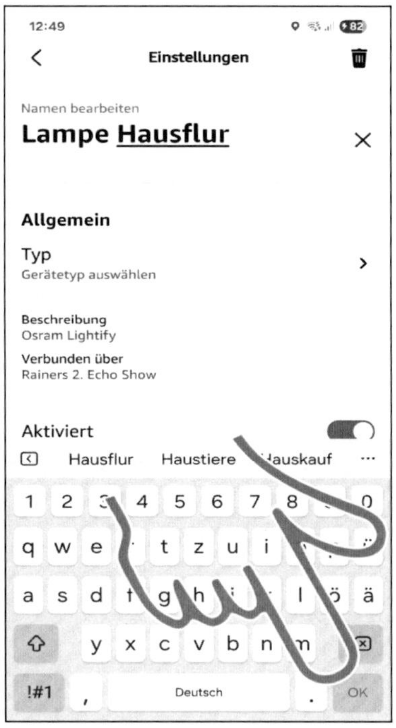

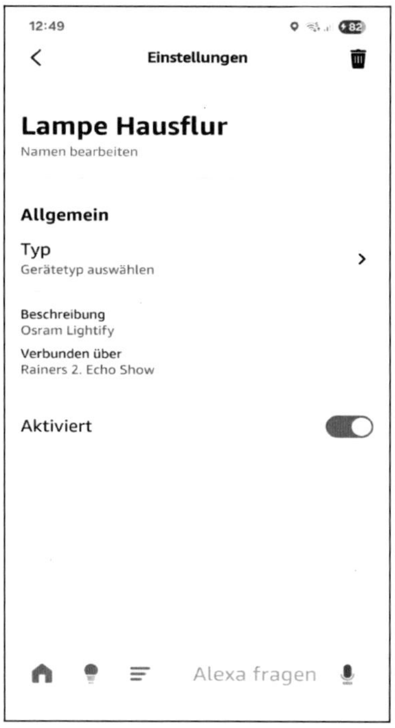

❶❷ Erfassen Sie den neuen Namen »*Lampe Hausflur*« und schließen Sie den Vorgang mit *Fertig* beziehungsweise *OK* auf dem Tastenfeld ab.

Künftig sagen Sie einfach »*Alexa, Lampe Hausflur einschalten*« oder »*Alexa, Lampe Hausflur ausschalten*«.

17.5 Gerätegruppen

In der Praxis möchten Sie häufig mehr als ein Gerät gleichzeitig schalten, beispielsweise die aus mehreren Lampen bestehende Beleuchtung im Garten oder Keller. Für diesen Fall erstellen Sie eine sogenannte Gerätegruppe, der Sie dann mehrere Schalter, Lampen oder Sensoren zuweisen können.

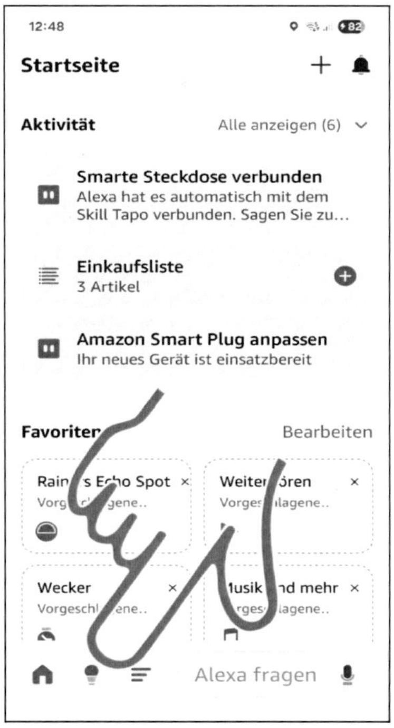

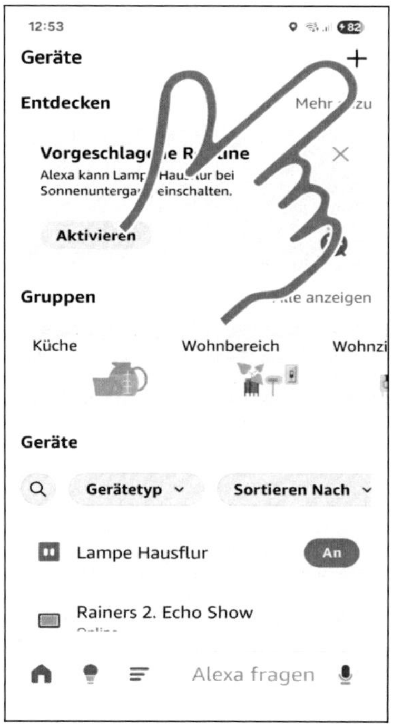

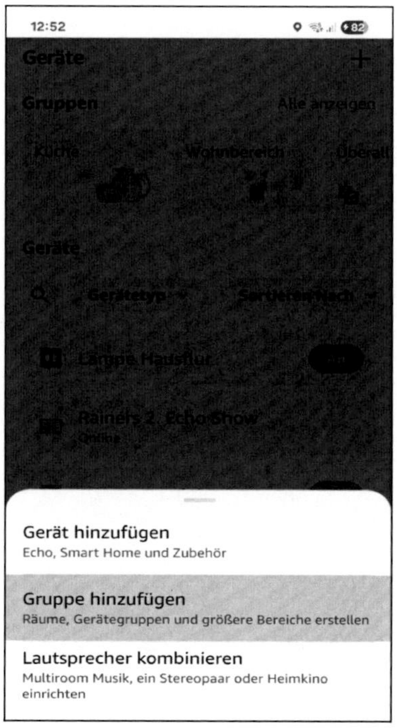

❶ Gehen Sie auf *Geräte*.

❷❸ Betätigen Sie + und dann *Gruppe hinzufügen*.

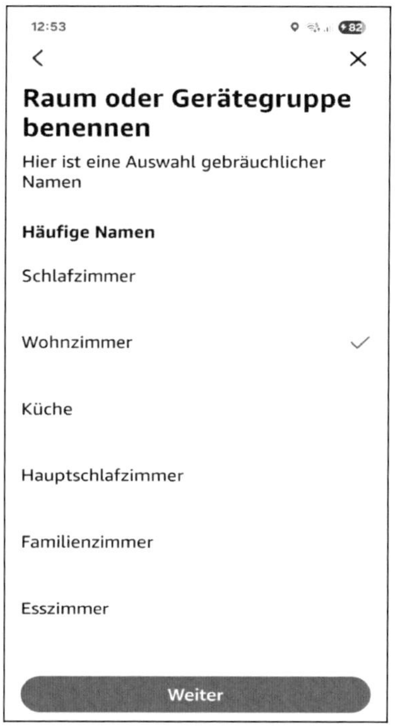

❶ Wählen Sie *Raum oder Gerätegruppe erstellen.*

❷ Betätigen Sie *Weiter.*

❸ Sie können hier einen der vorgeschlagenen Namen übernehmen oder unter *Benutzerdefinierter Name* einen eigenen Gruppennamen eingeben. Betätigen Sie dann *Weiter.*

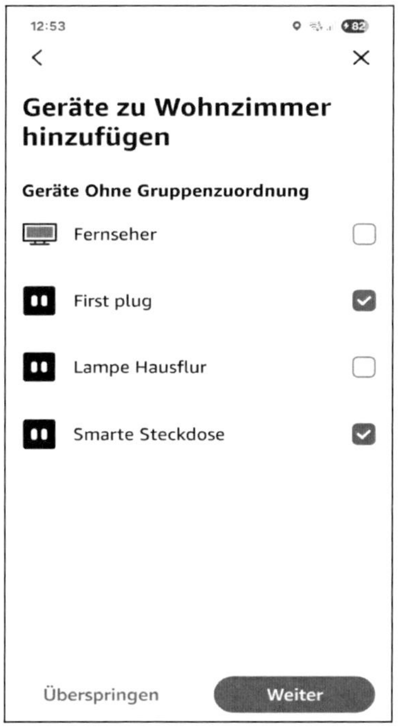

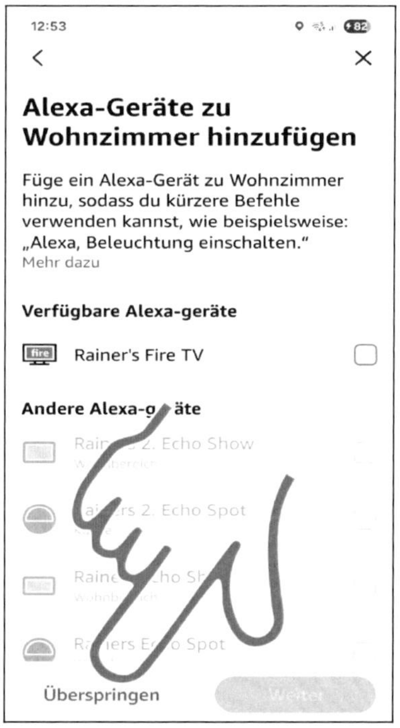

❶ Haken Sie durch kurzes Antippen die Geräte ab, die der Gruppe angehören sollen und betätigen Sie zum Schluss *Weiter.*

❷ Sofern **in dem gleichen Raum**, in dem sich die zu schaltenden Steckdosen oder Lampen befinden, auch ein Echo-Gerät steht, sollten Sie es hier auswählen. Sie können dann später in Sprachbefehlen, die Sie im Raum geben den Gruppennamen weglassen. In unserem Beispiel gehen wir auf *Überspringen.*

❸ Schließen Sie mit *Fertig* ab.

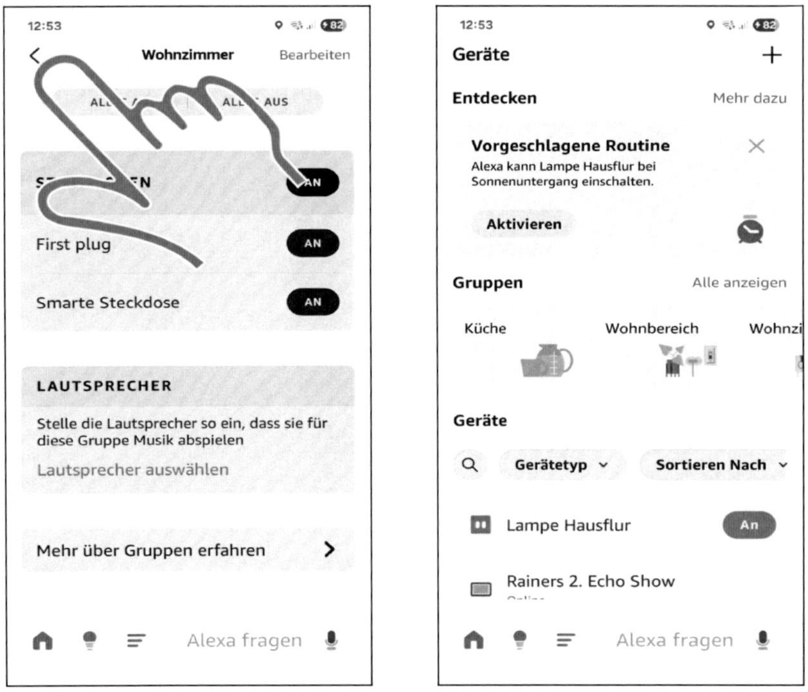

❶❷ Schließen Sie den Bildschirm mit ← (Pfeil) beziehungsweise der Zurück-Taste auf Ihrem Handy (Android). Sie befinden sich nun wieder im (*Geräte*)-Register.

Künftig schalten Sie alle Geräte in der Gruppe mit »*Alexa, Wohnzimmer an*« oder »*Alexa, Wohnzimmer aus*«.

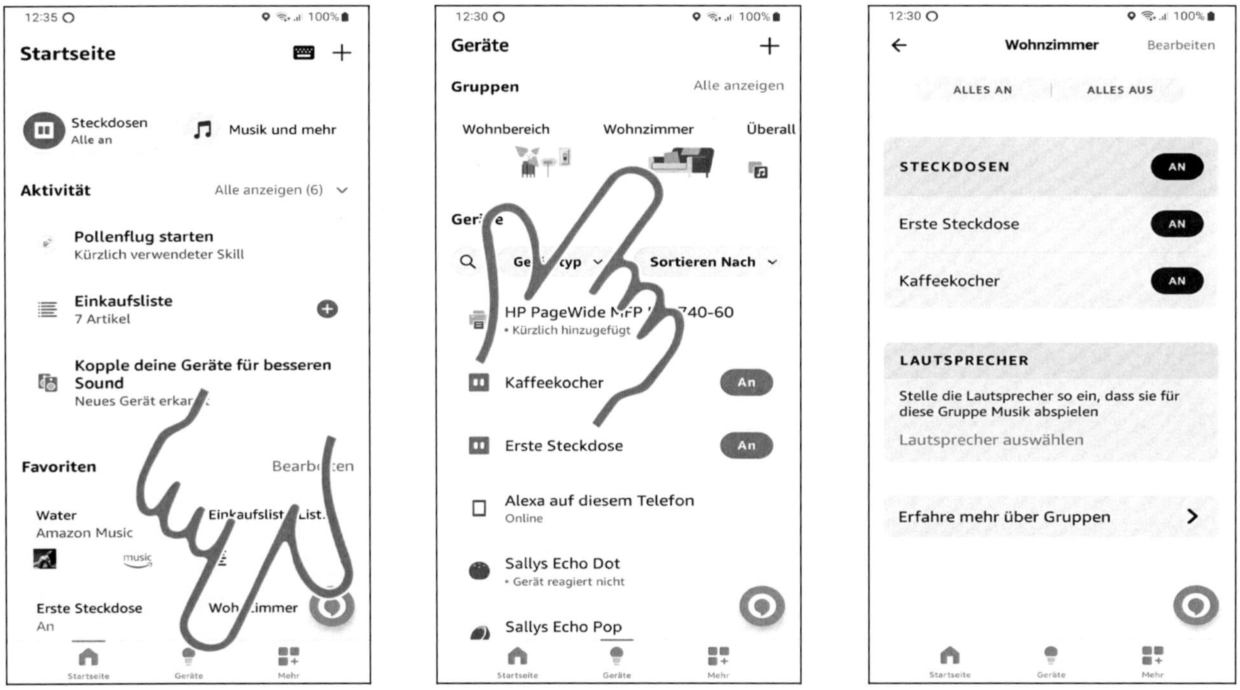

❶ Alle Gruppen finden Sie im (*Geräte*)-Register.

❷❸ Tippen Sie dort den Gruppennamen an. Sie können über *Bearbeiten* (oben rechts) Geräte hinzufügen oder entfernen.

❶ Alternativ gehen Sie im (*Geräte*)-Register auf *Alle anzeigen.*

❷ Die Gruppe schalten Sie mit ein/aus. Antippen des Bereichs außerhalb listet die verbundenen Schalter (❸) auf.

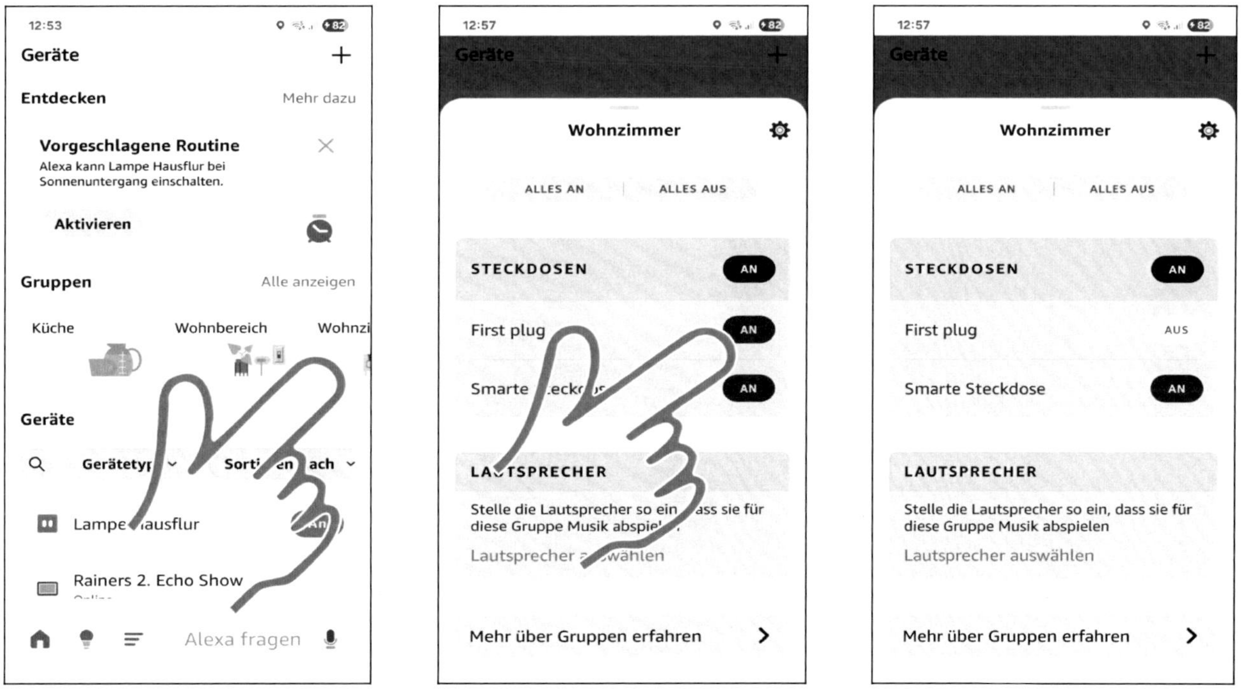

❶ Sie können auch einzelne Geräte direkt in der Gerätegruppe schalten. Rufen Sie dazu im (*Geräte*)-Register die Gruppe auf.

❷❸ Hier betätigen Sie die Schalter.

18. Routinen

Sie haben vielleicht schon bemerkt, dass man sich bei Alexa manchmal den Mund »fusselig« redet, wenn eine ganze Reihe von Aktionen durchzuführen ist. Für diesen Fall hat Amazon die sogenannten Routinen entwickelt, über die Sie mehrere Befehle auf einmal auslösen: Beispielsweise könnte der Befehl »*Alexa, starte meinen Tag*« nacheinander die Wettervorhersage (siehe Kapitel *12.1 Wetter*) und die Nachrichten abspielen, über anstehende Kalendertermine informieren (siehe Kapitel *8.6 Kalender*) und zum Schluss bestimmte Steckdosen oder Lampen schalten (siehe *17 Smart Home*).

> Das Routinen-Feature ist vergleichsweise komplex. Sie sollten sich damit erst auseinander setzen, nachdem Sie Ihr Echo-Gerät einige Tage erfolgreich nutzen.
>
> Interessant sind Routinen vor allem im Zusammenhang mit Sensoren, Schaltern und Lampen. Beachten Sie dazu auch Kapitel *17 Smart Home*.

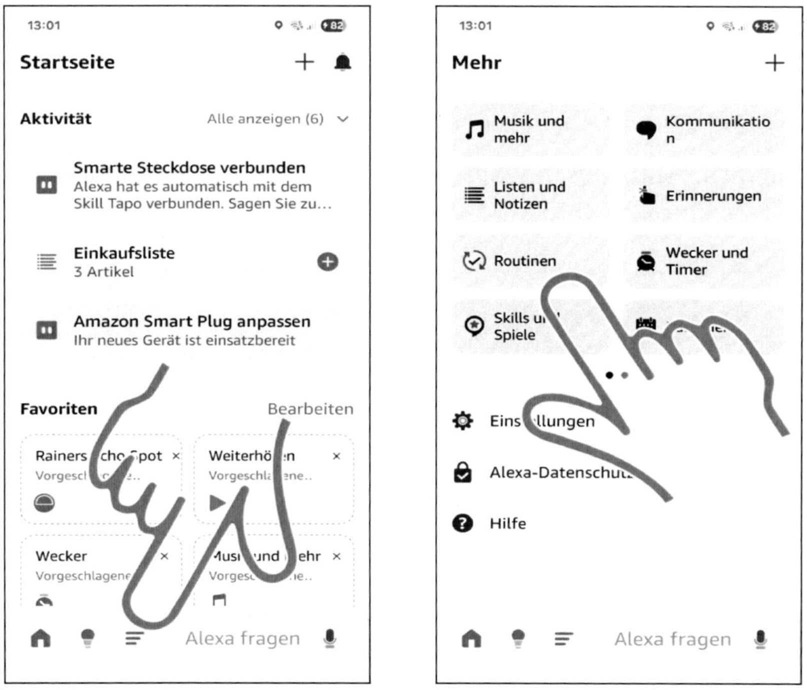

❶❷ Aktivieren Sie in der Alexa-App das ≡ (*Mehr*)-Register und gehen Sie auf *Routinen*.

18.1 Routine bearbeiten

Alexa verfügt bereits über mehrere vordefinierte Routinen, von denen wir eine mal zur Übung bearbeiten.

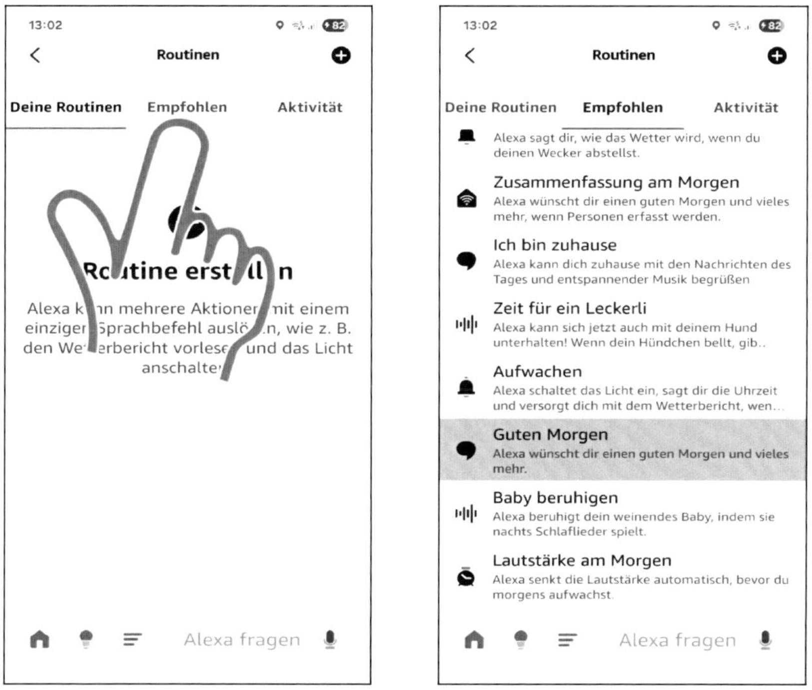

❶ Aktivieren Sie das *Empfohlen*-Register, das einige vordefinierte Routinen auflistet.

❷ Wählen Sie *Guten Morgen* aus.

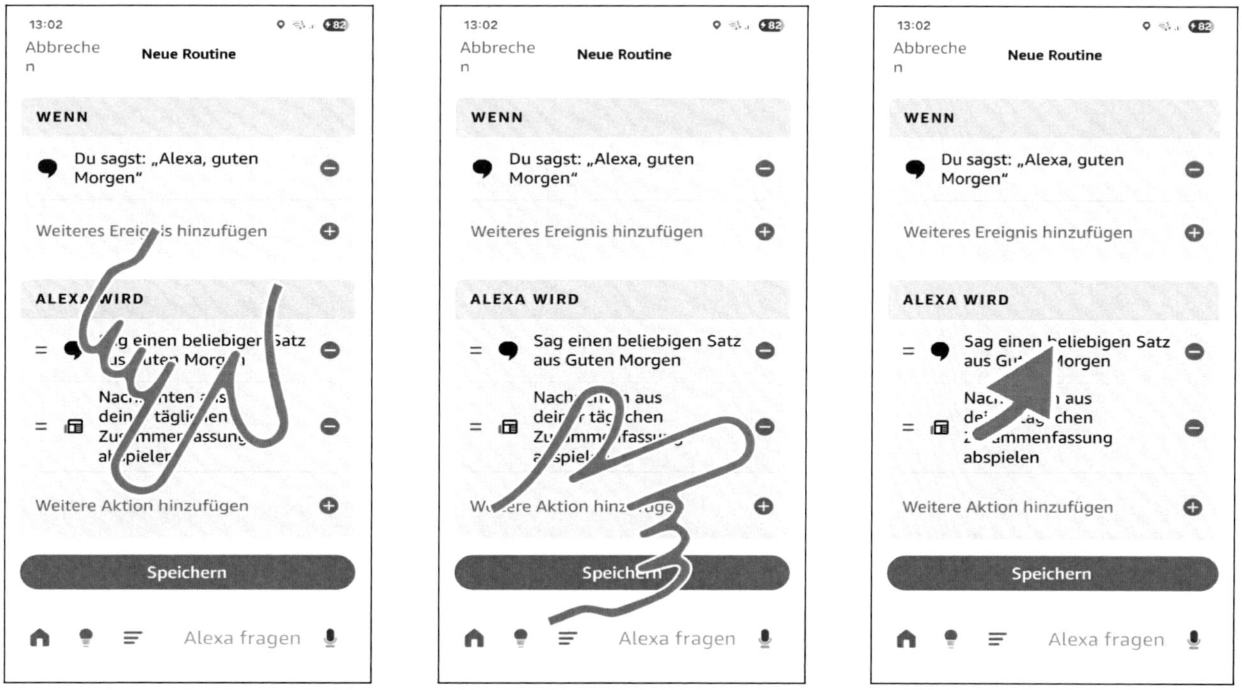

❶ Die Alexa-App listet alle in der Routine enthaltenen Befehle auf. Hier fügen Sie mit *Weitere Aktion hinzufügen* (Pfeil) einen weiteren Befehl hinzu.

❷ Dagegen entfernt ⊖ einen Befehl wieder.

❸ So ändern Sie die Befehlsreihenfolge: Tippen und halten Sie den Finger auf einem Listeneintrag gedrückt und ziehen Sie ihn nach oben oder unten.

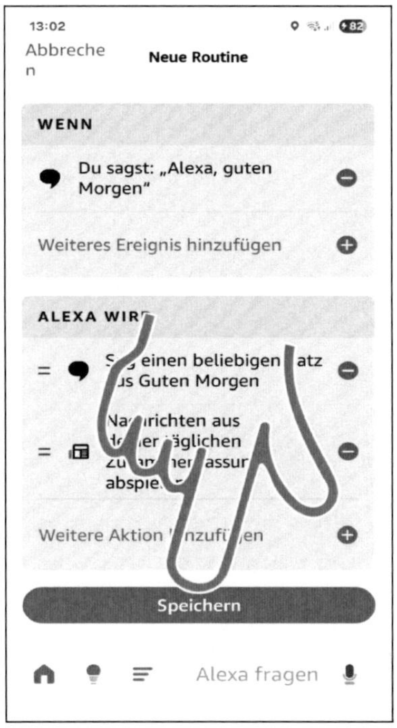

Vergessen Sie nicht, Ihre Änderungen mit *Speichern* zu übernehmen.

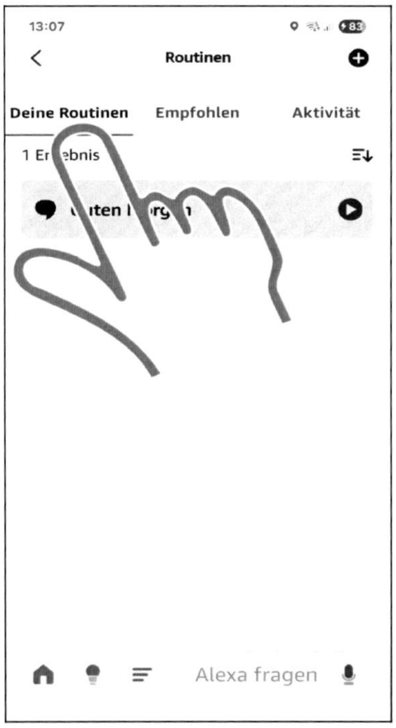

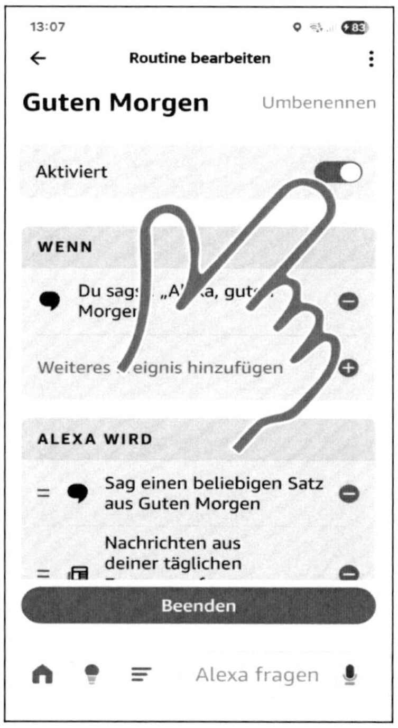

❶ Die bearbeitete Routine finden Sie nun im *Deine Routinen*-Register.

❷ Dort können Sie sie auch jederzeit durch Antippen bearbeiten. Deaktivieren Sie gegebenenfalls den Schalter (Pfeil), falls Sie die Routine nicht mehr nutzen möchten.

Probieren Sie jetzt die Routine mit »*Alexa, guten Morgen*« aus! Wie erwähnt, können Sie die Routine jederzeit in der Alexa-App an Ihre Ansprüche anpassen.

Schließen Sie den Bildschirm mit ← (Pfeil) beziehungsweise der Zurück-Taste auf Ihrem Handy (Android).

18.2 Routine erstellen

Im Folgenden bearbeiten wir keine der vorgegebenen Routinen, sondern erstellen unsere eigene.

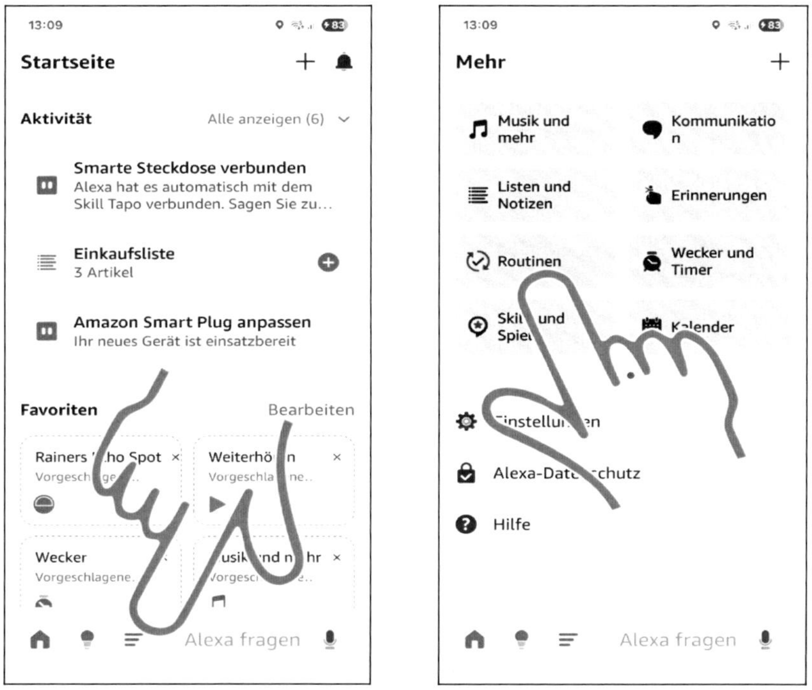

❶❷ Aktivieren Sie in der Alexa-App das ☰ (*Mehr*)-Register und gehen Sie auf *Routinen*.

❶ Betätigen Sie ⊕.

❷ Als Erstes vergeben Sie der Routine einen Namen, weshalb Sie auf *Umbenennen* gehen.

❸ Schließen Sie den Vorgang mit *Weiter* (oben rechts) ab.

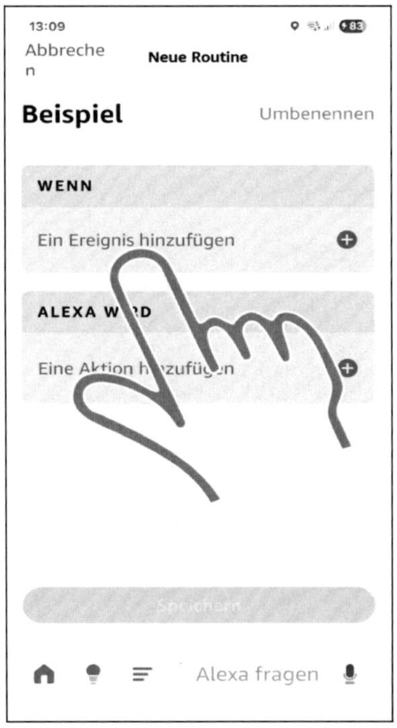

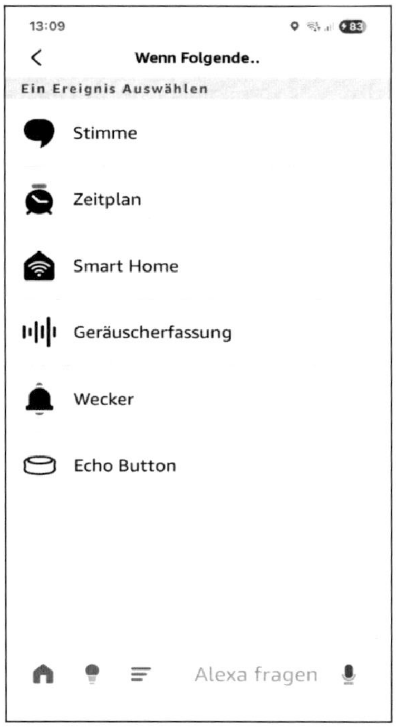

❶❷ Sie befinden sich wieder im Bearbeitungsbildschirm. Tippen Sie auf *Ereignis hinzufügen*, womit Sie den Auslöser für die Routine festlegen:

- *Stimme*: Ein selbst gewählter Sprachbefehl
- *Zeitplan*: Eine bestimmte Uhrzeit zu einem bestimmten Wochentag
- *Smart Home*: Eine bestimmte Temperatur (nur bei Echo-Geräten, die einen Temperatursensor besitzen) oder eine von einem Bewegungssensor erfasste Bewegung
- *Geräuscherfassung*: Umgebungsgeräusche (Hundegebell, piepsendes Haushaltsgerät, Babygeschrei, Husten, Schnarchen oder Wasserplätschern).
- *Wecker*: Wecker wurde beendet (siehe Kapitel *8.1 Wecker*).
- *Echo Button*: Die Betätigung eines Echo Button (optionales Amazon-Produkt, das nicht mehr erhältlich ist).

In unserem Beispiel möchten wir über den Befehl »*Alexa, Mittagessen*« über alle Echo-Geräte den Satz »*Mittagessen ist fertig*« ausgeben lassen.

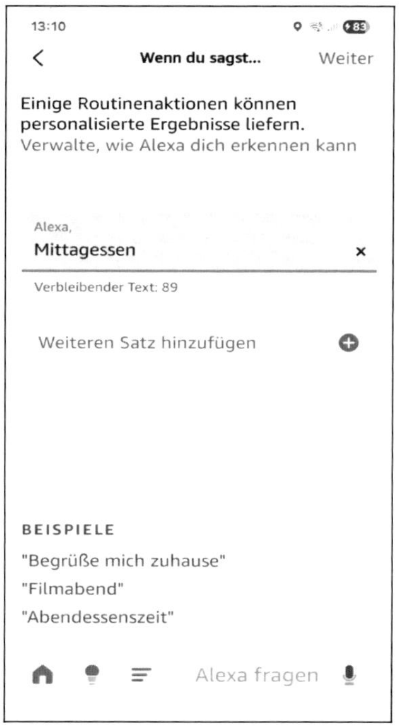

❶ Zunächst legen wir den Auslöser fest, in unserem Beispiel einen Sprachbefehl mit *Stimme*.

❷ Nach Eingabe des Sprachbefehls »Mittagsessen« betätigen Sie *Weiter* beziehungsweise *OK* auf dem Tastenfeld.

❸ Rufen Sie nun *Eine Aktion hinzufügen* auf.

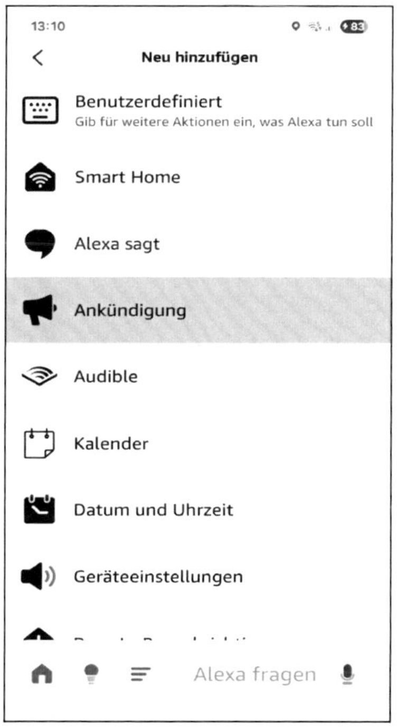

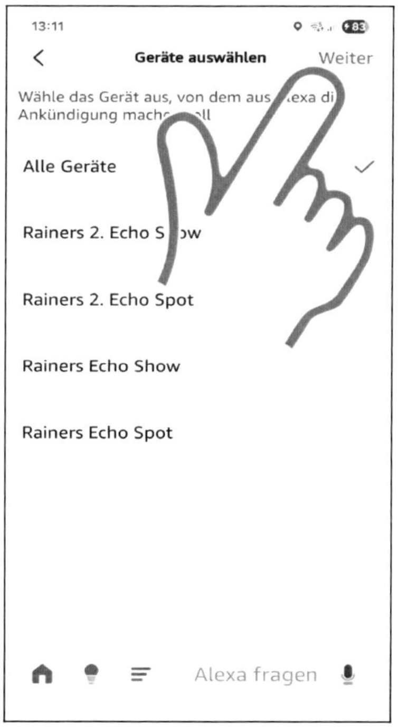

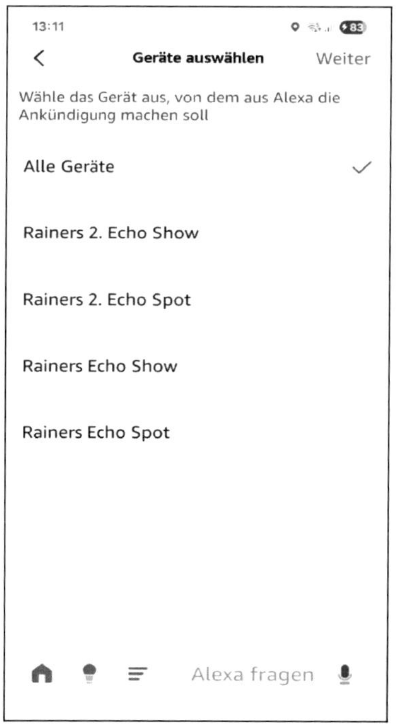

❶ Wählen Sie *Ankündigung*.

❷ Geben Sie »*Mittagessen ist fertig*« ein und gehen Sie auf *Weiter.*

❸ Man kann die Ausführung der Routine auf bestimmte Geräte begrenzen, was aber eigentlich nie Sinn macht, weshalb Sie hier nichts ändern und nur auf *Weiter* gehen.

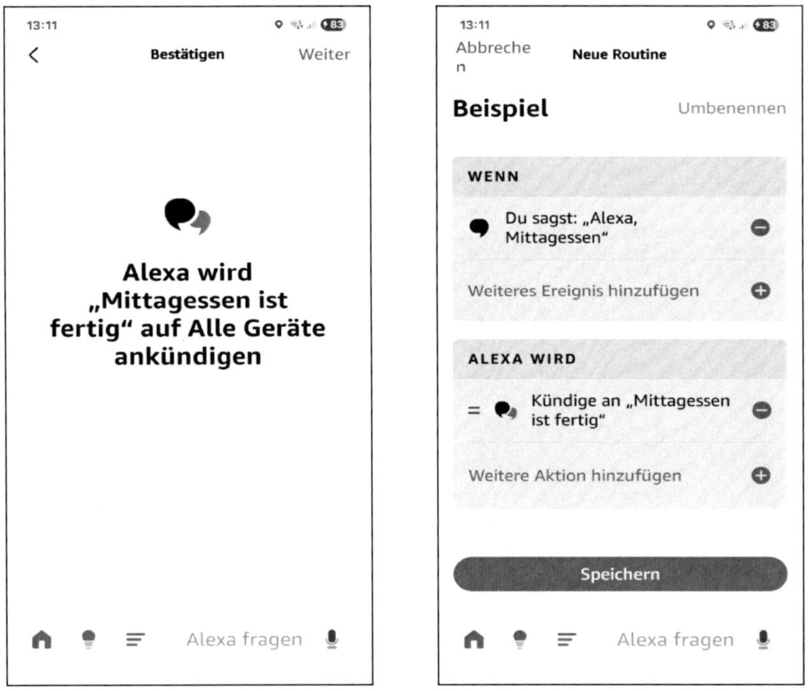

❶❷ Erneut gehen Sie auf *Weiter*, worauf Sie sich wieder im Bearbeitungsbildschirm befinden. Betätigen Sie *Speichern.*

Sprechen Sie einfach »*Alexa, Mittagessen*« und alle Ihre Hausbewohner werden informiert, ohne dass Sie durch das Haus rufen müssen. Praktisch, oder?

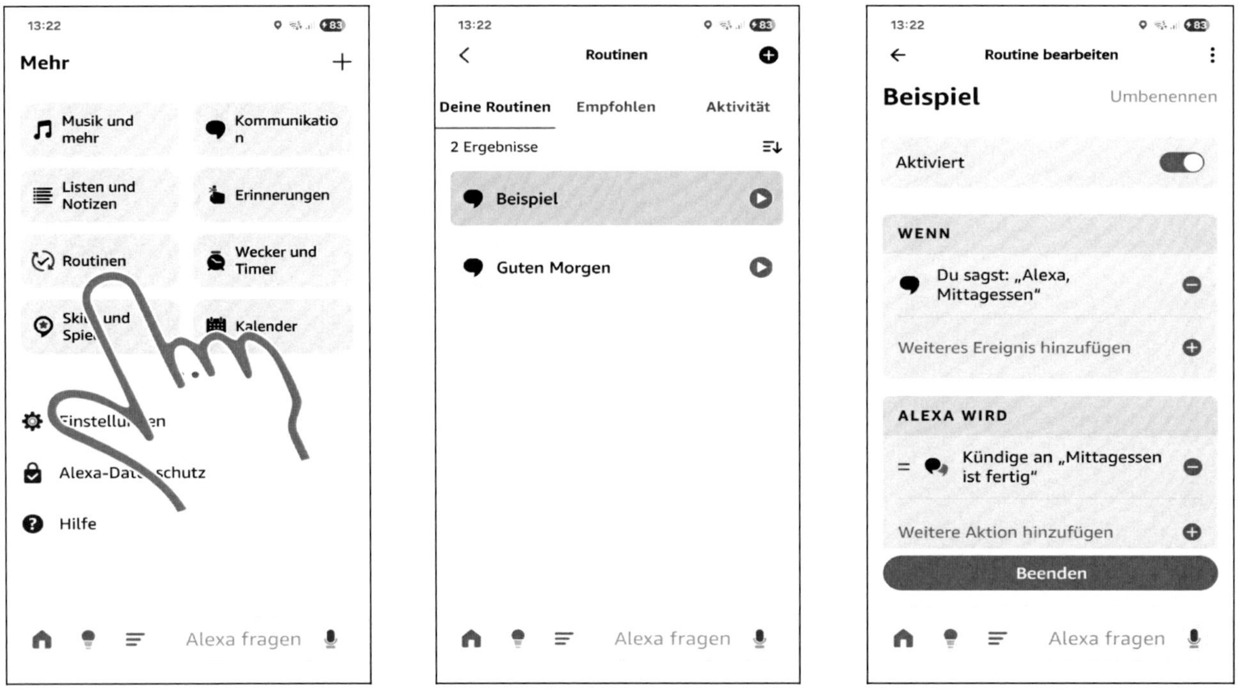

❶ So bearbeiten Sie eine Routine: Im (*Mehr*)-Register gehen Sie auf *Routinen.*

❷ Wählen Sie die Routine aus.

Hier eine Übersicht der verfügbaren Funktionen, die Sie mit *Weitere Aktion hinzufügen* zusätzlich ablaufen lassen:

- *Benutzerdefiniert*: Sprechen Sie einen Befehl, der ausgeführt wird.
- *Smart Home*: Einzelne Steckdosen und Lampen (siehe Kapitel 17 Smart Home) oder eine Gerätegruppe (siehe Kapitel *17.5 Gerätegruppen*) steuern.

- *Alexa sagt*: Alexa spricht wahlweise einen von Ihnen vorgegebenen Satz, erzählt einen Witz, eine Geschichte oder singt einen Song.
- *Ankündigung*: Auf allen Geräten eine Ansage durchführen.
- *Audible*: Buch vorlesen beziehungsweise Podcast abspielen. Siehe Kapitel *19 Audible Hörbücher*.
- *Kalender*: Kalender für heute oder morgen ansagen oder das nächste Ereignis ansagen. Zum Kalender siehe Kapitel *8.6 Kalender*.
- *Datum und Uhrzeit*: Alexa spricht das aktuelle Datum oder die Uhrzeit.
- *Geräteeinstellungen*: Audio (Musik) anhalten oder Lautstärke ändern.
- *Drop In-Benachrichtigung*: Ansage durchführen (ähnlich *Ankündigung*).
- *Fire TV*: Fire TV (siehe Kapitel *15 Fire TV*) steuern.
- *Informationen*: Informationen zu geschichtlichen Ereignissen, Sonnenauf- und Untergang, Promi-Geburtstage oder zum aktuellen Bitcoin-Kurs.
- *Musik und Podcasts*: Songs eines Interpreten, ein bestimmtes Album oder eine Playlist abspielen. Auf die Musik geht Kapitel *6.1 Amazon Prime Music und Amazon Music Unlimited* ein.
- *Neuigkeiten*: Nachrichten aus der täglichen Zusammenfassung
- *Push-Benachrichtigung senden*: Sendet den eingegebenen Text an Ihr Handy.
- *Skills*: Einen aktivierten Skill (siehe Kapitel 5.2 Skills) aufrufen.
- *Töne*: Ein Geräusch, beispielsweise Gong oder Türklingel, abspielen.
- *Verkehr*: Über die Verkehrslage auf Ihrem Arbeitsweg informieren. Dazu müssen Sie, wie im Kapitel *12.6 Verkehrsinformation* beschrieben, Privat- und Arbeitsadresse in Alexa hinterlegt haben.
- *Warten*: Bevor die nächste Aktion durchgeführt wird, wartet Alexa die hier festgelegte Zeitspanne. Dies kann beispielsweise sinnvoll sein, wenn Sie eine Lampe nur für eine bestimmte Zeitspanne einschalten möchten.
- *Wetter:* Die Wettervorhersage für Ihren Standort. Sie müssen diesen, wie im Kapitel *12.1 Wetter* beschrieben, in der Alexa-App festgelegt haben.

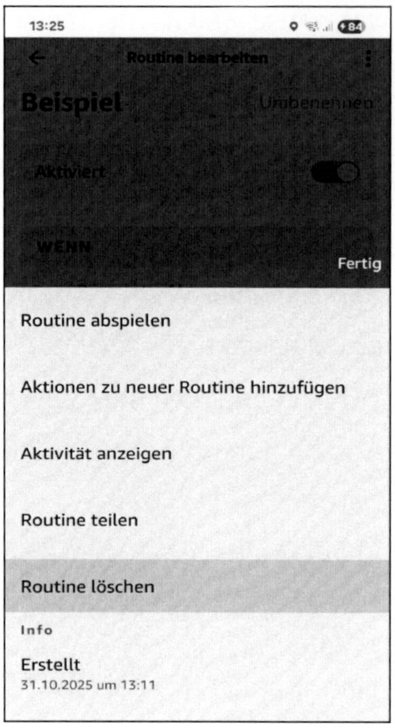

❶❷ So entfernen Sie eine Routine wieder: Im ⋮-Menü wählen Sie *Routine löschen*.

18.3 Smart Home-Funktionen der Echo-Geräte

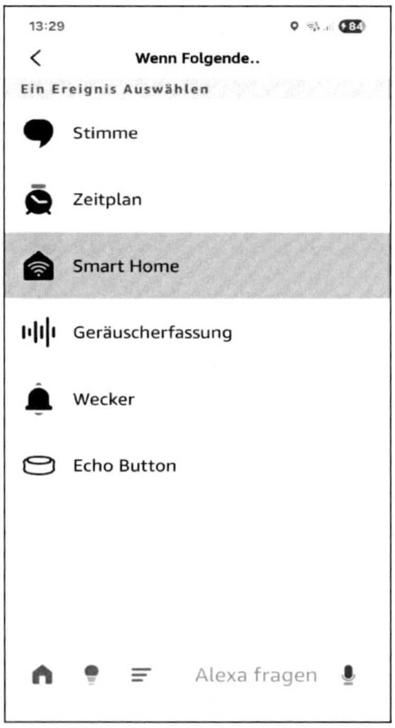

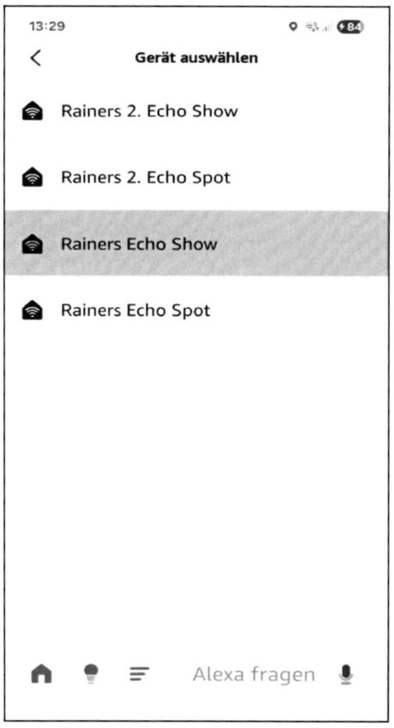

❶❷ Tipp: Alle Echo-Geräte besitzen bereits Smart Home-Funktionen in Form von Temperaturmessung (nicht bei Echo Show-Geräten) und Bewegungserkennung (❸). Lassen Sie automatisch vom Echo-Gerät über eine steuerbare Steckdose das Licht einschalten oder bei Unterschreiten einer bestimmten Temperatur den Heizlüfter!

Im nächsten Kapitel beschreiben wir, wie Sie vom Bewegungssensor Ihres Echo-Geräts Gebrauch machen.

18.4 Bewegungsmelder

In diesem Kapitel erstellen wir eine Routine, die nicht, wie im Kapitel *18.2 Routine erstellen* beschrieben, per Sprachbefehl ausgelöst wird, sondern durch Bewegung.

Unsere Routine soll automatisch eine Sprachausgabe durchführen, sobald von den Sensoren eines Echo-Geräts eine Bewegung erkannt wird. Es sind natürlich auch weitere Aktionen möglich, beispielsweise das Einschalten einer Lampe, das Abspielen von Musik usw.

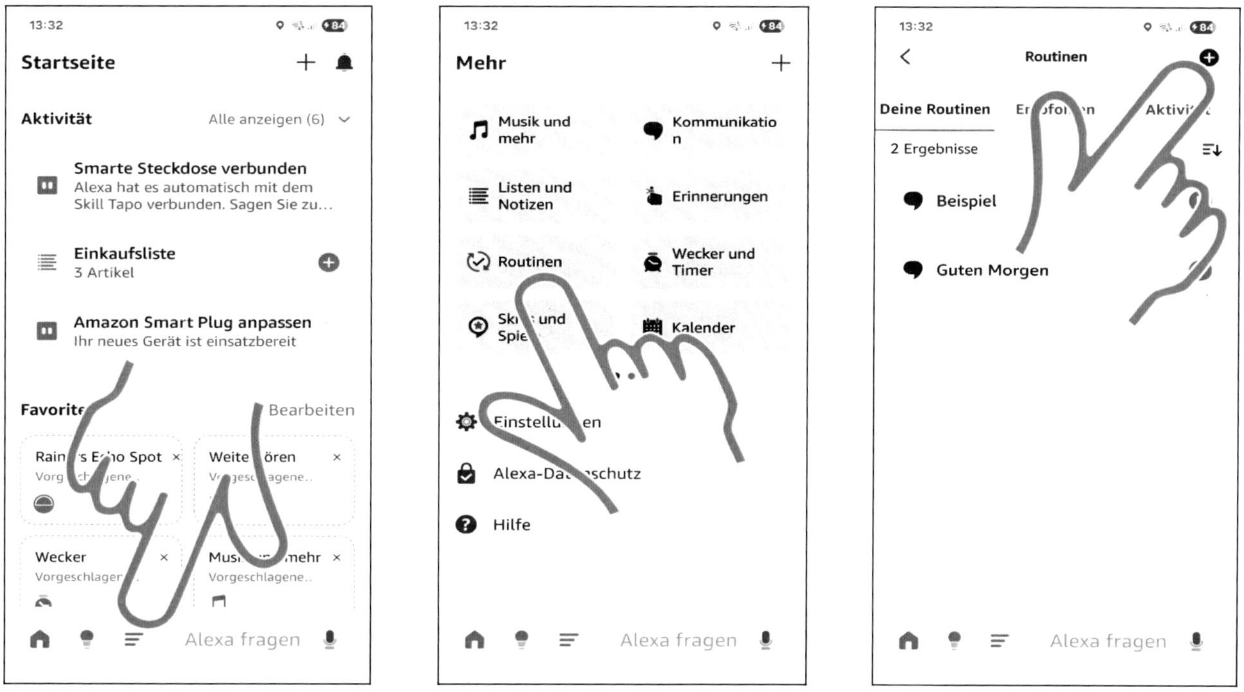

❶❷ Aktivieren Sie in der Alexa-App das ≡ (*Mehr*)-Register und gehen Sie auf *Routinen*.

❸ Gehen Sie auf ⊕.

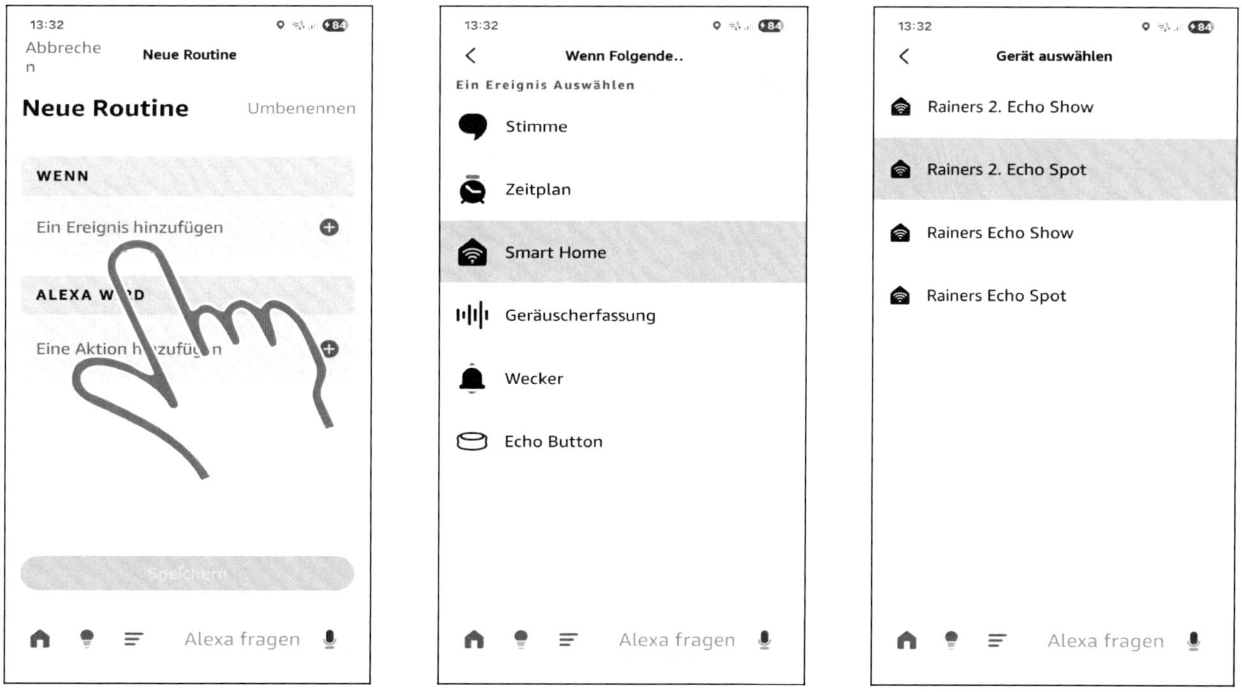

❶ Tippen Sie auf *Ein Ereignis hinzufügen*.

❷❸ Wählen Sie *Smart Home* und dann das Echo-Gerät aus.

❶ Bei einem Echo Dot oder Echo müssen Sie hier *Anwesenheit* auswählen. Die Modell Echo Pop und alle Echo Show-Geräte bieten dagegen keine Temperaturmessung, weshalb direkt der nächste Bildschirm erscheinen würde.

❷ Aktivieren Sie *Personenerfassung* und betätigen Sie *Weiter* (oben rechts).

❸ Sie befinden sich wieder im Bearbeitungsbildschirm, in dem Sie auf *Eine Aktion hinzufügen* gehen.

Tipp: Nutzen Sie die Option *Keine Benutzerfassung*, um Geräte oder Funktionen abzuschalten, wenn eine Person den Raum verlässt. Beispielsweise kann Alexa für Sie nach 10 Minuten die Musikwiedergabe stoppen oder eine Lampe ausschalten.

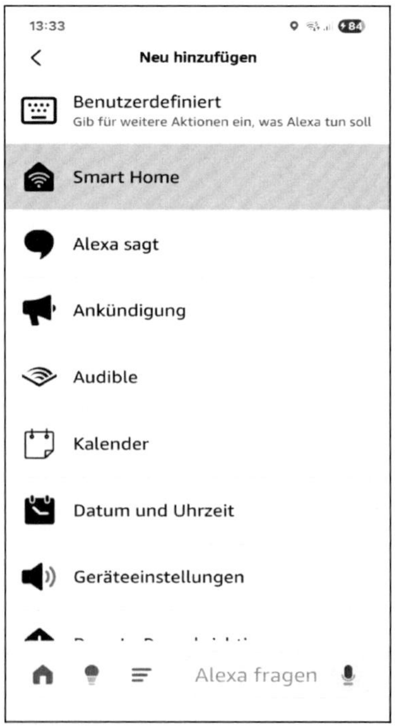

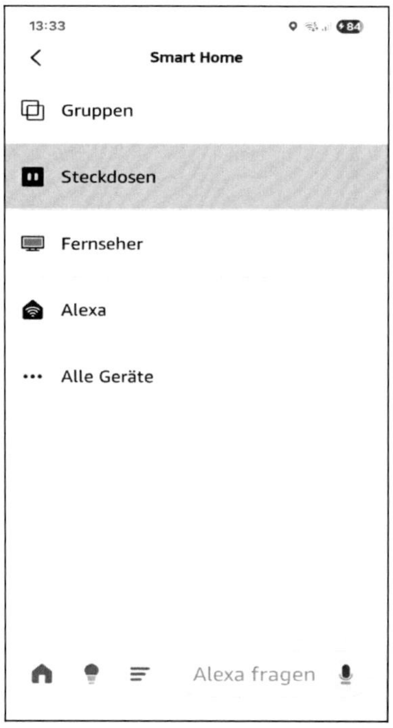

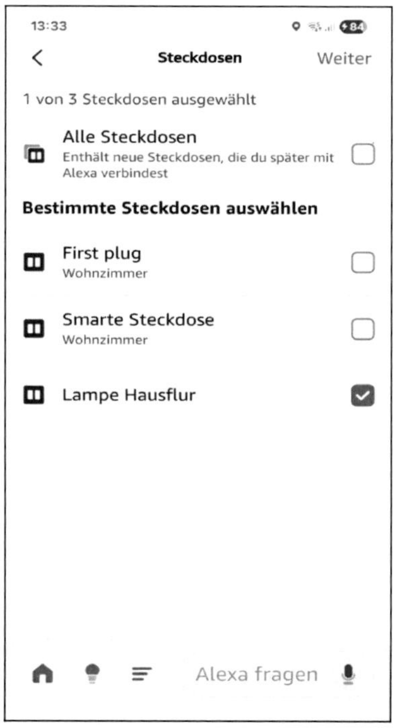

❶ In unserem Beispiel soll bei Anwesenheit der Kaffeekocher über eine smarte Steckdose eingeschaltet werden. Wählen Sie *Smart Home*.

❷❸ Rufen Sie *Steckdosen* auf und gehen Sie auf die einschaltende Steckdose.

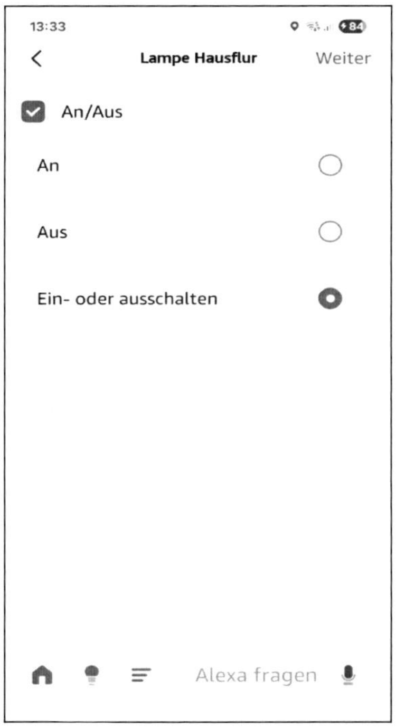

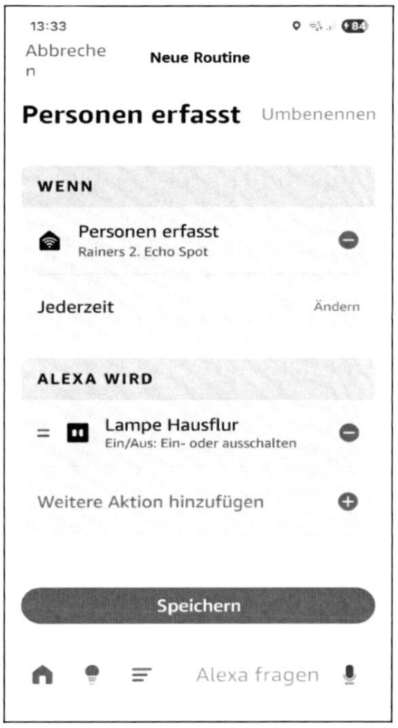

❶ Die gewünschte Option ist »*Ein- oder ausschalten*«. Gehen Sie auf *Weiter.*

❷ Schließen Sie den Vorgang mit *Speichern* ab. Künftig wird automatisch die Steckdose für den Kaffeekocher eingeschaltet, sobald jemand den Raum betritt.

19. Audible Hörbücher

Die auf Hörbücher spezialisierte Amazon-Tochterfirma Audible hat davon inzwischen mehr als 200.000 Titel im Programm und dominiert den Deutschen Markt mit einem Anteil von 90 Prozent[44]. Das Unternehmen bietet nicht nur die Hörbücher von Verlagen an, sondern produziert auch selbst.

Leider verwendet Audible ein eigenes, kopiergeschütztes Dateiformat, sodass man die Hörbücher nur über die von Amazon vorgegebenen Wege abspielen kann:

- Audible-App auf dem Handy/Tablet
- Amazon Fire-Tablet[45]
- Kindle-Ebook-Lesegerät[46]
- Echo-Gerät
- Audible-Website[47]

Audible lässt sich nur nach Abschluss eines Abos nutzen, das nach 30 Tagen Probezeit 9,95 Euro pro Monat kostet. Für Studenten sind Sonderkonditionen vorgesehen. Das Abo ist monatlich kündbar. Darin sind enthalten:

- Erstes Hörbuch ist für Sie kostenlos.
- Jeden Monat ein Hörbuch Ihrer Wahl für 9,95 Euro/Monat.
- Jedes weitere Hörbuch maximal 9,95 Euro/Monat.
- Unbegrenzter Zugriff auf Audible Original Podcasts.
- Auf einige Hörbücher gibt es Rabatt, falls Sie bereits das Amazon Kindle-Ebook des selben Titels gekauft haben.
- Bei Nichtgefallen dürfen Sie Titel umtauschen.
- Erworbene Hörbücher gehören Ihnen auch nach der Kündigung von Audible.

Sie können auch direkt mit dem Spezial-Abo[48] starten, das innerhalb der ersten 3 Monate nur 4,95 Euro pro Monat kostet und dabei 3 Hörbücher Ihrer Wahl beinhaltet. Weitere Hörbücher kosten – wie üblich – 9,95 Euro.

---

44 *www.tagesanzeiger.ch/digital/internet/das-hoerbuch-ist-fest-in-amazons-hand/story/24034757*
45 *www.amazon.de/s/ref=sr_hi_3?rh=n%3A12598632031%2Cn%3A530883031%2Cn%3A5157845031%2Ck%3Afire+tablet&keywords=fire+tablet&ie=UTF8&qid=1550324815*
46 *www.amazon.de/kindle-shop-ebooks-zeitungen-zubehör/b/?ie=UTF8&node=530484031*
47 *www.audible.de*
48 *www.audible.de/ep/flexi-spezial*

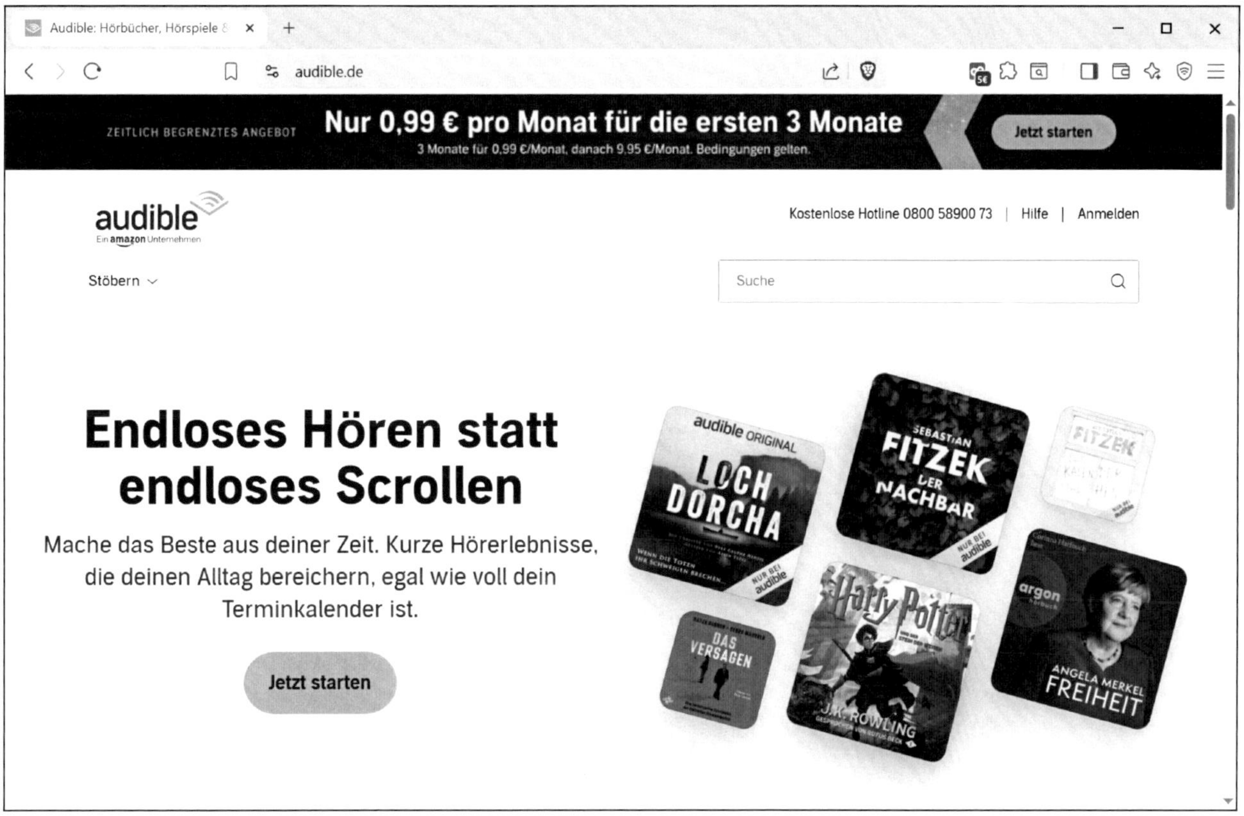

Rufen Sie auf Ihrem PC oder Handy im Webbrowser die Audible-Website unter *www.audible.de* auf und melden Sie sich mit mit einem Klick auf *30 Tage kostenlos testen* mit Ihrem Amazon-Konto an.

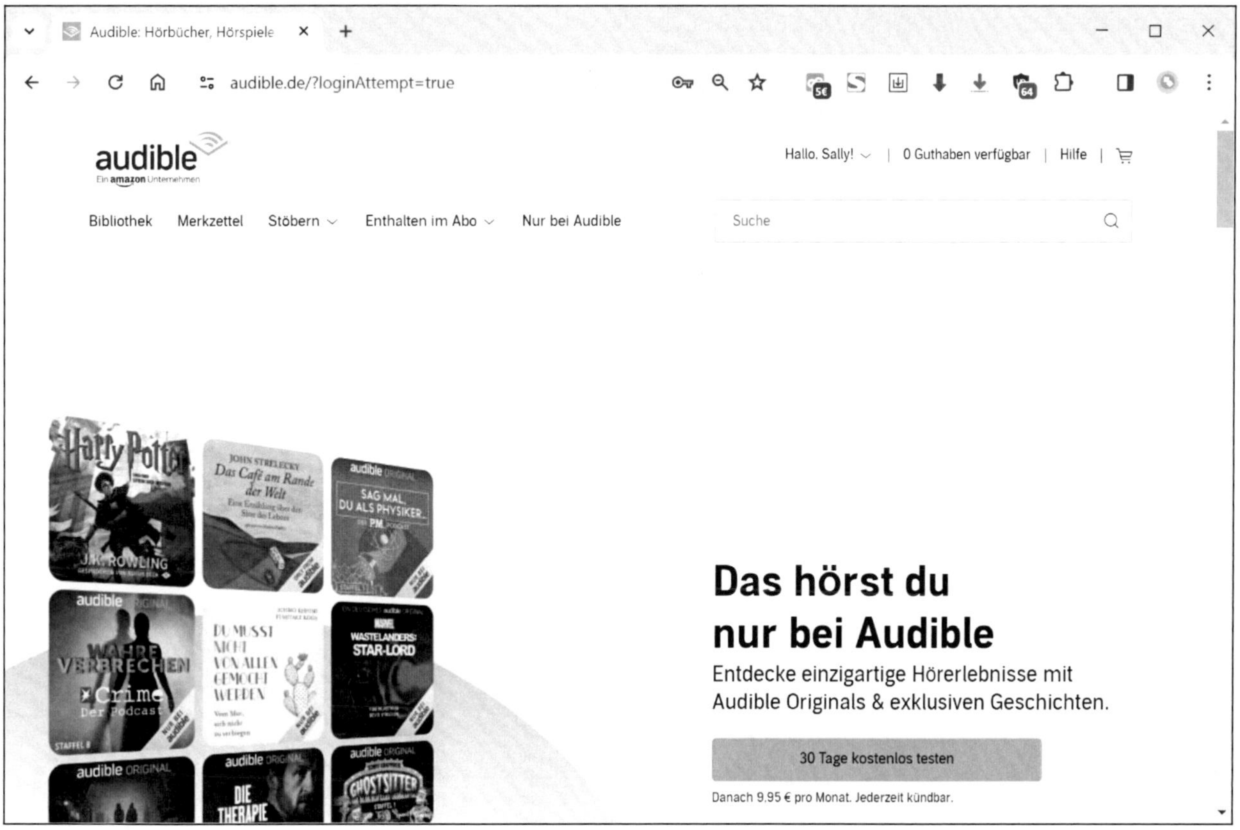

Ändern Sie gegebenenfalls die Kontoverbindung und dann starten Sie mit einem Klick auf die orangefarbige Schaltleiste das Abo.

Jeden Monat erhalten Sie ein Guthaben von »1 Punkt«, das Sie in ein Hörbuch investieren können. Ältere oder kürzere Hörbücher kosten nur Bruchteile, beispielsweise einen ½ Punkt. Kostenlos sind Podcasts, die aktuelle Themen, häufig als Diskussionsrunde mit mehreren Teilnehmern, behandeln.

Lassen sich sich nicht davon stören, dass Audible auch für kostenlose Hörbücher einen Kaufvorgang voraussetzt, das heißt, Sie legen diese in den Warenkorb und führen dann den Kauf durch, obwohl Ihnen nichts berechnet wird.

Bitte beachten Sie, dass es einige Zeit dauert, bis das Hörbuch auch auf dem Echo abrufbar ist.

Befehlsbeispiele:

- »*Alexa, liste meine Bücher*« informiert über die in der Bibliothek vorhandenen Titel
- »*Alexa, lies mein Hörbuch vor*« startet die Wiedergabe des zuletzt hinzugefügten Titels
- »*Alexa, lies [Titel] von Audible*«
- »*Alexa, [vorspulen/zurückspulen]*« springt 10 Sekunden vor/zurück
- »*Alexa, [Zahl] Minuten [vorspulen/zurückspulen]*«
- »*Alexa, nächstes Kapitel*«, »*Alexa, vorheriges Kapitel*«
- »*Alexa, Kapitel [Zahl] vorlesen*«
- »*Alexa, Pause*«, »*Alexa, Fortsetzen*«
- »*Alexa, Buch fortsetzen*«

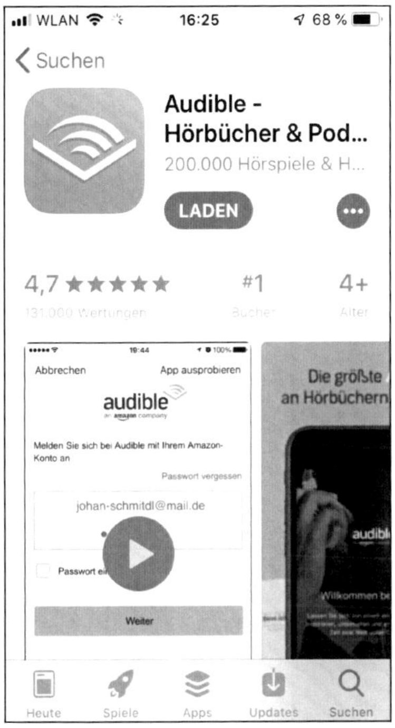

❶ Zur Hörbuchverwaltung steht natürlich auch eine passende App im App Store (iPhone) beziehungsweise Play Store (Android) unter dem Namen »Audible - Hörbücher und Podcasts« zur Verfügung.

❷❸ In der Audible-App können Sie die Hörbücher auch herunterladen und dann zum Beispiel unterwegs anhören. Auch Käufe sind über die App möglich.

20. Stichwortverzeichnis

Sie haben im Stichwortverzeichnis nicht gefunden, was Sie suchen? Dann empfehlen wir Ihnen das Herunterladen des PDF-Ebooks (siehe Seite 3). Alle PDF-Anzeigeprogramme bieten eine Volltextsuchfunktion!

21. Weitere Bücher des Autors

Vom Technik-Journalisten Rainer Gievers sind zahlreiche Bücher zum Thema Mobile Computing erschienen. Eine Übersicht finden Sie auf *www.das-praxisbuch.de*. Sie erhalten die Bücher bei Ihrem lokalen Buchhändler oder über Online-Shops der großen Buchketten.

Sie möchten wissen, ob es vom Autor ein Buch zu Ihrem Handy gibt? Dann nutzen Sie bitte die Suchfunktion unter der Webadresse *www.das-praxisbuch.de/suche*.

Allgemeine Themen

- Das Praxisbuch Chromebook (Ausgabe 2026/27)
- Das Praxisbuch Google-Anwendungen (Ausgabe 2026/27)
- Das Praxisbuch Internet mit dem Android-Handy (Ausgabe 2026/27)

Samsung Galaxy A-Serie:

- Samsung Galaxy A16 5G
- Samsung Galaxy A17 5G
- Samsung Galaxy A25
- Samsung Galaxy A35 5G
- Samsung Galaxy A36 5G
- Samsung Galaxy A55 5G
- Samsung Galaxy A56 5G

Samsung Galaxy S-Serie:

- Samsung Galaxy S24 / S24+ / S24 Ultra
- Samsung Galaxy S24 FE
- Samsung Galaxy S25 / S25+ / S25 Ultra
- Samsung Galaxy S25 Edge

Google Pixel:

- Google Pixel 9 & Pixel 9 Pro/XL
- Google Pixel 9a
- Google Pixel 10 & Pixel 10 Pro/XL